俄罗斯历史研究丛书

鲍里斯·叶利钦传

从斯维尔德洛夫斯克到克里姆林官

[俄] 罗伊·麦德维杰夫◎著

方婷婷　李冠群◎译

世界知识出版社

图书在版编目（CIP）数据

鲍里斯·叶利钦传：从斯维尔德洛夫斯克到克里姆林宫 / （俄罗斯）罗伊·麦德维杰夫著；方婷婷，李冠群译. --北京：世界知识出版社，2024.3

ISBN 978-7-5012-6696-8

Ⅰ.①叶… Ⅱ.①麦… ②方… ③李… Ⅲ.①叶利钦—传记 Ⅳ.①K835.127＝5

中国国家版本馆 CIP 数据核字（2023）第 222670 号

图字：01-2023-1351

责任编辑	蒋少荣
责任出版	赵 玥
责任校对	陈可望

书　　名	**鲍里斯·叶利钦传：从斯维尔德洛夫斯克到克里姆林宫** Baolisi·Yeliqinzhuan：Cong Siweierdeluofusike dao Kelimulingong
作　　者	[俄] 罗伊·麦德维杰夫
译　　者	方婷婷　李冠群

出版发行	世界知识出版社
地址邮编	北京市东城区干面胡同 51 号（100010）
网　　址	www.ishizhi.cn
电　　话	010-65233645（市场部）
经　　销	新华书店
印　　刷	艺堂印刷（天津）有限公司
开本印张	787 毫米×1092 毫米　1/16　20¼印张
字　　数	360 千字
版次印次	2024 年 3 月第一版　2024 年 3 月第一次印刷
标准书号	ISBN 978-7-5012-6696-8
定　　价	108.00 元

致中国读者

  我很高兴《鲍里斯·叶利钦传：从斯维尔德洛夫斯克到克里姆林宫》能在中国出版，希望能有更多的中国读者喜欢这本书。在我看来，叶利钦尽管是一位在历史上颇具影响力的人物，但发挥得更多的是消极的影响。在俄罗斯的历史上有这样一个日子，是我国的历史学家和普通公民都不愿提及的，那就是 1991 年 12 月 25 日。就在那一天，苏联国旗从克里姆林宫顶上降落，俄罗斯联邦的三色国旗升起，戈尔巴乔夫在电视上宣布了自己辞职的消息，尽管这条视频信息被 158 个国家转播，但他自己的身边却只剩下了 5 名忠心耿耿的助手。在那一天里，戈尔巴乔夫桌上的电话铃声一直都没有响起，不论是苏联的普通公民，还是全世界的政要，没有一个人觉得应该向其表示一下同情之意。当戈尔巴乔夫离开自己的办公室之后，鲍里斯·叶利钦带着他的助手和警卫走了进来。叶利钦的卫队长亚历山大·科尔扎科夫兴奋地喊起来："我们得到了一间怎样的办公室啊！"叶利钦则回答道："萨什卡，你真的是个傻瓜，我们得到的是整个俄罗斯。"对他而言，俄罗斯只不过是一个猎物而已。但就是这一天，恰恰成为新俄罗斯的生日（俄罗斯法定国庆日为 6 月 12 日，国家主权宣言通过日）。但对我们来说，这并不是值得庆祝的一天，而是国家的耻辱日。可是，历史是无法改写的。

  19 世纪的俄国历史学家瓦西里·科留切夫斯基曾经写下过这样的话：伟大的民族拥有这样一种品质，那就是他们能够在经历沉沦和失败之后重新站立起来。在中国，这一真理已经得到了很好的验证。现在，中国、俄罗斯两国的民族及国家的伟大复兴正在进行之中。相较于 1991 年 12 月 25 日，我们更加乐意将 1999 年 12 月 31 日视作国家的生日，因为就在那一天，鲍里斯·叶利钦离开了克里姆林宫，其职务由我们的新总统普京接任。至于我对叶利钦生平的描述和评价，中国读者们可以在我的书中读到。

2019 年 9 月 1 日

中文版序言

　　冠群新译了一本由俄罗斯著名史学家罗伊·麦德维杰夫所著的关于叶利钦的新作，嘱我写个序言。由于三方面的原因，我乐于为此书去写这样一个序言。第一，我熟悉本书的译者李冠群，还是他爱人方婷婷博士后的合作导师。在长期接触的过程中，深深地感到他们不仅俄语好，而且学术素养也比较高，科研能力强，成果比较多。第二，我熟悉本书的作者麦德维杰夫。许多年前，我曾与同事一起到麦德维杰夫先生家拜访过，获得过他签名的赠书。但这只是一面之交，最重要的是，和大多数中国相关领域的学者一样，我对麦德维杰夫的了解是通过读他的著作。在 20 世纪 80 年代初，国内翻译出版了多本麦德维杰夫有关苏联历史的专著，如《让历史来审判》《政治日记》《苏联持不同政见者论文选译》《论苏联的持不同政见者》《论社会主义民主》《赫鲁晓夫的执政年代》等，其中几本是他与孪生兄弟若列斯·麦德维杰夫合著的。他的这些书对中国学术界的苏联研究产生了巨大的冲击，许多中国学者是靠读它们"长大的"，我也不例外。第三，我熟悉本书的主人公叶利钦。2000 年年初，就在叶利钦以突然的方式结束了自己的时代之后不久，我和同事合著的《叶利钦执政年代》出版了。在这部 40 万字的著作中，我们比较全面和深刻地介绍和分析了叶利钦的政治蜕变，以及他与俄罗斯的诞生和最初发展的关系。

　　由于熟悉本书的译者、作者和主人公，所以，我给本书的中译本写个序就不是什么难事了。苏联解体之后，麦德维杰夫先生笔耕不辍，又写了许多关于原来苏联和现今俄罗斯的书，这本《鲍里斯·叶利钦传：从斯维尔德洛夫斯克到克里姆林官》就是最新的一本，俄文版出版于 2011 年。鲍里斯·尼古拉耶维奇·叶利钦是俄罗斯历史上一位充满争议的政治家，俄罗斯国内对其也是褒贬不一。麦德维杰夫与叶利钦年龄相近，在 20 世纪 80 年代末与90 年代初与后者有过多次交往，因此，麦德维杰夫对其有自己独到的认识。

　　《鲍里斯·叶利钦传：从斯维尔德洛夫斯克到克里姆林宫》从叶利钦的

家庭、童年讲起，但更多的篇幅放在了他步入政坛，尤其是从斯维尔德洛夫斯克州调到莫斯科之后，着重讲述了叶利钦与包括戈尔巴乔夫、亚纳耶夫、卢日科夫在内的许多政治家之间的博弈与合作。通过麦德维杰夫的描述，读者可以看到一个十分鲜活、真实的叶利钦，既有他刚刚来到莫斯科后大刀阔斧改革的一面，也有他对苏共中央失望，转而投向反对派并且在机会来临时，毫不犹豫地夺取政权的一面。在麦德维杰夫的笔下，叶利钦的政治思想活动被剖析得淋漓尽致，完整体现了后者既迷恋权力又能够在危机时刻保持最后理性，进而顺利实现"急流勇退"的明智之举。

对叶利钦的施政，麦德维杰夫基本持否定态度，包括起用改革激进派、信用寡头、在国际交往中丧失大国地位、无容人雅量等。值得注意的是，麦德维杰夫并没有对叶利钦进行简单的批判，而是在指出其所犯错误与失误的同时，将其所处的客观环境与面临的具体问题进行了较为详尽的描述和分析。作为与叶利钦在政治理念上有严重分歧，并曾经在政治派别上发生过激烈交锋的社会活动家，麦德维杰夫并没有脱离历史学家的本分，在尽量不掺杂个人感情的前提下，对叶利钦的一生做出了自己的评价。应该说，麦德维杰夫的评价是公正和客观的。

苏联早已成为往事，叶利钦也成为过去。现在的俄罗斯是一个政治多元化的社会，不会有太多的人再去关注苏联，关注叶利钦。当然，这或许是一个国家走向成熟的表现。

孔寒冰
北京大学国际关系学院教授

俄文版序言

关于鲍里斯·叶利钦的生平，已经有许多著述面世。在我的藏书中就有大约50部以叶利钦为核心对象的专著。鲍里斯·尼古拉耶维奇自己也有3部自述——他需要对自己在苏联时期与后来俄罗斯的一系列事件中所做的许多决定做出解释，在这些事件中，他是对我们生活产生重大影响的政治家之一。叶利钦并没有隐讳，他当初的目的是要"让生活变得美好"，他说，"所以，我组建了一支队伍，它对过去没有留恋，只打算建设未来"。

关于鲍里斯·叶利钦的大多数著作都对这位俄罗斯联邦第一任总统持批判态度。亚历山大·科尔扎科夫在其专著《鲍里斯·叶利钦：从黎明到黄昏》和他之后的书中都明确地表达了这层意思，亚历山大·辛史坦因的专著《叶利钦、克里姆林宫和病态的历史》也持相同的观点。国外也有一些关于叶利钦的书出版。西班牙女记者比拉尔·波恩特写了一本有关叶利钦在斯维尔德洛夫斯克担任领导工作时期的书——《不可思议的俄罗斯：乡下人叶利钦在克里姆林宫》。曾在美国白宫任比尔·克林顿顾问的斯特罗布·塔尔博特出版了名为《比尔与鲍里斯》的书，讲述了有关美国总统与俄罗斯总统之间的关系以及他们会面的事情。

几乎所有20世纪90年代著名的政治活动家——亚历山大·列别德、鲁斯兰·哈斯布拉托夫、亚历山大·鲁茨科伊、叶戈尔·盖达尔、阿纳托利·库里科夫、维克托·切尔诺梅尔金、叶夫根尼·普里马科夫、谢尔盖·斯捷帕申以及其他一些人都出版了自己的回忆录，其中有很大的篇幅讲的是他们与叶利钦会谈和工作的故事。还有一些描写叶利钦的书是应叶利钦的家庭之邀，并采用了他们提供的素材写成的。这些书很有意思，从中我们可以看到家人眼中的叶利钦。很有趣的是，安娜·格拉纳托娃出版了一本关于叶利钦家族的书，书名为《叶利钦一族》。叶利钦曾经的顾问与助手们在2001年出版了一本大部头的书——《叶利钦时代》。叶利钦曾经的新闻秘书科斯基科夫写了一本关于自己上级的书，名为《总统之缘》。维克托·安德里亚诺夫和亚历山大·切尔尼亚克出版了有关叶利钦的三部曲，分别是《克里姆林宫的孤独沙皇》《担当总统职位的孤独沙皇》《孤独沙皇的离去》。姆列钦、金科维奇等知名传记作家也出版了关于叶利钦的书。此处提到有关叶利钦的书，仅仅取自我个人的藏书。有关叶利钦的著作，还可以在网上进行查找，并不只是以上所列出的，而且这类书籍还在不断地面世。

在研究已经如此丰富的情况下，为什么我依然决定凭我不多的研究基础来写这样一部有关俄罗斯联邦第一任总统的书呢？由于我参加了20世纪90年代的政治运动，而叶利钦那时是一个反对者，所以在此问题上，我不能将自己视为一个完全客观的评价者。此外，作为一个苏联与俄罗斯历史的专家，我无法摆脱所处时代和叶利钦的影响。对于俄罗斯而言，20世纪末并不仅仅意味着艰难的时刻，更是长达10年的混乱与衰退，民主也没有繁荣起来。民众不能指望在这一时期出现什么就像本时代的米宁与波扎尔斯基那样的英雄。鲍里斯·叶利钦既没有，也不可能成为这样的英雄，所以我们很难为"叶利钦时代"感到骄傲。但是，作为一个历史学家是不能只选择那些"最好的阶段"去研究的，而是需要去写那些困难的，甚至是耻辱的时期与事件。我本人也想做这样的一种尝试。

作为一个历史学家，我自1985年12月起就已经开始关注叶利钦。那时这位党在斯维尔德洛夫斯克的领导人一跃成为莫斯科党组织的负责人。在一众"重建工程师"中，他显得比较有特色而且很强力。我第一次与叶利钦见面是在1988年秋的中央团校，那里每周都会设定一个"讨论日"，邀请某位尽管不是官方的，但也是比较有成就的知名作家、文艺工作者或社会活动家。我那时去作了一个题为《我们需要什么样的社会主义》的报告。每一个发言都完全是"有备而来"的。当时时间已经比较晚了，鲍里斯·叶利钦整晚都在回答与提问中度过。他在无准备的情况下，以一种很开明的政治家的身份回答各种问题超过了4个小时之久。之后我数次同叶利钦通过电话进行交谈，但这都是在1989年和1990年年初的时候，当时我们都是苏联人民代表。在最高苏维埃之外，经常会有人向我问起对叶利钦的评价。我一般都是相对克制的，有时甚至会进行批判。那时全社会都出现了对米哈伊尔·戈尔巴乔夫不满的情绪，转而拥护叶利钦，我曾为此深感不安。我和我的朋友都不认为叶利钦是无可替代的。虽然叶利钦是易于接触的，对他可以直接地指出问题，他能够真诚地面对错误。在拥护者和摄影师的簇拥下，他会来到某个缺医少药的社区诊所，解决就诊困难的问题。当然，他丝毫不会向选民们提及他在克里姆林宫的私人医生。

1990 年，叶利钦将主要精力放在了选举和俄罗斯苏维埃联邦社会主义共和国最高苏维埃的工作上，当时这个机构还没有多大权力。与此同时，成立单独的俄罗斯苏维埃联邦社会主义共和国共产党的工作也正在进行。我作为观察员，参加了俄罗斯联邦所有的人民代表大会与党的会议。这些公开的和半封闭的会议有许多重要的政治家出席，其中包括米哈伊尔·戈尔巴乔夫、伊万·波洛兹科夫、阿纳托利·卢基扬诺夫、弗拉基米尔·克留奇科夫。我对米哈伊尔·戈尔巴乔夫计划出任苏联总统，并将其独立于苏共中央政治局的情况十分担心。我对伊万·波洛兹科夫将俄罗斯共产党从苏联共产党中独立出来，以及鲍里斯·叶利钦图谋掌控俄罗斯苏维埃联邦社会主义共和国并且将其最终从联盟中分离出来的意图也感到担心。1991 年的 6 月，我在俄罗斯苏维埃联邦社会主义共和国总统选举中站在尼古拉·伊万诺维奇·雷日科夫一边，通过印刷品和电视来反对叶利钦。虽然雷日科夫取胜已经没有希望，但我们想把选举拖入第二轮，我们认为不能让叶利钦就这样轻松地成为胜利者。

苏联解体之后，我加入到了劳动人民社会党的工作当中，创办了《左翼报》，积极发声来反对叶利钦和盖达尔的政策。我希望并不仅仅是以政治观察家的立场来评价和分析所有事情，还以一个历史学家的身份去完成它。俄罗斯在 20 世纪 90 年代陷入这样一种窘困的状态。鲍里斯·叶利钦远不是一个健全的人，这是造成上述现象的一个原因。他时常无法搞清楚，他的所作所为究竟意味着什么，以及他到底想要达到什么目的。

我们可以从政权的范畴与个体的感受等不同的角度对历史事件进行评判。20 世纪 90 年代的一系列事件并不仅仅是俄国历史的断裂。鲍里斯·叶利钦在这些年里掌握着巨大的权力，他亲身经历了苏联与苏共的覆亡，并组建了新的国家——俄罗斯联邦。他参与并决定了许多国际问题，同 20 世纪 90 年代所有的大国领袖进行过商讨。这一切塑造了他的政治形象，因此将这一历史时期命名为"叶利钦时代"并不为过。但是，就叶利钦个人而言，他是一个相对浅薄、粗鲁和缺少教养的人，会耍弄政治阴谋。他这一点与戈尔巴乔夫很像，在意志坚定方面他还有所超越。作为改革者，叶利钦与戈尔巴乔夫都不是有建树的人。但是，这些人曾经在大约 15 年的时间内一直是我国最重要的角色。在这些年里，我们经历了什么又失去了什么？我会在我的这部书中尝试解答这些问题。

目　　录

第一章

鲍里斯·叶利钦在斯维尔德洛夫斯克

鲍里斯·尼古拉耶维奇·叶利钦于 1931 年 2 月 1 日出生在斯维尔德洛夫斯克州达里茨基区布特卡村的一个农民家庭。因在邻近的彼尔姆州兴建别列兹尼科夫钾肥联合工厂而设置了临时居住区，他们一家很快便搬到了那里。

关于自己艰辛的童年、父母、中小学时光以及大学的青春，鲍里斯·叶利钦在《我的自白》一书中已经有所描述，这里就没有必要赘述了。但我可以得出这样一个结论，一个人的童年和青少年岁月决定了他的性格、气质与价值观的主要部分。青年叶利钦有过许多奇思妙想，包括乘着一艘由原木扎成的木筏在河上漂流，穿过原始森林去探寻亚伊瓦河的源头，去军火库偷手榴弹，到莫斯科旅行以及坐在火车车厢顶上去南方玩，等等，这全都是一些高风险的事情，而且都以失败告终，有时他还不免因此要在医院里住上几个星期。叶利钦公开了自己一些过去的恶作剧行为。他几次把留声机的针头放到女德语教师的椅子上。"尖叫，再次出丑，进教师委员会，请家长，等长大之后，我感到很惭愧，多么好的老师，聪明又渊博。"当时有一个大学生因为心脏病突发住进了医院，叶利钦通过熟人来了解病房里的情况，进而获得了替补参加排球比赛的机会。在我们面前所呈现的，是一个有些无知，却又十分倔强的年轻人，他渴望在同龄人中出类拔萃，但是在 25 岁之前的岁月里，他并没有取得什么值得骄傲的成就。当然，除了排球。

结束了在乌拉尔工学院的学习之后，鲍里斯·叶利钦进入下伊斯特建筑管理局做了一名工程师。他开始按照自己的意愿从事建筑工作，每个月都会接手新的任务。这是很正常的事情。叶利钦的建筑工作做得很好，在建筑部门内的提升速度也很快。1957—1968 年，他从工程师做到高级工程师再做到总工程师，最后升任斯维尔德洛夫斯克的建筑局局长。他做事很严格，有时

1

甚至是吹毛求疵的。讲述叶利钦的书以及他自己写的书都记述了一些小故事，从中我们可以看出他对权力的钟爱，而这绝不是在盖房子过程中同工程师或者技术人员的观点争执那类的东西。他负责的所有工程都是按时或者提前完成的，但在工程技术上并没有任何改进。叶利钦通常都是从早忙到晚地工作，但那时他就已经很少能够放下手中的白兰地或伏特加了。

1968 年，叶利钦以建筑局局长的身份开始正式转入党务工作，之后不久成为一名州委委员。1976 年，叶利钦成为苏共斯维尔德洛夫斯克州州委书记。州委书记的权力几乎是无限的，所有与叶利钦在此共事过的人都认为他是一个非常严厉的领导。他的生活作风很端正，不允许有任何浪费，关于这一点之后有不少州委书记都说起过，包括克拉斯诺达尔州州委书记梅杜诺夫在内。但是叶利钦从来就没有什么了不起的思想。这里并没有要指责他的意思，而是指出这样一个事实。心理学将人们的行为动机细分为 20 种左右，从中可以准确指出我们当中每一个人在不同表现形式的行为背后占主导地位的动机。对领导地位和权力的渴求的确是一个强大的动机，但并不是很多叶利钦型领袖的主要动机。叶利钦的主要动机既不是钱，也不是荣誉，更不是理想。在很早之前，在 20 世纪 30 年代还是一个孩子的时候他就发现了一个朴素的道理：只有当官才能过上好日子。对于叶利钦而言，寻求公平正义从来都不是他的主要动机。叶利钦从来都不是一个改革者。他想的是成为领袖，他想要掌权。而事实上无论是他自己，还是他的拥护者，对于到底想将俄罗斯联邦引向何方，从来就没有成形的思路。在苏联和苏共，人们如果想"当大官"就必须遵守很多明确且严格的规则。

安德罗波夫获得党和国家的领导权后，开始比较全面且明确地改变领导层以往的作风，对过去的政策做出了很大调整。他开始按照自己的想法，改变最高权力层的人员梯队。但是，安德罗波夫很快就遇到了高级权贵阶层中干部人才严重缺乏的问题。于是，他将戈尔巴乔夫、雷日科夫、利加乔夫这些人召集到自己身边，把他们安置在党和国家的最高领导层。与此同时，安德罗波夫还将注意力投向了各州党委第一书记。鲍里斯·尼古拉耶维奇·叶利钦在同级别中脱颖而出其实并不出乎意料：51 岁的叶利钦在苏共中央和苏联部长会议中的知名度并不仅仅因为他在斯维尔德洛夫斯克州坚强有力的领导，还因为他同腐败和各种形式的特权行为所进行的斗争。

在 1976 年之前，安德罗波夫甚至都没有听说过叶利钦，后者当时还只是斯维尔德洛夫斯克州党委第二书记这样一个恭谨的角色。在成为第一书记之前，叶利钦作为州委的一个书记对第一书记雅科夫·彼德罗维奇·利亚波夫是很恭敬的。斯维尔德洛夫斯克州委曾经出过国家工业部门的领导人。安德烈·基里延科就是从这里去的莫斯科。

1976 年苏共二十五大之后，利亚波夫被调往中央书记处工作。于是，由谁来接任州委第一书记就成了一个需要考虑的问题，利亚波夫大力推荐了叶利钦。无论是从经济地位，或在军工体系中的作用，还是人口数量与地理位置的角度看，斯维尔德洛夫斯克州都是苏联最重要的地区之一。在很多领域，斯维尔德洛夫斯克州都是乌拉尔地区的核心，将车里雅宾斯克州、彼尔姆州和库尔干州围拢在自己周围。成为斯维尔德洛夫斯克州州委第一书记，肯定要得到克格勃和苏联国防部的认可，因为一旦上任他会立刻进入一个小圈子，内部相互之间的联系也不仅仅是通过专线电话而已。1976 年秋，叶利钦前往莫斯科"谒见"。他首先晋见了卡皮托诺夫和基里延科，之后是苏斯洛夫。一天之后，叶利钦在卡皮托诺夫和利亚波夫的陪同下晋见了勃列日涅夫。总书记对叶利钦很满意，甚至开玩笑说："这就是在斯维尔德洛夫斯克州掌权的那个人！"谈话进行了大约 40 分钟，说了许多废话。"好感"已经获得了，1976 年 11 月 2 日，在州委会议上，叶利钦当选为第一书记。

叶利钦同安德罗波夫第一次电话会谈是在 1977 年。他们讨论的是如何处理那座著名的位于斯维尔德洛夫斯克的伊帕季耶夫故居的问题。众所周知，这座位于市中心的大房子原属于曾是商人和工程师的伊帕季耶夫，末代沙皇尼古拉二世和他的一家在这里度过了生命中的最后一个星期。1918 年 7 月 17 日，他们在这里全部被杀。当我在 1952 年第一次来到斯维尔德洛夫斯克的时候，伊帕季耶夫故居已经是该市的一个主要景点。在 20 世纪 20 年代，少先队员会被送到这里参观。杀害沙皇一家被认为是乌拉尔地区布尔什维克的一个功劳。战后，斯维尔德洛夫斯克成为一座被"封闭"的城市，外国游客无法进入。但是该市经常接待来自其他社会主义国家的公务考察，其中有很多人会去参观伊帕季耶夫故居，还要谈论末代沙皇的命运。在 1974 年，卡尔·李卜克内西大街上这座孤零零的宅邸共被访问 49 次，都是作为历史和文化名胜被参观的，而绝非建筑学上的意义。关于伊帕季耶夫故居，俄罗斯联邦政府做过决议，称在这里"遵照乌拉尔州劳动者代表苏维埃执行委员会的决定处决逊位的沙皇尼古拉二世"。现在我们已经很难得知，究竟是什么原因引发了安德罗波夫在 1975 年对沙皇一家命运的思考。1975 年 6 月 26 日克格勃在向苏共中央呈交的报告中这样写道："西方反苏集团周期性地通过各种方式针对罗曼诺夫皇室的问题展开宣传，其中时常会提到位于斯维尔德洛夫斯克的伊帕季耶夫故居。"伊帕季耶夫故居依旧矗立在城市的中心地带。将伊帕季耶夫故居列入城市重建的计划，从而将其拆除，这对于斯维尔德洛夫斯克州委而言是一个比较合理的方案。苏共中央批准了这一计划。在 1975 年 8 月 4 日的政治局会议上，通过了拆除伊帕季耶夫故居的决定，但是该项决定的执行却因为各种原因被搁置了下来。州历史博物馆反对破坏这栋建筑物，斯维尔德洛夫斯克州的一些知识分子也持反对意见。众所周知，1975 年 10 月民主德国领导人埃里希·昂纳克与维利·斯多夫还参观过伊帕季耶夫故居，州克格勃负责人尤里·科尔尼洛夫将军还向勃列日涅夫报告过此事。对安德罗波夫而言，来斯维尔德洛夫斯克州访问的客人以及当地的居民对伊帕季耶夫故居保持着高度关注并不是什么秘密。长期以来，在故居旁的路边也一直有人偷偷地去摆上红色的玫瑰。

根据叶利钦的回忆，他是在 1977 年夏季收到中央政治局关于拆除伊帕季耶夫故居的秘密指令的。"那个事关俄国末代沙皇的日子近了"，他在自己的书中这样写道，"人们因而激起了对伊帕季耶夫故居的兴趣，专程从其他城市赶来参观……对此我并没有感到有什么不安。我突然收到了莫斯科的秘密指令，打开后我简直不能相信自己的眼睛：政治局做出了拆除斯维尔德洛夫斯克伊帕季耶夫故居的秘密决定……中央政治局的秘密指令是无法违背的。几天后的一个夜晚，一支工程队来到伊帕季耶夫故居，到了早上整个建筑就什么都不剩了。在这之后，这个地方被铺上了沥青"。尽管斯维尔德洛夫斯克的居民都传说伊帕季耶夫故居就像变魔术那样，在一夜之间消失了，但拍到了拆毁房屋过程的摄影记者什托夫后来证实，房子的拆除用去了 3 天时间。这应该属于视觉误差，与拆除房子的方法有关：房子首先是从墙壁开始拆除的，当房子拆到一半的时候，从街上望去感觉已经是拆完了。无论如何，叶利钦过去的主业是建筑。

叶利钦此时还不是苏共中央委员，需要等到二十六大决议。但是他参加了全部的中央全会并多次发言，不过讲的都是民生问题。因为各种各样的经济问题，叶利钦多次来到莫斯科。在勃列日涅夫那里问题很少得到解决，当然他还要被训斥。他们的会面时间都很短。叶利钦在了解勃列日涅夫的工作习惯后，就提前把所有必要的文件和材料都准备好，这样总书记只需要签个字就行了。但是，就是在这种情况下，勃列日涅夫还是会在一开始就说："告诉我：需要在上面写什么？"

在安德罗波夫当政之前，叶利钦的工作作风发生了很大的转变。作为州委第一书记，叶利钦多次不带讲稿去教室与大学生见面，回答那些最让人无法提前做好准备的问题。1982 年 12 月，叶利钦在地方电视台进行了一场直播，面对电视观众回答了许多意想不到的问题。在苏共的州委书记中，很少有人采用叶利钦式的工作方式。在大庭广众之下，面对近 2000 名听众，叶利钦的自我感觉还要更好。叶利钦曾经两次前往莫斯科，专程与安德罗波夫会面。他们解决了斯维尔德洛夫斯克州的许多经济问题。后来在苏联列宁共产主义青年团的高级共产主义学院，叶利钦曾经这样谈论他和安德罗波夫之间的关系："我们之间的关系特别好。在他担任总书记期间，我曾经两次在他那里短期逗留过。需要指出的是，他谈话很有智慧，他对所提要求的回应，对问题解决的布置，我都落实了。他对中央全会的领导……当然，对于我们而言，这样的总书记还是太少了。"

叶利钦与戈尔巴乔夫相识更早一些，他们作为各自州委的第一书记在 1977—1978 年就见过面。在农业领域，边疆区斯塔夫罗波尔对斯维尔德洛夫斯克州提供帮助，而乌拉尔市则在工业领域支持南方各州。在戈尔巴乔夫就任苏共中央总书记后，他们在农业问题上的联系进一步加强了。受益于安德罗波夫对党和国家高层干部进行更新换代，戈尔巴乔夫提拔叶利钦为己所用也就毫不稀奇了。当时是 1983 年秋，安德罗波夫已经住进了医院。安德罗波夫并不仅仅是打造了这样一份名单，他还专门加入叶利钦的名字。叶戈尔·利加乔夫回忆说："在 1983 年年底，尤里·弗拉基米洛维奇·安德罗波夫从医院给我打来电话，叮嘱我有机会去斯维尔德洛夫斯克的时候，记得'看一下'叶利钦。很快我就出发了，1984 年 1 月，我到了斯维尔德洛夫斯克，参加了州党委讨论会，同叶利钦一道去了生产基层。实话实说，叶利钦同民众的交融、他的能力和决断力都吸引了我。很明显，很多人都尊重他。"利加乔夫在州党委讨论上向叶利钦转达了来自安德罗波夫个人的问候。叶利钦也按照这一思路，代表自己和当地民众向"略有微恙"的领袖致以问候。州党委讨论会过后，来自莫斯科的客人又同叶利钦一道参观了州内工业企业和集体农庄。他对叶利钦非常满意，并从斯维尔德洛夫斯克给戈尔巴乔夫打了电话，告诉后者，叶利钦是一个"光明磊落的人"。安德罗波夫的去世打断了党和国家干部更新换代的进程。

第二章

鲍里斯·叶利钦——莫斯科布尔什维克的领袖

在米哈伊尔·戈尔巴乔夫执掌政权之后，鲍里斯·叶利钦也等来了请他前往莫斯科工作的邀请——担任苏共中央书记处或者是苏联部长会议中的某个高级职位。在安德罗波夫当政时期，这一切就已经相当明显了——苏共开始允许各州委中更加强力、能干的第一书记进入权力核心。4月3日，来自莫斯科的电话铃声响起，给叶利钦打电话的甚至不是利加乔夫，而是戈尔巴乔夫本人，由他来通知新提拔的干部。之前苏共中央政治局候补委员、苏共中央书记弗拉基米尔·伊万诺维奇·多尔吉赫给叶利钦打过电话。他告诉叶利钦，中央决定请其出任苏共中央建委主任。叶利钦思考了一到两秒，就拒绝了这个邀请。叶利钦在自己的回忆录中承认，当时他非常失望，因为凭他的直觉应该不是这样的安排。"我当时没有接受这个建议，因为很明显，我的潜意识告诉我，作为中央委员，我干了九年半的州委第一书记，被安排去做中央建委的主任，这实在不合逻辑。对待斯维尔德洛夫斯克州这样重要的州，对其州委第一书记的任用应该是很慎重的。一般而言都是这样安排任用的：州委第一书记基里延科出任中央书记，利亚波夫也是出任中央书记。而让我去做一个部门的负责人？面对弗拉基米尔·伊万诺维奇的高谈阔论，我告诉他，我不同意这样的安排。于是，我们的谈话就这样结束了。"① 在离开斯维尔德洛夫斯克的前一天，叶戈尔·利加乔夫给叶利钦打了电话并向其告知，政治局已经通过了对他的任命决定，叶利钦必须服从党的纪律。随后，1985年4月12日，叶利钦启程前往莫斯科。

到莫斯科之初，叶利钦工作很卖力——他熟悉了中央的工作，建设了最大的工程。叶利钦经常和他的直接领导多尔吉赫见面。在此期间，叶利钦同

---

① 叶利钦：《叶利钦自传》，斯维尔德洛夫斯克：1990，第85页。

戈尔巴乔夫之间有过 2—3 次电话交流，叶利钦感到了后者对他的轻慢。他在几年后这样写道："我同总书记之间谈过话，但都是在电话里。有一点我必须承认，我当时感到非常吃惊的是，他竟然没有要和我见面、谈话的意思。首先，我们过去的关系还不错；其次，戈尔巴乔夫自己也明白，他和我一样，也是从地方上的第一书记被提拔到中央的。事实上，边疆区的地位还要低于斯维尔德洛夫斯克州，但是他成了总书记。在我看来，戈尔巴乔夫也知道我对这一切不满，而事实上我们都没有达到自己的预期目标。"①

戈尔巴乔夫平息了叶利钦由于未能一展宏图所引发的不满，这对后者而言曾经是一种折磨。

当时的戈尔巴乔夫欣赏叶利钦的能力，之后他也承认，要调用叶利钦来管理莫斯科。那时莫斯科党组织的负责人是维克托·格里申，他是一个资深的政治局委员。自 1967 年起，格里申就开始领导莫斯科了，尽管整个机关是严重腐败的，但他在这一段时间内还是做了很多有益的工作。但是，格里申已经年逾七旬了，政治局的新三人核心还是决定让他退休。

在中央部门负责人位置上，叶利钦并没有干很久。1985 年 6 月，在例行的中央全会上，叶利钦当选为负责建筑工作的中央书记。之后叶利钦这样写道："说实话，我当时并没有什么特殊的感觉或者是特别的欣喜，在我看来，凭我的实力与经验，这是一个必然的结果，这也是一个有实权的职位。办公室换了，地位变了，我看到了党和国家的高层是如何生活的。"② 叶利钦一家被请进了位于莫斯科郊区的大别墅居住，这栋别墅之前是米哈伊尔·戈尔巴乔夫住过的。作为总书记，戈尔巴乔夫此时已经搬进了专门为他和他全家修建的新别墅。

关于将叶利钦调任莫斯科党委的事情，事前根本没有和他商量过，也没有征得他的同意。此类调动从来都是党和苏维埃的最高机关决定的，并且会以最快的速度落实。在一天之内，要让维克托·格里申退休，并且要求莫斯科党组织的新领导人就任，格里申几乎是在半夜接到的这一任命。

叶利钦受邀参加了 1985 年 12 月 22 日的政治局会议。他回忆道："我预先并不知道要讨论什么话题，但让我惊奇的是，在会议室内没有秘书，只有政治局委员在场，于是我就明白了，是关于我的话题。戈尔巴乔夫宣布，经

① 叶利钦：《叶利钦自传》，斯维尔德洛夫斯克：1990，第 89 页。
② 叶利钦：《叶利钦自传》，斯维尔德洛夫斯克：1990，第 96 页。

过政治局讨论并通过决议，由我来领导莫斯科市党委——大约120万党员与1000万居民。这是出乎我的预料的。我站起身，表示这个决定有不合适的地方。首先，我是一个建筑工程师，有丰富的部门管理经验，负责建筑工作的中央书记更适合我。其次，我对莫斯科的干部并不了解，我将很难展开工作。"①叶利钦的反对意见被拒绝了，在不到一个小时之后，对他的新任命下达了。

苏共莫斯科市委与苏共中央相距不远，在位于离老广场不远的新广场处。在经过了短暂的准备过程之后，莫斯科市委召开了党委会议。米哈伊尔·戈尔巴乔夫在会议开始前做了发言。他简短地陈述了维克托·格里申退休的必要性，向莫斯科市委委员介绍了新任书记鲍里斯·叶利钦。戈尔巴乔夫的发言当时并没有公开，之后也没有发表。这一决定没有同我们任何一个人，包括莫斯科的市民们商量过，我们通过报纸上的一个很短的通知才得知莫斯科换了"主人"。报纸上是这样说的："12月24日，莫斯科市党委会议讨论了组织问题。会议决定解除格里申第一书记的职务并安排其退休，叶利钦当选为苏共莫斯科市市委第一书记。苏共中央总书记戈尔巴乔夫参加了此次会议。"

作为米哈伊尔·戈尔巴乔夫团队中重要一员，鲍里斯·叶利钦之前在许多岗位上工作过，但都局限于斯维尔德洛夫斯克和斯维尔德洛夫斯克州内。叶利钦对乌拉尔地区的工业情况很了解，对建筑行业以及地方党务工作的主要工作方式和程序也比较清楚。他自己承认，作为一个从地方上来的人，他对莫斯科人和莫斯科市是带有一定偏见的，在他看来，莫斯科就是一个大型的波将金村。②

然而莫斯科是欧洲最大的城市，是庞大国家的首都，它的特点并不仅仅在于规模与设施，还有各种党和国家不成文的规则与法律，这些叶利钦此时还都不清楚。那些在莫斯科各个阶层与不同机构中工作的人，叶利钦也都不了解。在这种情况下，戈尔巴乔夫、利加乔夫和雷日科夫很少对叶利钦提供帮助。按照党的政治序列，叶利钦成了政治局候补委员。作为莫斯科布尔什维克的新领导，叶利钦并没有收到任何来自上级的新指示。叶利钦明白自己的使命：迫使莫斯科党组织的官僚主义服从中央。之前实在是太过于独立了。

---

① 叶利钦：《叶利钦自传》，斯维尔德洛夫斯克：1990，第103页。
② 意指充满了弄虚作假和形式主义的地方。——译者注

叶利钦后来回忆道：

> 我很清楚地懂得，把我安排在这个位置上的目的就在于肢解格里申的派系。戈尔巴乔夫知道我的性格，以我的能力和勇气，我能推倒旧的山头，同这些宗派作斗争，坚定地更换干部。这就是他的预期目的。在当时的情况下，对于戈尔巴乔夫而言，要达到上述目的，我无疑是一个更加理想的选项。格里申是一个智力不高、没有任何正义感，却又很自负的人。他甚至打算出任总书记一职，为了保住自己手中的权力而不惜动用一切手段，但谢天谢地，他没有成功。格里申几乎败坏了整个莫斯科的党组织。党的机关中充斥着专制主义的作风。专制主义加上无能的指挥，是很可怕的。①

叶利钦就是怀着这样的想法开始在莫斯科工作的。但到那时为止，叶利钦也一直保持着专制主义的工作作风。在苏共党内，其实就没有其他的工作作风。由于叶利钦是一个热情、刚毅的领导人，能够赢得普通民众的同情，他获得了强悍、严格、有力的个人声望。叶利钦之前没有在莫斯科工作过，不了解莫斯科的干部，也不掌握这里原有的关系。这对新上台的党和国家领导人而言，反而是一件好事，而非坏事。

叶利钦上任后便立刻开始对莫斯科的干部队伍进行大改组。1986 年 1 月，莫斯科市党委会通过了决议，对市委领导班子进行全面的更新。叶利钦将莫斯科市市委委员全部替换，苏共中央没有反对这一决定，但叶利钦的处境立刻就变得复杂了起来，在他的身边没有人了解首都各项工作的特点。叶利钦在莫斯科也没有自己的团队，他身边的人都是苏共中央安置的，叶利钦同这些人并不熟悉。中央为莫斯科市委选派了第二书记扎哈罗夫，几个月后叶利钦就和他产生了矛盾。后来叶利钦从斯维尔德洛夫斯克调来自己人维克托·伊留申，安排他进入莫斯科市委并成为自己的助手。随后叶利钦开始大力整顿莫斯科市党委机关的干部：几个月内撤换了近 40% 的人员。与此同时，叶利钦也在区党委中大量撤换干部，到 1986 年年中，在 32 个区党委第一书记中，已经有 23 个被撤换掉了。

叶利钦喜欢带着不多的几个人在这座大城市中到处巡视。他不仅到过大

---

① 叶利钦：《叶利钦自传》，斯维尔德洛夫斯克：1990，第 104 页。

大小小的食品店，还去大型商场调研。他花了很多时间去工厂和工地考察。在就任之后的几个月内，他就已经了解了莫斯科具有代表性的 29 家工业企业的情况。在工作中，叶利钦对下级的批评较多而表扬较少，在很多情况下，他并不仅仅是把一些干部撤职，还要把他们移交法院，甚至下令立刻逮捕。

1986 年 4 月 11 日，叶利钦通过莫斯科的宣传部门对党的工作人员直接发出警告说：他们"脱离群众"并为自己谋得了"装有天蓝色马桶的大房子"；警务工作人员则是"工作干得不好"的"寄生虫"，应该给他们派最重的活儿；而年轻人是"明显在追求那种不劳而获且不正当的悠闲生活"；还有就是那些街头的酒鬼再次出现。叶利钦发起的这场同酒精之间的斗争，对于莫斯科的商业工作者而言是一个沉重的打击。叶利钦是这样说的："之后的几个月内，在莫斯科逮捕了 800 人，其中大部分是商业工作者。我们不断地从这口井里向外舀水，但井底的泥还是没有看见，但我们必须将井底的污泥清理干净。我们把那些官员隔离开来，断绝罪犯之间的联系，把他们的位子让给那些廉洁和忠诚的人，之后我们再逐渐地深入下去。这个工作会是艰巨而且漫长的，但我们有信心把井底的污泥全部清除干净。"①

这次对莫斯科商业系统的清洗是继安德罗波夫时代后的第二场运动，其进行过程较之上一次还要更加严酷，但也没有完全查到底。各个层级的商业工作者都被震撼到了。尽管叶利钦号召和发动"待业青年"到商业系统工作，但是愿意到商店就业的人还是很少。很多商店的柜台都是空着的，售货员的数量远远不够，愿意参与辅助工作的人也太少。首都大约有 200 家商店暂时关闭，因为没有人愿意出任经理和总会计师。强劲的反酗酒运动严重地伤害了莫斯科的商业系统。酒只有少数商店有售，而且只能给来买酒的顾客倒满手上的酒杯。在漫长的等待购物队伍中，出现了打架斗殴的情况，很多人都已经无法忍受这种精神压力。莫斯科的投机倒把风潮骤起，一些人开始酿私酒。

莫斯科市人民苏维埃执行委员会（简称"莫斯科苏维埃执委会"）主席弗拉基米尔·费多洛维奇·普罗梅斯罗夫，作为一个曾经的建筑师，他在莫斯科的机关中工作了超过 40 年，其中有超过 20 年的时间是在莫斯科苏维

---

① 《俄罗斯思想》，1986 年 7 月 25 日，巴黎。叶利钦的这些言论当时在苏联国内并没有公开发表，是后来一些移民出国的人在国外的俄文报纸上发表的。

埃执委会领导人的位置，在格里申退休之后他马上也退休了。在他退休的同时，77 岁的普罗梅斯罗夫的一些副手也退休了。在这之后，叶利钦很快就在特维尔大街 13 号的莫斯科市苏维埃大礼堂召开了一次由莫斯科苏维埃代表和莫斯科苏维埃执委会工作人员参加的大会。

这场大会有超过 1500 人参加，参加者主要是各部门领导和莫斯科市苏维埃的代表。叶利钦一开口就大声说道："喂！你们好，国家的主要官僚们！"没有人鼓掌。人们只是感到恐惧。之前没有出现过这样的情况。叶利钦回答了几十个写在纸条上的问题，其中有很多问题是匿名的。叶利钦在短暂的发言后，提议选举原利加乔夫汽车制造厂厂长瓦列里·季莫费耶维奇·塞义金为莫斯科苏维埃执委会主席，他们是在几天前在叶利钦去工厂视察时认识的。那天叶利钦从早上 8 点到夜里 2 点，一共在厂里待了 18 个小时，在塞义金和工程师团队的陪同下，走访了工厂的每一个车间与部门。

重组所涉及的并不仅仅是苏共莫斯科市委和莫斯科苏维埃执委会。莫斯科的警察系统的领导层与克格勃莫斯科分局的领导层大部分也被更换了。莫斯科建筑综合体的管理层也没能幸免。鲍里斯·叶利钦强烈谴责招募"临时工"来莫斯科工作，当时莫斯科有不少外地的工人。在 20 世纪 80 年代初，莫斯科大约每年都会从外省和其他共和国招募 10 万名左右的工人，并把他们送到工业企业的流水线上工作。这些工人在宿舍居住，6—7 年后可以拿到允许其在首都居住的许可证明。莫斯科有许多人对此不满，叶利钦也持这种态度。他面对这样复杂的情况，讲话十分激进。叶利钦在其讲话中将上述工人称为"临时工"，声称"他们已经给莫斯科造成了并还在产生很大的社会压力，由此出现了很多不正常的现象。1986 年我们必须赶走超过 2 万人，到了 1987 年就一个不用赶了，但不能再进人了。要让莫斯科人起来工作，警察机关应该出台一个治理这些寄生虫的方案"。

在就任之初，叶利钦向莫斯科的市民们提出保证，要在不长的时间内改善他们的生活。但是莫斯科的境况并不是每个月都在变好，而是每个月都在变坏。继商业系统之后，建筑系统也出现了困难。包括利加乔夫汽车制造厂、莫斯科机械制造厂在内的一些大型工厂，都向莫斯科苏维埃执委会提出申请，要求在 1987 年招聘外地工人。叶利钦断然拒绝了这一要求，继续粗暴地干涉生产活动，造成了紧张的局势。

客观地说，莫斯科的企业技术落后在很大程度上是事实。但怎么可能在几个月内改变这一切？莫斯科出现了经济危机，而且还在不断加重，主要是管理层和干部的问题。维克托·伊留申后来也承认，叶利钦所能做的，就只是通过自己的倡议将很多人聚拢到政权机关，但是他个人却是很无助的。面对叶利钦所处的环境，很多人都变得比较谨慎。这些人并不确信，以鲍里斯·叶利钦激进的工作方式，他最终是否能够得到上级的认可。叶利钦个人确信，他要针对"格里申的干部们"所进行的组织破坏工作有所行动。叶利钦在苏共中央提出，并私下里向利加乔夫和戈尔巴乔夫求助，请他们在干部的问题上有所帮助。苏共中央专门通过了名为《向首都提供有力帮助》的决议。根据决议精神，很快就从各部委和机关调派了几十个有经验的领导干部，去莫斯科市委"壮大莫斯科的新干部队伍"。在去往新工作岗位的名单中，有化学博士、著名塑料与石油应用技术专家尤里·米哈伊洛维奇·卢日科夫，他刚刚就任苏联化学工业部科技部门负责人。当时卢日科夫管理着数百家大型企业，其中有一些是为国防工作服务的。

得知要调他去莫斯科市苏维埃工作，卢日科夫是不接受的，为此他还找化学工业部部长尤里·亚历山大洛维奇·别斯巴罗夫谈了一次话。卢日科夫这样对部长说："国家为什么要花大把的心血培养出化学学科领域与生产方面的专家，然后却派他去管理城市的经济，而这恰恰是他不擅长的工作？"其实部长也不愿意让这样一个重要的人被调走，而且他才上任不到一年的时间。他们商量后达成了一致，部长坚决反对将尤里·卢日科夫调到莫斯科市市委。

10年之后，卢日科夫讲述了他同鲍里斯·叶利钦之间的第一次见面，后者不仅仅改变了卢日科夫的命运，在很大程度上也改变了莫斯科许许多多人的命运。卢日科夫在他的书中是这样写的：

> 晚上10点钟的时候我受邀来到了市委，对于要解决的问题而言，这个时间是正常的；我走得比部长早，在路上思索着对自己有利的论据。
>
> 我与叶利钦在此之前并没有见过面，对第一印象也很有兴趣。我们热情地握手。我并没有含含糊糊，而是直截了当地讲了自己的想法。叶利钦很宽和，遇到这样的人会立刻想和他建立友谊。他没有以势压人，还能提出正确的建议。这些加在一起，对于一个领导人而言，是一种不可或缺的罕见品质。在和他的交流中产生了信任感，感觉一切都能做成，都会变好。谈话中的战术运用得很好，底

线也守住了，在会谈之后，我基本上搞清楚了他召见我的目的，于是立刻就进入新的工作状态。

我认为对于国家而言，不应该这样任用干部。一个人在专业岗位上干了28年，准备终身投身化学事业，而且这个领域还缺乏这样的人才。但却在第29年，硬生生把这个人调离这个领域，让他告别这一切，去从事其他的工作！

叶利钦面无表情地听完了我的话，我的论据并没有对谈话对象造成任何影响。

叶利钦说道："您为什么如此高看自己？"

"我讲的都是事实。"——他那不为所动的态度激怒了我。

"也就是说，在其他人看来，您也是无可替代的了？"

"您自己去问问吧。"

叶利钦并没有计较我的不满情绪并拿起了转盘电话，需要指出的是，他平静的语气当时给人以深刻的印象。

"尤里·亚历山大洛维奇吗？现在有这样一件事情，我们想调卢日科夫来莫斯科苏维埃执委会工作。您看这个问题我们能达成一致吗？"

就像我们之前计划好的那样，别斯巴罗夫接过了皮球并反戈一击，他表示卢日科夫是一个很好的干部，无法接受损失这个人才。"政府一号"电话机的声音很响，我能听清每一个字。我带着胜利的眼神，坐在那里看着叶利钦。

接下来情况开始变化，叶利钦的面部表情变得严峻起来，他说话的声调也变高了，论调也提起来了。

"原来如此，尤里·亚历山大洛维奇，我明白您的立场，不能放卢日科夫走。看来我们的谈话可以就此结束了，但是，请记住这件事，这是莫斯科市市委领导第一次在干部任用问题上当面遭到拒绝！"

我当然为这样一种言语攻势所震惊，这不仅超乎常理也无法从人格的角度来评判，不是别斯巴罗夫能应对的，这句话对他仿佛有一种神奇的魔力。作为一个在中央混迹多年的人，他感觉到了对方所释放信号的意义，即毫不妥协。

我听到电话那一头传来了这样的声音："您这是怎么了，鲍里斯·尼古拉耶维奇？我只是想说卢日科夫工作很称职，我们对他的调离感到很遗憾，但是为了市党组织……我们是非常尊重的……没有任何意见！一定不要把我刚才说的话放在心上！"

叶利钦说了声"谢谢"，就放下了的话筒。他注视着我，刚刚发生的那一场伦理冲突显然激起了他的兴致。

"您看，您并不是一个无可替代的同志，听说没有您工作也一样能干起来。"

这些话确实很刻薄，也很伤人。叶利钦并没有掩饰他对我那个盟友的鄙夷。

我当时脑子全乱了，也就是说，我什么都说不出来。我就这样被轻而易举地出卖了。当时真的希望并没有叶利钦这个见证人，或者我能一人独自面对这个事件。但是，叶利钦那鄙夷的眼神让我感觉到，我的盟友在道德上的失败对我起到了负面的影响。伦理的崩溃导致了现实中的损失。但是我还是冷静地面对别斯巴罗夫的背叛，我们没有站在道德基准线的同一段。这就确保了自己和他人的平安。

"您知道吗？如果部长在一小时前……如果他使我这样难堪……如果我现在拒绝您的建议……那么接下来要做的事情就是要让行内的人都知道他的背叛！我保证！"

叶利钦说道："这样也不错。"我很快也就不再在意这件事情。因为从这一刻起，生活回到了自己的手中。在这之前，生活一直都很正常：上大学，学习期间结婚，有两个孩子，在职业生涯中一步一个台阶地上升……从此时起，在50岁的时候，我感受到了命运的意志。①

尤里·卢日科夫在工作中取得了不少成就。他确保了城市蔬菜基地的正常运转：向莫斯科供应面包、蔬菜，以及各种各样的肉罐头和鱼罐头。尤里·卢日科夫在莫斯科还推动了第一批合作社和私营企业的成立与发展。但是苏联的整体经济形势在1987年仍在恶化，莫斯科在此事上并没有发挥决定性的作用。

莫斯科各项事业的进展需要时间来保障，但鲍里斯·叶利钦想要获得立

---

① 卢日科夫：《莫斯科，我们是你的孩子》，1996，第138—140页。

竿见影的成效，这就引起了他的不满情绪。叶利钦在莫斯科就如同在斯维尔德洛夫斯克时一样，是一个拥有全权的人物。但莫斯科是首都，这里至少有数十家部委和机关在地位上要高于莫斯科市市委。叶利钦并不能掌控市内的每一家大型工厂。

曾经多次出过此类问题：叶利钦本人或者是莫斯科市委做出的决定，第二天就被利加乔夫或者中央书记处否决了。

鲍里斯·叶利钦从早到晚地工作，除了那个早在斯维尔德洛夫斯克就和他一起工作的亲密助手维克托·伊留申之外，他身边的其他人都以为他拥有一个很强健的体魄。但这已经是过去时了，很遗憾，现在根本不是这样。不可否认，叶利钦从他的父母和乌拉尔的大自然中获得了强大的力量储备和内在能量，但是年近50岁的他正在快速地消耗这一财富。他经常生病却很少去医院。伤寒、胃溃疡，以及心脏、呼吸系统和耳部炎症等带来问题，失眠和严重头疼的折磨在晚上更加严重。

叶利钦经常在中午前后的时间告诉他的秘书，说他"出去开会"，然后却乘车前往专门为高级领导干部设立的疗养中心。在这里，叶利钦可以睡觉、游泳和就诊。

苏联原卫生部部长兼卫生部克里姆林宫局长叶夫根尼·恰佐夫在《命运》一书中就鲍里斯·叶利钦就诊的情景是这样描述的："由于情绪化和易怒状态加上神经性和高血压问题，他开始服用镇定药物和安眠药，对酒精产生了依赖。"叶夫根尼·恰佐夫证实，叶利钦的疾病是他事业上的巨大压力造成的。由于在工作上太过投入，叶利钦已经精疲力竭了。

恰佐夫回忆："应该要做点什么了，我想到了一个当时公认的最优秀的精神病理学家，医学科学院学部委员纳德扎罗夫。情况是，叶利钦不仅依赖酒精和镇定药物，他还需要精神病理学的帮助。"[1] 其实对于20世纪80年代的苏联领导人而言，这种诊断是很常见的，早在30年代就是如此。医生对此有一些比较得体的建议，比如在工作中要"爱惜自己的身体"，多休息，多陪伴家人，等等。

不出预料，叶利钦简单地回绝了医生的建议，在头疼的时候他还是依赖白兰地的作用。对付失眠，所采取的也是这个办法。叶夫根尼·恰佐夫就此问题这样写道："会诊后，我们认为必须摆脱对镇定药物和酒精的依赖，叶

---

[1] 恰佐夫：《命运》，莫斯科：2000，第171页。

利钦对此非常抵触，他声称自己绝对健康，也完全不需要这些教条。"戈尔巴乔夫对恰佐夫的汇报完全没有兴趣。在克里姆林宫的医疗服务机关中，这也算不上是什么秘密了。早在尤里·安德罗波夫时期，就时常收到有关政治局其他委员身体健康情况的报告。

叶利钦在工作中失误并不仅仅因为"格里申的人"对他的阴谋算计，还在于他在苏共中央工作中的不足。在 1987 年苏共中央的二月会议上，叶利钦提出了批评意见。叶利钦说："人民提出了问题，已经过去两年了，迄今为止所有的工作，包括宏观预期产量、微观层面和地区的发展问题，都像是一场幻梦。我们失去了时间，失去了人们的信任，那些转型为自负盈亏的企业，情况正在恶化，比那些按照老办法运转的企业糟糕。这是没有意义的，要人民继续支持改革，简直就像是去做人工呼吸。"

莫斯科与中央之间的分歧还可以从莫斯科的"车轮"食品市场得到印证，当时全国各地向莫斯科输送水果、蔬菜、肉类和燕麦，并且直接在汽车或是卡车上进行售卖。对于莫斯科人而言，这无疑是一件好事，尽管需要一次性大量地购买。但这对于白俄罗斯或者克拉斯诺达尔边疆区的人而言，却不见得是一件好事，这种贸易是违反规则的。

在叶利钦与利加乔夫之间出现了因在莫斯科举行集会和游行问题而产生的冲突。莫斯科苏维埃批准了此次集会和游行，但游行却被中央书记处否决。这是叶利钦同利加乔夫之间又一次艰难的谈话。怒不可遏的叶利钦给正在克里米亚休假的戈尔巴乔夫写了一封长信。

叶利钦要求降低机关的地位，称因为它正在干扰改革，并以辞职相要挟。"等我回莫斯科后就解决"，戈尔巴乔夫是这样回答的。9 月底，叶利钦同戈尔巴乔夫进行了谈话，这场时长超过两小时的谈话进行得很不愉快，甚至有火药味。鲍里斯·叶利钦拥有在莫斯科完全独立的地位，就像之前的格里申。但这是在政治局委员一致许可的情况下才能保证的。利加乔夫反对快速提拔叶利钦。他斩钉截铁地说："太早了，他还不成熟。"在这种情况下，戈尔巴乔夫仅仅是延迟了这一决议而已。

鲍里斯·叶利钦开始挑起矛盾。这次矛盾发生在政治局一次讨论戈尔巴乔夫纪念十月革命 70 周年讲稿的会议上。这个讲稿是苏共中央意识形态部门花了很长时间准备的。讲稿内容之前也已经发给政治局委员和候补委员们审阅过了。修改意见很少。但出人意料的是，叶利钦发言要求重写这篇讲稿，他对讲稿提出了超过 20 处修改意见。叶利钦注重的并不是某些修辞问题，而是涉及重大理论问题：关于二月革命与十月革命之间的关系、列宁与其他党内活动家对革命的作用问题、内战爆发的原因等。所有人都没有想到会出现这个变故，戈尔巴乔夫也出人意料地离开了会场。于是整个讨论就中断了，所有与会者都把矛头指向了叶利钦，怪他打断了会议。这时铃声响起，对叶利钦的人身攻击开始了，讨论停止了。而政治局委员脸上毫无羞愧的表情，因为他们的话题不是关于总书记本人，而是他的反对者。

矛盾此时已经公开化了，而且自然而然地延伸到了1987年10月21日召开的苏共中央全会上。在这次中央全会上，计划讨论纪念十月革命70周年的讲稿。作为全会的主持人，利加乔夫想要做一个了结，让叶利钦就范。叶利钦的讲话只有一个编辑人员了解。1987年秋天这次全会的材料没有发表。全会的会议记录是之后才收录的——在1989年有关苏联人民代表大会选举的党内闭门会议时。

叶利钦在其于1990年出版的自传中，对自己的一系列讲话进行了描述。我们可以看得很清楚，叶利钦这次发言并不是讨论性质的，而是首先着重于苏共中央书记处的工作作风与方法问题，并第一个点名批评了利加乔夫。按照叶利钦的说法，在过去的两年时间里，改革实际上并没有多少进展，但他在改革过程中的工作当然是正确的。但是，上级对他提出的建议——"对各级党委会进行彻底改革"却并不在意，也不理解。叶利钦指出，在莫斯科有超过1000所各类院所，其中大部分都是无所作为的，应该把它们全部关闭，但他并没有举出哪怕是一个例子。

叶利钦讲话的核心思想在于，所有的失误都是党造成的。而且在过去和将来由于党对国家的领导，权力都集中在那个"绝对拒绝一切批评的人，政治局内也不是同事关系，事实上一些委员对总书记的鼓吹已经越来越严重。必须当面提出批评意见，眼睛看着眼睛，而不是迷恋虚荣。这样会再次树立起一个偶像，将我们带入个人迷信的境地。我们不能允许这样的事情发生"。① 说完这些话后，叶利钦提出解除他的职务并免去政治局候补委员的身份。关于莫斯科市市委第一书记的工作，叶利钦没有提及。

实话实说，叶利钦的发言当然是公正的。但他没有讲到点子上，流于表面而没有说服力。在这种情况下，叶利钦能够向谁求助？谁又能在中央全会上支持叶利钦？谁会在会场外倾听叶利钦？叶利钦发言带来的后果并不难预

① 叶利钦：《叶利钦自传》，斯维尔德洛夫斯克：1990，第167—169页。

测。苏共中央全会又进行了几个小时。讨论在新的圈子内进行。大家都忘了讨论即将举行的十月革命纪念活动的事情，有大约 20 个政治局与苏共中央委员发言谴责叶利钦。

全会做出的决定是人所共知的。全会通过了关于将叶利钦开除出政治局并解除其莫斯科市党委第一书记职务的决定。这一决定是在纪念活动结束之后才公布的。1987 年 11 月 13 日《莫斯科真理报》上详细刊登了莫斯科市党委会议的情况。在这场会议中，戈尔巴乔夫对叶利钦以及莫斯科市市委的工作态度做出了批评，并涉及市委每一个高级干部。

鲍里斯·叶利钦也承认自己存在过度的野心，犯了错误，表示相信党和改革。"我给莫斯科的党组织带来了损失，我造成的创伤应该尽快愈合。我热爱莫斯科，想做那些对莫斯科和莫斯科的居民有益的事情。我有愧于米哈伊尔·谢尔盖耶维奇·戈尔巴乔夫，他在我们党内乃至全世界都有着崇高的威望。"[1] 这个表态是无用且苍白的，很快叶利钦就确信，他的话有多么荒唐。就像他之前所说的话那样。

在 11 月 12 日之前，叶利钦在名义上还是党的高级领导干部，11 月 7 日他还和其他领导人一同出现在了列宁墓的观礼台上。但是 11 月 9 日叶利钦出现了严重的抑郁，他拿剪刀扎向自己的胸膛。恰佐夫带领的医疗小组将叶利钦送到了医院。医生们做出诊断，认为这不是自杀行为，而是装作要自杀。来自克里姆林宫的医生给叶利钦开了许多镇定药物，送他来参加市党委全会。会后，医生们把叶利钦送回医院去治疗。

1988 年 1 月，叶利钦被任命为苏联建筑部正部级第一副部长。他还保留了苏共中央委员的身份。后来戈尔巴乔夫非常后悔没有把叶利钦派去某个国家做大使。空缺是有的，而且这也是赫鲁晓夫和勃列日涅夫时期处理党内斗争问题的一个方式。我们也许可以这样假设，戈尔巴乔夫是想在一定程度上利用叶利钦的潜力和声望来牵制已经同自己产生矛盾的叶戈尔·利加乔夫。这个矛盾对于戈尔巴乔夫而言，既复杂又危险。鲍里斯·叶利钦在党的机关内部没有多少自己人，他也感到自己弱小又无力。相反，叶戈尔·利加乔夫在苏共中央和各地党委中却拥有广泛的支持。取代叶利钦莫斯科市委第一书记的人，是苏共中央书记与政治局委员列夫·尼古拉耶维奇·扎伊科夫。

---

[1] 《莫斯科真理报》，1987 年 11 月 13 日。

鲍里斯·叶利钦在建委很少做事，也很不情愿。他经常生病，而且明显是因为处于无人关注的境地而饱受煎熬。"我今后不会再让你碰政治了"，戈尔巴乔夫斩钉截铁地告诉他。但是鲍里斯·叶利钦一直在思考复出的事情，并为此做着准备。

第三章

鲍里斯·叶利钦——党内民主化运动的领袖

第十九次全党代表大会

1988 年 6 月底，苏共第十九次全党代表大会如期召开，会上计划讨论有关改革的预期目标与一系列新的政治与经济改革措施。5 月 23 日召开的苏共中央全会批准了此次全党会议的议题，并于 5 月 27 日在《真理报》上刊登，此时距离会议召开还有约 1 个月的时间。这些议题相对温和，却也有些批判的色彩。显而易见，这是一个经过了多方妥协的产物。有很多在社会上已经引发热烈讨论的政治与经济问题，在这些议题中都没有找到，因为撰稿人根本不知道如何去解决这些问题。

在所有议题中，最重要也是最含混的部分就是提出要把一切权力，即从上至下的整个权力交给苏维埃。提出这个口号，意味着重新拾起列宁在 1917年所提出的那个口号吗？苏维埃权力机构的构成早已经和那时不一样了，在这个体系中并不存在垂直的权力。比如说，莫斯科市苏维埃并不隶属于莫斯科州苏维埃，它们也都不隶属于苏联部长会议。苏联最高苏维埃仅仅是一个立法机构，没有能力管理国家。党的组织——从各地州委到苏共中央——早已承担起管理国家的职能，在一党制的国家内，不可能有其他模式。

根据苏共中央的决议，党代表的选举要通过党的会议或者地方代表会议决定，但换一种模式。这也是一个创新点。过去是按照苏共中央机关与各州和边疆区党委共同商定的人选名单选派代表参加全国代表大会，现在这种名单没有了，数个地方党代会在一个选区争夺 5—6 个名额。当然，苏共的州委与市委机关能够在大体上控制选举结果，但并不是 100%，而是 80%—90%。有很多州和地区参加第十九次全党代表大会的代表的资格都是这样获得的，如果不是采取这种方式，他们根本不可能得到代表资格。鲍里斯·叶利钦在斯维尔德洛夫斯克获得了党代会赋予他的代表资格。叶利钦不可能寄希望于在莫斯科获得代表资格，但是在斯维尔德洛夫斯克没有任何人能够阻止他，因为他在这里确实非常受欢迎。在莫斯科获得代表资格的有尤里·阿法纳斯耶维奇、尤里·切尔尼琴科、列昂尼德·阿巴尔金、格里高利·巴克拉诺夫、艾列姆·克里莫夫、米哈伊尔·乌里扬诺夫、奥托·拉茨斯与叶夫根尼·马克西莫维奇·普里马科夫，他们都属于反对派的序列。

没有必要在这里赘述第十九次全党代表大会的过程。在戈尔巴乔夫宣读完他那相当混乱和浅显的报告后，肤浅的讨论开始了，并持续了好几天。后来戈尔巴乔夫自己也承认，他好不容易才没有让会议失去控制——方向盘几乎脱手了。在任何情况下，叶利钦都不会被安排在会上发言，不论是戈尔巴乔夫，还是利加乔夫都不会允许。他们轮流主持会议，并没有打算给叶利钦发言的机会。

然而叶利钦已经下定决心好好利用全党代表大会这个舞台，为此他千方百计地取得了代表资格，而不只是像过去做中央委员时那样，仅仅做个看客。但叶利钦自己其实并不是很清楚，他应该讲点什么。在1988年上半年，鲍里斯·叶利钦并没有什么政治活动。他当时是苏联建设部的副部长，但事实上正如他自己感觉的那样，已经成了"政治的弃儿"。叶利钦后来回忆道："这半年简直是一场噩梦，客观地说，我在党和政治的生活中入戏太深了。在新的岗位上，我和其他人的交流是很缺乏的。"① 实际上，叶利钦缺乏的是掌握权力的感觉。

在第十九次全党代表大会上，叶利钦曾经几次给执委会写条子，请求发言的机会，但是并没有获得允许。于是叶利钦径直走到讲台前，在上一个讲话的人说完后进行了发言。叶利钦在讲到改革的问题和戈尔巴乔夫的报告时，用语还比较温和。但他随即讲起了自己在党内的命运和"政治生态"。这个行为其实是很难的，因为叶利钦此时还是苏共中央委员和部级干部。当然，他还是想重返政治局，去参与大政治。但是，他这一部分发言内容却让人感到没有说服力，甚至是有些可怜。尽管如此，叶利钦在大会上的发言在电视上播了3次，这无意间抬高了他的知名度。有几家报纸还想请他做采访。叶利钦全都答应下来，因为当时正处于"公开性"运动期间。自1988

---

① 叶利钦：《叶利钦自传》，斯维尔德洛夫斯克：1990，第182页。

年起，叶利钦开始受邀去往许多单位与人们见面，不仅仅是在莫斯科。这些活动的主要内容是回答群众的问题。叶利钦很公开、坦诚地回答各种问题，群众因此对他产生了同情。1988 年 11 月，叶利钦受邀前去共产主义青年团高级共产主义学院与学员见面。这场会面大约持续了 5 个小时。学员向叶利钦提出了有关政治局委员、戈尔巴乔夫本人、赖莎·马克西莫芙娜以及戈尔巴乔夫的缺点等尖锐问题。我们在此引用一段对话作为例证。

> 鲍里斯·尼古拉耶维奇，您在人民中的威望并不比戈尔巴乔夫低。您能不能去领导党和国家？（掌声）
> 如果真会进行这种公开的选举——我会参加。（掌声）我已经为此制定了方案。（掌声）

关于叶利钦在共产主义青年团高级共产主义学院接见群众的情况，政治局有所了解并呈报给了戈尔巴乔夫。叶利钦本人感到非常振奋，他后来回忆道："我感到坚冰开始融化，对我的囚禁也行将结束。一个新的时代开始了，这是我从未经历过的，对此我还有些不适应，这一切就这样来到我的身边。"①

亚历山大·雅科夫列夫在第十九次全党代表大会后成为苏共中央的第二号人物。他开始掌管苏共的意识形态体系。在他的领导下，苏联进行了最高权力机构改革的准备工作。他们对人民代表大会选举的过程进行了商讨，准备好了苏联宪法的修正案以及新的选举法框架。这些与政治改革有关的材料都在很短时间内准备完毕。

雅科夫列夫是一个很有雄心壮志，却又有些悲观、多疑且城府极深的聪明人。他属于党的机关和学术机构内的学者，并不是一个曾经公开露面的政治家。不论是雅科夫列夫还是梅德韦杰夫，其实当时在党内都没有什么知名度。1988 年莫斯科捷尔任斯基区党委曾经举办过一个会议，旨在了解民众意愿，这是苏联第一次搞民意调查。过去的民意调查会议都只是讨论一些次要问题，而且经常还是闭门会议。这一次区党委想了解莫斯科居民的想法以及他们对党的政策中现实关心的问题。不出预料，有超过 90% 的居民反对国民消费品价格的上涨。有超过 2000 个居民能够讲出 2—3 个他们比较信任的政

---

① 叶利钦：《叶利钦自传》，斯维尔德洛夫斯克：1990，第 183 页。

治家。莫斯科居民的倾向是这样的：

戈尔巴乔夫——46%

叶利钦——26%

雷日科夫——5%

利加乔夫——4%

扎斯拉夫斯卡娅院士——4%

没有人知道雅科夫列夫和扎伊科夫这两个苏共莫斯科市委的领导人。34%的受访者表示，他们选不出任何一个有威信的政治人物。受访者中有超过57%的人支持列宁的原则与社会主义思想，但27%的人认为苏联应该实行多党制。只有6%的人直截了当地表示反对私营经济。

对于戈尔巴乔夫而言，1988年绝不是一个新的成功，而是新的问题。戈尔巴乔夫努力提高自己在党和国家中的领导地位，但是在群众当中，他的威信就像老百姓的生活水平一样，比5—6年前更降低了。在莫斯科的报亭，并没有人从早上5点起就开始排队买报纸，因为报纸和杂志按规定是要充分供应的。但是，在这个时间，食品店和日用品店的门前就已经排起了长队——货架上的白糖、糖果、奶酪、肉制品、半导体收音机用的电池和洗衣粉都消失了。上千人排队去购买伏特加和葡萄酒，为的是让自己好过一点，但这实际上是毫无意义的。再有就是空空荡荡的药店，就连书店也处于出版图书所需的纸张也不够的处境。改革进入了非常困难的时期，形势较在1985年起步的时候更加严峻了。

鲍里斯·叶利钦在苏联人民代表大会上

苏联人民代表的选举计划在1989年3月25日举行，而国内的一些地区早在1月初就开始了热热闹闹且有些忙乱的选举。这场选举在不同城市、共和国和边疆区以各种形式举行，引发了很多非同一般的情况甚至矛盾。西方国家对莫斯科的选举过程更加关注，因为在这个选区内，由于社会组织数量的原因，会产生出更多的代表。莫斯科的竞选十分引人注目，最知名的活动家都在这里，很多情况下，候选人之间的竞争已经不再流于形式，而是很激烈的实质性竞争。关于苏联历史上第一次公开选举，已经有不少著作对其进行了分析。1989年秋季的这场政治进程后来对各加盟共和国产生了关键性的影响。在这几个月中，在地区和全联盟的各个层级，涌现出了一批知名的人物，他们有阿纳托利·索布恰克、加夫里尔·波波夫、兹维雅德·加姆萨胡尔季阿、亚历山大·卢卡申科、维塔乌塔斯·兰德斯贝尔吉斯、奥尔查斯·苏列伊梅诺夫、根纳季·艾杜阿尔多维齐·布尔布利斯、瓦莲金娜·马特维延科、加林娜·斯塔罗沃伊托娃等。我也参加了这些选举，是以一个并不太出名的候选人身份参加的，在莫斯科沃洛什洛夫 6 号选区获胜。我所在的选区一共有 5 名候选人，苏共莫斯科市委支持其中 1 个当选。我在第二轮投票中获胜，得到了 52%的选票。

在莫斯科最获成功的当属叶利钦这个在戈尔巴乔夫看来已经被逐出政治圈的人。1988 年秋季叶利钦的公开发言已经为各界所熟知，再加上他接受了许多波罗的海沿海地区和其他地方报纸的采访，这些都为他带来了很高的声望，吸引了很多拥护者站到他的一边。1989 年 1 月，全国各地有超过 200 个选区希望叶利钦能作为自己的代表参选，特别是斯维尔德洛夫斯克州想让叶利钦成为该州的人民代表。但叶利钦决定在俄罗斯苏维埃联邦社会主义共和国的莫斯科选区参选，这是全国最大的选区，其中包含了全莫斯科和莫斯科州内临近城市的区域。叶利钦在选区内的竞争对手是利加乔夫汽车制造厂厂长叶夫根尼·布拉科夫。叶利钦在选举中大获全胜，以高票当选，他获得了超过 500 万张选票，或者说在莫斯科投票的人中，有超过 90%的人投了他的票。叶利钦通过 1989 年秋季的人民代表大会选举，让自己重新回到了大政治中。这是他在选举前曾经失去的东西。鲍里斯·叶利钦自此称呼自己为"民主派共产党员"或"激进的民主派"。

米哈伊尔·戈尔巴乔夫没有参加 1989 年年初那几个月的选举，他几乎没有去任何地方。戈尔巴乔夫通过苏共中央的配额选举方式当选为苏联人民代表，在这种预先制定好名单的模式下，此次需要选举出 100 个代表，便挑选了 100 个人去参选。这个名单包含了全部政治局委员——戈尔巴乔夫、利加乔夫、雅科夫列夫、梅德韦杰夫、扎伊科夫、普里马科夫等。在这个名单中还有一些知名演员、作家和学者，以及一些工人、公职人员和军人。名单出炉后，一些报纸将其称为"红色百人"。选举于 1989 年 1 月底在苏共中央委员会上进行。

由于戈尔巴乔夫并没有真正进行竞选，也没有和选民们见面，所以他的声望也没有因之而提升。

鲍里斯·叶利钦则是另一种做法。米哈伊尔·戈尔巴乔夫曾经尝试干扰叶利钦的选举或者与其达成某种妥协。在 1989 年年初的党内闭门会议上，苏共中央全会会议记录收录了一个报告，这个报告是关于叶利钦在 1987 年 10 月进行"非党"活动的。在 1989 年 3 月的中央委员会人民代表选举过程中，中央又做出后续决定，专门成立由中央委员组成的委员会，"讨论和评价中央委员叶利钦的一些违背中央精神、违反党的伦理和党章规定的言论"。米哈伊尔·戈尔巴乔夫敦促该委员会向接下来召开的苏共中央全会提出"建议"。但是在苏共中央 4 月全会上并没有出现相关的报告。鲍里斯·叶利钦在选举中获胜之后，在苏联的政治家当中，他的声望与影响力已经跃居第二位了。这对戈尔巴乔夫和全体苏共中央而言都是一个巨大的问题，而他们却无力解决这个问题。

米哈伊尔·戈尔巴乔夫主持了会议，他决定对全会进行电视直播。戈尔巴乔夫希望通过此次全会对党内的保守势力施以压力。但戈尔巴乔夫本人也身处十分困难的境地，他也不是很清楚该怎么办。

不难想象，人民代表大会的首要任务就是选举作为国家元首的苏联最高苏维埃主席。但是，有一些代表却将这个问题拖延到了会议结束的时候，他们对此问题进行了热烈的讨论。根纳季·布尔布利斯建议就叶利钦入选候选人一事进行讨论和投票，但叶利钦没有获得候选人资格。很明显，多数代表都与莫斯科大街上的人想法不一致，在克里姆林宫的殿堂内没有谁会支持叶利钦。此前名不见经传的亚历山大·奥博林斯基被提名参选，他是一个无党派代表，来自摩尔曼斯克州的阿帕季特市。这样一来，意图就很明确了。尽管并没有怎么进行认真的讨论，最后在候选人的名单上就只剩下了一个名字——戈尔巴乔夫。戈尔巴乔夫在人民代表大会的第一届人民代表中有非常高的威望。从投票的结果就可以得出这一结论。赞成戈尔巴乔夫出任最高苏维埃主席的票数是 2123 票，反对票是 87 票。这一投票结果在一定程度上缓解了戈尔巴乔夫的压力。从此直到 1991 年年底，再没有一次投票的结果对戈尔巴乔夫如此有利。

取得绝对多数当选最高苏维埃副主席对阿纳托利·卢基扬诺夫来说，要复杂与费力得多了。苏联最高苏维埃的选举程序并不简单，需要在各由 271 名代表组成的上下两院进行选举。在这个复杂的选举程序下，鲍里斯·叶利钦并没有出现在 16 人的名单中，他出人意料地落选了，于是有上千来自俄罗斯这个加盟共和国的人反对这一名单。来自鄂木斯克的阿列克谢·卡赞尼克此时已经获选，但他表示要把代表资格"让给"叶利钦。这个要求是不符合制度规定的。在戈尔巴乔夫的支持下，对俄罗斯苏维埃联邦社会主义共和国代表人选重新进行了投票，叶利钦因而获得了苏联最高苏维埃代表的资格。于是人民代表中没有进入最高苏维埃的那部分关键的人，自此开始围绕在叶利钦的周围。

建立苏联反对派的政治路线

在人民代表大会的最后一天，来自奥伦堡的弗拉基斯拉夫·沙波瓦连科建议设立一个苏联跨地区议员团。这份请愿书最初获得了几十个签名，而就在两三天之后，就有大约 250 人加入了这个反对派。

在全国人民代表大会闭会后，跨地区议员团的领袖、发起者与参加者频繁会面，从整个框架和具体战术等多层面对当时一些比较紧迫的问题进行讨论，还准备在法律方面有所作为，他们想对最高苏维埃进行监察。米哈伊尔·戈尔巴乔夫得知"虚体"的反对派组织成立后，向担任最高苏维埃两院主席之一的叶夫根尼·普里马科夫求助，请他设法将这些人重新归到党的统一领导之下。但是，新成立的反对派都是非常激进的，他们感觉自己不论是在莫斯科、列宁格勒、下诺夫哥罗德还是沿波罗的海地区，都得到了选民的支持。1989 年 7 月 29—30 日，跨地区议员团在莫斯科召开了一次全会，有一些嘉宾到场，还来了几十个记者。

在会议开幕致辞中，波波夫这样说道：

> 我们的目标并不是像一些人所猜测的那样，去建立第二个最高苏维埃，而是在现实工作中推行激进措施。当然，跨地区议员团成立后是独立的，但是，之所以要独立，是因为想推动改革取得新的进展。不应该在进行改革的同时却又不敢去尝试多样性的建议，还害怕对自身错误的批评。这些都是在任何一个重大事业中不可避免会遇到的。

会议选举出了 5 名联合主席，分别是萨哈罗夫、叶利钦、波波夫、阿法纳西耶维奇和来自塔尔图的维克托·巴里姆。巴里姆是一个物理学家，也很有政治天赋并热衷于此。在这 5 人中，鲍里斯·叶利钦是大政治家，也是能力非凡的领袖。萨哈罗夫的思想很活跃，他从 20 世纪 60—70 年代起就开始持不同政见，是道义上的领袖。波波夫和阿法纳西耶维奇则发挥了意识形态层面的反对派作用。巴里姆是跨地区议员团中波罗的海地区 3 个共和国的代表。跨地区议员团协调委员会也在此次会议上选出，许多有名望的人民代表加入其中，其中包括 M. 博恰洛夫、Г. 布尔布利斯、В. 沃尔科夫、Е. 加耶夫、Т. 格得里安、В. 冈恰洛夫、А. 叶梅里扬诺夫、Ю. 卡里安金、В. 罗古诺夫、В. 马尔基罗先、А. 穆拉舍夫、А. 奥博连斯基、М. 保尔托拉宁、А. 索布恰克、С. 斯坦科维奇、В. 吉洪诺夫、Н. 特拉弗金、Ю. 契尔尼琴科、А. 亚伯罗科夫和 А. 雅罗申斯卡娅。

　　跨地区议员团针对改革提出了涵盖面很广的具体措施。他们针对当时大家很关注的问题提出了很多要求，包括向自由的市场转轨，减少自然资源的出口与消耗，增加居民住房建设，加大医院、教育、退伍军人和残疾人的用房建设力度，全面提高福利，提高退休金并加大婴幼儿用品的供应。关于各加盟共和国因主权而签署新联盟条约的过程，跨地区议员团也试图参与其中。他们还希望在完全民主化并取消苏共专政的基础上，推动政治、选举和司法领域的广泛改革。

　　1989 年 9 月，自苏联最高苏维埃秋季会期一开始起，跨地区议员团就积极活动起来。不仅仅是最高苏维埃通过了跨地区议员团的提议，后者还在包括克里姆林宫门外的红场和马涅什广场等地发起了群众集会。无论是莫斯科，还是列宁格勒，在这几个月内应跨地区议员团领袖们的号召，都有 200—300 通电话打来要求批准在城市的各处举行时长为 2—3 小时的千人游行。当时的报纸将这个现象称为"集会综合征""聚众效应"，甚至是"集会暴政"。有一些人选择支持苏联最高苏维埃和米哈伊尔·戈尔巴乔夫。但是一般就只有几百人，而非几千人。到 1989 年年底，以各种要求为借口的大规模集会已经蔓延到了全国。

　　1989 年 12 月初，就在第二次人民代表大会即将召开的几天内，由于此次大会要解决苏联宪法修正案与设立苏联总统职位的问题，跨地区议员团的领袖们已经不只是提出一系列激进的主张了，他们还号召苏联的工人与公职人员进行全社会的政治大罢工。跨地区议员团通过西方国家的电台宣传自己的主张，他们是这样号召的：

　　　　尊敬的同胞们！我国的改革遇到了有组织的抵制。我们号召全国的劳动者——工人、农民、知识分子和学生发挥自己的作用，在莫斯科时间 1989 年 12 月 11 日 10 时至 12 时举行一场全社会的政治示威罢工，以此来敦促第二次人民代表大会将土地、所有制、企业和宪法第 6 条这些问题列入会议讨论的议题。请大家在企业、机关、集体农庄、集体农场和学术机构建立委员会来指导这次罢工。所有制还给人民，土地还给农民，工厂还给工人，一切权力归苏维埃！

莫斯科　1989 年 12 月 1 日
苏联人民代表：А. Д. 萨哈罗夫、В. А. 吉洪诺夫、
Г. Х. 波波夫、А. Н. 穆拉舍夫、Ю. Д. 契尔尼琴科

出于理智，鲍里斯·叶利钦没有在这份声明书上签字。全社会的罢工并没有形成，相对于苏联的体量、人口数量以及对于旁观者而言，这场罢工并不算特别显眼。根据内务部的数据，有大约 50 万人在 12 月 11 日那天没有去上班，而是去参加了游行。跨地区议员团的领袖则宣称有上百万人支持他们的议题。

第二次人民代表大会于 1989 年 12 月 12 日召开。与第一次人民代表大会不同的是，国民和媒体都没有对此有特别多的关注。最高苏维埃的领导层很好地控制住了代表的发言，跨地区议员团的领袖们根本没有机会走上讲台，因为当局不清楚这些人到底代表谁。大会中出现更大的派别——苏共派的"联盟"派，因此来自加盟共和国的代表便更加明显地突显出来。跨地区议员团在那些天里活动很积极，讨论非常热烈，话题已经不仅仅局限于反对当局的政策，还谈到应该通过一系列新的选举来进入权力核心的问题。

12 月 14 日，萨哈罗夫加入了一场跨地区议员团内部举行的、既热烈又嘈杂的争论中。他发言要求加大对当局的打击力度。萨哈罗夫说："我想给反对派下一个定义，什么是反对派呢？我们完全不能赞同当局现在所做的事情。他们几年下来的改革，正在将国家引向灾难。他们这些年里把国家置于这样的境地，一切都到了崩溃的边缘。那些将经济引向市场模式的计划完全没有产生效果。国内的失望情绪在高涨，而这种失望情绪致使我国的事业无法再取得进步。我们只有一条路，一条唯一的进步之路——进行激进的改革。"萨哈罗夫回到家中，几个小时后，由于仍然兴奋不已便很快去世了。

1989 年 12 月过后，跨地区议员团将全部政治与智力资源都转到对戈尔

巴乔夫和最高苏维埃进行斗争上，意图取得在俄罗斯苏维埃联邦社会主义共和国最高苏维埃的选举胜利。

我有必要谈一下自己对跨地区议员团活动的印象。我同跨地区议员团中的很多积极分子都认识，出于观察的目的也参加过他们的一些会议。但是我没有参加过他们的私下会议。在1989年6月至7月，波波夫还邀请过我去参加此类会议。令人感到惊讶甚至不解的是，波波夫、索布恰克、巴里姆这些我自1971年就认识的人，包括萨哈罗夫等人，他们的问题已经不再是做一个道德上和思想上的反对派，而是开始酝酿和谋划夺取权力。这些人计划并做好了领导某个城市、州，甚或是加盟共和国，乃至于整个苏联的准备。

大学教授、研究院学者、物理学专家，如维克托·巴里姆，音乐学院教授，如维塔乌塔斯，不为人知的医学专家，如阿尔卡季·穆拉舍夫，或者是历史学家，如谢尔盖·斯坦科维奇，所有这些人都在追求政治影响力和政治权力。类似的情况出现在各个加盟共和国的首府，语言学家艾利奇别尔、加姆萨胡尔季阿和民族学家兼摄影家波兹尼亚克等也是如此。但是政治是一个复杂的系统，并不是一个容易的工作，工作难度要比管理莫斯科或列宁格勒某一个大学中的教研室大多了。作为一个教研室主任，捷里曼·格得里安在本质上是一个非常谦和的人，这意味着他可以胜任司法部长或者总检察长的职务吗？

不久前刚成为持不同政见者的我对跨地区议员团领袖们的很多主张都有所了解。但是我并不同意这些匆忙提出来的、要采取激进措施来实施的主张。他们准备控制并引导整个社会，但社会对这些人几乎不了解。而且这些人确实对国家和社会所遇到的问题很不了解。他们一路向前，可以确定的是，跨地区议员团当中很多积极分子在1—2年之后就获得了他们所渴望的权力。我们也可以看到另外一面：那些被跨地区议员团发言反对的人和那些在克里姆林宫与老广场坐办公室的人，他们在民主的环境下是无法胜任自己的工作的。

鲍里斯·叶利钦没有领导跨地区议员团，在这里他没有对任何人发布任何指令。同这些"受人爱戴的"知识分子在一起，叶利钦感到有些不舒服，他身边的团队成员都是从斯维尔德洛夫斯克过来的，而不是他在莫斯科的同事。跨地区议员团并不是一个党派，它并不具备管理国家或至少是管理莫斯科的资源。它只是一个政治小组，正在积极进行反对活动而已。

苏共中央政治局越来越失去对国家权力的控制。在能力有限又很爱说话的戈尔巴乔夫领导下的苏联与苏共权力金字塔塔尖，已经变成类似于政治俱乐部的东西。国家权力不知道飘散到哪里去了，国家和政府也不是在它们的领袖领导下运转，而是依照惯性。这几个月中，我去过米哈伊尔·戈尔巴乔夫、阿纳托利·卢基扬诺夫、克格勃主席弗拉基米尔·克留奇科夫、内务部部长瓦季姆·巴卡京、谢尔盖·阿赫罗热夫、德米特里·亚佐夫元帅和总理尼古拉·雷日科夫的办公室。在那里我看到了一群工作态度严谨，却已经六神无主的人，他们根本就不知道要如何去解决国内的问题，而这些问题已经像雪地里的雪人一样，越堆越大了。

鲍里斯·叶利钦清楚地看到了当局的衰弱。他甚至没有为了夺取权力而进行什么严酷的斗争，更没有耍阴谋诡计。但是叶利钦相较于其他人，显得更像是一个强有力的领袖，知道应该做什么并如何拯救这个国家。在这种情况下，很多人都倾向于他并做好了支持叶利钦的准备，尽管他并没有去主动争取这一切。我们当时都看到了，叶利钦的声望与威信在1989年的下半年快速提升了，尽管他并没有专门为此做过什么。

这一时期出版已经自由了，报纸上经常有关于叶利钦的正面报道，尽管也有过对其批评的声音。1989年7月初，叶利钦前去基斯洛沃茨克疗养。作为苏共中央委员和最高苏维埃主席团成员，他住进了红宝石疗养院中最好的套房。疗养院中还配有单独的小屋，那是专门给政治局委员和国家最高领导人配备的。叶利钦休息得很安静，但是在他离开后，地方报纸《高加索疗养报》却登出了一则批评叶利钦的报道，称其对党和苏维埃的工作人员的奢侈浪费进行指责的同时，自己却也不拒绝享受特权。

1989年8月，叶利钦接受了几次采访，内容公布后引起了轰动。这些采访的目的是帮叶利钦画出一个政治肖像。叶利钦对此非常热心，他同这些记者一道，将自己描绘成了一个同一切形式的社会不公作斗争的人民卫士。

"您巨大的隐形威望能够给我们的工作带来帮助吗？"记者康斯坦丁·米哈伊洛夫这样问叶利钦。叶利钦答道："是的，当然了。首先，这种支持是道义上和心理上的，我每天大约都能收到250封寄给我个人的信。这是很大的工作量，但是我并不想放弃政治斗争。我无法忍受社会不公、激进的改革措施和生态方面的问题。我的选民认为，叶利钦应该坐到那个最高的位置上，他们没有看到大会中真实的力量排序。"

米哈伊洛夫再次问道："那您个人愿意接受现在的位置吗？"叶利钦答

道："我并没有其他的要求。"①

首访美国

1989 年 9 月，叶利钦接到出访美国的邀请。邀请他的是旧金山伊莎兰学院和一些政治家与基金会。毫无疑问，真正的邀请者是美国当局上层。他们想借此机会从政治、个人以及戈尔巴乔夫可能的接班人的角度对叶利钦进行观察和了解。这次出访日程很满，9 天内，叶利钦走访了 11 个城市。他在不同的场合见到了很多知名的政治家，其中还包括美国国务卿詹姆斯·贝克。叶利钦还是按照自己的习惯来发言：20—30 分钟的演讲，之后是回答问题。问题是随机的，甚至是很尖锐和意想不到的。气氛变得不那么沉闷，叶利钦也不改自己的风格，始终坦率地面对。会场都很大，参加者的人数从 1000 到 3000 人不等。

值得注意的是，如果只是与情感有关的问题，而不必引起思考，叶利钦一般都是能够接受的。叶利钦接到了去华盛顿访问白宫的邀请，同美国总统国家安全事务助理布伦特·斯考克罗夫特见面。就在他们谈话的时候，美国总统老布什突然来到了斯考克罗夫特的办公室。老布什与叶利钦交谈了 15 分钟后离开，可以想象，他十分关注苏联改革的进程和成就。当然，这次出访行程里的多次会晤都是在宴请和豪饮中度过的。在任何一个城市中，叶利钦住过的酒店房间的冰箱里，始终都摆满了最招人喜欢的饮品。

叶利钦的访问过程和他的发言被全程拍摄了下来。西方媒体对他这次以私人身份的正式到访做出了很多解释。苏联的媒体对此报道不多，但却突出报道了叶利钦在访问美国期间的一些令人反感的言论。比如说，在被问及能否在苏联谈论党的执政权的时候。叶利钦这样回答："我认为，'党和政权'从语言学的角度看是不相容的一对组合。苏维埃应该从党那里夺回权力，并交由苏维埃选举出来的人保管。"在谈到对纽约的印象时，叶利钦表示，他的"脑袋在纽约是 180 度旋转着看东西的"，因为"这个城市的贫民区如果放到苏联去的话将会是一个很不错的居住区"。他的所作所为，都是让美国人很喜欢的。

---

① 《交谈者》，1989 年第 32 期，第 5 页。

戈尔巴乔夫对此非常气愤。尽管这次访问按计划要持续两周的时间——从 9 月 9 日到 24 日——但叶利钦在 17 日早上就接到了要他即刻返回莫斯科参加苏共中央讨论民族问题的会议的电报。叶利钦服从了这个命令，终止了访问。

9 月 18 日早上，叶利钦走下谢列梅捷沃机场飞机的舷梯。同一天早上，苏共中央主要报纸《真理报》全文刊登了由意大利《共和国报》记者维多利奥·德朱科尼撰写的一篇报道，并着重指出这篇描述叶利钦访美的报道是"无删减的全文刊登"。这篇文章对叶利钦极尽侮辱，很明显是预先安排好的。《真理报》是一份发行量很大的报纸，大约每日发行 1000 万份。德朱科尼这样写道："美国的夜晚，'改革者'威士忌的酒香扑鼻，美元在大灯映照下发亮；鲍里斯·叶利钦，这个莫斯科的英雄、戈尔巴乔夫的接班人、'公开性'造就的名人，在美国的安排下活动频频，他的言论也是上天入地。他给人留下一种灾难预言家、大手大脚乱花钱的印象，他的采访一定要有肯塔基州出产的著名的黑标杰克·丹尼威士忌陪伴。① 他每晚都要在自己的宾馆房间内喝上一大杯半升左右的威士忌。据一个前来见叶利钦商量有关大学报告厅事情的教授在离开后的描述，叶利钦在和他行了吻面礼之后就倒了半杯酒，请他一起'为自由干一杯'，这是在早上六点半的时候。房间内有许多用过的杯子，其中还有和牙刷、牙膏一起放在浴室里的刷牙杯。他兴奋地倒向了华盛顿一边。在同脆弱的知识分子萨哈罗夫见过面后，叶利钦把'祖国''俄罗斯母亲'出卖给了物欲横流的美国当局。他的酒量和挥霍都是非常惊人的。"在报道的后面，附有叶利钦在美所购大量物品的清单。

叶利钦在跨地区议员团和"莫斯科小组"中的战友们对这篇报道做出的反应很快，方式也很不寻常。有数百个积极分子在莫斯科的主要街道上大量购买《真理报》，然后将这些报纸散落在人行道和马路上。整个特维尔大街——当时的名字是高尔基大街——已经被《真理报》铺满了。

几天之后，电视台播出了叶利钦访美的纪录片。但是影片没有对话，只有制作者的旁白。不知道是通过什么方法，叶利钦在普通人中的威信甚至还升高了。

当时，苏联当局还做过很多次试图败坏叶利钦名声的事情，但都没有什么回应，也没有取得效果，尽管这些意在给叶利钦抹黑的行为在逐渐地升

---

① 杰克·丹尼威士忌应为美国田纳西州出产。——译者注

级。苏联最高苏维埃甚至在 1989 年 10 月 16 日召开讨论会议，这次会议讨论的是于 9 月 28 日、29 日夜间，在莫斯科郊区的"乌斯宾斯基"别墅区发生的谋杀叶利钦未遂事件，其影响力就像是"叶利钦从桥上掉下来了"一样。这件事情并不像扔几个鸡蛋那样普通，叶利钦本人也对谋杀未遂事件发表了几个声明，会议决定对此事进行调查，调查由内务部部长巴卡京负责。巴卡京公布了调查结果。称没有任何针对叶利钦的谋杀未遂行为，只是有一家人在那里吵架。叶利钦默默地坐在那里安静地听完，巴卡京问他："那还要不要继续调查了？"叶利钦表示，并不需要再调查下去，他也没有什么可抱怨的，而且从来也没有什么意见。

几天后，叶利钦做了一件并不太引人注目的事情——发布了一份表面看上去并不是针对戈尔巴乔夫的声明。叶利钦将矛头指向了戈尔巴乔夫的团队："这些爱挑拨离间的、虚伪的失败者，善于操控苏联的舆论。在中央电视台播放的节目意在破坏我在民众中的形象，导致群众丧失对我的信任感。"这则声明只有波罗的海地区的几家报纸和莫斯科的《剧场生活》杂志予以刊登了。

鲍里斯·叶利钦的第一本书

1989 年年底，叶利钦在莫斯科出版了自己的第一本书——《我的自白》。当时，这本书维持了好几个出版社的生计。我们这些最高苏维埃的代表得到的是这本书的清样，连封皮都没有。叶利钦在这本书中描述了自己的过往，将之分为"斯维尔德洛夫斯克"和"莫斯科"两部分。这本书刻画出了一个强力而坚定、管理能力强却没有受过很好教育、很自主而且有一些不愿意受束缚的领导人形象。叶利钦希望这本书能够出彩，所以不仅仅写了他的严父经常打他的事情，还写了他把针放在一个他认为人不错，但他不喜欢她的课程的女老师椅子上的事情。

叶利钦还写到了一些政治局会议的情况，称在会议上"我是独自一人的，而反对我的却是整个愤怒的政治局"。在叶利钦的书中，米哈伊尔·戈尔巴乔夫被描绘成了一个说空话的家伙。叶利钦在书中将其他政治局委员刻画成了性格荒唐的人物。1990 年 1 月，叶利钦的书开始被转译，到 3 月时欧洲各国的书店就都有销售了。叶利钦为了给书代言，专门去了一趟西方。他去了西班牙、意大利和英国等 6 个国家。

1990 年 3 月，我本人在西班牙参加西班牙共产党全国代表大会。人们对苏联的情况表现出了很高的热情，我在接受采访的时候遇到的最多的问题就是关于叶利钦的：如何从个人和政治家的角度评价他？西方国家的民众当时还不是特别地接受叶利钦。对于很多支持戈尔巴乔夫的政治家而言，叶利钦给人的感觉是有一些危险的。在多数西方国家的政治家眼中，叶利钦显得既难以捉摸又粗鲁，他在俄罗斯快速提升的威望，也让这些人感到很不安。当时西方关于叶利钦的著述不少，但大多是持批评态度的。

比如，约翰·罗伊德这样写道："叶利钦的自传引发了恐慌。在读过他的书后，危险便出现了，即苏联并不善于建立一个政治阶层。按照叶利钦自己的说法，他是反对戈尔巴乔夫的，但在他的书中，关于自己国家内出现的严重危机情况并没有任何应对计划，也没有批判性分析，更没有什么有益的建议。叶利钦唯一的武器就是对特权现象进行一种非理性的谴责，这个问题他讲得很好。在这种情况下，叶利钦首先将自己定义为一个普通人，而且一直，也永远是人民的朋友。但只有小部分政治家能够像'这个朋友'一样，获得很多人的信任。不出意外的话，鲍里斯·叶利钦很快就能成为俄联邦的总统，这是一个很有影响力的职位，凭借这一切他可以对竞争对手进行火力压制。苏联，抑或是俄罗斯，很有可能在某一天，落入这个狡猾、虚荣、对权力极度渴望，并能巧妙地实现自己目的的人手中。但他的自传无法让人相信俄罗斯会因此而变得比过去更好。"约翰·罗伊德是在叶利钦还只是担任苏联与俄罗斯苏维埃联邦社会主义共和国的人民代表时做出这种晦暗的预判的，当时叶利钦是反对派的领袖，但还没有领导全俄罗斯联邦。

美国的研究者和苏联问题专家都在密切地关注叶利钦的政治生涯发展情况。在《共产主义问题》1990 年 5—6 月刊上对叶利钦有这样的解读："将叶利钦归类是很难的。他那自大的性格使得在其拥护者的眼中，他是一个强力、充满活力和公正的领袖；其他人则认为他很高傲、做事杂乱无章、难以捉摸，而且善于蛊惑人心，简直就是苏联的胡安·庇隆。但是在强力统治下的苏联，对于较为关键的一部分民众而言，他的存在是一种心理上的需要。叶利钦所进行的反对派活动，有很多是自相矛盾的。"[1]

如果没有加入民主反对派，叶利钦在 1990 年年初之前都不可能取得任

---

① 《共产主义问题》，1990 年 5—6 月刊。

何政治上的成功。同样的，民主反对派如果没有叶利钦这样的强力和有威望的领袖加入的话，也不可能同哪怕是已经变弱了的苏共对抗。

俄罗斯苏维埃联邦社会主义共和国人民代表大会的选举

在1990年年初，各加盟共和国最高苏维埃的选举活动就开始了。一切都是按照新的、较为民主的方式进行的，不需要区委会议通过，也不需要社会组织提出代表。其结果就是那些反建制的团组为增加自己的代表，利用这个条件在高加索、波罗的海地区、乌克兰和白俄罗斯到处进行扩张。一切都进行得很快，可以确定的是，反对派在6个加盟共和国取得了胜利，分别是格鲁吉亚、亚美尼亚、摩尔多瓦、立陶宛、拉脱维亚和爱沙尼亚。

对于国家命运最重要的斗争发生在俄罗斯联邦，尽管那时我们当中的很多人都没有看清这个形势。过去的俄罗斯联邦最高苏维埃和俄罗斯苏维埃联邦社会主义共和国部长会议一样，并没有实权，也没有多少人对其有兴趣。但是，这一次又有许多竞选苏联最高苏维埃代表失利的人加入了进来，他们决定参选俄罗斯苏维埃联邦社会主义共和国的人民代表或者是其他加盟共和国的最高苏维埃。比如说，上校飞行员亚历山大·鲁茨科伊在库尔斯克参选，地方集体农场经理亚历山大·卢卡申科在莫吉廖夫参选。

这次选举活动在莫斯科乃至全俄罗斯并没有引起大多数报纸和电视台的关注。苏共中央也没有采取强有力的措施，主要是因为对胜利的自信，但他们不清楚可能的失败会有多大规模。那些民族主义党派以及与其类似的组织，正在各加盟共和国扩大影响，但在莫斯科还没有出现。各种各样的反对派小组数量很多，但它们都比较弱小而且还很分散。最有力量的组织当属跨地区议员团与其在莫斯科的分支了。

选民们由于各种不同的要求而愈发团结了起来，但这些情况的发生与发展在苏共中央内部却没有一个人有过研究。苏共的州党委，甚至是克格勃机关都推出了自己的候选人。有一个很大的共产党员团队参加选举，为的是单独建立俄罗斯共产党。但是，所有这些团队之间都没有很好地进行协调。在苏联最高苏维埃和它的机关当中，没有人在1989年年底和1990年年初讨论过有关俄罗斯联邦的代表大会选举的问题。没有人针对这些俄罗斯的机关到底是竞争者还是反对者有过系统思考。除此之外，对俄罗斯的机关可能采取的行动和鲍里斯·叶利钦本人的意向，也都无法迅速做出评价。跨地区议员团中很多有威望和知名的民主人士与活动家决定参加俄罗斯的竞选，为的是在"苏联人民代表"的名号上再加上一个"俄罗斯苏维埃联邦社会主义共和国人民代表"的名号。

在叶利钦的斯维尔德洛夫斯克团队助推下，叶利钦没有选择在莫斯科参选，而是在斯维尔德洛夫斯克参选，并以此为基础朝着掌控俄罗斯权力机关的方向发展。叶利钦的主要竞争者是尤里·洛帕特尼科夫，他是一个华而不实且非理性的民族主义者。那些在莫斯科参加竞选的人看起来就像是在进行一场资本主义革命，这场革命是为买办、犹太复国主义者和某种新的官僚集团的利益服务的。应该把革命引向对人民有利的方向，俄罗斯的文化遗产也应予以保护。赢得选举之后，俄罗斯的爱国主义者将会缩减上缴联盟财政的数千万卢布，这些截留下来的钱将会用在俄罗斯自己需要的地方。

当然，叶利钦并没有直接反对俄罗斯民主主义者的要求。他曾经建议在俄罗斯建立一个对长期服役军人进行管理的机构。他甚至还提出要把俄罗斯的克格勃与内务部职能统一起来。

为叶利钦竞选出谋划策的是根纳季·布尔布利斯。在1990年3月4日的选举中，叶利钦以84.4%的得票率获胜。他的反对者洛帕特尼科夫的得票率甚至连1%都不到。当叶利钦在此次选举后回到莫斯科之时，他并不仅仅是增加了一个新的名号——俄罗斯苏维埃联邦社会主义共和国人民代表，而是带来了一个由乌拉尔地区的积极分子与代表组成的团队，这些人在刚刚结束的选举中助推叶利钦大获全胜。这些人当中有一部分已经当选为人民代表。不久前，在叶利钦身边的主要是跨地区议员团在莫斯科的民主主义者。现在除了民主主义者的团队之外，还增加了一个"全方位"的民族主义者团队。这个团队日后起草了俄罗斯联邦的主权宣言，而这个宣言成为对抗俄罗斯这个"帝国主义中心"的起点。①

---

① "俄罗斯联邦的主权宣言对抗俄罗斯"的意思是，俄罗斯苏维埃联邦社会主义共和国作为"名义上的俄罗斯"，是"事实上的俄罗斯"的一部分，因而其宣布独立的行为是反对整体意义上的或"事实上的俄罗斯"。作者将苏联视为"事实上的俄罗斯"，或者是后者的另外一个名称。也就是说，"名义上的俄罗斯"的独立破坏了"事实上的俄罗斯"的完整。——译者注

第四章

在俄罗斯苏维埃联邦
社会主义共和国最高苏维埃的领导任上

最高苏维埃主席的选举

1990 年 4 月至 5 月初，莫斯科的各个阶层都在积极准备即将于当年 5 月中旬召开的俄罗斯苏维埃联邦社会主义共和国人民代表大会。大会代表总数 1060 人，其中有 86.7% 是苏共党员。在全部代表中，有大约 70% 的人在党和政府的机关、企业与科研院所、集体农场与集体农庄中担任领导职务。在俄罗斯苏维埃联邦社会主义共和国人民代表中，知识分子的人数很少，而那些已经成为苏联人民代表、在国内又很知名的人，则一个都没有。

在 1 月底的时候，许多民主运动和组织就联合成立了一个竞选团队——"民主俄罗斯"。有大约 200 人或者占全部代表中 20% 左右的席位是在这个团队的支持下获选的。① 在整个俄罗斯代表中，激进民主主义者是很少的，整个 "民主俄罗斯" 的团队实际上也是分散的，分成了很多个小组和分支。此时，他们还没有自己的领袖。

但是，总数超过 800 人的党员代表事实上也没有团结在一起。可以把他们分为 4 个派别。首先是保守建制主义者，他们来自各州委和区委，对戈尔巴乔夫改革给苏共带来的破坏性后果感到不满；其次是戈尔巴乔夫的苏共党员支持者；再次是那些因为改革的左右摇摆，而不是对改革本身进而对戈尔巴乔夫有意见的人，他们想要壮大自己，但并不准备加入反对苏共的队伍；

---

① 维克托·舍因斯在其所著的《议会的兴衰：变革年代的苏维埃政治（1985—1993）》（莫斯科：2000，第 1 卷）一书中对代表大会做出了最为精确的分析。

最后是那些已经准备和苏共决裂的人。当然，在代表大会中也存在一些随波逐流和迷失方向的人，他们像"一潭死水"，可以追随任何一个足够强力的领袖或服膺于任何一个政治取向。对上千人进行引导是相对困难的。维克托·舍因斯对代表大会第一轮投票的结果进行了分析，根据他的结论，民主主义者能够获得40%—44%的选票。但来自共产党员的提案，只能获得大约40%的选票。"一潭死水"所占的份额大约是17%。

在俄罗斯联邦境内的选区当选的苏联人民代表，有权在俄罗斯苏维埃联邦社会主义共和国的人民代表大会上发言。这是由那些跨地区议员团中较有威望，却又没有获选俄罗斯人民代表资格的人提出的。我参加了俄罗斯苏维埃联邦社会主义共和国人民代表大会在 1990 年召开的全部会议，1991—1993 年的会议我也都参加了，但只是作为一个十分专注的观察者而已。

俄罗斯苏维埃联邦社会主义共和国人民代表大会于 5 月 16 日在大克里姆林宫开幕，会议很快就解决了有关代表大会工作机关与最高苏维埃副主席选举的方式与程序问题。但当时所有人都清楚一点，最重要的是最高苏维埃主席，这个加盟共和国的首脑的选举。鲍里斯·叶利钦对于当时的民主主义者而言，并不是毫无争议的领袖，更不用说共产党人了。但是"民主俄罗斯"的分裂使其无法推出任何一个有威望的领袖，这种分裂帮助叶利钦登上了最高苏维埃主席的位置。一部分共产党员也支持了他。

在共产党员人民代表中，围绕着 3 个候选人形成了各自的宗派。首先是伊万·波洛兹科夫，他是克拉斯诺达尔边疆区党委的第一书记以及该边疆区人民代表大会苏维埃主席。这是一个很正派，也很沉静的人，当然，他在莫斯科的知名度不高，也没有什么特殊的影响力。他没有演讲才华，无法吸引党内那些反对戈尔巴乔夫，并同意组建单独的俄罗斯联邦共产党组织的保守势力。其次是亚历山大·弗拉索夫，他是俄罗斯苏维埃联邦社会主义共和国部长会议主席，在俄罗斯和整个苏共党内，他都是一个有名望、有经验的党务工作者，曾经领导过许多州一级的党组织，包括车臣-印古什。在 1986—1988 年，弗拉索夫担任过苏联内务部部长的职务，在 1988—1990 年，他领导过俄罗斯苏维埃联邦社会主义共和国的政府。自 1981 年起，弗拉索夫就进入苏共中央，先后担任政治局候补与正式委员职务。他是一个出色的演说家，没有进入戈尔巴乔夫的小圈子，也没有进入右派或左派的圈子。最后是尤里·马涅尼科夫，他也是苏共中央委员并担任利佩茨克州党委第一书记，是一个有经验也有魅力的党务工作者。

　　经过与俄罗斯人民代表们的交流，我发现马涅尼科夫是相对更受欢迎的。有关从苏共中央选拔出来的最高苏维埃主席竞选候选人的问题，是需要在苏共中央的日常会议上讨论决定的。这次讨论是一次闭门会议，人选应该是由政治局决定的。讨论过程是怎样的？各个政治局委员的态度又是怎样？其中的细节我们直到今天也不清楚。最后的结果是，苏共中央决定推荐伊万·波洛兹科夫为候选人。在我看来，这个决定是错误的，也是完全不能理解的。波洛兹科夫没有"进步"领袖的名声。弗拉索夫的胜面应该会大一些，但是他作为政府首脑，对俄罗斯的经济下滑以及消费市场的严重困境是有责任的。马涅尼科夫的胜面是最大的，很多人将其视为自由主义的领导人。但是，弗拉索夫和马涅尼科夫二人遵照党组织的纪律，放弃了主席候选人的竞争。

　　俄罗斯苏维埃联邦社会主义共和国的第一次人民代表大会进行了很长的时间，达 38 天之久。国家最高层级的领导人并没有到过会场，而且全国上下对这次代表大会的关注度也不太高。相较于那些无用和无趣的提案，会议中每一个甚是不那么重要的议案，也都会引来附和，还伴有许多发言。在苏联人民代表中，阿纳托利·索布恰克和根纳季·布尔布利斯比其他人发言的次数更多。在俄罗斯人民代表中，阿曼·图列耶夫和尼古拉·特拉夫金是比较让人信服的。

　　最高苏维埃主席的选举工作于 5 月 24 日开始，一直讨论到 25 日傍晚。26 日进行了投票，当晚唱票。第二天早上，票数予以公布，叶利钦获 497 票，波洛兹科夫获 473 票，自由候选人莫洛金获 32 票，另有 30 票没有投给任何人。两天后，第二轮投票开始，本轮投票要在得票最高的两个人当中选出一个获胜者。第二轮投票结束后，叶利钦获 503 票，波洛兹科夫获 458 票。波洛兹科夫放弃了自己的候选资格，但是俄罗斯共产党人试图取消叶利钦候选资格的尝试却没有成功。与叶利钦一同参加第三轮投票的竞争者改成了亚历山大·弗拉索夫。大会的紧张氛围在增加，代表们也在承受越来越多的压力。由格沃卢西导演、尖锐批判苏共的电影《不能这样生活》都未能将代表们的目光集中到屏幕上来。

　　应人民代表的邀请，戈尔巴乔夫来到大会并作了讲话。尽管戈尔巴乔夫的讲话有些冗长，还有些拐弯抹角，但他的意思很明确，就是不希望叶利钦当选为俄罗斯联邦的首脑。俄罗斯联邦的人民代表大会进行了很长的时间，戈尔巴乔夫不想打断自己早已安排好的前往美国与加拿大的出访计划。在最关键的投票开始之前，戈尔巴乔夫邀请很多人民代表，主要是苏共中央委员来到克里姆林宫的苏共中央大厅，他这次的讲话十分坦诚，他直接反对叶利钦当选。戈尔巴乔夫宣称，和这样的人在一起，他无法很好地工作。戈尔巴乔夫通篇都在批评叶利钦荒唐的性格，甚至对其进行了人身攻击，但说服力和政治分析还是不够。问题是戈尔巴乔夫的威望在这段时间内正迅速地下跌，他的话反而起到了反作用。在第三轮投票中，叶利钦获得了535票，而弗拉索夫获得了467票。当选最高苏维埃主席需要不少于531张选票，叶利钦所获得的票数超出了这个要求4张。

鲍里斯·叶利钦并没有掩饰自己的喜悦之情，他获得了人民代表大会主席团的平台，占据了主席的位置。戈尔巴乔夫得知这一消息时，刚刚走下抵达渥太华的飞机。戈尔巴乔夫没有向叶利钦发去贺电，这显示出了他的脆弱。在1990年4月视察斯维尔德洛夫斯克时，戈尔巴乔夫将叶利钦称为"无可救药的政治活动家"。但叶利钦的威望意想不到地升高，而戈尔巴乔夫的政治地位在大幅下跌，其中的意义后者一时还无法准确体察到。两位领袖之间的竞争再次启动，这对苏联和俄罗斯联邦而言，都不是一件好事。

鲍里斯·叶利钦的100天

与戈尔巴乔夫不同，叶利钦在获得"主席权力"之后的100天内，发起了一场场暴风骤雨式的行动，其主要内容就是扩大和加强自己的权力。叶利钦接受了弗拉索夫的辞呈，后任命苏联部长会议机器制造委员会主席、飞机制造和航空工业专家伊万·斯捷潘诺维奇·西拉耶夫来组建新的俄联邦政府。在不同层级进行的人员调动，帮助叶利钦扩大了人民代表大会中自己人的数量，而这些人愿意支持任何一个强有力的政权。

人民代表大会选举产生了最高苏维埃的两个院，其中民族院的领导人是拉曼赞·阿卜杜拉季波夫，来自俄罗斯共产党，共和国院的领导人是弗拉基米尔·伊萨科夫，他来自叶利钦的斯维尔德洛夫斯克团队。作为曾经的斯维尔德洛夫斯克法学院的法学教授，伊萨科夫很快就离开了叶利钦，成为救国阵线的一个领袖。按照叶利钦的提议，俄罗斯联邦需要制定一部新的宪法。制定这个宪法，涉及许多方面的工作，所以他成立了一个由102名代表所组成的宪法委员会。

　　制定宪法的工作直到 1993 年才完成。在 1990 年 6 月，人民代表大会最重要的决定是在 12 日发布俄罗斯联邦主权宣言。这不仅是第一次人民代表大会最重要的文件，还是埋藏在整个苏联大厦下面的炸弹。但是，在 1990 年的 6 月，却很少有人明白这份宣言所蕴含的意味和它可能带来的后果。宣言的全部内容的支持者，恰恰是共产党人。

　　这一时期，在俄罗斯联邦成立了独立的俄罗斯共产党。苏共在俄罗斯的州委与市委当中的保守派此时意图摆脱以戈尔巴乔夫为首的苏共中央改良派的控制。在这个动机的驱使之下，俄罗斯共产党人已经编写出了上述主权宣言。上一任最高苏维埃主席团主席——维塔利·沃罗特尼科夫作为报告人在大会上提出了这一问题。鲍里斯·叶利钦参加了另外一个议程的讨论。一共有 4 个这样的议程。讨论后形成了一个多方妥协的文件，最后几乎一致通过了这个文件。有 970 名人民代表附议这个宣言，只有 13 人反对，另有 10 人弃权。大约有 100 人未参加投票，大会开了整整 1 个月，有很多代表在 6 月初就离开了莫斯科。

　　1990 年 6 月 22 日，代表大会的最后一天，大会在几乎没有再进行讨论的情况下，通过了题为《关于俄罗斯苏维埃联邦社会主义共和国领土上的管理权划分问题》（新的联盟条约的基础）的主权宣言。尽管从其名称的意义看上去并不是特别重大，但它的确是一个非常重要的决议，它标志着俄罗斯苏维埃联邦社会主义共和国部长会议与苏联部长会议之间的从属关系从此解除，并转为与俄罗斯苏维埃联邦社会主义共和国最高苏维埃主席团和主席之间的从属关系。联盟仅仅在俄罗斯苏维埃联邦社会主义共和国的直属管理组织、企业与机关中保留了联盟部委，其中有苏联国防部、苏联克格勃以及管理军工、核电的部委。在俄罗斯联邦领土上，联邦法律拥有高于联盟法律的地位。

　　苏联各加盟共和国的最高苏维埃主席直到 1990 年之前，都只是没有多少影响力的、名义上的领导人。各加盟共和国的事务实际上是由第一书记和部长会议决定的，而他们都从属于苏共中央和苏联部长会议。但从此时起，这个体系发生了变化，鲍里斯·叶利钦手中拥有了在俄罗斯苏维埃联邦社会主义共和国领土上的真正权力。包括戈尔巴乔夫和雷日科夫在内，我们当中没有多少人意识到在 1990 年夏天出现的这一步骤最终会带来怎样的变化。

　　在叶利钦当选俄罗斯苏维埃联邦社会主义共和国最高苏维埃主席之后的

10—12 天内，叶利钦一直都是坐着自己的"日古丽"① 小汽车进出克里姆林宫的，这辆车已经成了他的一个朋友。用叶利钦的话说，克里姆林宫的车队没有给他分配与其新地位相匹配的汽车。叶利钦的安保小组组长是克格勃上校亚历山大·科尔扎科夫，他在 1986—1987 年曾经负责过叶利钦的安保工作。此人在 1989 年被开除出克格勃，后在苏联最高苏维埃建筑部的接待小组工作，当时这个系统的负责人是叶利钦。此时起，科尔扎科夫成为俄罗斯联邦最高苏维埃主席叶利钦的安保部门负责人，为这个新晋的俄罗斯领导人完成了许多秘密任务。

作为俄罗斯苏维埃联邦社会主义共和国第一次人民代表大会的结果，代表中的积极分子组建了"民主俄罗斯"小组，维克托·舍因斯后来就此问题写道：

> 俄罗斯第一次人民代表大会中那喧嚣又庞大的部分，轰隆隆地驶过车站，车站上只留下了戈尔巴乔夫和他的支持者。尽管有难度，但是沿着这条路追上去，赶到司机旁边并非不可能。但是，时间所剩不多了，而且还被非常不明智地浪费掉了。②

1990 年 7—8 月，全国的注意力都集中在了苏共二十八大与之前俄罗斯共产党成立的事情上。鲍里斯·叶利钦宣布退出苏共，交出党证并离开了克里姆林宫的会议大厅。他是这样解释这个行为的：因为他是俄罗斯苏维埃联邦社会主义共和国最高苏维埃的主席，必须置身于党和党的纪律之外。在这之后，叶利钦旋即在俄罗斯开始了一场为期 3 周的视察。他见到了一副困苦不堪的图景，国内一切情况都在恶化。各州和自治共和国都在抱怨所掌握的权力太少。因此，叶利钦在此次视察中告诉那些州和自治共和国的领导人："尽可能地多拿主权吧，能拿多少就拿多少。"于是，在俄罗斯联邦乃至在全苏联开始了一场"主权大游行"，但这一行为并没有让各地的形势出现任何好转。

在视察全国和在莫斯科期间，叶利钦做了很多工作。他组建了权力机关，对亚夫林斯基提出的"500 天计划"的反危机方案也有所了解。叶利钦

---

① 即拉达牌轿车。
② 舍因斯：《议会的兴衰》，莫斯科：2005，第 1 卷，第 286 页。

很少同戈尔巴乔夫见面。尽管从来也不向中央作请示，但他会把自己的决定通知戈尔巴乔夫。

有一家莫斯科的报纸做过一篇题为《俄罗斯向前进》的报道，文中指出，"民主俄罗斯"试图将自身转型成哪怕不是一个政党，也至少是一个政治联盟的组织。在"民主俄罗斯"运动成立大会上，有 24 个社会组织和 10 个政党出席。在莫斯科的电影院放映大厅里，聚集了来自 73 个州、边疆区和自治共和国的 1770 名代表。

1990 年的秋天是一段艰难的时光，当时危机已经日甚一日，而且没有人知道，应该做什么和怎么去做。莫斯科出现多起上千人的示威游行。最大的一次发生在 9 月的马涅什广场。这些聚集起来的人们，心情都十分阴郁，他们的主要愿望是让苏联总理雷日科夫辞职。"雷日科夫的临时政府——辞职！"，一个条幅上这样写道。有一家报纸写道："改革已经进行了 6 年，开了多少大会小会！部长会议那些勤奋的工作人员又写了多少文件！那些最聪明的医师为衰败的经济写下了那么多的处方。那为什么我们病态的社会却越来越糟？我们可以通过病痛来找到缓解的办法，但不能是长年无休止和无意义的病痛。显而易见，现在已经不需要再更换处方，而是应该换一个医生。我们看到，尼古拉·伊万诺维奇，您和您的团队在这些年里也做了某些有益的事情。但总体上过于畏缩，且毫无定力，再加上不可容许的意识形态错误，就注定会见效很慢。现在是时候了，平静地离开吧，尼古拉·伊万诺维奇！"① 至于应该让哪一个医生来以及用什么药，我们并不清楚，他如果能写出来就好了。

1990 年 9 月底，戈尔巴乔夫邀请叶利钦前来面谈，他们两个人在苏联总统办公室谈了许久。他们的会面引起了多方关注，不过只有叶利钦向记者透露了谈话的内容。《联盟报》记者卢科夫斯卡娅向叶利钦问道："您不久前同戈尔巴乔夫会面，你们互相了解对方的意图吗？"叶利钦答道："是的，我们开诚布公地谈了 5 个小时，您可以想象一下，这足够谈多少个问题。30 个还是 40 个？我们谈话涉及的都是一些重大的原则性问题，比如俄罗斯的地位、有关加盟共和国的主权宣言、权力的分割和俄罗斯的中心作用等。有些问题我们各自保留了自己的意见，有些问题我们达成了一致，说服了对方。有些人认为，我做出了让步。其实并没有发生这样的事，完全没有。在我们

---

① 反对派新闻公报，莫斯科，第 4 期。

的对话中，没有一件事损害了俄罗斯和它的主权。我们取得的成果是让俄罗斯继续待在联盟内，加固这个联盟。但每一个加盟共和国都必须拥有独立的内政与外交的权力，而联盟中央，作为战略部门，只保留最少的职能。也就是说，这需要不可或缺的条件——不干涉的立场。新的联盟条约可以在签署经济协议的基础上进行，这是正确和有意义的。但很快就签署，我认为还不太可能。"

就叶利钦与戈尔巴乔夫之间的个人关系，卢科夫斯卡娅问道："你们之间是否已经相互认可了？"叶利钦颇有些恼火地回答说："有什么可'认可'的？相互喜欢对方吗？没有！他知道我是俄罗斯最高苏维埃主席，而且俄罗斯正在独立的道路上前进。我认为，他知道我是根本不会动摇的，也不会屈服。我对他的恐惧早已经消失了。我没有感到恐惧，也不觉得和他之间有什么从属关系。现在我们是完全平等的领导人之间的关系。的确，我们共事过很长时间，实在是太长了。那段时间里，他带给我的伤害实在是太多了。"①

叶利钦确实没有做出任何让步。几乎一直都是戈尔巴乔夫在做让步，他只是要求俄罗斯联邦把税收继续上缴中央，因为联盟政府已经入不敷出了。戈尔巴乔夫将俄罗斯的权力让给了叶利钦，而他自己在高加索和波罗的海地区已经失去了权力。他完全不知道应该怎么做，也没有做出任何重要的决定，而只是在操劳他那个小政府的琐事。

戈尔巴乔夫的助理格奥尔基·沙赫纳扎罗夫后来写道：

> 由于建立了很多新的部门，与机构相应的官员数量与日俱增，呈几何级增长的态势。新添置的大量高级计算机设备和办公用品，由于没有人会用，都堆在克里姆林宫的走廊里落满了灰尘。各个机构间出现了严重的混乱。仅仅是做一次基础维修，就造成了干净办公室的短缺。这些琐事都伴随着机构工作离奇的混乱出现了。总统会客室竟然出现了文件不知去向的事情。总统的命令也得不到很好的执行，往往是在命令发布之后的某一天，又对其做出调整。看到戈尔巴乔夫的工作方式，我更加确信，他作为一个失败的政治家，更依赖于体系，我们的总统并不是一个称职的组织者。如果要为戈尔巴乔夫找出另一个阿喀琉斯之踵的话，那就是在选拔干部上的无

---

① 《联盟报》，1990年第38期，第5—7页。

能，改革者只能依靠自己的双脚一瘸一拐地前行，最后导致失败与灾难落在了自己的肩上。①

1990年秋季，叶利钦并没有安排好俄罗斯联邦的行政工作，而戈尔巴乔夫却已经将全部的权柄让给了叶利钦。国家几乎是没有最高管理层的——既不是党，也不是政府，还不是最高苏维埃，更不是总统——完全是在依靠惯性前进。

从经济的角度看，改革已经导致了前者的崩溃，此时已经没有必要再讨论改革的问题，而是应该讨论紧迫的反危机措施。就改革问题所做的全民社会调查数据显示，1989年秋季，有56%的受访者表示自己坚决站在改革的一边，还有14.5%的受访者对改革表示同情。到了1990年秋季，坚决支持改革的人的比例已经降到了21.1%，而认为改革所带来的伤害大于好处的人的比例则达到了46.5%。在此情况下，那些仍然相信和同情改革的人，事实上已经将自己的希望从戈尔巴乔夫和苏共转移到了叶利钦那里。②

---

① 沙赫纳扎罗夫：《自由的代价》，莫斯科：1993，第144—146页。
② 取自社会学研究所的资料。

第五章

鲍里斯·叶利钦
——俄罗斯苏维埃联邦社会主义共和国总统

1991 年艰难的春天

波罗的海地区的危机与无秩序现象以及全国的经济状况恶化，导致叶利钦与戈尔巴乔夫之间的矛盾更加尖锐了。2 月的莫斯科，反戈尔巴乔夫和共产党的示威游行几乎天天发生，而且参加的人数非常多。1991 年 2 月 4 日，在市中心进行的反苏共示威游行参加人数在 10 万左右。在莫斯科市内其他地方游行的人数超过了 15 万。我当时抄下了一些标语："戈尔巴乔夫——红色刽子手！""苏共在强迫人民""戈尔巴乔夫先生，请您好好地离去""鲍里斯，发出你的呼喊吧"等。

在这些天里，有一些曾经既激烈地反对过戈尔巴乔夫，也激烈地反对过叶利钦的激进共产党团组非常活跃。在克里姆林宫通往红场和马涅什广场的大门口，苏联人民代表在一大群人中穿过警察组成的人墙，前往最高苏维埃参加会议，这条由人墙形成的通道在 1991 年 2 月和 3 月，从早到晚一直都在那儿。通道的一边站立着数百人，他们唱着革命和战争歌曲，高声喊道："将叶利钦匪帮绳之以法！人民代表，人民代表，这是你们的斯大林格勒！"但另一边却站立着数千人，以更高的声音喊道："要叶利钦，不要戈尔巴乔夫！"这些人对路过的一些人民代表，或者是高声怒骂，或者是致以敬意。

俄罗斯苏维埃联邦社会主义共和国的政府对电视台的控制能力此时还比较弱。戈尔巴乔夫的支持者控制了主要的电视频道，但他们没有很好地利用这些重要的工具来影响社会舆论。

就在此时，叶利钦向电视广播伸手了。1991 年 2 月 7 日，叶利钦致信苏联国家广播电视负责人列昂尼德·克拉夫琴科，要求准许他通过中央电视台进行时长为 1 个小时的电视直播，因为"这样有益于全联盟和俄罗斯苏维埃联邦社会主义共和国的电视观众参加全联盟和俄罗斯的全民公投"。戈尔巴乔夫对此感到十分犹豫。"给他 20 分钟的时间"，他这样对克拉夫琴科说道。但俄罗斯方面坚持要求更长的直播时间。经过协商，最终决定采取由记者谢尔盖·拉曼金对叶利钦进行采访的形式直播。这场定于 2 月 19 日晚 7 时开始的电视直播，早早就进行了大范围的宣传。叶利钦很轻松地盖过了拉曼金，说出了自己对一些关键问题的观点。在最后的几分钟，叶利钦还谈到了"家庭食物储备"。出乎电视直播管理人员和观众意料的是，叶利钦对联盟中央提出了尖锐的批评，并要求戈尔巴乔夫让出或辞去苏联总统的职务。

《新时代》周刊这样写道：

> 2 月 19 日晚上的莫斯科大街上空无一人。但是这个让人等待已久的长篇讲话却把几乎所有的人都欺骗了。俄罗斯苏维埃联邦社会主义共和国最高苏维埃主席 42 分钟内都在发牢骚，抱怨中央对他的阻挠给他工作所带来的困难。在最后的 3 分钟，他读出了早已准备好了的声明，指责戈尔巴乔夫的独裁倾向以及他对人民的欺骗，还要求其立刻辞职。到底出现了什么情况？是一时激动吗？从任何一个角度看，这都是胆大包天的一步。叶利钦已经走上了一条非常危险的道路。①

戈尔巴乔夫尽管非常气愤，但还是决定不表态。苏联最高苏维埃对叶利钦的声明做出了严厉谴责的决议。形势尖锐化之后，叶利钦将要面对不可预测的风险，但他完全是在凭借自己的直觉行事。欧洲的报纸对这个事件纷纷做出了评价，认为叶利钦通过电视直播反对戈尔巴乔夫，就像是直接对着自己的太阳穴开了一枪，他已经掀起了一波能够将他和其他民主主义者全都扑倒的怒潮，但这都只是些幻觉而已。

粮食这一首要物资的供应情况恶化了，但民众并没有将责任归结于叶利钦。在电视直播一天之后，叶利钦开始了在全俄罗斯境内的旅行。他已经开始了俄罗斯联邦总统的竞选活动，尽管俄罗斯苏维埃联邦社会主义共和国的

---

① 《新时代》，1991 年第 9 期，第 5—6 页。

宪法修正案还没有通过。报纸的用语已经无所顾忌了。莫斯科《自鸣钟》杂志社的一个评论员弗拉基米尔·索莫夫这样写道："米哈伊尔·谢尔盖耶维奇，您究竟是和谁站在一起？面具现在已经撕去了。通过向着对自己有利的方向裁剪和缝补宪法，您已经获得了总统的权杖，这是任何一个独裁者都十分向往的东西。右翼分子将权力交到一只'强有力的手上'的愿望，已经开始实现。戈尔巴乔夫已经不再扮演民主领袖的角色。他站到了执政党高层、权力机关和共产党的一边，很多人都能发现上述这些都是造成自己牲口般生活的原因。取下蒙在眼睛上的布吧！难道说，3 亿人民只能得到一个在极权主义制度下产生的领袖，一个通过权力机关工作人员闭门投票、选出来之后还要堂而皇之地称其为'人民公仆'的总统吗？国家元首必须由人民来选出。"①

2 月 25 日，莫斯科爆发了有预谋的示威游行。民主主义者计划鼓动上百万人上街。根据内务部和克格勃的统计，当天早上就已经有不少于 30 万人参加了游行。这些人还呼吁占领克里姆林宫。戈尔巴乔夫在接到有关首都情况的报告后，开始紧张起来，至少也是非常担心。中午 12 点，苏联总统命令用重型载重卡车封闭通往克里姆林宫的道路。内务部部长布科解释说，时间已经来不及了，但克里姆林宫周边的情况还在控制之中。而且实际上，也没有什么可担心的。人们集会，吵闹一番，然后就散去了。但戈尔巴乔夫对部长说："不，不，最重要的是，不能让他们进入马涅什广场，那将是决定性的。"②

傍晚时，游行结束了，但恐惧却留了下来。第二天，戈尔巴乔夫下命令向莫斯科市中心调动部队。在克里姆林宫周围停放了数十辆坦克和装甲运兵车，还有空降兵战士以及内务部的部队。但这次游行并没有给莫斯科市民和俄罗斯当局留下任何深刻的印象。1 个月之后，俄罗斯苏维埃联邦社会主义共和国第三次人民代表大会召开的时候，部队再次将克里姆林宫环卫起来，代表大会暂停了自己的会程，要求将坦克撤出莫斯科。戈尔巴乔夫做出了让步。俄罗斯的人民代表要求给予俄罗斯苏维埃联邦社会主义共和国总统以全权，而这不符合苏联宪法对于加盟共和国总统权力的规定，但戈尔巴乔夫没有抗议和反对这项决议。在同一天，代表大会批准了俄罗斯宪法中新增的部

---

① 《自鸣钟》，1991 年 2 月 19 日。

② 《议会报》，1994 年 8 月 14 日。

分——就苏联的前途问题于 1991 年 3 月 17 日进行全民公决。俄罗斯苏维埃联邦社会主义共和国总统大选定在 1991 年 6 月 12 日，以全民投票的形式进行。

作为苏联最高苏维埃代表和苏共中央委员，我做了许多长篇演讲，很多有地位的机构都邀请我去演讲，其中包括对莫斯科苏维埃区的党内积极分子的演讲、在列宁军事政治学院的演讲、对内务部捷尔任斯基师的军官的演讲、在莫斯科市苏维埃执委会的党组织机关的演讲，甚至还有一场演讲是面向位于亚新尼沃那里的苏联克格勃对外情报机关领导层的广大听众。一般我的演讲时间大约是 40 分钟，报告主题是最高苏维埃工作以及国内的形势，之后便是 2—3 小时的提问与回答，这些问题都很深入也很坦诚，甚至是很尖锐的。会场的人对我是欢迎的，但大家都厌恶戈尔巴乔夫。大厅里坐着的有党、内务部和克格勃机关内的积极分子，军队里的政治工作干部、参谋人员和将军等。这段时间里，我同戈尔巴乔夫的助手也谈过几次，同克格勃主席克留奇科夫、阿赫罗梅耶夫元帅也谈过。很明显，戈尔巴乔夫作为改革者的资本已经全部用光了。

我个人的想法是，戈尔巴乔夫应该找到一个退出的办法和形式，首先从党的领袖位置上下来，在联盟条约签署后，再辞去总统的职务。对于一个政治家而言，重要的并不仅仅是他如何爬上高位，还有他应该如何从那里走下来。我决定和卢基扬诺夫谈一下这个问题。他并没有和我争执，只是问我："我能不能把这些信息转告戈尔巴乔夫？"我回答道："当然可以。"2—3 天之后，我从最高苏维埃的会场上被邀请来见戈尔巴乔夫——到他的总统套间。戈尔巴乔夫有 5 分钟和我谈话的时间，但他一开始就谈一个很细致的问题，直到第 5 分钟时，我才有机会说出我想说的主题。米哈伊尔·谢尔盖耶维奇说："我们过一个星期再见面吧。""您到时再叫我吗？""我们相互联系一下吧。"一个星期后，我两次给戈尔巴乔夫的办公室打电话，但我得到的回答却是他的日程已经满了，非常忙。在此期间，形势一天比一天恶化了。

1991 年年初，国内所谓的法律战争愈发激烈了。不仅仅是波罗的海地区和高加索，俄罗斯苏维埃联邦社会主义共和国也开始制定和通过一些与苏联法律相抵触的法律、法规。俄罗斯议会通过了有关养老金的法案。俄罗斯决定自 1991 年 3 月 1 日起，提高境内养老金的标准，这是对联盟立法体系的一个严重冲击。但问题是，这笔钱从哪里来呢？俄罗斯政府要求重新分配预算，使之大幅向着对俄罗斯有利的方向倾斜。俄罗斯联邦还通过了允许私人向生产领域投资的立法，在联盟法律中这一条是没有的。国内各种相互矛盾的事情越来越多了。顿巴斯、库兹巴斯、沃尔库塔、罗斯托夫州、克拉斯诺达尔边疆区和萨哈林的矿工举行了罢工。他们不仅仅提出了许多经济要求，很多矿工还提出了政治要求——首先就是要求苏联政府辞职。矿工们要求将管辖权移交俄罗斯和乌克兰。一部分矿工还来到了莫斯科，他们砸坏了俄罗斯饭店大厅的顶棚，还宣布绝食抗议。

戈尔巴乔夫身边的人以及强力机关都对其无所作为的表现感到不满。但他在不断恶化的情况下，又能做些什么呢？戈尔巴乔夫的助手中间，有一些人劝他先辞去苏共中央总书记的职务，专注于苏联总统的工作。我也曾经有过这样的想法，不过我认为戈尔巴乔夫应该不晚于1991年年底离开苏联总统的职位。尽管这样的建议不少，但是又如何让他迈出这一步，放弃自己的特权呢？

假如党内还有其他有能力、有威望的领袖，这个人不但有独立的形象，还有自己的方案，那么这种权力的剥离是有价值的。但是在苏共中央，在莫斯科根本就没有领袖，剩下的就只是党的官员。在取消了宪法第6条之后，党中央机关就成了一个普通的权力机关。在各州和地区，州委和区委还拥有一定的权力，但也与其他机关没有上下之分。但是，在莫斯科并不只是市党委无权决定任何事情，苏共中央和俄罗斯苏维埃联邦社会主义共和国共产党中央也是如此。戈尔巴乔夫辞去党的领袖一职，有可能会加速党的危机，但不会加强他的总统地位，毕竟他这个总统不是全民选举出来的，而是根据苏共中央的提名，在苏联人民代表大会上选举通过的。

在苏联权力的最顶层，形势已经发展到了进退维谷的地步。在加盟共和国和一些州，还有一些强有力的领导人。但是如何让他们获得能够在这样庞大的政权和国家立足所必需的威望呢？他们的影响力和经验还都是不够的。只有戈尔巴乔夫有能力组建这样一支团队，并授予他们必要的全权。但这并不是他想要做的事情，原则上这一步也很难迈出去。1991年的苏联，戈尔巴乔夫所面对的国家局势颇有一些像1917年二月（俄历）的尼古拉二世面对的局势。

社会民意调查显示，戈尔巴乔夫的支持率在连续下跌。在1990年年初，戈尔巴乔夫的支持率还保持在60%—70%的水平，到了年底，就只有20%了。在1991年年初的几个月，支持率持续下跌——15%，13%，10%。莫斯科有一家报纸这样评论道：

戈尔巴乔夫的支持率跌到了这样的程度，已经没有人听他的话了。无论他说得怎么样，聪明还是笨，好一点还是差一点，人民都已经不感兴趣了。他的身上已经摆上了十字架。不论他说什么，还是做什么，都会引起民众的愤怒。对于一个政治家而言，这就是职业生涯的终点。

西方国家对苏联局势的判断更加敏锐。戈尔巴乔夫在西方国家中的威望一度很高。1990 年 4 月，我第一次出国去意大利，在那里我可以单独活动。当时叶利钦也在意大利，而且媒体对他的关注度也很高。然而戈尔巴乔夫的威望一点也不比他低。到处都有戈尔巴乔夫的画像，甚至是最意想不到的地方。罗马和博洛尼亚的大街上有很多挡板，上面画着一个漂亮的半裸姑娘与戈尔巴乔夫在一起。我问翻译："为什么我们的总统会出现在这里？"翻译答道："这是广告。"上面还写着一行字："购买我们的牛仔布吧，它就像戈尔巴乔夫一样，结实可靠。"但是到了 1990 年年底，西方报纸已经完全将戈尔巴乔夫漫画化了。他被画成一个乞丐的模样，向美国总统老布什伸出一顶破帽子。或者是被画成一个小矮子，挤在"保守主义"和"激进主义"两个大个子之间。

在德国，由于 1990 年所取得的成果，米哈伊尔·戈尔巴乔夫被称为"年度最佳德国人"。当然，德国的政治家也因此获益良多。但是，在莫斯科由左翼激进主义者发起的游行示威活动中，戈尔巴乔夫被描绘成了党卫军军官的形象。1990 年 12 月，诺贝尔奖委员会在挪威授予戈尔巴乔夫 1990 年度诺贝尔和平奖。但是，获奖者自己承认，他之后收到了数百份贺电，以及来自全国各个角落的数千份带有侮辱性质的电报。总统办公厅主任瓦列里·博尔金后来写道，这段时间寄往克里姆林宫的信件和电报太多，以至于大部分都无法摆上戈尔巴乔夫的办公桌。

"诺贝尔和平奖是戈尔巴乔夫应得的吗？"政治学家阿列克谢·基瓦向自己和读者们提出了这个问题，"的确，戈尔巴乔夫配得上这个和平奖，他所做的远远超过当时在世的任何一个政治家。但是，像戈尔巴乔夫这样的改革者的命运，是不值得羡慕的。他给自己赋予了太多的使命，这条路满是起伏，又弯又滑。没有人能够搞清楚，道路通向什么地方。"① 这种结论是不可接受的，因为改革者的命运取决于改革的成败，取决于他是否足够理智。戈尔巴乔夫后来也为自己找过类似的借口，宣称"从来就没有幸福的改革者"。我不知道什么算作幸福，但历史上成功的改革者并不少，其中也有俄罗斯的改革者。改革是一项非常沉重的事业，改革者的道路也确实曲折泥泞。但这一切就意味着，改革者必须做好准备，还要有必要的装备。正是因为很轻易地就走上了这条道路，戈尔巴乔夫才遭到了失败。但其实他并不是孤身一人走在这条路上。现在他已经完全不知道应该做些什么，因为他所见到的实际情景，与那个根据他自己的想象，在改革之初所描绘出来的样子是完全不一样的。

俄罗斯联邦总统大选

决定苏联前途的全民公投，被定在了 1991 年 3 月 17 日，同时，俄罗斯联邦的公民还需要对俄罗斯苏维埃联邦社会主义共和国宪法新的修正案进行投票，这项修正案的内容是在俄罗斯设置全权总统，如同设置苏联总统一样。与预期的一样，大部分来投票的俄罗斯公民都选择支持新的宪法修正案，全民公投中大多数人也支持继续保留苏联。1991 年 3 月 17 日之后，俄罗斯苏维埃联邦社会主义共和国最高苏维埃很快就通过了所需的法律和条例。大选的时间定在 1991 年 6 月 12 日，尽管 5 月 20 日俄罗斯竞选人登记才结束。除了叶利钦之外，参加总统竞选的还有尼古拉·雷日科夫、弗拉基米尔·日里诺夫斯基、阿曼·图列耶夫、阿尔伯特·马卡舍夫和瓦季姆·巴卡京。

我不打算对这个既短暂又紧张的选举过程做详细的讲述。这些竞选人前往俄罗斯的各个城市，他们没少使用纸质宣传品。他们散发了传单，张贴了海报和画像。但是，最具决定性的还是电视演讲。叶利钦和雷日科夫相较于其他竞选人更多地利用了电视演讲。日里诺夫斯基也吸引了不少电视观众，尽管他的手段比较少，无法进行很积极的宣传。图列耶夫的胜面也很小，尽管他的演讲很有水平。叶利钦在手段和时间上，都有很大的优势。但他选择

---

① 《新时代》，1991 年第 26 期，第 91 页。

回避同竞争对手之间的公开辩论。其实观众和听众都能感觉到，叶利钦已经稳操胜券了。但还有一个问题比较重要，他会在第一轮还是第二轮取得胜利。

事实上，这是一场苏共与各色"民主联盟运动"党派之间的斗争。这还是一场苏联的支持者与"自由的"俄罗斯的支持者之间的斗争。设置一个拥有全权的俄罗斯联邦总统，就意味着在联盟国家的大厦下面埋藏了一颗炸弹，建立了一个替代的国家。在俄罗斯联邦，新的权力中心出现了，它与苏共中央没有任何关系，也很少受到苏联政府和总统的限制。但是，在这场选举过程中，大部分人看到的是戈尔巴乔夫与叶利钦之间的斗争。斗争的焦点不是俄罗斯领导人，而是苏联政府抬高了物价，进行了不公正的货币改革。尽管此时的俄罗斯政府已经开始考虑"休克疗法"，但当时这些还只停留在理论工作层面。

在演讲中，叶利钦表示要结束国内严峻的经济形势。他表示反对"党的高层领导人"特权的同时，承诺不是升高，而是降低全部生活必需品的物价。在这些天里，叶利钦有一次演讲时提到，他宁可去卧轨，也不会让物价上涨。叶利钦公开反对戈尔巴乔夫和共产党员中的教条主义者，但他并不反对一切共产党人。在提名俄罗斯联邦副总统的人选时，叶利钦并没有提名自己人——在最高苏维埃担任副主席职务的鲁斯兰·伊姆拉诺维奇·哈斯布拉托夫，也没有提名自己的"参谋长"根纳季·布尔布利斯，他选择了共产党员亚历山大·鲁茨科伊上校，后者曾经在最高苏维埃建立过一个名为"自由共产党人"的分支。作为飞行员和阿富汗的战斗英雄、议会中退伍军人与残疾人委员会的代表、俄罗斯共产党中央委员、出色的演说家，鲁茨科伊为叶利钦吸引了不少来自部队和对戈尔巴乔夫不满的人的选票。

苏共中央与党在各州的组织都是很被动的，甚至是不情愿地参与了选举过程。我个人那时支持的是叶利钦的主要竞争对手——雷日科夫以及他的搭档鲍里斯·格罗莫夫。除了在印刷品上，我还在电视上发表过几次讲话反对叶利钦。对我而言，这是一个原则性问题。当时的形势很明显，叶利钦的任何一个对手都不可能战胜他。尼古拉·雷日科夫刚刚出院不久。此时，他还不是一个公众政治家，也从来没有和像叶利钦这样的领导人进行过如此严酷的竞争。但是，在这种情况下，严酷的竞争又是不可避免的。叶利钦的反对者们所期盼的只有一件事，就是希望他不要在第一轮就获胜。

我对选举活动的准备条件提出过强烈的抗议，整个过程就只有 20 天的时间。当时我有一篇文章写道："这样匆忙地进行俄罗斯总统的选举，是不能不受谴责的。我们并不只是在举行选举。我们是在国家的历史上第一次创造一个新的权力领域，在人民的权力范畴内，通过全民选举的方式选择出一个最高领导人，这本身要比总统职位重要得多。在我们的民主发展道路上，这是一个转弯的地方。这件事做得这样匆忙，用2—3个星期的时间，通过已经被歪曲了的选举，得出一个早就预设好的结果。推出6—12个候选人，让数百万选民在15—20天内进行一场选举，这并不是民主选举。相比于像斯大林和勃列日涅夫时期那样，只有一个候选人，但是对其是否称职进行3个月的讨论这种方式来说，一点都没有变得更好。今天的选举对于手握权力的人，也就是叶利钦而言是特别有利的。他可以自由地活动，随便说些什么，但是1年过去了，俄罗斯的居民生活水平真的提高了吗？甚至还有一些人建议把投票日放在工作日，而不是星期天，尽管全世界都是这样安排的。如果对选举不能够重视，在这些匆匆忙忙进行的选举过后，也就很难等来一个严肃的选民关系。"①

鲍里斯·叶利钦在第一轮就获得了胜利。按照俄罗斯中央选举委员会的数据，选民中有74.66%参加了投票。得票率如下：

叶利钦——57.3%

雷日科夫——16.85%

日里诺夫斯基——7.81%

图列耶夫——6.81%

马卡舍夫——3.74%

巴卡京——3.42%

令人震惊的是，大约有600万的选民投票支持当时还不太知名的政治家弗拉基米尔·日里诺夫斯基，因为他比其他竞选人更好地运用了电视这个工具。对于苏共和俄共而言，这些选举引发了后来的一系列事件。共产党竞选人在莫斯科和圣彼得堡的市长竞选中失利，加夫里尔·波波夫当选莫斯科市长，阿纳托利·索布恰克当选为圣彼得堡市长。

至于在列宁格勒的居民公投，他们要求恢复城市的旧称圣彼得堡，这与苏联最高苏维埃和苏共中央的号召正相反。1991年6月12日，鞑靼斯坦举

---

① 《苏维埃俄罗斯报》，1991年6月8日；《莫斯科真理报》，1991年6月6日；《列宁旗帜报》，1991年6月6日。

行了总统选举，明季梅尔·沙伊米耶夫当选，他不久前还是该共和国的党组织领导人和最高苏维埃主席。

　　6月的这些选举的结果对于戈尔巴乔夫和苏共全体而言，都是非常重大的政治事件。因此在苏共中央机关中，出现了一些半地下的议论，并且充满了惶惶不安和悲观主义的情绪。苏共中央收到了许多请愿的信件和电报，没有人知道该怎么回答这些问题。6月底，苏共中央意识形态部门的研究人员向苏共中央委员和各州党委递交了题为《俄罗斯苏维埃联邦社会主义共和国总统选举的后果》的长篇报告。这份报告对苏共和共产党竞选人的处境做了十分坦诚的评价。报告坦言："叶利钦的胜选，主要是因为他在社会上已经营造出了一个'强有力'的领导形象，他看起来就像一个绝不妥协的斗士，打算全力以赴去解决复杂的经济与社会问题。大多数选民之所以选择叶利钦，并不是出于个人品格和政治偏好，而是希望他能够以自己不妥协和坚定的意志，带领俄罗斯走出困境。叶利钦并不畏惧负面的信息。他的形象已经相当稳定，短时间内打碎这一形象是根本不可能的。"报告也提出了"怎么办？"的问题。但是，给出的建议却是毫不可行的。报告提出，由于事态已经很明显，需要"加快解决原则性的问题"，"在苏共中央成立一个由有前途的年轻干部组成的工作组，负责筹划选举工作"，"停止对党务工作者的抨击"，"不同保守派、民主派、中间派和底层进行对抗"，等等。报告的作者还建议，"走出与叶利钦的对抗，寻求与其展开建设性的合作"，"需要坚持不懈地引领党组织向着具体的现实事务发展，将之打造成一个工作型政党"。①

　　在1991年的现实条件下，这个报告的建议有许多天真，甚至是毫无意义的成分，没有考虑到苏共和戈尔巴乔夫的政治状态已经发展到了什么样的地步。戈尔巴乔夫和叶利钦、苏共和"民主主义团体"安排"建设性的合作"已经是完全不可能了。戈尔巴乔夫和他身边的大部分人已经在考虑如何分配权力。哪些权力是中央必需的？哪些是移交共和国的？是联盟的还是自治的？与此同时，全国和俄罗斯联邦并没有在划分权力，而是在建立双重政权。各权力机关在不同的层级上对一些问题做出的决定，当时有很多都是南辕北辙的。斗争的目标不是权力的分割，而是全部权力的归属。苏共、俄共和叶利钦本人，其实都不打算进行建设性的合作。

---

　　①　取自作者的资料。

叶利钦再访美国

大选过后一个星期，还没来得及发表就职演说，叶利钦就决定出访华盛顿。1989年秋天那次访美，给人一种不太成功的感觉。此次叶利钦来美国，并不是以苏联人民代表和戈尔巴乔夫政治反对者的身份，而是以国家的合法领导人的身份，并享受了与之相符的接待礼节。在此次出访过程中，叶利钦一直保持着相当无拘无束的状态，他去了一些意想不到的地方，和最普通的人交流，认真地回答每一个问题。有一些美国人将其视作政治杂耍，但大多数美国人喜欢叶利钦的姿态，因为民粹主义是美国政治文化中的重要部分。

关于与戈尔巴乔夫的关系问题，叶利钦一直表示愿意与其进行合作，不过，前提条件是戈尔巴乔夫支持民主，支持激进的经济改革以及加盟共和国独立于苏联的权力。《纽约时报》的政治评论员莫林·戴伍德这样写道："叶利钦已经再没有必要通过走后门的方式前来白宫，并晋见美国总统了。如果说，1989年秋天他一共见了10名参议员的话，那现在的情况是，百分之百的国会议员都在排队，为的是和新当选的俄罗斯总统握一握手。当俄罗斯总统出现在林肯纪念碑前的时候，就在他们一道前来首都的路上，历史教师马上给学生上了有关这个苏联政治家的一课。今天在华盛顿人尽皆知的叶利钦，他是最近的'明星'。尽管俄罗斯总统并不说英语，但他仍旧以自己温柔且精力充沛的表现给集会的民众以深刻印象，他通过各种表情与手势，表示对自己受到的热情招待感到满意。叶利钦在国会也给人留下非常良好的印象，他号召加强美国与俄罗斯的联系，再一次以和解的姿态评价了戈尔巴乔夫总统。"[1]

对于叶利钦表示坚决反对向古巴和菲德尔·卡斯特罗提供任何形式的援助与支持，并将这种支持称为"犯罪"的说法，美国的政治家都非常满意。叶利钦宣称，苏联的军费预算将会缩减，因为"在俄罗斯还有那么多人生活在贫困中的时候"，还在补贴军事工业就是"犯罪"。美国总统与叶利钦在白宫进行了会谈。但是，在会谈结束后，布什政府的发言人表示，美国不会将叶利钦视作在谈判中戈尔巴乔夫的替代者。声明这样说道："我们需要和

---

① 《国外》，1991年第27期，第5页。

他们都保持良好关系，但是，戈尔巴乔夫依旧是苏联的领袖，我们将会直接与他进行洽谈。"

当叶利钦还在美国接受祝贺的时候，莫斯科已经为他筹备好了庄严的总统就职典礼。典礼安排在1991年7月10日，地点是克里姆林宫安德烈大厅。就职典礼时，叶利钦一手放在俄罗斯苏维埃联邦社会主义共和国宪法上，宣读总统誓词，就在他的身旁，后面一点点，站着不知所措的戈尔巴乔夫。整个就职典礼带给我们的感觉，不仅仅是庄严，而且有更多的实际意义。从这两位已经进行政治对抗超过4年的领袖当时不同的心情就能够看得出来，叶利钦是胜利者，他很庄重。在我们国家的历史上，叶利钦是第一个由全民选举出来的俄罗斯国家领袖。戈尔巴乔夫十分沮丧。当然，他是苏联总统，而俄罗斯只是这个联盟的一个加盟共和国。但戈尔巴乔夫并不是全民选举上台的，而是通过苏联人民代表大会，而且还远不是全票当选。在此情况下，俄罗斯并不只是联盟中最大的加盟共和国，它是苏联整个架构的基础，其牢固性现在已经被彻底动摇了。苏联和俄罗斯的许多报纸发文，着重强调了戈尔巴乔夫与叶利钦之间关系上出现的这些变化。它们对这场"规模宏大的对抗"做了许多报道，但这些报道还不能完全反映出"权力斗争"的体量。

《文化报》这样写道：

> 叶利钦1987年秋天被戈尔巴乔夫在苏共中央打倒之后，还能够获得这样毫无疑问的胜利——当初的失败者胜利了，而当初的胜利者却失败了——像这样的事情是不多见的。叶利钦并不仅仅是从灰烬中再次站了起来。他还夺走了戈尔巴乔夫曾经紧紧地握在手中的权力，作为一个能力超群的领袖，他完成了这个伟大的任务，打开了崭新的、意想不到的世界。作为人民的领路人、所有思想与愿望的代言人，一个所有人都信赖的绝不会犯错的人，戈尔巴乔夫第一个提出民主的主张，最初的脚步也都是他走出来的。叶利钦在中央全会上的发言甚至都没有提到这一点，但是他却被看成是民主力量的领袖，而戈尔巴乔夫成了他们的反对者。①

从叶利钦就职演讲的语气看，他已经把自己当成了一个独立主权国家的

---

① 《文化报》，1991年10月26日。

元首。对于苏联和其他加盟共和国，他一个字都没有提，但强调宗教在俄罗斯复兴中的特殊地位。关于俄罗斯全部的历史，叶利钦只说了一句话："命运做了这样的安排，俄罗斯人民经历了一场伟大的试验。为了获得今天的经验，我们付出了巨大的、看不见的代价。"在结尾时叶利钦说道："但是，伟大的俄罗斯会站起来，我们一定会将它建成繁荣、民主、互爱、法治和独立自主的国家。经过了这些试验，我们清楚了自己的价值，可以断定，俄罗斯一定会重生！"①

---

① 《俄罗斯报》，1991 年 7 月 11 日。

第六章

鲍里斯·叶利钦与国家紧急状态委员会

（1991 年 8 月 18—21 日）

鲍里斯·叶利钦的总统机关在 1991 年 8 月的时候，尚不具备决定性的影响力。它并不掌握专门的军事机关或暴力机构。在苏共中央和苏联克格勃的机关中，并没有人能够提前去通知叶利钦那场正在酝酿的阴谋。就在国家紧急状态委员会组建的前几天，受努尔苏丹·纳扎尔巴耶夫的邀请，叶利钦并没有知会"在乡下"度假的戈尔巴乔夫以及其他留守的人，径直飞往了阿拉木图。

事变的第一天

8 月 18 日一整天，叶利钦都在哈萨克斯坦的首府阿拉木图。访问的正式部分已经结束了，但作为非正式部分的盛情款待却进行了很长的时间，以至于叶利钦总统专机的起飞时间都推迟了好几次。叶利钦对这种延迟感到不满，对纳扎尔巴耶夫有所怀疑。载着叶利钦与其不多的随行人员的飞机在很晚的时候才降落在伏努科沃 2 号机场，回到阿尔汉格尔斯克别墅后，叶利钦很快就睡觉了。他是在 8 月 19 日早上被女儿塔季扬娜叫醒的："爸爸，快起床！政变了！"女儿向他讲了国家紧急状态委员会、亚纳耶夫和克留奇科夫的事情。叶利钦并不相信："你们怎么了？开什么玩笑？这是不合法的。"[①]

半小时之后，叶利钦的卫士长亚历山大·科尔扎科夫赶到了别墅，开始布置周边的警卫。到叶利钦这里来的还有鲁斯兰·哈斯布拉托夫、谢尔盖·

---

① 叶利钦：《总统笔记》，莫斯科：1994，第 79 页。

沙赫拉伊、米哈伊尔·波尔托拉宁、根纳季·布尔布利斯、俄罗斯政府总理伊万·西拉耶夫，在 1991 年 8 月他们是俄罗斯联邦总统身边最核心的人。别墅里面不仅可以正常收看电视，所有电话也可以使用。在此情况下，阿尔汉格尔斯克别墅的人一同起草了一份《告俄罗斯人民书》，这封呼吁信通过传真发往了每一个地方。早上 9 点，叶利钦、西拉耶夫与哈斯布拉托夫一道签署了这封呼吁书。在这封呼吁书中，他们号召立刻成立苏联人民代表紧急委员会，取消国家紧急状态委员会的一切指令，将权力归还给戈尔巴乔夫。与此同时，他们还呼吁进行全社会的无限期大罢工。

传真发出后，叶利钦接到了来自许多部门的确认电话。他自己也在不停地用面前的各个电话机向各处打电话发出指示，他在表达自己愤怒的同时，也召唤人们前来自己的住处或是白宫。① 当时戈尔巴乔夫已经完全处于与外界隔绝的境地，叶利钦可以自由地与任何人谈论任何问题。叶利钦对这种状况也感到有些惊讶。叶利钦后来在自己的回忆录中对此有所回顾，在他看来，克留奇科夫这个“令人难以预测”的克格勃主席对国家紧急状态委员会有助推作用。叶利钦写道：“我认为，对于这些年迈的国家紧急状态委员会成员们而言，摆在他们面前的新的通信手段，其深度与广度都是无法控制的。他们所面对的，已经完全是另一个国家了。不知不觉间，一个在党控制下的平静国家，发生了一场完全公开的决斗。”② 但是，事实上并不是这样的。

关于叶利钦的问题，不论是克留奇科夫与自己身边的人，还是于 8 月 18 日与 19 日在克里姆林宫召开的国家紧急状态委员会连续会议上，都有过讨论。他们曾经提出建议，将叶利钦的飞机迫降在契卡洛夫斯基军用机场，然后将其逮捕。他们还提出建议，在叶利钦的飞机抵达伏努科沃 2 号机场后，将其软禁到扎维德沃的某个别墅里。当然，对于苏联克格勃而言，掐断叶利钦在阿尔汉格尔斯克别墅的全部电话与传真，是没有任何难度的。叶利钦所有的行动、发出的指令及其与外界的交流全部都在克格勃专设小组的严密监视之下。叶利钦身边较为亲近的人也在监视之下。但是，在克格勃的特工中，没有任何人接到过对俄罗斯总统执行任务的任何命令。

之所以没有走出决定性的步骤，既有政治上的原因，也有心理上的原

---

① 白宫指的是俄罗斯联邦政府办公大楼。——译者注
② 叶利钦：《总统笔记》，莫斯科：1994，第 83 页。

因。国家紧急状态委员会的成员们并不打算打倒合法当选苏联总统的戈尔巴乔夫和刚刚经由全民选举上任的俄罗斯苏维埃联邦社会主义共和国总统叶利钦。这些人没有对夺取全国的权力并在全苏联建立秩序做好准备，因为这样必须发动大规模的逮捕乃至于使用恐怖的手段。克留奇科夫、亚佐夫、帕夫洛夫和亚纳耶夫寄希望于同戈尔巴乔夫与叶利钦达成妥协，这是一场危险的赌博。时任苏联最高苏维埃主席的阿纳托利·卢基扬诺夫，从权力顺位上看，他是苏联第二号政治人物，拒绝对戈尔巴乔夫或叶利钦动用强制手段。

　　一个总统被软禁在福罗斯的别墅里，另一个总统被软禁在扎维德沃的别墅里，这种局面任何人都无法应对。于是，经过一夜的讨论，他们决定放弃对叶利钦实施软禁。众所周知，叶利钦并不情愿签署新的联盟条约，是戈尔巴乔夫在一厢情愿而已。于是国家紧急状态委员会的领袖们决定，争取在 19 日与叶利钦会面，努力让双方达成某种妥协。但是，主动挑起政治冲突的一方其实并不清楚对方会做何反应，所以他们在尽量避免引发不可逆的后果。

　　叶利钦这时已经有了主见，在这个关键时刻，他并没有进行多少思考，而是依靠直觉来行动。叶利钦后来写道："我的直觉告诉我，决定这个国家命运的地方并不在广场上，也不是仅仅通过公开的演讲，最主要的还是在幕后。"①

　　早上 6 点，大批坦克、摩托化部队以及图拉的空降兵师一部和其他一些小的军事单位进入莫斯科，控制了环线公路。空降兵部队的指挥官是帕维尔·谢尔盖耶维奇·格拉乔夫将军，他的副手是亚历山大·列别德少将。当时，格拉乔夫将军同时与亚纳耶夫和叶利钦保持电话联系。

　　1991 年 7 月，叶利钦曾经访问过图拉空降兵样板师，格拉乔夫给俄罗斯政府和叶利钦都留下了一个"有胆魄的将军"的印象。当时，叶利钦完全是凭直觉问了一个出人意料的问题："帕维尔·谢尔盖耶维奇，假如出现了特殊的状况，合法当选的俄罗斯总统遭到了安全威胁，阴谋或者是恐怖，要将他逮捕的话，请问那时能寄希望于军方，寄希望于您吗？"格拉乔夫回答说："是的，可以。"时间兑现了这个承诺。

　　军队在环形公路附近遇到了交警，后者便引领前者前往市中心那些需要保护的预定目标。在此情况下，所有的军用车辆都安静地在街上走着。所有的坦克、装甲车和运兵卡车穿过城市，前往最重要的市中心，一路上遵守交

---

① 叶利钦：《总统笔记》，莫斯科：1994，第 83 页。

通规则，在遇到红灯时停车等待。这给莫斯科的外国记者留下了深刻印象。他们当中有很多都在自己的报纸上写道："这完全不像是一场政变。"外交官中也有很多向本国首都报告说："这不是一场政变，而是示威活动。"叶利钦对此也困惑不解，他对自己身边的人说："军政府不是这样运作的，我们应该到白宫去，掌握主动权。"亚历山大·科尔扎科夫试图劝阻叶利钦。他还建议叶利钦乘坐化装成渔船的小船，通过莫斯科河的支流离开。还有人建议叶利钦离开莫斯科后，前往斯维尔德洛夫斯克或者其他城市。但是叶利钦否定了这些提议。上午10点，叶利钦命令伊万·西拉耶夫前去"侦察"。西拉耶夫从办公室打来了电话，于是叶利钦坐上自己的豪华轿车前往白宫。他的汽车在明斯克公路上还超过了行驶在路上的军车队。科尔扎科夫坐在总统身边，双腿上放着一把自动步枪。然而并没有意外发生。克格勃特种"阿尔法"小分队指挥官维克托·卡尔布欣没有收到任何拘捕叶利钦的命令，于是对所有俄罗斯政府进入莫斯科的车辆放行。当然，"阿尔法"在接到进入莫斯科的命令后，与俄罗斯政府的车队向同一方向驶去，并采取了亲白宫的立场。

当叶利钦到达白宫时，几乎所有公职人员都在那里了，还有许多俄罗斯苏维埃联邦社会主义共和国与苏联的人民代表以及数十名记者。所有的电话、传真都能够正常工作。全国都收到了《告俄罗斯人民书》的呼吁。俄罗斯苏维埃联邦社会主义共和国最高苏维埃立刻决定，向莫斯科派遣由人民代表组成的专门委员会。中央电报局不仅向外发送了叶利钦和哈斯布拉托夫署名的数百份电报，还在每一封电报的后面标注上了"政府"的标记。后来我们得知，克格勃的一个副主席曾经制定了一个名单，目的是在"万不得已"的情况下采取行动。名单上面有70个名字，包括叶利钦、哈斯布拉托夫、西拉耶夫、布尔布利斯等。然而这份名单最终并没有变成一纸命令。19日一天的时间内只有2个人被捕，分别是苏联人民代表杰里曼·格得里安、俄罗斯苏维埃联邦社会主义共和国人民代表维塔利·乌拉日策夫，后者是军事组织"保卫同盟"的核心成员。关于逮捕他们的原因，帕维尔·格拉乔夫的回答很简单："他们早就制造了混乱，惹是生非。"

叶利钦和他的同僚们，在白宫发起了暴风骤雨般的活动。声明一个接着一个地不断向外发出。白宫附近聚集了数千名莫斯科居民，没有任何人阻拦他们。只是在距离建筑较近的地方，摆放着一排路障而已。总统、副总统、总理和议长在自己的办公室里忙碌，不停地交换着信息。叶利钦签署了有关成立俄罗斯国防部的命令，并指派康士坦丁·科别茨将军为国防部部长，此人在俄罗斯苏维埃联邦社会主义共和国最高苏维埃负责俄罗斯军事改革工作，对叶利钦极其忠诚。当时还只是上校的亚历山大·鲁茨科伊除了负责组建防务指挥部之外，还计划成立一支由其指挥的小部队。与此同时，在白宫内还做出了成立位于叶卡捷林堡（斯维尔德洛夫斯克）的平行俄罗斯政府的决定。俄罗斯外交部部长安德烈·科济列夫当时在境外，他收到了秘密指令——在叶利钦和西拉耶夫被捕的情况下，在巴黎成立俄罗斯流亡政府。

在国家紧急状态委员会一边，却没有什么切实的行动。他们的活动基本上就限定在发送文件和通过电话来发布指令。宣布拥护的声明收到了不少，但是基本上没有人真正为这个新的权力机构做什么切实的事。早上 10 点，国家紧急状态委员会的成员们来到了克里姆林宫，处理首先遇到的问题。他们愉快地发现，国内的形势还比较平静。没有一个企业或是机关发生罢工。只有少部分人准备响应俄罗斯政府全社会大罢工的号召，但准备响应国家紧急状态委员会号召的人还要更少。

那些停放在市中心的坦克上，有很多孩子在玩耍。莫斯科的居民与军官和士兵们平静地交谈。很少有人知道这个事件的本质，而且他们都不想再发生暴力行为和流血事件了。

上午 11 点前后，苏共中央书记处召开了一场非全员出席的会议，会议由奥列格·舍宁主持，副总书记弗拉基米尔·伊万诺维奇·伊万申科患病，正在住院。伊万申科来莫斯科工作不久，也没有人告诉他整个事件的具体细节。中央书记处批准成立国家紧急状态委员会，并支持其所做决定。书记处向各共和国和各州党的核心机关发出密电，要求它们支持国家紧急状态委员会的一切行动。但是，各地党组织并不清楚，它们具体要做些什么。

除了首都之外，包括圣彼得堡在内的各大城市都没有军队进入。11 点时，莫斯科的坦克、装甲车和空降兵部队都已经站到了白宫的一边。但是下一步要怎么做，军官们也不知道。有一些坦克兵甚至加入到白宫的支持者队伍中。鲍里斯·叶利钦迅速评估了形势，他走出大楼，听到了外面拥护者雷鸣般的欢呼。12 点 15 分，叶利钦爬上了坦克，向莫斯科市民简要讲述了当时的情况，宣读早上已经签发并通过媒体向全世界播放了的《告俄罗斯人民书》。

15 分钟之后，叶利钦在白宫签署了那份非常著名的第 59 号命令，上面是这样写的："国家紧急状态委员会所发布的命令，在俄罗斯苏维埃联邦社会主义共和国的境内都是非法和无效的。"后来叶利钦和他支持者们惊奇地发现，叶利钦站在坦克上讲话的过程被俄罗斯中央电视台最知名的栏目时事新闻转播了。我们可以确信，这一整天内，全国的电视机都是开着的。圣彼得堡电视台将这个节目转播至苏联欧洲部分最重要的地区，阿纳托利·索布恰克发出了反对成立国家紧急状态委员会的关键性抗议。

国内许多城市都出现了支持叶利钦的集会活动，支持国家紧急状态委员会的集会活动相比较要少一些。

8月19日下午，图拉空降兵师的一个营奉格拉乔夫将军之命移防至白宫的防务指挥部。列别德少将指挥了这场行动。他事后回忆："将这个营调防给政变反抗方一边，引起了大家的巨大热情。情绪已经达到了顶点——人们在大声喊叫，拼命地挥舞着旗帜，狂吼与尖叫不绝于耳。这些全都汇集到一起，形成的噪声简直让人无法忍受。这个营以及增派的侦察连开始行动。这一切回想起来简直容易得不可思议——大楼的四个出入口各有一个连负责守卫。我来到领头的汽车前面，周围站满了极度热情的人。这种过度的热情只会误事。"部署好空降兵的连队后，列别德得以进入白宫，与当时领导俄罗斯安全委员会的尤里·斯科科夫、亚历山大·科尔扎科夫以及叶利钦本人见面。叶利钦问他："军队是怎么看待这场政变的?"列别德答道："没什么看法，他们完全不清楚这场政变是怎么回事。"①

8月19日中午，克里姆林宫内，国家紧急状态委员会的成员与其支持者的慌乱情绪愈发严重了。亚纳耶夫甚至希望能够得到戈尔巴乔夫的支持。他实在是太紧张了，原定于12点召开的新闻发布会也被取消。亚纳耶夫歇斯底里地对克留奇科夫说道："他们会枪毙我的。"总理帕夫洛夫当时手上还掌管着很大的机关以及不少的权力，也同样非常的紧张。他在中午召集了一次部长会议，这次会议成为苏联政府在历史上的最后一次部长会议。所有与会者对局势都非常担心，尽管在会议上有超过20个人发言，但只有5个人直接表示会支持国家紧急状态委员会。其他人都只是就稳定局势以及保留联盟内部的经济联系提出了具体的建议而已。会议过后，帕夫洛夫的身体状况迅速恶化，他马上就出现了高血压危象。医生来看过后，送他去了医院。

曾经有人提出过这样的建议：帕夫洛夫可以在这一天内前去与叶利钦见面。国家紧急状态委员会内部对此还寄予厚望。亚佐夫元帅确保军队可以进

---

① 列别德：《大国的羞辱》，莫斯科：1995，第392页。

入首都，但他并不指望，也没有可能掌握政治上的主动权。克留奇科夫态度坚决，他也掌握着最全面的信息，但作为克格勃主席，他一直坚持自己的第二号人物的位置。卢基扬诺夫半夜时离开了国家紧急状态委员会的会议，在自己克里姆林宫的办公室内过夜。他同亚纳耶夫和克留奇科夫的活动保持距离，而且一刻不停地在纸上记录自己的言论以及与他人会面的情况。

下午 5 点，苏联外交部新闻中心举行了一场国家紧急状态委员会的新闻发布会，电视台对此进行了全联盟的直播。根纳季·亚纳耶夫主持了这场新闻发布会。在他身边坐着的有巴克拉诺夫、普戈、季贾科夫和斯塔罗杜布采夫。当时我正在基斯洛沃茨克的一个疗养院，与一些苏联最高苏维埃代表一同观看了这场发布会，伊万·波洛兹科夫也在其中。根纳季·久加诺夫在临近的疗养院观看了这场直播，俄罗斯共产党的领导层对国家紧急状态行动的筹备毫无所知。

新闻发布会的气氛非常沉重。国家紧急状态委员会中，没有一个领导人获得了信任，而且他们其中有一些人我们之前根本就没听说过。亚纳耶夫与普戈增加了人们对他们的不信任，亚纳耶夫的手一直在颤抖，尽管他自己并不想抖，但已经无法克制了。季贾科夫谈到了改革不成功之处，谈到了市场化改革和优化经济管理的必要性。亚纳耶夫谈到了戈尔巴乔夫的病情并表示忠于戈尔巴乔夫开创的改革路线。亚纳耶夫保证道："我的朋友戈尔巴乔夫身体状况一有好转，他马上就会回到自己的岗位上去。"亚纳耶夫说他准备与俄罗斯领导层展开合作，而且已就此事与叶利钦通了电话。当天晚上，国家紧急状态委员会宣布一些报纸暂时停刊，主要有《论据与事实》《莫斯科新闻报》《独立报》《共青团真理报》《自鸣钟报》《文化报》等。委员会还宣布破例召开苏联最高苏维埃会议，但是会议被安排在了 8 月 26 日，尽管最高苏维埃有能力将这个会议安排在 8 月 21 日或 22 日。

8 月 19 日就这样过去了，留给我们的只有不确定与焦虑。没有人急于行动——无论是普通人，还是领导干部——都倾向于再等等看。

事变的第二天

8 月 20 日（星期二），按照原定计划，是签署新的联盟条约的日子，克里姆林宫内已经为这个庄严的仪式做好了准备。在 8 月 18 日（星期日）这天，当叶利钦还在阿拉木图的时候，哈萨克斯坦总统努尔苏丹·纳扎尔巴耶夫就召开了新闻发布会，透露除了已经宣布同意签署条约的俄罗斯、哈萨克斯坦与乌兹别克斯坦之外，白俄罗斯与塔吉克斯坦也同样会在莫斯科签署该条约。但此时已经没有人再关注这件事了。

当天早上印发的报纸有《真理报》《苏维埃俄罗斯报》《红星报》《莫斯科真理报》。这些报纸都只是刊印了国家紧急状态委员会的主要文件——《苏联领导层的呼吁书》和《告苏联人民书》，这是他们发布的第1号和第2号文件。

一时间，到处充斥着呼吁与预警的文件，突如其来的剧变出现在大多数苏联人的面前。但这些其实都只是空谈——通过谁来执行？谁会拥护这些号召？这些呼吁是否能让人信服？通过什么人以及使用什么方法将这些呼吁在生活中落实？国家紧急状态委员会有没有可能最终会把事件带向与其宣言正相反的结果？地方报纸中有一半不只是刊登了国家紧急状态委员会的文件，还刊登了俄罗斯领导层的号召与决定，就连《真理报》都刊登了叶利钦所著《俄罗斯领导层的地位》一文的摘录。

8月20日早上，在白宫周围已经聚集了不少于5万的莫斯科市民，他们还搭建了简易的路障。大约有1000名士兵在科别茨将军的指挥下。当然，那些围在白宫附近的人，不论是有武装还是没有武装的，都不可能阻挡空降兵部队或特种部队。但形势很明显，如果发动对俄罗斯领导层官邸的进攻，这些人中就一定会出现伤亡。这些被调入莫斯科的军官和士兵，并没有接到非常清晰的命令，他们在白宫附近没有见到敌人，也不打算让自己的同胞流血。帕维尔·格拉乔夫与叶利钦保持着联系，与其共享情报，还将自己所接到命令的情况进行通报。苏联国防部副部长，空军司令叶夫根尼·沙波什尼科夫宣布，他决定不以武装力量镇压人民。

与此同时，国家紧急状态委员会的指挥部中有人建议动用直升机空降兵来对付白宫的守卫者。苏联海军方面否决了这个建议，尽管其并没有参与到这场在莫斯科发生的对抗当中来。这时，伏尔加沿岸-乌拉尔军区司令阿尔伯特·马卡绍夫上将向亚佐夫和亚纳耶夫发来电报，要求迅速对叶利钦采取强硬措施，并将乌拉尔和伏尔加沿岸城市纳入紧急状态。瓦连尼科夫将军也从基辅发来了类似的电报。

国家紧急状态委员会从一早就陷入了慌乱之中。苏共中央书记奥列格·巴克拉诺夫是首先发言的几个人之一。他发言的核心是，国家紧急状态委员会只有在立刻、有步骤地提高人们生活水平的情况下，才有可能获得人民的信任。亚纳耶夫决定降低儿童用品的价格。当时正在巴甫洛夫医院住院的副总理尤里·马斯柳科夫反问道："我们又从哪里搞到钱呢？"关于自20日起将整个国家纳入紧急状态的行动计划，作为起草者，国家紧急状态委员会的成员们是非常清楚的。这个文件由许多条目组成，其中最主要的内容包括：加强国家紧急状态委员会的实际权力，对印刷厂实施管控，对国外广播进行干扰，印发鼓舞人心的传单，甚至还有及时收割庄稼以及起草关于在1991年10月至12月发展国民经济的计划书。该计划有一个核心内容：让卢基扬诺夫在最近的2天之内，发表具有战略意义的讲话，他应该就当前复杂局势中的一些关键问题提出方案，不过仅限于意识形态层面，而非全面、充分的讲解。之后他们还制作了一个很长的问题清单，让卢基扬诺夫就此对人民做出解释。①

但是卢基扬诺夫并不准备去发表这个"战略性"的讲话，讲话自然就成了国家紧急状态委员会领袖的事情。与之相反，在8月20日早晨，卢基扬诺夫做出了决定，他要与当时的俄罗斯苏维埃联邦社会主义共和国最高苏维埃主席鲁斯兰·哈斯布拉托夫见面。哈斯布拉托夫后来回忆：

> 我们谈了很久，西拉耶夫说话很平静，但鲁茨科伊则一直在大喊大叫。卢基扬诺夫是一个狡猾的政治家，当他明白了俄罗斯领导人毫不妥协的立场之后，他改变了策略，开始自我辩白。他再一次强调了自己反对国家紧急状态委员会的所作所为，并且做出保证：肯定不会将紧急状态加诸俄罗斯的人民代表，还要去尝试劝说那些叛乱者将白宫周围驻扎的军队撤走。从卢基扬诺夫的办公室出来，我们当时的感觉是自己将要被逮捕了。我们坐进车内，汽车开出了克里姆林宫的大门。我们长出了一口气，他们没有逮捕我们。在加里宁大街的起始处，我们便弃车步行，拥挤的人群挡住了道路。我们就这样在人们的欢呼声中向前走着，他们是真心为我们没有被捕而高兴的。②

---

① 《火花报》，2001年8月13日，第9页。
② 《俄罗斯报》，1992年8月19日。

列别德将军与负责控制进出白宫要道的卡尔布欣将军一同回到了空降兵指挥部。列别德后来回忆："我们坐在车里，绕着白宫转了一圈，观赏完了那些竖立在大楼周围的原木和钢筋，然后就去做报告了。一切都很明朗却也一切都不清楚。从单纯的军事角度看，拿下这栋大楼没有什么特别的难度。但只有一件事情不清楚，到底有什么必要这样做？在最高苏维埃大楼的周围，聚集了很多人，我同这些人说话、争吵。但他们都是些寻常的普通人。"① 当天上午，国家紧急状态委员会还做出决定，为占领大楼并拘禁叶利钦做准备。但这些决定并不坚决，也没有明确提出由谁以及用何种办法执行这一任务。发起进攻的命令还没有下达，但问题在于武力的使用和计划本身。

在接到准备进攻的口头命令之后，格拉乔夫将军寻机与尤里·斯科科夫秘密会面，将全部情况向后者和盘托出，并明确表示，他没有对空降兵部队下达过任何命令，也不打算执行进攻的命令。叶利钦通过其他渠道也得到了类似的消息。形势变得急剧紧张起来。

依照这个在匆忙之中制订出来的计划，进攻行动的指挥与准备工作都由卡尔布欣将军负责，而此人就是在 1979 年 12 月 27 日在阿富汗对阿明官邸发起突袭的指挥者。在此次进攻行动中，"阿尔法"小分队需要发挥主要作用。发起进攻的时间定在了凌晨 3 时，发起代号为"Ч"，那已经是 8 月 21 日了。按照计划，首先发起进攻的将是空降兵部队和特种部队，之后则是"阿尔法"小分队。根据侦察掌握的信息，"阿尔法"小分队可以快速地攻占白宫，但结果必然是击毙整栋建筑内外的守卫以及全部俄罗斯领导人。

"阿尔法"小分队的军官问自己："下一步呢？"已经没有回头路了。"阿尔法"的指挥官们做出了决定，如果收到发起进攻的命令，他们不会去执行。"阿尔法"小分队的军官将这个情况报告给了卡尔布欣将军，他们达成了一致。就在预定发起进攻的 2 个小时之前，卡尔布欣给格拉乔夫打了电话。格拉乔夫问道："你现在在什么地方？"卡尔布欣答道："我现在距离俄罗斯议会大楼大约两千米远。我已经勘察完了周边的环境，做出了决定。"沉吟片刻后，卡尔布欣继续说道："我不会参与进攻行动。"格拉乔夫说道："谢谢，我的人也不会出现在那里。我一步都不会再往前走了。"②

---

① 列别德：《大国的羞辱》，莫斯科：1995，第 400—401 页。
② 《阿尔法：克格勃最隐秘的部队》，莫斯科：1992，第 202 页。

　　空降兵距离白宫不远，但他们并没有为进攻行动做什么准备。而内务部部队和特种部队甚至都还没有出现在可能发起进攻的区域。列别德向格拉乔夫报告了侦察的结论："行动是无意义的。要流太多的血，部队中没有谁愿意做这种事。"军队对 1989 年第比利斯发生的事情记忆犹新，那件事后，所有的矛头都指向了他们。时至今日，又有谁会去执行这种让自己同胞流血的任务呢？

　　无论是克留奇科夫还是亚佐夫，他们都在自己的回忆录中坚称，他们并没有下达发起进攻的命令，而只是命令部队做进攻准备。事实上，关于向白宫发起进攻的命令确实并不存在。亚佐夫在回忆录中写道，他决定在 8 月 20 日晚上之前将军队撤出莫斯科。他已经得知格拉乔夫和列别德的立场，但又无力反对他们。① 还有其他的证据可以证实上述情况。亚佐夫手下有一个上校在国家紧急状态委员会垮台后几天回忆，亚佐夫在 8 月 19 日和 20 日这两天内一直都非常难过，这之前是没有过的。当有人劝他动用武力的时候，亚佐夫坚决表示："我不会成为皮诺切特。"② 亚纳耶夫后来也数次表示，他坚决反对动用武力，还请求克留奇科夫不要发起对白宫的攻击。与此同时，从 8 月 20 日晚上直到夜间，亚纳耶夫从克留奇科夫那里摇晃到卢基扬诺夫处，再从卢基扬诺夫那里摇晃到亚佐夫处，他歇斯底里地重复说道："哪怕死一个人，我也不能活了。"代理总统多数时间都在大醉。谁又能在这样的情况下发出明确、清晰的命令呢？

　　尽管帕维尔·格拉乔夫已经告诉尤里·斯科科夫，哪怕是接到了进攻的命令，空降兵部队也不会离开现处位置，也不会开枪，但在 8 月 20 日的晚上，白宫内部的不安情绪仍在蔓延。白宫内的人并不知道军队的倾向，但他们可以清楚地看到，为发起进攻而做的准备工作正在进行。并不是每一个人的神经都能经得起这场考验。伊万·西拉耶夫将部长会议机关的工作人员留在大楼内，决定独自离开那里。他给叶利钦和哈斯布拉托夫打了电话："鲁斯兰·伊姆拉诺维奇，鲍里斯·尼古拉耶维奇，请你们原谅我。今天夜里他们就会对我们动手。糟糕的是，他们能够夺下大楼，我要离开这里回家去了，再次请你们原谅。"

　　叶利钦面色惨白，他试图说服西拉耶夫，但那是徒劳的。叶利钦本人也

---

① 亚佐夫：《命运的打击》，莫斯科：1999，第 31 页。
② 《共青团真理报》，1991 年 8 月 27 日。

受到了很大的震动。在下属和保卫人员的劝说下，叶利钦下楼到了车库，那里停放着预备好的吉尔牌汽车。保卫人员告诉他，如果打开自动大门，这辆汽车可以冲过那些较小的路障，并直冲到据此地不远的美国大使馆门前。但叶利钦说道："我哪里都不去。"8月20日较晚的时候，尤里·卢日科夫赶到了白宫。他后来回忆道："我们当时站在白宫的一个掩体后面，到了凌晨3点左右，气氛变得特别紧张。我们不停地看表：2：50，3：00，3：15，3：30。后来我们的队伍中补充进了一些脱离自己部队的士兵，于是我们立刻就明白了：他们出了一些状况。攻击的威胁已经解除。"① 5点时，所有人都回到了5层。大家这时都已经清楚一点：国家紧急状态委员会的游戏失败了。

事变的最后一天

8月21日是国家紧急状态委员会全面撤退和失败的一天。夜里1点钟后，在克留奇科夫的办公室，国家紧急状态委员会的成员被召集起来。亚佐夫拒绝参加这个会议，将自己的副部长阿恰洛夫派了过来。国防部部长这样对副部长交代："请您转告他，军队要退出这场游戏。"克留奇科夫已经了解到白宫周围的情况，也清楚空降兵部队以及归其所属的"阿尔法"小分队的情绪。但国家紧急状态委员会并没有取消自己的计划，新的发布会安排在了早上8点。但国防部在这之前就开了一个会议。尽管这是一个讨论会，但与会的将军们就只有一个观点：应该把军队撤出莫斯科。阿恰洛夫说道："感谢上帝，我们未开一枪。"亚佐夫元帅给军队下达了命令，要求他们立刻撤出莫斯科。这个决定通报给了克留奇科夫，但没有征求他和亚纳耶夫的同意，在国家紧急状态委员会内部，已经不存在任何权威了。

在8点到9点之间，国家紧急状态委员会召开了最后一次会议。这是一次很短的会议，而且人也没有到齐。帕夫洛夫没有到场，因为他还在医院。巴克拉诺夫没有到场，因为他决定退出游戏。亚佐夫也没有到会。但是，假如国防部部长不在场，就什么问题都解决不了！克留奇科夫建议大家到亚佐夫那里去，继续这场讨论。

---

① 《俄罗斯报》，1992年8月19日。

克留奇科夫在回忆录中写道：

8 月 21 日上午 10 点，国家紧急状态委员会一些成员已经和舍宁、普罗科菲耶夫一同到达了位于伏龙芝路堤的国防部面见亚佐夫。亚佐夫礼貌地接待了我们，看上去还算平静，但一切都已经写在了他的脸上：高度的紧张、疲惫不堪、严重的焦虑，甚至还有某种程度上的恍惚。在我们的交谈中，我们告诉他来的目的是请他对下一步的行动提出建议，亚佐夫立刻声明，国防部的同僚都已经决定将军队撤出莫斯科，撤退行动已经开始了。我当时怀着一种同情与理解的心情，注视着这位元帅……

我们在亚佐夫的办公室给卢基扬诺夫打了电话，要他到国防部来。他很快就过来了。我们讨论了当前的形势和接下来的出路，继续下去已经不可能了，因而决定终止国家紧急状态委员会的活动，前去福罗斯面见戈尔巴乔夫，恢复他的权力，尝试推动他可能迈出的步子，来挽救国家免于解体。我们每个人都意识到了这个计划的风险。飞往福罗斯的时间定在 8 月 21 日 13 时。巴克拉诺夫、亚佐夫、季贾科夫和我 4 人一同前去。卢基扬诺夫与伊万申科也表示要一同飞往福罗斯，后者则刚刚出院。普列汉诺夫作为保卫工作的负责人，必须同机前往。

在前往伏努科沃机场的路上，我在车里给亚纳耶夫打了电话。我告诉他都有谁飞往福罗斯，并再一次向他提出建议，请他与我们一同前去。他回答说，总有人需要留在莫斯科。我们都明白，很有可能这是我们最后一次通电话了。①

亚纳耶夫对这段情节的回忆则略有不同："8 月 21 日，那些人飞去了福罗斯。克留奇科夫是在那里给我打的电话，他告诉我，总统并不接受我们的建议。为了让他们安心，我签署了解散国家紧急状态委员会并取消其一切决定的命令。"② 但是亚纳耶夫并没有公布这个命令，命令的内容也没有任何人清楚。

---

① 克留奇科夫：《我的往事》，莫斯科：1997 年，第 2 卷，第 201—203 页。
② 《共同报》，1997 年 8 月 1—7 日。

　　载有国家紧急状态委员会部分成员的飞机于下午 4 时左右降落在克里米亚。亚佐夫、克留奇科夫、巴克拉诺夫、伊万申科、卢基扬诺夫和普列汉诺夫来到了戈尔巴乔夫的住处。戈尔巴乔夫对主要的新闻内容还是掌握的。8 月 19 日，他能够通过晶体管收音机收听电台广播——主要是英国广播公司（BBC）的广播。到了第二天，福罗斯的囚徒们可以打开一台电视机观看。

　　得知国家紧急状态委员会新的代表团已经抵达的信息，戈尔巴乔夫便命令卫队封锁通向自己住处的道路，不许任何人携带随身武器进入。戈尔巴乔夫宣称，在他还没有恢复同外界全部的通信之前，他任何人都不见。大约 30 分钟之后，通信恢复了，戈尔巴乔夫立刻坐到了电话机前。

　　第一通电话是打给叶利钦的。当叶利钦确认这是戈尔巴乔夫的声音后，他在支持者的环绕中呼喊道："亲爱的米哈伊尔·谢尔盖耶维奇！我们已经在死亡的边缘站了 48 小时。"戈尔巴乔夫给美国总统乔治·布什打了电话。当时美国还是夜间，但布什被叫醒了，他告诉戈尔巴乔夫，他和他的妻子芭芭拉一直在为戈尔巴乔夫祈祷。之后戈尔巴乔夫还打给了纳扎尔巴耶夫、克拉夫丘克等许多人。

　　戈尔巴乔夫再次掌握了国家的权力，但已经是完全不同的权力和不同的国家。苏联的历史已经走完了，1991 年 8 月 21 日翻开了历史新的一页。尽管这看上去有些荒唐，因为正如我们所知，苏联毕竟还继续存在了几个月的时间。但这一天已经成为新的独立国家——俄罗斯联邦生命的起始。在这个国家里，只有一个总统——鲍里斯·尼古拉耶维奇·叶利钦。至于戈尔巴乔夫说什么，做什么或者是打算做什么，已经几乎没有任何意义了。

第七章

鲍里斯·叶利钦：
战胜国家紧急状态委员会后最初的日子

戈尔巴乔夫的归来

1991 年 8 月 22 日凌晨 2 点前后，搭载苏联总统戈尔巴乔夫与其支持者的飞机，在伏努科沃 2 号机场降落了。安保人员费力地拦阻着涌向戈尔巴乔夫的人群。就在戈尔巴乔夫回答记者提问的同时，俄罗斯联邦检察院决定逮捕同机飞回莫斯科的国防部部长亚佐夫和苏联克格勃主席克留奇科夫。就在同一天，帕夫洛夫、亚纳耶夫、巴克拉诺夫、舍宁、博尔金也都被捕。几天后，卢基扬诺夫也被逮捕。

在戈尔巴乔夫飞抵机场后最初的讲话中，他这样说道："我回到了一个完全不一样的国家。"但他其实还没有立刻明白，在这几天当中，在俄罗斯乃至全联盟到底出现了多么大的变化。莫斯科的真正权力已经掌握在俄罗斯联邦总统的手中，而叶利钦并不打算和任何人来分享这个权力。"获救"的总统返回了莫斯科，引发了一波同情，因为在许多人看来，他曾经一度受到生命的威胁。但那些到机场迎接戈尔巴乔夫的群众，只是出于一时的热情，而这种情感并不会持续太久。

在短暂休息之后，戈尔巴乔夫来到克里姆林宫。他见到了克里姆林宫的卫士长、安保人员、顾问与办公室文员，还有一些苏联最高苏维埃的工作人员。当戈尔巴乔夫在第三次苏联人民代表大会上当选苏联总统之后，他并没有像之后的叶利钦那样，组建一个总统的专属机关。在 1990—1991 年，真正的国家管理是通过苏联部长会议和各部机关、苏共中央机关、苏联克格勃以及苏联国防部来实施的。但是，在危机结束之后，苏共中央机关已经瘫痪，苏联部长会议已经停摆。苏联克格勃、最高检察院、最高法院和其他联盟机关也都停摆了。

这时的戈尔巴乔夫，必须重建一个新的权力核心。他开始着手恢复一些强力部委的运转。苏联总统任命原总参谋长米哈伊尔·莫伊谢耶夫将军为苏联国防部部长。原克格勃第一局局长（负责对外事务）列昂尼德·舍巴拉辛被任命为克格勃主席。戈尔巴乔夫还打算任命新的总理，因为部长会议已经完全停止运转了。但助手们建议戈尔巴乔夫再等几天，因为苏联最高苏维埃会议即将在 8 月 26 日召开。于是戈尔巴乔夫任命俄罗斯联邦最高苏维埃的领导人伊万·西拉耶夫临时行使苏联总理的职权。

8 月 22 日白天，在红场出现了大规模的群众活动，但更多的人涌向了老广场的苏共中央大楼，以及捷尔任斯基广场旁的苏联克格勃大楼。但最特殊的还是"胜利者"在白宫周围的集会，到场的还有参加紧急状态委员会的俄罗斯苏维埃联邦社会主义共和国人民代表。鲍里斯·叶利钦毫无疑问是这一天的主角，他受到群众极为热烈的欢迎。联盟的领导人中，也有少数人到了白宫，其中包括雅科夫列夫，他"八一九"事件之前担任苏联总统顾问，但此时他已经宣布与苏共决裂。

戈尔巴乔夫当天并没有在白宫出现。他在时代栏目做了一个简短的电视演讲，之后举行了一场面向全苏联及国外记者的大规模新闻发布会。对于此时正在莫斯科发生的一系列事件，戈尔巴乔夫已经失去了掌控权。此时引导与管控莫斯科市中心局势的是莫斯科市市长加夫里尔·波波夫领导下的市政府，他在自己的回忆录中写道，市中心的一切活动其实都在鲍里斯·叶利钦的掌控之下。事实上，这些活动并不完全出自民意。

到 8 月 22 日晚间，参加群众活动的大部分人转移到了老广场和卢比扬卡广场。① 有数万人聚集在捷尔任斯基像周围的草坪、沥青路面上。人们很兴奋，不久之前他们才参加过保卫白宫。他们准备冲破守卫力量，进而摧毁这栋大楼。列昂尼德·舍巴拉辛刚刚接手苏联克格勃，几乎所有克格勃中央部门的人员都在自己的工作岗位上，他又能做什么呢？这些人他几乎一个都不认识。在"卢比扬卡 2 号"建筑物的正面，聚集了不少于 2 万人，他们高喊着口号，唱着有关马加丹的歌曲，还在雕像的基座上写满了辱骂的话语。

17 点过后，聚集起来的人群第一次试图用钢缆拽倒"钢铁般的费利克

---

① 卢比扬卡广场即捷尔任斯基广场。——译者注

斯"（指捷尔任斯基雕像，捷尔任斯基全名费利克斯·埃德蒙多维奇·捷尔任斯基）。这一举动引起莫斯科市政府的严重不安。副市长谢尔盖·斯坦科维奇迅速赶到现场，试图劝解民众，如果要推倒这么重的雕像，不止会毁坏这里的通信电缆，还要砸坏下面的地铁隧道。人群高喊着："莫斯科市苏维埃今天决定推倒所有这些雕像了。我们现在就做！现在！现在！"

21点过后，在捷尔任斯基广场上的人群的欢呼迎接下，开来了3辆重型汽车起重机和一辆平板拖车。列昂尼德·舍巴拉辛在克格勃大楼的窗前目睹了事件的全过程。他后来在回忆录中写道："当时，2辆重型汽车起重机试着将这座铸铁雕像从基座上拽起。在捷尔任斯基的肩头坐着志愿者，他在历史上的第一个契卡人员的脖子和躯干上缠了钢缆。这个'刽子手'卷起自己的裤腿，打着手势喊道：'可以了，我们拉吧！'拽倒雕像的工作开始了。我目睹了这一切，这杯苦酒是要一饮而尽的。此情此景，我是否应该感到悲伤呢？不，这一切都是必然要发生的。这是对短视、专权又自私的领导层，对他们把我们变成没头脑的蠢羊的清算。一个时代结束了，另一个时代开始了，历史的车轮在向前滚动。起重机在怒吼，人群在欢呼，现场已经沸腾。费利克斯的躯干与基座牢牢地连在一起，一同倒在了广场上，在铁铸的大衣下面，铁铸的双脚似乎在死亡般地抽搐。费利克斯·埃德蒙多维奇第一次被掀翻在地，这算是后来人在他死后的清算吗？"[1] 半夜时，雕像被运走了，但群众集会还在继续。姆斯基斯拉夫·罗斯特罗波维奇面对人群发表演讲，建议在原址上立一尊亚历山大·索尔仁尼琴的雕像。

戈尔巴乔夫在其回忆录中写道，他曾经尝试发布指令对这些事件实行控制。但是巴卡京的回忆则与之不同。他写道，8月23日早上，叶利钦与戈尔巴乔夫一同坐在后者位于克里姆林宫的办公室内，而叶利钦主导了对这些事件的处理决定——不仅仅是对新任克格勃主席的任命，而是从根本上全面重组克格勃。[2] 叶利钦起草了命令，并立刻前去同戈尔巴乔夫商讨此事，他要明确地告诉苏联总统，他们之间关系的性质已经彻底地改变了。叶利钦回忆道："戈尔巴乔夫盯着我，他就像是一个已经被逼到墙角而毫无出路的人。我那坚决而不可动摇的态度占了上风。"[3] 双重权力模式终结了，尽管戈尔

---

①　舍巴拉辛：《情报局长的生活》，莫斯科：1994，第110—111页。

②　巴卡京：《摆脱克格勃》，莫斯科：1992，第22页。

③　叶利钦：《总统笔记》，莫斯科：1994，第144页。

巴乔夫还要再过一段时间，才能完全理解这一切。

苏联共产党的毁灭

应叶利钦与哈斯布拉托夫之邀，8月23日早上戈尔巴乔夫来到白宫，参加俄罗斯苏维埃联邦社会主义共和国最高苏维埃会议第二天举办的对外开放活动的部分议程。

当戈尔巴乔夫到达白宫时，在入口处遇到了明显不欢迎他的人群。人们高喊着口号："下台！下台！"

戈尔巴乔夫受邀发言，电视台对整个过程进行了直播。尽管大家的关注点各不相同，但这场直播给大多数国民留下了深刻的印象。

戈尔巴乔夫的讲话有些不连贯，断断续续的，很快就变成了一场羞耻的审讯，主审官正是叶利钦。叶利钦试图强迫戈尔巴乔夫公开批准自己在19—21日签署的一系列命令，这些命令的意图就在于将全联盟总统的职权收归己有。但其实，戈尔巴乔夫连这些命令都还没有来得及浏览一遍。

戈尔巴乔夫央求道："鲍里斯·尼古拉耶维奇，我们还没有商量好要马上公开这些命令，这还是秘密。"叶利钦反驳道："这不是什么秘密，这是很严肃的事情。米哈伊尔·谢尔盖耶维奇，这些命令都是由苏维埃通过的。给您过目一下，其实就是走个形式！"大厅里顿时响起了暴风雨般的掌声、喊叫声、口哨声、尖叫声。①

叶利钦又交给戈尔巴乔夫一份讲稿，强迫苏联总统向大厅内的全体听众宣读，主要讲的是苏联部长会议公开支持国家紧急状态委员会的事情。在政变期间，苏联部长会议在8月19日那天并没有全员到齐，这次会议的记录也不齐全，政府也没有通过任何决议来支持国家紧急状态委员会，尽管以总理帕夫洛夫的名义发布了国家进入紧急状态的信息。大约这则通知是由某一个部长代为签署的。

几分钟后，叶利钦再一次强迫戈尔巴乔夫按照自己的命令行事，他面对最高苏维埃的代表们说道："同志们，出于稳定局势的目的，请允许我签署有关暂停俄罗斯共产党活动的命令……"大厅响起了掌声，"太好了！""万

---

① 俄罗斯苏维埃联邦社会主义共和国最高苏维埃会议记录，1991年8月23日。

岁!"等呼喊声顿时响起。戈尔巴乔夫只是在那里哀求："鲍里斯·尼古拉耶维奇，鲍里斯·尼古拉耶维奇。"叶利钦则显得特别傲慢，高声说道："我现在签署命令——命令已经签署了。"大厅中再次响起了"太好了!""万岁!"之类的欢呼声。戈尔巴乔夫试着辩解道："我不知道那上面都写着些什么。如果真如鲍里斯·尼古拉耶维奇刚刚所说的那样，最高苏维埃决定在这种情况下支持总统鲍里斯·尼古拉耶维奇的建议，我对此表示尊重（大厅传来尖叫声）。但请稍等片刻，俄罗斯共产党并不是全党都参与了这场阴谋。我来告诉大家，对于民主的最高苏维埃和俄罗斯总统而言，禁党将会是一个错误的决定。在这样的情况下，是否还要颁发这个命令?"叶利钦回应道："米哈伊尔·谢尔盖耶维奇，现在并不是要查封俄罗斯共产党，而是要在法院搞清楚他们参与事件的真实情况之前，暂停他们的活动。这完全是合法的。"戈尔巴乔夫只得表示："那这就是另一回事了。"（掌声，热情洋溢的掌声）①

戈尔巴乔夫迷茫地走下讲台，甚至有一种被遗弃的感觉。几分钟后，叶利钦请戈尔巴乔夫到自己的办公室去。这一场面对面的交谈，戈尔巴乔夫在10年之后对此仍记忆犹新。2001年时，这位前总统在一次采访中对记者说道："您应该能理解，这就仿佛是猫逮到了一只老鼠：已经给了它狠狠一击，鲜血直流，但还是不想吃它，而是继续玩弄。"有一家报纸这样写道，戈尔巴乔夫在与叶利钦会谈之后完全成了另一个人，他看上去就像一条丧家之犬。对戈尔巴乔夫进行公开的羞辱，显然是叶利钦期待已久的事情。第二天，西方的报纸纷纷刊印了以此为主题的讽刺漫画。一份报纸的漫画是这样的：身材巨大的叶利钦握住了卑微矮小的戈尔巴乔夫的小手。

长期报道有关戈尔巴乔夫新闻的意大利记者朱利叶托·基耶萨对前者的境遇很是同情，她就发生在俄罗斯苏维埃联邦社会主义共和国最高苏维埃大厅里的事件做了这样的描述：

> 在这一个半小时当中，大部分人都坚决反对让这个合法总统重新掌握权力。戈尔巴乔夫做了所能做的一切，来表达"戈尔巴乔夫-叶利钦"这一组合是能够存在的，但他每走一步都遭到了后者的严重阻挠，就从回答人民代表的问题开始。这只是令人难以置信且从未发生过的开幕而已，其目的是很好理解的。有一个人民代表

---

① 俄罗斯苏维埃联邦社会主义共和国最高苏维埃会议记录，1991年8月23日。

向戈尔巴乔夫提问："您不认为必须在苏联禁止社会主义吗？共产党作为一个犯罪组织，应该将其解散吗？"总统坚决地站起来回应说："难道说要采取对待十字军的模式吗？……社会主义是一种信念，我们已经一同通过了允许思想多元化的法律。任何人都无权去质疑这一自由。"他还试图重申自己的立场："在共产党内还有数百万清白的人，决不能将所有人混为一谈。"但叶利钦还是签署了命令，停止俄罗斯共产党的活动，他还宣布查封苏共中央大楼。不久之前，戈尔巴乔夫还在这个大厅里号召"将一切民主力量团结起来"，他那"不要夸大这份给保守力量的礼物"的话语已经完全落空。此时的胜利者想要拿走一切。①

8月23日中午过后，整个事态的中心又转移回了老广场，在苏共中央大楼的四周聚集了大量兴致勃勃的群众。在8月22日的最高苏维埃和莫斯科市苏维埃会议上，就出现了禁止苏共活动并没收其财产的提议。莫斯科市市长加夫里尔·波波夫则提出了更为激进的要求，他提出要立刻将苏共的全部房屋和财产没收，目的是"防止共产主义再长出有毒的嫩芽"。为了达到这个目的，他还要求查封苏共所有杂志社与报社的用房，首当其冲的就是《真理报》《苏维埃俄罗斯报》《工人论坛报》。

这并不只是说说而已。就在同一天，波波夫发布了自己的市长令，要将莫斯科市委和各区委的财产全部国有化。在波波夫的领导下，8月22日晚，斗志昂扬的群众将位于新广场的市委大楼团团围住。人们向市委大楼的玻璃门牌投掷了石块。

确认莫斯科市委都有哪些财产，是市长的职责。但是此时莫斯科市委的工作时间已经结束了，机关工作人员都已经离开大楼，所有的房间也都上了锁。由于当时没有做出撬开门锁与保险柜的决定，于是就把大楼的主要出入口贴上了封条。当晚，距此不远的老广场上的苏共中央大楼也没有人受伤。

到了第二天，也就是8月23日，苏共中央和俄罗斯苏维埃联邦社会主义共和国共产党中央的大多数工作人员都离家去上班了。苏共中央书记中，来上班的有瓦连京·法林、亚历山大·扎索霍夫、加林娜·谢苗诺娃、弗拉基米尔·卡拉什尼科夫。来俄共中央大楼上班的有瓦连京·库普佐夫，他在

① 《自由思想》，1992年第8期，第10页。

7月替代波洛兹科夫担任俄罗斯苏维埃联邦社会主义共和国共产党第一书记。那里还有苏共莫斯科市委第一书记苏共尤里·普罗科菲耶夫，以及许多市委工作人员，他们所处的大楼已经被查封。其实早在8月22日晚上，由副总书记伊万申科领导，在巴克拉诺夫与舍宁没有参加的情况下，苏共中央就做出了谴责国家紧急状态委员会冒险行动的决定。但是，这个决定来得太晚了，也没有发表，因为在8月22日至9月4日之间，所有的党报都停刊了。苏共中央所做的任何决定也都没有在电视上转播。所有人都在等待那个最坏的结局。

机关工作人员检视了自己柜子里、桌子上以及保险柜里的文件，其中有许多已经被破坏了。紧接着，在老广场上出现了一群人，他们明显怀着敌意。在白宫召开的俄罗斯苏维埃联邦社会主义共和国最高苏维埃会议上，布尔布利斯交给戈尔巴乔夫一份文件，上面还标记了某种符号。文件上是这样说的：“苏共中央正在加速销毁档案，总书记需要立刻采取措施停止苏共中央大楼的一切活动。卢日科夫已经切断了电力供应。苏联总统、苏共总书记与卢日科夫有能力控制局势——布尔布利斯。”苏联总统与苏共总书记在文件末尾签了一行字：“同意——戈尔巴乔夫，1991年8月23日。”[1]

这个决定并非叶利钦的命令，其涉及的已经不仅仅是俄罗斯苏维埃联邦社会主义共和国共产党，而是摧毁整个苏共中央机关的起始。下午3点，已经归属巴卡京与巴拉尼科夫管辖的克格勃与警察机关包围了全部苏共中央、俄罗斯苏维埃联邦社会主义共和国共产党中央、苏共中央监察委和苏共莫斯科市委的全部大楼，以及位于其对面的克格勃大楼。

但是充满斗志的人群中暗藏着暴风骤雨般的风险。此时的人群并不平静，事后波波夫在自己的回忆录中对此做了证实：

> 我们和布尔布利斯已经商议定了，他作为国务秘书来签署文件，允许我们占据中央大楼。全部行动由莫斯科中央区区长亚历山大·穆兹甘特斯基总指挥，由市政府的瓦西里·沙赫诺夫斯基与莫斯科苏维埃人民代表亚历山大·索科洛夫少校具体指挥。

> 但是，苏共中央是这个庞大国家的枢纽，其位于地下的整体建筑还涉及国防，甚至核武器。我们同克格勃达成一致，请他们留下

---

[1] 照片资料。《独立报》，1992年8月21日。

来保卫地下建筑部分，只是从地上建筑撤出。因为还要确保从大楼里撤出的工作人员的安全，当然，他们有可能是这次叛乱的同谋者，但这应该由法院决定，决不能出现任何私刑。当时的情况是不允许私自夹带任何文件离开，所以对这些人员的搜查就不可避免了。

我明白这一事件的历史意义。在我的面前摆放着一台电视机，对这一切进行了报道：俄罗斯最高苏维埃的人民代表与戈尔巴乔夫会面。我的侧面也摆放着一台电视机，播报老广场上正在发生的事情。最后一个疲惫却又平静的声音对我说："我们现在在中央大楼里面，克格勃的安保人员全都撤出了，全部工作人员也已经疏散完毕。我们是从苏共总书记的办公室向外打的电话。"这一切都在意料之中。我明白这个打击对当事人的意义。被驱赶出自己在苏共中央大楼的办公室都已经不会激动了。①

加夫里尔·波波夫将占领苏共中央大楼与 1917 年攻克冬宫相提并论。他这样写道：

事情已经完成，20 世纪末最伟大的变革已经完成了。极权共产主义的国家实验结束了。我，作为一个经济学家，在很多年以前就预料到了必然会是这个结果。但那时我还不敢相信这一切会在我的有生之年，在我的参与之下发生。但这一切还是发生了。即使今后我无法再为俄罗斯和她的人民多做一些工作，那么占领中央大楼也已经足以慰藉我的平生，我生命中的灾难、错误、矛盾……也许我不是以一个市长，而是以一个民主主义者的身份出现的。②

作为一个历史学家，我不能同意类似的论点，尽管其中有一部分很可能是正确的。

老广场上的活动结束后，叶利钦在 8 月 23 日很晚的时候才回到自己在阿尔汉格尔斯克的别墅。为了庆祝这个"光辉的胜利"，那里已经安排好了

---

① 波波夫：《转向反对派》，莫斯科：1994，第 233—234 页。
② 波波夫：《转向反对派》，莫斯科：1994，第 426 页。

一场盛大的晚宴，邀请了他最亲近的支持者和朋友。

没有被邀请的就只有副总统鲁茨科伊而已，他很是自大以至于搞不清楚叶利钦震怒的原因。其实问题主要出在鲁茨科伊身上，他当时还自诩为共产党人，打算成立一个新的政党——共产主义者-民主主义者党。但是，鲁茨科伊之前的功绩迅速给他带来了回报，他被拔擢为少将，而在"八一九"事件之前，他还仅仅是个少校。

苏共中央机关的瓦解为戈尔巴乔夫带来了负面影响，迫使他不得不采取与苏共决裂的步骤。1991 年 8 月 24 日，戈尔巴乔夫签署了一项声明，组建了自己的内阁。这份声明的部分内容如下："在这个困难的条件下，苏共中央机关做出了一个艰难的却又诚实的决定，即自行解散。我不认为今后还有可能行使苏共中央总书记的职能，也无法再行使与之相应的权力。"① 这份声明并不仅仅是不真诚和自相矛盾的，它甚至还与苏共的组织形式相抵触，类似这种辞职或者是自行解散是不被允许的。戈尔巴乔夫是在苏共二十八大上当选为总书记的。只有通过苏共紧急全国代表大会才能决定总书记、苏共中央和党自身的命运。

在叶利钦于 8 月 23 日发布的命令中，暂停活动的只有俄罗斯共产党而已。俄罗斯总统无权决定全联盟共产党的命运。但是戈尔巴乔夫的声明却将这一切交到了叶利钦的手上，叶利钦 8 月 25 日签署了有关苏共财产的命令：

> 由于苏共中央已经自行解散以及俄罗斯苏维埃联邦社会主义共和国共产党被暂停活动，所有苏共与俄罗斯苏维埃联邦社会主义共和国共产党名下的动产与不动产，包括存放在位于俄罗斯苏维埃联邦社会主义共和国境内或境外的银行、联合企业以及各类机关与组织中的卢布以及外汇现金，一律为俄罗斯苏维埃联邦社会主义共和国所有。苏共在境外的资金，在各加盟共和国签署完新的联盟条约之后再做分配。②

---

① 《俄罗斯报》，1991 年 8 月 27 日。
② 《俄罗斯报》，1991 年 8 月 27 日。

最高苏维埃与苏联人民代表大会的最后时光

国家紧急状态委员会的失败、苏共活动的终止以及苏联部长会议的集体辞职等重大事件造成的实际权力向俄罗斯及俄罗斯联邦总统叶利钦转移的现实，不可能不对苏联最高苏维埃以及苏联人民代表大会的命运产生重大的影响。这一届苏联议会是在 1989 年选举出来的，任期一半的时间都还没有过去。

苏联最高苏维埃紧急会议于 1991 年 8 月 26 日召开。但是召集人已经不是阿纳托利·卢基扬诺夫，他已经辞职了，取代他的是民族院主席拉菲克·尼沙诺夫。我们当中的很多代表都对此感到困惑不解，甚至有些惶惶不安，但大多数人都满怀敌意，甚至咄咄逼人。他们不是针对那些已经被捕的国家紧急状态委员会的成员，而是针对苏共全党。苏共中央书记瓦连京·法林、亚历山大·扎索霍夫也参加了此次会议。米哈伊尔·戈尔巴乔夫也几次到过会场。但是他那些简短的发言并没有什么新的内容和建议。会议并没有确定的议程。会场上来了许多苏联国内和国外的记者，他们中的大多数都在关注同一个问题："是否继续保留苏联？"

会议的第一个议程是成立一个庞大的委员会，来调查国家出现政变的原因与具体过程，领导这个委员会的是戈尔巴乔夫之前的政敌亚历山大·奥伯林斯基，他原先是摩尔曼斯克州的工程师。会议还成立了负责终止苏共活动的委员会。委员会的领导人是瓦连京·达达尔丘克，他原先是彼尔姆州造纸联合企业的总经理。

剥夺卢基扬诺夫的豁免权也被列入会议的日程。在原最高苏维埃主席周围，立刻就形成了疏远孤立的氛围。

8 月 26 日晚些时候，我来到卢基扬诺夫位于 4 楼的办公室。曾经摩肩接踵的会客室，现在除了他的个人秘书之外，一个人都没有。卢基扬诺夫很平静，精神看上去也不错，但他却认定自己即将走向灭亡。他说："我很快就要被逮捕了。我试着为自己辩解，但人还是应该清楚自己所处的大环境以及在自己身上即将要发生的事情。阿纳托利·伊万诺维奇要我把 8 月 19—22 日所做的笔记全部读一遍，他甚至都不是以天为单位调查的，而是以小时和分钟为单位。这其实是像您这样的历史学家才需要的。"

8月27日早上，最高苏维埃继续进行自己的工作。会议是从讨论卢基扬诺夫的问题开始的。大多数代表都投票支持剥夺卢基扬诺夫作为人民代表的豁免权。卢基扬诺夫走出大楼之后旋即被逮捕。之后最高苏维埃通过了在全联盟境内暂停苏共活动的决议，只有乌兹别克斯坦没有执行这一决议。在我的印象中，有许多人同我一样对这个旨在在全联盟禁党的决议表示反对。按照最高苏维埃的制度，任何一个人民代表都可以发起投票。我感觉有相当一部分人是支持我的，但人们已经迷失了方向而且感到悲观。我同样反对针对在俄罗斯联邦境内的联盟所属部委的行动。最高苏维埃通过了在莫斯科举行苏联人民代表大会第五次非常会议的决议，并确定了此次会议的日程与规则。

苏联人民代表大会第五次非常会议也是它的最后一次会议，定于1991年9月2日10时在大克里姆林宫举行。担任此次会议主席的是苏联最高苏维埃联盟院主席伊万·拉普杰夫，但很明显的是，他只承担一些技术上的工作。还没有人对筹备这次会议做过回忆，因为是一个庞大的委员会完成了这项工作。

哈萨克斯坦总统努尔苏丹·纳扎尔巴耶夫首先做了发言，就8月19—21日间苏联总统与各共和国高层领导间的问题表态，发言稿是前一天晚上和9月2日早上反复推敲过的。纳扎尔巴耶夫向大会提出了新的日程安排与新的建议，其中包括建立苏联总统和各共和国高级代表在内的执行主席团。他的发言甫一结束，大会即宣布休会到14时。在白天的会议上，米哈伊尔·戈尔巴乔夫一直坐在主席的位置上。

参加大会的人民代表有1900人左右，第一轮投票有大约1780人参加。他们代表着12个加盟共和国。我们当时最主要的问题是要讨论通过《转型时期苏联国家权力机关与联盟管理法》。

根据这个法案，苏联部长会议将变成某种程度上的跨共和国间的经济委员会。苏联最高苏维埃主席团被取消，最高苏维埃自身也要进行改造。从最高立法机关转变为非定型的会议机构，其地位与成分也都不确定。新的联盟苏维埃与共和国苏维埃不仅应由150—200名苏联人民代表组成，还应有来自加盟共和国议会的人民代表，他们将会常驻莫斯科。苏联总统仍旧保留，而且仍然由米哈伊尔·戈尔巴乔夫出任。但是他的权力被弱化了，各加盟共和国的领导人一同出席苏联国家委员会。戈尔巴乔夫虽然是这个委员会的主席，但也只有一票的发言权。

法案第 4 条的内容是：判定已经召开的苏联人民代表大会会议是不合理的，保证已经当选的苏联人民代表在其任期内的地位。

会议上的讨论是毫无章法的，很多代表都没有发言。会场上提出了很多问题，但是在座的那些总统却没有对任何一个问题做出理性的解答。

叶利钦在 9 月 3 日早上做了发言，他并不仅仅是坐在会议的主席团里，还非常积极地参加了各个主要的讨论。伊万·西拉耶夫做了有关经济形势的报告，这些天来不只是俄罗斯苏维埃联邦社会主义共和国部长会议受制于这个问题，苏联部长会议也是如此。人民代表的发言是被严格分类的。联盟派的领袖维克托·阿尔克斯尼斯上校根本就没有机会发言，尽管他代表着数百名人民代表。

土库曼斯坦总统尼亚佐夫发言支持戈尔巴乔夫。但人民代表奥伯林斯基却对戈尔巴乔夫展开了严厉的批评，他对戈尔巴乔夫担任国家元首的合法性表示质疑。我作为苏共党团的代表做了发言。尽管苏共党团当时正在走向死亡，而不是继续生存，党团还是参加了 9 月 2 日、3 日的会议，参加的苏共中央委员有 20 人左右。我做了发言，反对通过有关国家政权机构向"过渡时期"转变的提案。我还反对将苏共赶出我国的政治舞台。但是，我的发言没有改变任何事情，这一点我是完全清楚的。我的发言，有一部分是出于正义感，有一部分则是有感于宪法的被破坏以及对大会对其所做羞辱的抗议。我希望能够庄严地完成我作为苏联人民代表和苏共中央委员的任期。

大约 1700 名人民代表出席了 9 月 3 日晚上的会议。很多人都发言谴责国家紧急状态委员会，并对叶利钦或者叶利钦与戈尔巴乔夫的联盟表示欢迎，希望出现一个"全新的戈尔巴乔夫"。尤里·卡里亚金在自己的发言中提出，希望能够辞去苏联人民代表的职务。戈尔巴乔夫就此问题表态，他的发言比较简短，主题也不够明确，基本意思是他想继续保持某种意义上的联盟国家，建立一个新型的主权国家联盟。面对戈尔巴乔夫的讲话，人民代表们只报以稀稀拉拉的掌声。

9 月 4 日的会议仍然是无序的，会议经常被打断，而会议主席团全体都去参加长时间会议了。很少有人听台上人的讲话，大厅里只剩下了大约一半的代表。叶利钦有几次召集来自俄罗斯的人民代表单独开会。另外，有很多在 9 月 2 日和 3 日没来得及发言的人民代表获得了发言机会，可以进行一个时长约 2 分钟的简短发言。当然，这些发言既没有在电视上转播，也没有在报纸上发表。

　　1991 年 9 月 5 日上午的会议在戈尔巴乔夫的主持下举行。大克里姆林宫的会场中，聚集了 1792 名人民代表。这场会议需要在程序上通过《转型时期苏联国家权力机关与联盟管理法》。有一些条款甚至是逐条逐句地通过的。整个过程进行得非常顺利。法案最终获得了通过。在这之后，大的问题已经不存在了，会议相继通过了有关人的权力与自由的宣言，以及改变苏联人民代表地位的法案。这些在克里姆林宫参加最后一次代表大会的人民代表，获得了一些新的特权。

　　戈尔巴乔夫在大会的最后一场会议的发言中表示，并不仅仅是苏联人对他所做的工作予以"非常高度的重视"，"全体国际社会"也是如此。但事实上并不是这样。

　　大会一共收到 59 封支持戈尔巴乔夫政治路线的电报。在大会做最后发言的是阿纳托利·索布恰克，他号召我们"庄严地完成自己的工作"，做出将列宁"按照我们民族的宗教与民族习俗，安葬在列宁格勒的沃尔科夫公墓"的决定。但米哈伊尔·戈尔巴乔夫拒绝将这个问题提交大会讨论，他宣布第五次苏联人民代表大会闭幕。与之前的四次人民代表大会不同的是，此次大会闭幕时没有演奏苏联国歌。我们从大克里姆林宫的会场离开时有这样一种感觉，大家仿佛刚刚参加完一场葬礼。

第八章

组建俄罗斯联邦的新政府与领导层

叶利钦将俄罗斯的国家权力控制在自己手中

在 1991 年 9 月最初的日子里，鲍里斯·叶利钦将大部分时间花在了克里姆林宫举行的第五次苏联人民代表大会上。各个加盟共和国的总统经常举行闭门会议，还通过了许多紧急决议。这些领导人的发言听上去给人一种不踏实的感觉。9 月 2 日，社会主义代议制研究所对苏联人民代表做了一个问卷调查："请您列举出 5—6 个真正的国家领导人的名字。"大约有 1000 名人民代表参与了这场问卷调查。其中有 655 人（约占 66%）选择了叶利钦，480 人（占 48.3%）选择了索布恰克，411 人（占 41.3%）选择了戈尔巴乔夫。纳扎尔巴耶夫获得 372 票（占 37.4%），克拉夫丘克获得了 37 票（占 3.7%）。而雷日科夫仅仅获得了 24 票，布尔布利斯只有 15 票。

在叶利钦的发言中，我们并没有感受到他有像在 8 月作为一个政治新星冉冉升起时的那种自信。在会议结束后，不论是苏联还是俄罗斯苏维埃联邦社会主义共和国，都没有任何新的行政机关体系得以建立，叶利钦决定去索契修养一段时间。他打算 10 月再回莫斯科。俄罗斯总统所做的这个决定，在他的身边引发了不解与反对之声：在这样一个混乱的境况下，正需要乘机风风光光地打败戈尔巴乔夫，怎么能去休假呢？但是从叶利钦的角度来看，他需要认真分析国内的总体形势，并构思出相应的行动路线。

叶利钦后来在回忆录中写道：

> 在政治中，一切都是有意义的。从我在 1991 年 9 月那"富有特殊意义的"休假起，我开始思考过往的事情。我感觉到，我们的

历史已经进入了新的时代，但具体是什么，还没有人知道。但是我明白，摆在我们面前的，是一种难以想象的困难，这必将是一段跌宕起伏的、非常困难的时期。对我个人的政治生活而言，这也是一个重要和剧烈的转折。我只能对大家说，这个转折并不像看上去那么剧烈。所以，我始终都在关注这一紧张的局势，尽管单从外表看来我还有心情去休假。我当时非常清楚下一步国家的发展方向：首先是各个加盟共和国之间的条约签订工作，还需要戈尔巴乔夫对政治思路进行大幅度的调整。在这个大背景下，最主要的还是要做好自己身边的事，完成俄罗斯政府的转型，以及其他关键性的工作。①

1991年9月中旬，叶利钦已经开始着手组建新的俄罗斯政府了。他选择到索契工作之后，在莫斯科的戈尔巴乔夫已经没有丝毫的影响力了。很有可能联盟机关产生这种"空窗期"最主要的原因就是叶利钦的离开。鲍里斯·叶利钦想要成为最有权势的人，他还将手伸向了联盟的权力。但是他并没有意识到，这一切会来得这么快，这么轻松。

叶利钦的战友奥列格·波普佐夫后来回忆道：

> 8月19—21日的事件期间，权力一下子就被丢到了民主派的脚下。它仿佛从高不可攀的云端一头栽下，被送到了民主派的手中。叶利钦的全部精力，都用在了和中央争夺权力上面，从俄罗斯的立法领域到政权管理机关，将对方完全挤出去似乎就只用了1个小时而已。当然，这是一场荒唐的斗争，而且叶利钦团队还是在阴谋之下，才获得了这样大的优势地位。除此之外，他们采用了一切手段包装自己，让自己看上去是民主政权，并且在任何情况下都要确保自身的利益，抓住所有机会在失败的经济问题上指责中央政权。但最重要的是，叶利钦建立起了一套基本上全新的管理机关，同中央的官僚机构相对抗。②

众所周知，在苏联的权力体制下，俄罗斯的国家管理机构事实上非常弱

---

① 叶利钦：《总统笔记》，莫斯科：1994，第162—163页。
② 波普佐夫：《保卫"临时沙皇"叶利钦》，莫斯科：1996，第205—206页。

小，只具有象征性的意义。俄罗斯各地所有重大问题都不是俄罗斯苏维埃联邦社会主义共和国部长会议能够决定的，而是需要交由苏共中央或者苏联部长会议处置。时至今日，权力的金字塔被颠倒过来了。真正的权力已经掌握在叶利钦的手中，而他仅仅是在 7 月的时候才宣誓就任俄罗斯总统一职的。苏联各部已经陷入瘫痪，机关人员既不清楚自己的职权，也看不清自己的未来。但是俄罗斯各部也还没有任何工作计划，对自身在国内处于何种地位也不甚明了。

与此同时，叶利钦和他的亲信正在享受胜利果实，他们从原先居住的配给俄罗斯领导人的大型郊区别墅搬进属于苏联领导人的巨型官邸。俄罗斯总统欣然接受了位于扎维多沃的猎宫，这里共配有 250 名士兵和服务人员。

面对国内日益崩塌的局势，叶利钦似乎并不太在意，就连他的鼓吹者弗拉基米尔·索洛维约夫和叶连娜·科列毕科娃对此都非常震惊。他们急忙从纽约飞回莫斯科，为叶利钦的书增添新的章节。他们这样写道：

> 叶利钦习惯于做一个反对派，就在他筹划对克里姆林宫发起最后一战的时候，保守力量突然发动了政变，权力自己落到了他的手中。他不但没有具体的计划，甚至连执掌政权的能力也不具备，却在事变之后的最初几个星期内，在国家的伤口上引入新的俄罗斯领导层。我们是被阴谋和算计吸引到莫斯科的白宫的，在失去了真正的敌人之后，他们开始在内部争权夺利。就连那些追随叶利钦从远离中央的地方来到首都的"斯维尔德洛夫斯克帮"，也在为权力展开内部角逐，就像是在争夺女人一样。叶利钦能够对国家造成如此巨大的破坏，在不久之前甚至都还是难以想象的，整个国家、党和克格勃系统，都被他摧毁了。至于重建国家，此时还有什么力量是他可以借助的呢？旧的体系已经毁败，新的体系却还没有建立起来。已经急不可耐的社会期待着叶利钦能有所作为，就像是盼望上帝给他们创造一个从未有过的奇迹一样。但经济的快速瓦解、国内政治的无政府状态和国家的转型，使整个社会陷入了恐慌之中。①

几个星期之后，叶利钦的团队中就开始发生人员调整的情况。9 月底，

---

① 索洛维约夫、科列毕科娃：《鲍里斯·叶利钦》，莫斯科：1992，第 9—10 页。

总理伊万·西拉耶夫前去叶利钦正在休养的索契，向他提出辞呈。叶利钦没有挽留。一个星期过后，年届五旬的数学家与经济学家、时任副总理和经济部部长叶夫根尼·萨布罗夫也提出了辞呈，他当时正在主持俄罗斯向市场经济转轨的整体工作。俄罗斯政府出现了瓦解的趋势。当务之急是找到新的总理和副总理人选。所有人都对 1990—1991 年间那个冬季国家所遭遇的困难局面记忆犹新。

候选人实际上并不少，从副总统亚历山大·鲁茨科伊到共和国最高经济委员会主席米哈伊尔·波恰罗夫。鲁茨科伊在 1991 年秋季展开了一场声势浩大的活动——从架构新的俄罗斯海关到车臣问题爆发前的边防基础设施建设，以及处置苏联军事力量，等等，他参与了各个领域的工作。其实，叶利钦和他的亲信都不喜欢这位副总统的独断专行。

波恰罗夫是一位很有经验的经济学和法学专家。但是他的抱负实在是太远大了。在波恰罗夫看来，俄罗斯最高苏维埃在批准总理人选之外，不能干涉各部工作，而总理可以对各部进行独裁式的领导。1991 年秋季，① 波恰罗夫给叶利钦写了一封长信，针对国家的情况提出了 5 条走出危机的出路。当时叶利钦还在担任俄罗斯苏维埃联邦社会主义共和国最高苏维埃主席，他经常与波恰罗夫谈话并倾听后者的建议。但此时的叶利钦已经不想再看见波恰罗夫，后者便决定辞职，离开了最高经济委员会主席的职位。

叶利钦没有选择格里高利·亚夫林斯基，后者曾经作为西拉耶夫的副手管理了国家经济改革委员会几个月的时间。用叶利钦的话来说，"他是一个戈尔巴乔夫分子"。

更加难以取舍的是尤里·斯科科夫，他已经进入叶利钦的亲信圈子里了。在组建俄罗斯联邦政府的时候，这个既坚决又富有经验的领导人被任命为第一副总理，而且叶利钦本人在 1991 年也两次表示想提拔斯科科夫担任政府总理一职。但此时叶利钦仅仅是将斯科科夫安置到了负责安全工作的国务委员职位上。尼古拉·彼得拉科夫也没有被选上。奥列格·罗波夫作为在斯维尔德洛夫斯克时期就支持叶利钦的人，后来受邀前来莫斯科工作。但是他也没有加入副总理之列。

叶利钦在 11 月底的时候才做出了决定，他选择了那个在 1991 年 9 月至 10 月间看上去最没有希望出任总理的人——根纳季·布尔布利斯成为政府首

---

① 原文如此，应为 1990 年。——译者注

脑。作为叶利钦的同乡与拥护者，他并没有政府管理与经济事务工作的经验。在此情况下，依照布尔布利斯的建议，叶利钦自己出任政府首脑，担任总理一职（但不负责具体工作），而由布尔布利斯出任第一副总理，开始主持实际工作。

根纳季·布尔布利斯与叶戈尔·盖达尔

根纳季·布尔布利斯在一个工人家庭长大，年轻时曾经做过 1 年左右的钳工。他在乌拉尔大学获得哲学副博士学位后，在一所工科高校从事马克思主义哲学和科学社会主义教学工作达 15 年之久。布尔布利斯的政治竞争对手不止一次地提出他常年为马克思列宁主义"布道"的经历。布尔布利斯对马克思主义有自己的理解，"我那时是这样定义马克思主义的：这就是一个很精彩的自欺欺人的神话，对其进行的理论研究也是一个非常天真的自欺欺人的故事。是的，我热爱我的教学工作。我也确实或多或少地做了'布道'的事情"。[①]

1988 年时，布尔布利斯就参加了党团活动，表示要参选苏联人民代表。1989 年 3 月，布尔布利斯与叶利钦结识，并很快宣称自己是后者的信徒。这一举动帮助布尔布利斯赢得了选举。其实叶利钦当时也需要布尔布利斯的帮助，去迈出民主派在政治上的第一步。于是，布尔布利斯迅速进入叶利钦的核心圈子。叶利钦作为一个不善于演讲的人，难以同广大民众直接展开对话，但布尔布利斯却可以通过自己的伪科学与花哨的理论来帮助这个没有受过很高教育的政治家。

叶利钦自己也承认受到布尔布利斯的影响。叶利钦后来回忆说：

> 我们的关系十分紧密，毫不夸张地说，同根纳季·布尔布利斯的谈话给我带来了很多灵感。他是一个可以看到远方的人，能够对眼前发生的事情以战略性和整体性的眼光进行评述。他那丰富的哲学知识给我留下了深刻的印象。在我们的交往中，包括斯维尔德洛斯克在内的许多"共性因素"也起到了重要作用。最后，他爱上了

---

① 《俄罗斯》，1991 年 9 月 11—17 日，第 3 页。

足球，而我喜欢上了运动。①

　　叶利钦在 1990 年俄罗斯苏维埃联邦社会主义共和国最高苏维埃主席以及 1991 年俄罗斯联邦总统的选举中，其竞选小组都是由布尔布利斯领导的。为此，布尔布利斯获得了一个在宪法中没有预设的职位，即俄罗斯联邦国务秘书。布尔布利斯分管好几个重要的部委，在非官方的排名中，国务秘书排在总统之后，是国家的第二号人物。

　　在组建政府的过程中，布尔布利斯一定程度上意识到了危险，很多年轻的改革者涌现出来。在后来的一次采访中，布尔布利斯回忆起这一段时光："是的，自从叶利钦当选之后，我们就处在一片权力的雷区之中。这个政府我们实际上是不需要的，这完全是一个'工兵'性质的政府，注定要去引爆那一片雷区。重要的是，我们必须在爆炸之前找到一条出路。"② 尽管如此，布尔布利斯还是说服了叶利钦，让他相信新政府的任务并不是去解决某些具体的问题，而是在国内引领整个社会进行快速的转型。

　　布尔布利斯宣称："过去的社会建构以及与之相应的国家管理模式和社会职能已经走到了尽头。'八一九'事件之后，我一直坚持自己最主要的世界观信条，那就是现有的这个社会注定是要在整体上停摆的。如果说一场改革不能完全覆盖主要的社会架构与国家属性，那么它就不能被称为一场真正的改革。我们必须毫不犹豫地承担起俄国整体转型的责任。我们的目标很坚定，那就是建设一个新型的国家、新型的社会。"③ 这是一个强力的乌托邦计划，仿佛是共产党人自 1918 年春到 1920 年秋所想要做的事情一样，只不过方向完全是相反的。但叶利钦还是批准了这个计划。

　　无论叶利钦打算用谁来做自己的第一副手，并让其独掌大权，布尔布利斯都会着手在政府中组建一支专属的团队，帮助那个人获得足够的威望。最终布尔布利斯选择了比较年轻且不太出名的经济学家叶戈尔·盖达尔，并将他推荐给了叶利钦。

　　盖达尔并没有组织生产或机关管理的经验。他是一个比较典型的高级研究人员，却在 1991—1992 年被迅速提拔为管理各部的"实验室主任"。盖达

----

① 叶利钦：《总统笔记》，莫斯科：1994，第 241 页。
② 《消息报》，1991 年 10 月 28 日。
③ 《莫斯科新闻报》，1993 年 1 月 17 日。

尔出身于一个成功的苏联上层家庭，他从未体验过贫穷或是物质匮乏之苦。盖达尔的祖父名叫阿尔卡季·盖达尔，是苏联知名的儿童文学作家。盖达尔的外祖父名叫帕维尔·巴热夫，也是俄罗斯知名的作家。盖达尔的第二任妻子是科幻小说家阿尔卡季·斯特鲁加茨基的孙女。在上大学期间，盖达尔就成了苏共党员，还获得了列宁奖学金，这可以充分说明他学习成绩的优异以及在意识形态方面的忠诚。

盖达尔在以优异的成绩从莫斯科大学经济系毕业之后，考上了本系的博士研究生，并很快完成了论文答辩，他的毕业论文的题目很具体，为《企业经济核算体系中的评估标准》。无论是在资本主义制度下，还是在社会主义制度下，企业都是需要进行经济核算的，所以他的研究题目在学术创新意义上并没有特别突出的贡献。完成毕业论文答辩之后不久，盖达尔就当上了苏共中央重要理论刊物——《共产党员》杂志社政治经济科的负责人。由于岗位重要，盖达尔在苏共意识形态部门成了一个有影响力的人物。当然，盖达尔是支持改革的，他希望在最大程度上发展社会主义经济，改变过去错误的经济发展政策。

盖达尔提出的建议并没有多少原创性的内容，包括减少基础设施和国防的开支，改变进口结构，不过多地寄希望于西方的投资，因为来自西方的投资不会更多地考虑苏联的经济利益。盖达尔希望在国内进行比较谨慎的经济改革，他不赞同较为激进的沙塔林-亚夫林斯基的改革方案。1990年时，盖达尔就发表过一篇论文，他表示："寄希望于国家经济的整体性改造是不现实的，这会给我们带来严重的困难，从学术的角度看这是不理智的方案。"①

遗憾的是，尽管当时盖达尔非常欣赏自己的观点，但这在事实上也很难称得上是科学的。盖达尔在1990年时曾经提议取消国家对商品零售价与批发价的管控，认为价格的自由化不仅是市场经济改革最重要的步骤，更是其前提，这一行动将会引发整个价格链条的调整。盖达尔提出："在经济领域，一切都是需要付钱的。如果我们想要采用那些稳当的、不带有强迫性质的又不得罪人的方法，我们的时间就要白白流失。放开物价将会引发物价飞涨，导致民众的恐慌。但这个方法可以一次性解决问题。我们必须坚定不移地去做，进行这样一场前途未知的探索。"② 在我当时的笔记中，最后一句话下

① 《共产党员》，1990年第2期，第33页。
② 《真理报》，1990年4月16日。

面画上了一条粗线予以标明。

　　盖达尔提出的这些观点当时并没有什么人附和，也没有什么人予以驳斥，因为这些观点本身就不够严肃。1990 年秋季，政府一度放开了面包、烟草和啤酒等产品的价格管控，很快就引发了民众的不满，戈尔巴乔夫和雷日科夫旋即放弃了这一尝试。1990 年年底，盖达尔调动到新成立的经济政治研究所做负责人。研究所当时引进了一批年轻的经济学家，主要有安德烈·涅恰耶夫、弗拉基米尔·马什茨、弗拉基米尔·马依、阿列克谢·乌柳卡耶夫、亚历山大·绍欣等。

　　曾经有不少西方分析人士提出过这样的观点，认为盖达尔、阿纳托利·鲍里索维齐·丘拜斯和绍欣自 20 世纪 80 年代中期起就抱有反共产主义思想，他们努力加强对社会主义体制的了解，以便在很短的时间内将其摧毁。这些都是无稽之谈。也许对于盖达尔而言，决意走资本主义的道路并没有给他带来多少心理上的纠结。盖达尔早就被人称为"芝加哥小子"了，《商界人物》刊物认为盖达尔"完全都是美国的那一套"，更多是用英语而不是俄语来发出自己的声音。

　　记者加林娜·巴萨诺娃这样评论道："盖达尔身上有很多不利于公众人物树立形象的缺点。他的外貌很不起眼，因为面对民众时的羞怯，他说的话显得很晦涩。他身上没有什么能吸引人的东西。他不像叶利钦那样喜欢网球和排球，也不像鲁茨科伊那样会开飞机。他对汽车、油画、邮票和马匹都毫无兴趣。在这个层面上讲，盖达尔有点像是出现在我们国家的一个陌生人。"①

　　国家紧急状态委员会垮台之后，布尔布利斯着手组建一个由年轻的经济学家构成的小组，目的是为接下来将要开展的经济改革和俄罗斯联邦政治经济工作打下基础。叶戈尔·盖达尔被任命为这个小组的组长。

　　以杰弗里·萨克斯为首的西方专家小组也参与了俄罗斯经济改革的工作。整个改革的走向完全是在国际货币基金组织与世界银行的指导下进行的，没有真正考虑到俄罗斯经济的整体结构与特性，反而很好地保护了西方富裕国家的利益，因为上述组织都是在跨国银行资本基础上运行的。

　　布尔布利斯在 1991 年 10 月底决定把盖达尔推荐给叶利钦。他们的会面进行了很长时间，盖达尔将自己的经济改革想法及其主要步骤——"放开物价"的建议向总统和盘托出。盖达尔向叶利钦保证说，俄罗斯的物价至多会

----

① 《活动家》，1992 年 7—8 月刊，第 83 页。

上涨 3 倍或者 4 倍，而且这个步骤对俄罗斯经济恢复健康以及建立市场经济是绝对必需的。民众对此肯定会反对，风险会很大，但是如果继续被动地坐等下去，形势将会更加险恶。如果到了无法可想的地步，叶利钦还可以罢免这个让自己背负了最为沉重的责任的第一届政府。盖达尔后来回忆起当时的情景："叶利钦带着怀疑的微笑挥了挥手，但他并没有明确地表示反对。"①

叶利钦很赏识盖达尔。叶利钦回忆起他们第一次见面时的场景：

> 盖达尔讲话非常直接，这能起到很重要的作用。首先，是他迟早要和反对者进行对话，而不是我。他从不简化自己的理念，而是专讲其中困难的地方。他善于用自己的思想感染对方，让对方能够看到一条行得通的道路。除此之外，还有两个特别关键的事实。一是盖达尔的理论与我所想的，希望能够缩短痛苦时间的愿望相一致。我不能再强迫人们就这样地等，一年一年地这样慢慢拖下去。盖达尔告诉我，他有一整套班子，是由非常年轻的各类专家组成的，他们自发地拼命工作，而不需要上级分派。我清楚地意识到——请原谅我的说法——俄罗斯的事业的确需要这样一群"天真的年轻人"，而不是苏联的那一套。出于对苏联官僚的了解，我恐惧同他们一起共事。还有一个原因，无论如何，我确实没有像盖达尔那样的能力，可以影响俄罗斯的整整一代人，甚至包括我和我的外孙女在内。我相信叶戈尔·盖达尔的天才遗传。②

几年之后，盖达尔回忆起自己同叶利钦最初的几次见面：

> 叶利钦具有很复杂的性格。在我看来，他最主要的特点就是有一种能够体察所有人态度的直觉能力，并能在面对众多选择时做出自己的决定。在很多原则问题上，叶利钦更加相信自己的政治本能，而非来自同事的建议。有时他能够做出完全正确的决定，而有时则会犯下严重的错误。这种颇有负罪感的情绪一直影响和推动着他，已经成为他的一种习惯。最优秀的性格特质应该是善于聆听。

---

① 盖达尔：《失败与成功的日子》，莫斯科：1996，第 105 页。
② 叶利钦：《总统笔记》，莫斯科：1994，第 164—165 页。

很有说服力的劝导比起那些写在纸上的漂亮语句往往能够起到更好的作用。但这里还是存在一种风险：人们有可能会通过这样的手段来获取信任，之后再去滥用这些信任。这种事情时常发生。我多次出现过将叶利钦与伊利亚·穆罗梅茨相提并论的想法，后者既可以勇敢地打败敌人，还能够在炉子边睡觉。

盖达尔很快就获得了叶利钦的信任。其他人都认为完成经济改革需要三到五年的时间。盖达尔却说服了叶利钦，令其相信改革工作可以在一年左右的时间内完成。就在盖达尔与叶利钦会面后的几天内，他与他的团队就开始在老广场和新广场的办公室里筹划工作了，那里自1991年年底起便成了俄罗斯联邦政府的主要办公地点。这位新上任的副总理的职位全称是"俄罗斯苏维埃联邦社会主义共和国主管经济政治工作、经济与财政各部的副总理"。盖达尔已经掌握了相当巨大的权力，在政府中发挥非常关键的作用。尽管布尔布利斯仍旧担任第一副总理的职务并分管部长会议，但大家都已经开始将俄罗斯政府称为叶利钦-盖达尔政府了。

对俄罗斯具有重要意义的第五次俄罗斯苏维埃联邦社会主义共和国人民代表大会于1991年10月28日召开，大会通过了由叶利钦担任政府首脑的决定。大会还选举产生了以瓦列里·佐尔基内为大法官的俄罗斯苏维埃联邦社会主义共和国宪法法院。在几轮投票之后，鲁斯兰·哈斯布拉托夫当选为最高苏维埃主席。但是大会最重要的事件却是通过了叶利钦有关经济改革的提议，并赋予他更多的权力去实施这一计划。

并不是所有人都对"放开物价"有清醒的认识。劳动部部长亚历山大·绍欣宣称，放开物价将会彻底打碎计划经济，同时会给国家财政带来严重的不稳定以及巨额财政赤字，因为这一行动与"经典的"计划生产是相矛盾的，会引发物价飞涨的严重危机。绍欣表示，尽管如此，还是有理由相信通货膨胀并不会特别的高，因为会有价格管控的措施。市场因素在整个改革过程中将起到全部的作用，而国家将会很快得到坚挺的卢布，那将会是所有人都想努力赚取的。新一届政府相信，一年之后的俄罗斯将会解决财政赤字问题，并且给国民以最大的社会保障。①

有关改革新计划的内容大部分都是很含糊的，叶利钦和盖达尔并没有将

① 《俄罗斯报》，1991年10月30日。

其提交给人民代表大会。政府将更为详细的计划作为保密的备忘录交给了国际货币基金组织。盖达尔期望从国际货币基金组织得到大额的外汇拨款，如果没有这些的话，他的计划将寸步难行。对计划的内容保密也有其他的原因。因为"休克疗法"的具体措施是不能向大众公开的。这项改革的主要方向就是资本主义，而俄罗斯的公民们还没有做好奔向"光明的资本主义未来"的准备。最后，整个计划中还有许多措施都没有成形，摆在政府面前的各种各样的问题都还等着去解决。

有几名西方专家参与的盖达尔团队很快就着手推动俄罗斯的经济改革了，而这一场改革当中几乎没有什么是原创性的。不论是改革的理论，还是改革者的具体措施所依赖的"结构调整"与"经济体制"思想，全都是国际货币基金组织在20世纪70年代初为第三世界国家设计的。西方国家的经济学家与金融学家当时深深为第三世界国家的债务问题感到忧虑。不断上升的债务不仅仅给债务人带来很大的麻烦，对债权人而言也是一个很大的问题。

国际货币基金组织所谓的改革方案，在非洲、亚洲和拉丁美洲的国家采用过，目的在于快速地将贷款借给这些资本主义正在发展的国家和那些国际金融中心。西方的银行家们能够从中得到令人满意的回报。仅仅在1982年至1990年，第三世界国家就以这种形式支付了7000亿美元的利息。但是这些得到过国际货币基金组织贷款的国家，其经济状况却恶化了。在这些国家中，仅在20世纪70年代至80年代就发生了超过20起人民起义，不论是经济学家还是历史学家，都将此称为"反抗国际货币基金组织的人民起义"。①

尽管第五次俄罗斯人民代表大会对激进的经济改革还存有很多疑惑与不解，但还是在没有什么严重的反对意见的情况下通过了这项计划。大会授予叶利钦紧急措置的权力，这个权力的行使期限截止到1992年12月1日。总统获得了对最高领导层进行重组的独断权，这项权利也包括组建新一届政府的内容。

在物价的惊人涨幅远远超出实施"自由化"时的承诺之后，为了安抚人民代表大会的代表和全国公民，叶利钦发表讲话称："过去的这一段时间是决定性的、坚强而毫不迟疑的。所有人都清楚我们的前进基础是什么。当时的情况已经非常紧张了。就连食品和其他生活必需品的生产都已经无法保

---

① 卢金、乌特金：《俄罗斯与西方》，莫斯科：1995，第13页。

障。财政基础也已经到达了崩塌的边缘。通货膨胀非常吓人。全国有 55% 的居民生活在贫困线以下。总的情况在恶化。一次性放开价格实属迫于无奈，是不得不为的艰难决定。情况大约在半年后会出现好转，之后物价会下跌，市场供应会丰富起来；到了 1992 年秋季，正如我在选举前所承诺的那样，物价的稳定、人们生活水平的提高就会实现（在我的笔记中，我在这句话下面画了一条粗线——作者）。在改革的第一个阶段，我们无法做到保障每一个公民的生活水平。"①

距离叶利钦承诺的时间还有半年，但通过将近一年的体验，无论是俄罗斯公民还是俄罗斯联邦人民代表，都可以确信以下这个事实，那就是他们无法想象，在接下来的半年里，他们会多么失望，又会有多么艰难的试验摆在他们面前。

1991 年的某些结果

就在叶利钦组建俄罗斯联邦新政府的时候，俄罗斯和整个联盟内部的经济形势已经开始快速恶化了。1991 年夏季，国家的经济管理效率开始急速下降，"八一九"事件后，苏联的主要行政机构已经失灵。各个共和国的行政机构还十分弱小。

1991 年年初，经互会与华沙条约组织的解体已成定局，这就打碎了数十年间建立起来的国际经济联系，过去相互联系的分工体系完全被分隔开来。

上述事件对苏联全国而言，是一个沉重的打击。苏联国民经济的所有行业以及社会生活的各个领域全部都出现了衰退。通过分析 1991 年的各类统计数据，我们可以清楚地看到经济的瓦解。

所有的数据都显示出了过去看不见的衰退，国家的经济水平整体上滑落到了 20 世纪 80 年代初或 70 年代末的水平。俄罗斯联邦粮食总产量在 1991 年下降了 20%，工业生产下降了 15%—20%，投资减少了 14%—15%。

关键问题在于，包括日常消费品、食品、住房在内的所有供给都缩减了。如果说 1985 年时，按不变价格计算俄罗斯的全部消费品供给价值 1845

---

① 《俄罗斯报》，1991 年 10 月 29 日。

亿卢布的话，那么 1991 年时其价值就只有 1079 亿卢布了。①

进出口都在缩减。货币收入和退休金虽然也提升了，但国内的物价涨幅更快。那些对于人们生活最为重要的商品被一抢而空，所以老百姓不得不自己去创造各种消费品。

有一个经济学家这样描述道："1991 年年底时，商店的货架空空如也，但家里的冰箱却是满满的。"但是在珠宝店的门前，人们晚上就开始排队了。人们还在寄卖店里抢购家具、地毯、电器，甚至是古董。

另一个对社会影响很大的因素就是失业问题。按照社会学家的估计，1991 年年底社会上大约有 200 万失业者，尽管其中只有 8% 的人向就业安置部门寻求帮助。全联盟内几乎所有的建筑工地都停工了。按照计划，1991 年应该有 329 处工地需要施工，但实际削减到了只有 3 处。

学校、医院和幼儿园的建设只完成了计划的 20%。国家的谷物收获量只完成了 47%。面包、面粉、土豆、大麦和白糖的正常销售受到了严重影响。②

新政府对莫斯科和圣彼得堡的情况非常担忧。盖达尔后来回忆道："在我的记忆中，1991 年 12 月的莫斯科正在经历最困难的时期。各处都是过去罕见的恐慌、斗殴，还有长长的队伍。商店里面空空的。主妇们幻想着能够买到什么可以吃的东西。在自由交易的季申斯基市场上，商品都是用美元标价的。当时的中等家庭的月收入只有 7 美元。灾难正在降临。"③

民主派掌握的媒体将这些空空的货架归罪于共产党人，指责戈尔巴乔夫和他的改革。

但是，也有不少人将责任归于俄罗斯当局，以及由于其 1990 年秋季引起的同联盟政权之间的激烈冲突。12 月出现的莫斯科市内各处排队现象的最主要责任，应该由盖达尔和他的政府承担。

放开物价的问题已经确定并在国内引发了积极的讨论。苏联其他加盟共和国的领导人都希望推迟物价的放开，因为这个计划原定于 12 月中旬展开。令人感到惊奇的是，不论是消费者还是售货员，他们仿佛是在对此一无所知的情况下开始了抢购活动。

---

① 《经济报》，1995 年第 2 期。
② 俄罗斯科学院社会与政治研究所：《俄罗斯的改革：理想与现实》，莫斯科：1994，第 44 页。
③ 盖达尔：《失败与成功的日子》，莫斯科：1996，第 153 页。

按照列昂尼德·阿巴尔金的回忆，当时已经不仅仅是普通民众在抢购商品，希望把一切拿在手上，批发基地也开始囤积货物，甚至还对易腐败物资进行了分类。"在物价飞涨的情况下，产品供应基地的经理们做出了不一样的推理——最好丢掉一半的产品，这样的话，另一半的利润还会更大。"

食品与轻工业产品运抵批发网络后，批发机构如果没有及时将产品分送到零售机构那里去的话，老百姓就会去抢购，不论是铁锅、通心粉、圆白菜、床单还是卫生纸。

毫无疑问，11月与12月在整个俄罗斯和莫斯科发生的情况引起了盖达尔与叶利钦的不安，但并不是在道德的层面。叶利钦担心的是他有可能会失去在俄罗斯各大城市的影响力，在1990—1991年，那里已经成为民主派的主要社会基础。众所周知，首都那饥饿的长队已经引发了多起革命事件。

第九章

《别洛韦日协议》 与独联体的建立

新奥加廖沃进程

鲍里斯·叶利钦和他所组建的政府在 1991 年 9 月的这段时间里，其所做的有关成立苏联临时国家管理机关的事情，都是十分草率的。他们为"过渡时期"组建了共和国间经济委员会，并且该委员会开始运行，这个时期苏联的其他部委也还在继续工作着。这些部门名义上还隶属于苏联最高苏维埃，但实际情况已经不是看上去的那样了。

作为苏联的总统，戈尔巴乔夫仍在向外发布各种命令。联盟各加盟共和国的各个机关都还在运转，庞大的军事部门也得以保留。但事实上，苏联作为一个统一的国家已经不复存在了。

米哈伊尔·戈尔巴乔夫至此还没有对成立一个新的"中心"丧失希望。为此，各加盟共和国和自治共和国的领导人都来到了新奥加廖沃，这里有一整组的法律专家，在专门就此问题进行讨论。当时苏联各加盟共和国的形势都很严峻，但没有人能够给它们找到一条让所有人都满意的出路。

1991 年 11 月底，新奥加廖沃进程走到了死胡同，再没有人提出新的联盟方案，也没有人再对这个问题进行讨论。作为苏维埃政权和国家经济的承载者，在苏共垮台之后 9 月和 10 月的这段时间内，苏联的许多部门也都纷纷垮台。苏联克格勃从形式上完全消失了，克格勃的军事部门被并入了国防部。边防部队直接划拨给了独立的联邦边防部门。国家各部门在短时间内全都改头换面，甚至就连其所署理的条块都改变了。原本由苏联总统直接掌管的安全部门转归俄罗斯联邦总统和各加盟共和国总统管辖。苏联克格勃的许多部门划归俄罗斯克格勃管理，而俄罗斯原本没有自己的克格勃和国防部。

至此，俄罗斯政府拥有了完全受自己掌控的强力部门。克格勃的许多元老、大部分将军或者被辞退，或者被安排退休，到了 1991 年 11 月底的时候，克格勃已经更名为各共和国国家安全机关。各共和国的克格勃被重编为联邦安全机构。俄罗斯苏维埃联邦社会主义共和国安全机关的长官由维克托·伊万年科担任，级别为正部级。过去克格勃所辖的意识形态部门，即大名鼎鼎的第五局，此时已经全部解散。根据瓦季姆·巴卡京所提供的数据，截至 1991 年年初，克格勃总部的工作人员共有 51.3 万人左右。而到了年底，这个数字降到了 14 万。大约有 400 名将军被辞退。到 1991 年 11 月时，隶属于苏联总统戈尔巴乔夫的就只有他自己的卫队而已了，就是那支声名卓著的"阿尔法小分队"。

1991 年 11 月，鲍里斯·叶利钦签署了不少有关将苏联中央所辖机关改造为俄罗斯苏维埃联邦社会主义共和国所辖机关的法令。比如说，11 月 21 日叶利钦签署了《关于成立隶属于俄罗斯苏维埃联邦社会主义共和国总统管辖的民防、紧急事务与消灭自然灾害国家委员会》以及《成立俄罗斯科学研究中心库尔恰托夫研究所》等命令。

其实，叶利钦不仅成立了新的部门，还更多地改变了现有部门的隶属关系。叶利钦签署第 228 号法令，其内容就是重建作为俄罗斯最高科学研究机构的俄罗斯科学院。过去从属于苏联科学院的研究机构，都要转为受俄罗斯科学院所辖，而其他位于乌克兰或者哈萨克斯坦的苏联科学院下辖研究院所则归所在加盟共和国所有。

国家解体的进程也涉及军事机关。军官和将军们都深为局势感到不安，但也只好等待政治家们对其所在单位和个人命运的安排。当然，国家财政部门和军事部门之间的问题也随之多了起来。

11 月 15 日，叶利钦宣布停止对联盟所辖各部的财政拨款。这些部门还可以继续留在原地办公，但必须在俄罗斯权力机关的监督之下。时至今日，联盟各部的机关或者选择自动解散，或者选择并入俄罗斯的各个部门。苏联各地都已经停止向联盟中央缴纳税款。大部分税收都进入了俄罗斯的国库。俄罗斯当局已将苏联国家银行纳入自己的控制范围之内。俄罗斯当局宣布将在几个星期之内开始经济改革，并放开物价。显而易见的是，这一轮经济改革并不仅仅会在俄罗斯全面抬高物价，而是在全联盟各加盟共和国都会如此，但白宫对此并不感到担忧。商店里面已经几乎什么都没有了，严冬马上就要到来，对于俄罗斯和苏联人民而言，在伟大的卫国战争之后最困难的时期来临了。

在 11 月底到 12 月初的这段时间里，米哈伊尔·戈尔巴乔夫依旧在克里姆林宫内办公。他接连召集自己的顾问和助手会商，与各个加盟共和国的领导人通电话，接见因边界问题而来的到访者和记者。但苏联总统的权力其实已经不能影响克里姆林宫之外的地方了。

1991 年 12 月 1 日，在乌克兰举行了有关乌克兰国家前途命运问题的全民公投。1991 年 8 月 24 日，乌克兰最高苏维埃向外宣布国家独立，现在则将这个问题交给了全体国民。米哈伊尔·戈尔巴乔夫当然清楚乌克兰公投的决定性意义。

乌克兰公投的结果让戈尔巴乔夫很是郁闷。据统计，在乌克兰有约 2880 万人，即 90.32% 的投票者选择支持乌克兰独立。俄罗斯承认了乌克兰的独立。12 月 5 日，叶利钦与戈尔巴乔夫在克里姆林宫会谈，他表示，在乌克兰缺席的情况下，联盟条约是毫无意义的。叶利钦向戈尔巴乔夫通报了有关 12 月 7 日至 8 日他将与乌克兰和白俄罗斯领导人在莫斯科会晤的事情，但没有告知对方细节。叶利钦在这次会谈中，有意识地制造了带有胁迫性质的氛围。

至于列昂尼德·克拉夫丘克带有什么样的计划前往莫斯科，尚且不得而知，当时他和叶利钦之间的关系并不好。乌克兰当时非常担心俄罗斯会对其提出领土要求，尤其是克里米亚问题。白俄罗斯领导人斯坦尼斯拉夫·舒什科维奇则计划就俄罗斯放开物价所引发的经济问题进行磋商。舒什科维奇当时并不是白俄罗斯的总统，他手中所掌握的权力远低于叶利钦和克拉夫丘克。

叶利钦和戈尔巴乔夫在各自的回忆录中都描述了双方在 12 月 5 日会面的场景，但其表述内容却是截然不同的。苏联总统对这一事件的阐述较短，我们可以对他的记述做出这样的概括：两位总统在会谈中都意识到一个问题，那就是在未来的联盟中，没有乌克兰的加入是不可想象的；鲍里斯·叶利钦表示，他计划在周六时为签署俄罗斯与白俄罗斯之间的双边协议而前往明斯克，在那里他会与乌克兰的领导人举行会晤，谋求达成谅解。戈尔巴乔夫指出，他认为联盟的替代方案只有一个——"主权国家联盟"。戈尔巴乔夫在书中是这样说的："我们已经同鲍里斯·尼古拉耶维奇达成了一致。"①

---

① 《俄罗斯报》，1991 年 12 月 7 日。

但事实上，在叶利钦和戈尔巴乔夫之间并没有达成任何一致。在与戈尔巴乔夫的会谈中，叶利钦相对更加沉默一点，他后来对自己的亲信很恼火地谈起这次会晤，认为苏联总统根本搞不清楚当时情况的复杂程度，已经丧失了真实感。叶利钦认为戈尔巴乔夫其实是想利用成立主权国家联盟来挽回局面，而叶利钦已经识破了"戈尔巴乔夫通过联盟来拯救自己"的图谋。

别洛韦日自然保护区的维斯库里景区
（1991 年 12 月 7—8 日）

　　关于三位领导人在别洛韦日森林会晤的文献是非常丰富的。有关这两日内发生事情的经过，几乎所有参与者后来都写了自己的回忆录。在戈尔巴乔夫的回忆录中，这两日内发生的事情被冠以醒目的标题，如"背信弃义""联盟和俄罗斯的黑色日子"等。在叶利钦的回忆录中，这段历史单独放在了一个章节之中，标题是《别洛韦日森林》。克拉夫丘克的回忆录面世较晚，他在自己的书中十分骄傲地写道，他是苏联联盟条约的主要反对者："叶利钦将联盟条约的文本放在桌子上，并转达了戈尔巴乔夫的问题：'你们能否在这个文本上签字，还有没有异议？'叶利钦表示，只有我先签字，他才会签字。在此情况下，联盟条约的命运就取决于乌克兰的态度了。我回答他说：'不。'由此，我们开始了新条约的讨论。专家们为此忙了整整一个晚上。文件签署的过程进行得很快，没有经过任何的讨论和投票。事实证明，我们可以快速解决这个问题。"①

　　舒什科维奇事后承认，他并不是新条约的推动者，他说："我建议将我们三方在维斯库里签署的这份具有决定性意义的公报呈交给戈尔巴乔夫。我们之所以选择维斯库里的官邸，是因为这个官邸设有自己的专门通信系统，附近就是军事基地。我也是第一次到这个官邸。这应该感谢我们的政府完全是按照最高标准安排的。人们对我留下了这样的印象，我是这里的主人并邀请其他领导人来的这个地方……"②

　　在俄罗斯派往白俄罗斯的代表团中，除了叶利钦本人之外，根纳季·布

---

① 伊萨科夫：《肢解》，莫斯科：1998，第 87—88 页。
② 伊萨科夫：《肢解》，莫斯科：1998，第 89 页。

尔布利斯、谢尔盖·沙赫赖、叶戈尔·盖达尔、安德烈·科济列夫和叶利钦的顾问维克托·伊留申也都在其中。参加会晤的还有白俄罗斯总理维切斯拉夫·科比奇以及乌克兰总理弗拉基米尔·福金。

整个会议都是在森林保护区的猎宫中进行的。猎宫周边还有单独的用于住宿、沐浴的小房子，小型的猎屋和套房。但只有克拉夫丘克和福金出去打了猎。

12月7日晚，三方领导人就原则性问题进行了讨论，舒什科维奇回忆：“许多讨论是在浴室进行的，浴室里一般不止我们6个人，同鲍里斯·叶利钦在一起的还有部分他带来的安保人员。但会谈只在我们6个人之间进行。尽管到第二天早上的时候，我们就要决定国家的命运，但我们当时没有谁有那种很庄严的感觉。也许，布尔布利斯除外……”[1]

在总统和总理还在浴室里泡澡的时候，工作组已经把文件都准备好了。谢尔盖·沙赫赖后来回忆道：“当时已经是深夜了，科济列夫却把文件错放到了另一个别墅里，而不是打字员所在的地方。早上大家又急急忙忙地去找这些文件，再拿去打印。这时乌克兰代表团已经到场了，我们做好了条约文本，将其送至大厅，各位领导人已经在那里就座了，他们对文本又做了修订，并返回重新打印。我们的工作步伐就是这样，在一天之内就完成了文件。”[2]

按照文件的表述，苏联“作为一个地缘政治实体”已经不复存在，这出自布尔布利斯的提议。“联合体”这一概念出自克拉夫丘克，他不想在条约中看到“联盟”的字眼。协议文本共用去了两张打印纸。

协议文本的序言是这样说的：

> 白俄罗斯共和国、俄罗斯联邦（俄罗斯苏维埃联邦社会主义共和国）与乌克兰于1922年签署联盟条约，成为苏维埃社会主义共和国联盟的成员国（以下称为“最高缔约方”）。在此宣布，苏联作为国际法主体和地缘政治的现实已经不复存在。

协议的第1条规定：“最高缔约方决定成立独立国家联合体。”第2条规

---

① 伊萨科夫：《肢解》，莫斯科：1998，第89页。
② 《独立报》，1996年12月10日。

定："自签订条约之日起，缔约国境内不得实行第三国的法规，其中包括苏联的法规。"协议的第 14 条规定："独联体将其协调机构设置于明斯克，禁止苏联各机关在独联体各成员国内的一切活动。"协议签署人是白俄罗斯代表舒什科维奇与科比奇，俄罗斯代表叶利钦与布尔布利斯，乌克兰代表克拉夫丘克与福金。[①]

在离开维斯库里之前，与会者们首先向美国总统乔治·布什通报了有关苏联解体与独联体成立的消息，之后才通知了苏联总统戈尔巴乔夫。这个通报顺序并不是预先就安排好的。斯坦尼斯拉夫·舒什科维奇用专线给戈尔巴乔夫拨了很久的电话，但是一直没有接通，而安德烈·科济列夫通过民用线路给美国打国际长途却一下子就打通了。在电话的那一头，美国总统办公室的工作人员一时都搞不清楚到底发生了什么事情。

除了签署主要的协议之外，三个加盟共和国的领导人还签署了两个有关具体问题的共同声明，还达成了一些口头上的协议，比如说对米哈伊尔·戈尔巴乔夫的安排等，尽管对这个问题的最终讨论还是在独联体防卫体系问题的讨论之后。

《别洛韦日协议》签署后最初的日子

12 月 8 日夜至 9 日晨，戈尔巴乔夫与他的助手和顾问一道四处打电话，之后他要求不只是叶利钦，还有舒什科维奇和克拉夫丘克也都过来面谈，但只有叶利钦在科尔扎科夫带领的卫队护送下来到了克里姆林宫。克里姆林宫的入口和院内，都是由俄罗斯总统的卫队控制的，只有三楼通往戈尔巴乔夫办公室的入口处是由联盟的卫队守卫的。当叶利钦来到戈尔巴乔夫办公室的时候，纳扎尔巴耶夫已经在那里等候了，他几乎在任何事情上都拥护戈尔巴乔夫的主张。会谈进行了一个半小时，但没有取得任何成果。就在同一天，戈尔巴乔夫签署了一项声明，表示他不承认有关独联体成立的文件，因为这无论是从政治上还是从法律上都是无法接受的。

令国内外的观察家们感到惊奇的是，无论是在莫斯科还是在其他加盟共

---

① 俄罗斯苏维埃联邦社会主义共和国最高苏维埃与俄罗斯人民代表大会会议通讯，1991 年第 51 期，第 1798 页。

和国的首都以及全联盟的各大城市，人们对苏联走向终点这一情况都表现得比较平静。有一部分人甚至感到了某种程度上的轻松。没有什么人还对苏联政权存有留恋，苏联垮台也好，戈尔巴乔夫垮台也罢，都没有引起人们的同情。

20世纪90年代初有一个自由派领袖瓦西里·利比茨基这样描述这段历史：

> 苏联瓦解之顺利超乎人们的想象，基本上没有遭遇任何抵抗，在俄罗斯的反对派中甚至因此出现了分歧与动摇。如此剧烈的转变（一个超级大国的瓦解！）竟然如此轻而易举地实现了，这就鼓舞了那些策划者采取下一步的行动。当然，下一步就是盖达尔的改革。①

1991年12月10日，乌克兰最高苏维埃批准了《别洛韦日协议》。此次投票共有367名代表参加。列昂尼德·克拉夫丘克在乌克兰不太受欢迎，他的讲话甚至没有得到掌声。即使如此，还是有288名代表投了赞成票，反对票只有10票，有7名代表弃权，另有62名代表没有参加这次记名投票。就在同一天，明斯克也通过了这项协议。在投票过程中，有263名代表投了赞成票，有2名代表弃权，还有27名代表尽管就坐在投票大厅里，却没有参与投票。投票反对这项协议的代表就只有1个人，他就是亚历山大·卢卡申科。

12月12日，俄罗斯联邦最高苏维埃就《别洛韦日协议》进行了讨论，叶利钦就白俄罗斯会谈一事作了简短的报告。会议进行了两小时多一点。尽管俄罗斯最高苏维埃中还有共产党员组成的党团，但他们当中并没有谁站出来表示反对。谢尔盖·巴布林代表俄罗斯全民联盟发言，表示只有俄罗斯苏维埃联邦社会主义共和国人民代表大会才有权批准这样的宪法文件。巴布林明确指出，当时已经是1991年了，不能把1922年的联盟条约当作现行文件来援引。当时国内采用的是1977年通过的宪法，而明斯克的协议严重违宪，或者说是对其的践踏。巴布林说："政治上非常无能的中央应该被赶走，'俄罗斯全民联盟'和'俄罗斯议员团'赞成重新建立一个统一的联邦国家，这个国家的基础应该是由白俄罗斯、俄罗斯联邦、乌克兰和哈萨克斯坦组成的

---

① 《独立报》，1993年8月12日。

坚实联盟。"

《别洛韦日协议》最终还是获得了通过。共有 188 名代表投了赞成票，反对票只有 6 张，另有 62 名代表没有参加投票。投了反对票的代表是巴布林、伊萨科夫、康斯坦丁诺夫、雷索夫、波洛兹科夫和帕夫洛夫。

在基辅、明斯克与莫斯科先后批准了《别洛韦日协议》之后，米哈伊尔·戈尔巴乔夫接受了几家媒体的采访，他的话语中流露出相当的不安，还有一些前后矛盾的观点，如"政权会被法西斯独裁者掌控"，"我认为当前最主要的问题还是国家体制"，"我不认为在白俄罗斯签署的协议具有可实施的物质条件"，"苏联已经存在六七十年了，我们不应该毁掉它"，"俄罗斯当局利用了'乌克兰因素'"，"我对此已经有所预料"，"只有联盟条约彻底完结时我才会辞职"，等等。

米哈伊尔·戈尔巴乔夫第二天仍旧去克里姆林宫的办公室上班。他同几乎所有西方国家领导人通了电话，向他们阐述自己的立场以及对整个事件的看法。这些天里，戈尔巴乔夫签署了许多命令，其中包括有关授予苏联勋章和奖章的命令，对苏联国务委员会决议的补充和修改命令，等等。1991 年 12 月 11 日，戈尔巴乔夫下令为 1991 年在科学、文学、艺术和建筑等领域取得突出成就者颁发苏联国家奖。获奖人数十分庞大，其中包括作家维克托·阿斯塔菲耶夫和布拉特·奥库贾瓦。但是由谁、以何种方式来给获奖者颁奖呢？

仅仅在 12 月 11 日这一天之内，戈尔巴乔夫就签署了 28 项命令，其中的大部分是颁奖命令。然而，也就在这同一天内，戈尔巴乔夫终于明白了一点——他已经到了该离开的时候了，事实上是有人让他意识到了这一点。在同法国总统密特朗通电话时，戈尔巴乔夫说，在最近一段时间内他会宣布自己的辞职声明。

独联体的第二次诞生

独立国家联合体的第一次诞生是在别洛韦日森林的维斯库里官邸。12 月 11 日，亚美尼亚宣布加入该组织。12 月 12 日，摩尔多瓦也批准了这个协议。就在同一天，所有中亚的加盟共和国包括哈萨克斯坦的领导人齐聚阿什哈巴德。他们因未被邀请参加别洛韦日的谈判而感到不满，但他们此时已经别无选择。12 月 12 日晚，哈萨克斯坦、吉尔吉斯斯坦、塔吉克斯坦、乌兹别克斯坦与土库曼斯坦也宣布加入这个组织。随后阿塞拜疆和格鲁吉亚也加入了进来。

如此一来，成立独联体的条约就不再是由 3 国所提出的，而是由 12 个原苏联加盟共和国共同提出的了。在 12 月 11 日至 12 日的这段时间里，在莫斯科和其他加盟共和国的首都，各方就此问题进行了紧急的磋商。

戈尔巴乔夫并没有受邀参加这些会商。但是他对那些在阿拉木图会谈的人提出了许多建议。戈尔巴乔夫认为，应该为苏联转变为独联体而专门设立一个过渡期。在苏联这样一个复杂的体系中，如果各国独立的过程过于急速，势必会带来巨大而可怕的危机。戈尔巴乔夫还提出，有一些出于管理和协调各国的跨共和国机构是不应该，也不能分割的。这其中最难以解决的当属苏联军队和战略部队的处理问题。当然，这些建议都是有"道理"的，或许戈尔巴乔夫还认为他能够在这些跨共和国机构中找到一个位置，能够延长自己的政治生命。

与此同时，叶利钦正在着手督促戈尔巴乔夫辞职，其关键点就在于破坏尚存于首都的联盟的政治与经济机关。米哈伊尔·戈尔巴乔夫表示，就算不能在苏联人民代表大会上宣布苏联解体的情况，也至少应该是在苏联最高苏维埃的会议上宣布。作为最高苏维埃人民代表，我们尚且保有自己的政治权利，我们经常在最高苏维埃大楼举行一些非正式的协商与座谈。但根据叶利钦的建议，俄罗斯最高苏维埃决定召回在本国的苏联最高苏维埃代表，这就剥夺了我们召开总结会议的机会。

12 月 19 日，叶利钦决定终止苏联外交部的活动，第二天又撤销了苏联国家银行，更名为俄罗斯银行。

早在 12 月 14 日或 15 日，叶利钦就通知戈尔巴乔夫，称俄罗斯联邦总统与其附属机构要在克里姆林宫办公，因而戈尔巴乔夫要离开克里姆林宫。这是叶利钦的最后通牒。

叶利钦后来在自己的回忆录中对这一决定做出了解释：

> 我所做的决定具有原则性和战略性的因素，因为克里姆林宫并不仅仅是一个艺术上的杰作，更是国家的重要设施，这里配备有可以指挥全国国防工作的设施和作战指挥系统，所有密码电报都向这里汇集，这里还配备有最严密的安保体系。克里姆林宫是一个象

征。不谦虚地说，要想从克里姆林宫赶出一个人来，至少还需要一个国家紧急状态委员会。克里姆林宫是国家政策长期、坚固与稳定的象征。我在搬入克里姆林宫之前的一周，就通知了他和他的总统办公厅，他们有足够的时间来收拾自己的东西。①

戈尔巴乔夫非常艰难地接受了叶利钦要其搬离克里姆林宫的决定。戈尔巴乔夫身边曾经有人建议他可以离开克里姆林宫，但不要宣布辞去自己的总统职务。世界上一直有流亡政府、流亡的王室和总统。苏联流亡总统同样可以存在——只不过手中没有权力罢了。但戈尔巴乔夫并不想采取这个建议，他一直在等阿拉木图的消息。12月20日晚，有11个加盟共和国的领导人正在那里开会。只有格鲁吉亚总统没有到场。格鲁吉亚爆发了内战，兹维亚德·加姆萨胡尔季阿总统被反对派的武装力量围堵在政府大楼的总统办公室内。

12月21日，独联体在阿拉木图第二次诞生了，但协议签署国变成了11个。与此同时，叶利钦、克拉夫丘克和舒什科维奇签署了《关于成立独立国家联合体和终止苏维埃社会主义共和国联盟的宣言》，阿塞拜疆总统穆塔利博夫、哈萨克斯坦总统纳扎尔巴耶夫、乌兹别克斯坦总统卡里莫夫、亚美尼亚总统捷尔－彼得罗相、塔吉克斯坦总统纳比耶夫、吉尔吉斯斯坦总统阿卡耶夫、摩尔多瓦总统斯涅古尔和土库曼斯坦总统尼亚佐夫也都在文件上签了字。

除此之外，与会者还签署了一些其他的文件，其中包括决定戈尔巴乔夫未来的部分。刚刚成立了独联体的这些领导人决定通知戈尔巴乔夫，告诉他苏联总统制度已经终结，并对戈尔巴乔夫所作出的"积极贡献"表示感谢。戈尔巴乔夫获得了全额退休金，本人与家人可以享受终身的医疗服务。他们还为戈尔巴乔夫分配了20名警卫以及2辆专车——吉尔115型与嘎斯31型。独联体领导人"一起决定，这些具体问题应交由俄罗斯苏维埃联邦社会主义共和国政府解决"。

---

① 叶利钦：《总统笔记》，莫斯科：1994，第162页。

米哈伊尔·戈尔巴乔夫下台

各加盟共和国领导人在阿拉木图所做的决议是 21 日下午传回莫斯科的。决议传回后戈尔巴乔夫便开始为自己的辞职讲话做准备。但他当时还不急于将其公布出去。由于还有一些问题只能经由叶利钦来解决，所以戈尔巴乔夫一直在等待俄罗斯总统从哈萨克斯坦回来。

戈尔巴乔夫和叶利钦最后一次会谈是在克里姆林宫进行的，他们足足谈了有 10 个小时。谈话涉及的问题多数都得到了解决，包括成立戈尔巴乔夫基金会、戈尔巴乔夫个人的安置与退休金问题以及他原来的助手和机关工作人员的安置问题等。

12 月 25 日晚 7 时，戈尔巴乔夫签署了辞去武装力量最高统帅的命令。在这之后，戈尔巴乔夫邀请摄像人员和新闻记者来到自己的办公室进行电视直播。在苏联过去的国土上以及另外 153 个国家，数个电视频道对这一过程进行了直播。

在最后的演讲中，戈尔巴乔夫并没有讲出多少有深刻意义的话，他表示自己没有实现自己的理想，但并不为自己的所作所为感到后悔："我是带着一颗不安的心离开的。"电视讲话之后，戈尔巴乔夫接受了一个很短的采访，然后回到自己的办公室，以便向叶利钦转交核手提箱。但来取手提箱的是国防部部长沙波什尼科夫。叶利钦对戈尔巴乔夫的最后讲话感到不满，拒绝在原苏联总统的办公室内接收手提箱并建议在克里姆林宫的另外一个地方举行这个仪式，戈尔巴乔夫拒绝了叶利钦的建议，在没有任何拍摄设备在场的情况下，将 2 名始终跟随国家元首以确保核手提箱安全的上校交由沙波什尼科夫指挥。

最后的晚餐是在核桃厅举行的，只有身边最亲近的 5 个人参加。在这最后的时刻，戈尔巴乔夫办公室的电话竟然没有响起一声，没有任何人对他报以支持或同情。就在戈尔巴乔夫发表电视讲话的时候，克里姆林宫上空的红旗缓缓落下，俄罗斯的三色旗升了起来。没有人来为戈尔巴乔夫送行，他几乎是一个人回到了自己居住的别墅，而就连这个地方过不了几天他也不得不离开。苏联正式消失了。

曾任共青团中央委员的根纳季·别列萨德琴科也是戈尔巴乔夫办公厅的

一员。27 日早上的时候，他还在核桃厅的接待室。这时鲍里斯·叶利钦、根纳季·布尔布利斯、亚历山大·科尔扎科夫和鲁斯兰·哈斯布拉托夫鱼贯而入。他们找来了白兰地，但没有下酒菜。第一句祝酒词竟然不是庆祝赢得了俄罗斯，而是赢得了核桃厅，因为这是苏联（俄罗斯）至高无上权力宝座的象征。科尔扎科夫呼喊起来："鲍里斯·尼古拉耶维奇，你得到了怎样的一个大厅啊！"叶利钦回答道："萨什卡，你这个笨蛋真是什么都不懂，我们得到了整个俄罗斯！"①

　　苏联解体是 20 世纪末最重大的历史事件之一。造成苏联解体的原因有很多，包括共产主义意识形态和苏共影响力的弱化、西方施加的压力、国家在经济与金融上遭遇的困难、俄罗斯的分离主义和许多加盟共和国内的民族主义所带来的压力、广大人民群众的不满、对政权和国家丧失信心等。如果我们要讨论政治家的责任，那么米哈伊尔·戈尔巴乔夫在这场地缘政治灾难中所起到的作用应该是最主要的。

　　但是，并不能因此而淡化叶利钦在破坏和瓦解苏联过程中所发挥的作用。仅就 1991 年所发生的事件而言，米哈伊尔·戈尔巴乔夫可以被视为一个比较糟糕的守护者，他负责照看巨大而又十分珍贵的财富，这关系到无数人的命运。但是，戈尔巴乔夫却只是想着比画一下他手中的暴力武器，而不去使用它。也许，在戈尔巴乔夫看来，叶利钦和其他民主派并不是特别危险的敌人。叶利钦成了发起进攻的一方，但他手中始终没有暴力武器，只是在以一个政治家的身份活动。但是，叶利钦却以政治家的身份赢得了这场斗争，尽管他其实并不清楚他将会把这场斗争引向何方。

　　叶利钦从未否认自己是《别洛韦日协议》的倡导者，但他不承认自己对苏联所出现的问题以及苏联的灭亡负有责任。叶利钦始终坚持一点，那些前往白俄罗斯的领导人的目的就在于见证苏联的灭亡。叶利钦一直将苏联灭亡的主要责任归过于"苏共中的保守派"和戈尔巴乔夫。

　　无可否认的是，在戈尔巴乔夫与叶利钦就苏联解体责任相互推诿中，叶利钦的论据显然更有依据：当局在国家发生深刻的经济与政治危机时无能为力的情况下，除了将权力和责任全都抓到自己手中之外，各加盟共和国的领导人又还能再做些什么呢？

　　叶利钦反戈尔巴乔夫的斗争持续了好几年，在 1986—1987 年，叶利钦

① 《分析家报告》，2008 年第 3 期，第 190 页。

及其支持者和朋友所组成的小团体曾经是戈尔巴乔夫与"保守派"和利加乔夫之间斗争的一部分。戈尔巴乔夫也遭受了"保守派"的打击，因此他继续将叶利钦留在部级干部和中央委员的高位上，但是他也明确告诉后者："我不会让你再碰政治了。"

到了 1989 年，叶利钦重新回归政治，当时的社会浪潮已经是风云变幻。但是，在 1990 年 5 月之前，叶利钦与戈尔巴乔夫之间的公开斗争也还只限于苏联原有体制之内。叶利钦按时参加苏联最高苏维埃的会议，继续主管建设与建筑工作，还经常在苏联最高苏维埃的会议上发言。在领导跨地区议员团和苏共民主派活动的时候，叶利钦从来不会放过戈尔巴乔夫的任何一个失误，并对其进行批判。但无论是戈尔巴乔夫，还是卢基扬诺夫都没有针对"叶利钦集团"与其本人展开政治斗争，尽管很容易就可以找到理由。我本人对戈尔巴乔夫在党内斗争中所表现出来的这种消极态度也感到十分不解。

在 1987—1988 年，我国的民主派活动其实还算不上是一场运动，只能算是在公开化政策下所产生的一种潮流和动态而已。这场运动是由许多较小的组织和团体组成的，其中比较有名的是由瓦列里娅·诺沃德沃尔斯卡娅所领导的"民主同盟"以及科学院院士安德烈·萨哈罗夫任名誉主席的"纪念协会"。

1989 年秋季时，在独立的苏联人民代表帮助下，民主派得以发展壮大起来。他们只占苏联人民代表的不到 10% 的比例。这些人几乎都不是来自社会的底层，而是出身于党的中层或者是大学教授、作家和记者。其中比较有名的人民代表有索布恰克、波波夫、布尔布利斯、阿法纳西耶夫、雷若夫、切尔尼琴科、卡里亚金、穆拉舍夫、鲁缅采夫、斯坦科维奇、斯塔罗沃伊托娃和科罗季奇。这些人就算是全部聚在一起，也无法形成一个货真价实的和有所作为的政权党。在 1990 年举行的选举中，民主派依靠 200—300 名俄罗斯苏维埃联邦社会主义共和国人民代表的帮助而壮大了起来，其中比较有知名度的是斯捷潘诺夫、哈斯布拉托夫、鲁茨科伊、沙赫赖、费拉托夫、亚库宁和谢科契辛。但这些人无论是个人，还是联合成为一个集体，都无法承担起领导国家的重任。他们当中有许多人颇有雄心壮志，但政治才能和知识水平都还远远不够。

苏联在 1991 年的形势与俄罗斯在 1917 年时十分相似。1917 年的二月革命将政权送到了立宪民主党、社会民主党、孟什维克和其他一些较小的民主主义政党的手上。布尔什维克的影响力当时还比较小，而布尔什维克的领导人当中没有一个人在那个时候想到过要夺取政权。尽管布尔什维克的一些领导人相继从流放地或国外回来，但哪怕是在彼得格勒和莫斯科，它仍旧是一个很小的政党。在 1917 年 6 月召开的全俄苏维埃大会上，布尔什维克仅仅获得了刚刚超过 10% 的席位。当时发生的两件事情对布尔什维克夺取政权起到了决定性的作用。一件是科尔尼洛夫在 1917 年八月（俄历）的叛乱，这个事件引发了临时政府的混乱，还增强了群众的革命意愿；另一件是列宁凭借强大的号召能力——他那时领导着布尔什维克——让全党相信只有通过武力才能夺取政权。

1991 年时，国家紧急状态委员会起到了科尔尼洛夫叛乱的作用，而叶利钦则发挥了列宁那时的作用。弱小且又涣散的民主派如果没有像叶利钦这样具有巨大声望的领袖率领的话，是根本不可能在 1991 年秋季掌控住国家政权的。

米哈伊尔·戈尔巴乔夫在自己的回忆录中多次写道，在 1990 年的时候，他的一些支持者还曾经建议由他亲自来领导民主派。而在 1990—1991 年间的情况下，采取这样的步骤就等于将苏共分裂为社会主义民主的少数派和马克思列宁主义的多数派。戈尔巴乔夫当时没有走出这一步，他要顾虑的因素太多了。但是，就算戈尔巴乔夫当时真的走出了这一步，他也不会成为民主派的领袖，只有叶利钦才有这个可能。如果是自由竞争的话，索布恰克都比戈尔巴乔夫更有影响力，更有威望。米哈伊尔·戈尔巴乔夫有能力领导一个纪律严明的党，但他却不具备担任人民领袖所应有的素质、能力和激情。鲍里斯·叶利钦在 1991 年的时候发挥了这样的作用。在这之后，他的表现变得越来越差。

第十章

鲍里斯·叶利钦在 1992 年

自由主义的价值观

自 1991 年 12 月 26 日起，鲍里斯·叶利钦成为俄罗斯联邦这一新主权国家的元首。在他之上再没有"中央"的存在，也没有其他的领袖。这些天唯一发生变化的，就只是克里姆林宫的总统办公大楼上的苏联国旗被替换成了俄罗斯国旗而已。无论是在俄罗斯还是在整个后苏联空间内，形势仍旧非常严峻，甚至还产生了更加严重的新问题，独联体国家中的任何一个领导人都无法单独解决这些问题。1991 年 12 月 30 日，这些领导人全部受邀来到明斯克，他们要讨论有关规模庞大的战略核导弹武器体系问题，这个问题主要存在于俄罗斯、乌克兰、哈萨克斯坦和白俄罗斯之间。

叶利钦和其他独联体国家领导人所面临的而且需要尽快解决的问题非常之多，以至于在这里甚至无法将其全部列举出来。

举例说明，乌克兰决定终止向西伯利亚输送食品。作为回应，西伯利亚也拒绝乌克兰再将其核电站发电所产生的核废料送至位于西伯利亚的用于存储放射性物质的存储地。

新里加货运港口是为满足全苏联的使用而建的，此时却要求独联体国家在使用这个港口时要以美元来付费。叶利钦因而决定将俄罗斯货轮停靠港口改为圣彼得堡港，并着手对该港进行投资，提升吞吐能力。立陶宛和乌克兰希望能够从经由它们国家领土输送的石油中抽取一部分。俄罗斯缩减了经由波罗的海地区输送石油的规模，因而在当地引发了石油危机，导致一部分依靠石油生产的工厂停工，很多交通设施也因此停运。土库曼斯坦要求他国在购买其天然气时支付硬通货，但是在其天然气购买国中，只有伊朗有硬通货而格鲁吉亚和亚美尼亚并没有硬通货。

各种各样的问题在不断增多。独联体国家无法平和地分割舰队和铁路。在分割舰队、空军甚至是核武器的问题上，各方之间产生了非常危险的分歧。在冬季已经来临的情况下，由于过去对食品进行统一分配调度的机构瓦解而引发的问题也变得更加严峻。各国都出现了空无一物的食品和武器仓库。

独联体国家的老百姓几乎一下子都迷失了方向。价值体系瞬间崩溃的同时，却没有建立起来新的社会方向与价值观。在 1992 年最初的日子里，俄罗斯政府不顾事态发展情况和其他独联体国家的反对，开始了激进的改革。这导致其他独联体国家在很大程度上恶化了对俄罗斯的看法，重新审视俄的利益诉求。

放开物价是俄罗斯诸多改革内容中的核心部分。当时俄罗斯国内的经济形势已经不能用困难一词来形容，而是已经到了绝望的地步。对当局而言，摆在面前的选择无非是以下几种：宣布国家进入紧急状态，对最重要的生活必需品采取分配的原则；或者就是放开物价，就像叶戈尔·盖达尔向叶利钦建议的那样，闭着眼睛走向市场经济。

1992 年 1 月 2 日起，俄罗斯联邦开始执行放开物价的政策。政府一下子放开占零售业 90% 的居民生活用品的物价。与此同时，政府还宣布不再对国有企业进行财政补贴。只是提供给低收入人群的公共交通和公共住房补贴没有停发而已。正如叶利钦后来所说的那样，俄罗斯"在不会游泳的情况下，一头扎进了水里"。

国家既没有像一部分人所预期的那样被卷入旋涡，也没有像其他人所期待的那样游出来。俄罗斯人全部都迈入了市场的冰水中，然后就漂浮在那里。事情其实并不只是我们的企业还不懂得如何在市场的条件下"游泳"的问题。俄罗斯的经济被推入了市场的美梦之中，但是国内并不存在企业间横向联系的环境条件，哪怕是在生产相关的企业之间。与市场经济相对应的法律体系也没有建立起来，还缺少其他必备的基础条件。因此，奇迹最终并没有发生，1992 年 1 月和 2 月所发生的情况不只是盖达尔，就连反对自由化的人所做的最坏的预测都没有预料到。

在盖达尔就任副总理职务之前，作为国民经济学院经济政治研究院院长，他十分推崇价格自由化的政策，宣称在放开物价的情况下，"物价会以中等幅度上涨两次"。① 两个月后，作为盖达尔的副手，涅恰耶夫证实物价上涨幅度比之前预想的更大："经计算，物价在第一阶段上涨了2倍。"1992年1月至2月，叶利钦和盖达尔在接受采访时表示，物价在第一季度内的上涨幅度不会超过300%，到4月时，物价涨幅就会跌10%—12%，年底时跌幅会在3%—4%之间。社会生产整体下滑的趋势将会终止。根据盖达尔的测算，这一年内社会生产下降的幅度会在10%—12%。

在2月20日的电视讲话中，盖达尔再次重申了自己的承诺。他说："我们极有希望在几个月内稳定我们的经济形势并恢复其正常运转。到1992年秋季的时候，我们就能获得切实的收获。我相信，改革一定能成功，而且这个成功是我们能够看得见的，毫无疑问，今年就能实现。"他的这些承诺就像叶利钦曾经向民众许诺过的那样，如果俄罗斯的物价在1991年内出现上涨，他就会去卧轨。

由于全面放开，物价飞涨的速度已经远远超出了政府的预期。物价几乎每天都在变化。1992年1月和2月，俄罗斯的物价已经平均上涨了5—6倍，而且还在继续上涨。

政府试图平复民众的情绪。亚历山大·绍欣也向最高苏维埃做出了尽快让卢布恢复稳定和坚挺的承诺，他在1992年4月时这样说道："根据国家统计局的数据，1—2月间消费品价格上涨幅度为480%，经测算，本季度物价涨幅预计为600%；与之相对应的，同期居民收入的涨幅在53%—59%。"但是，该季度居民收入增长幅度在300%左右，而物价上涨幅度则达到了1000%。

4月，有一些原本很便宜的商品价格甚至上涨了20—30倍。食盐的价格上涨了100倍（从9戈比每千克上涨到9卢布每千克）；火柴的价格上涨了250倍（从1戈比每盒上涨到2卢布50戈比每盒）。事态已经完全失控了，正在快速地恶化。物价的上涨并没有在5月或6月的时候停止，而是在1992年或快或慢地持续。针对这一轮通货膨胀，有许多不同的统计数据。其中最为保守的数据认为，1992年的物价相较于1991年时平均上涨了25—30倍。

这些数据同样为国外的分析人士所认可，西方国家对1989—1994年的俄罗斯"经济转型"进行了研究。② 其他还有一些研究认为物价上涨的幅度

---

① 《消息报》，1992年4月7日。
② 《经济问题》，1997年第5期，第26页。

甚至达到了 50—100 倍。出现这种情况的原因，在于不同的经济学家所关注的商品是不一样的。如此快速的物价上涨，主要还是集中在居民生活最重要的商品上。

　　1992 年年内，俄罗斯并没有出现财政稳定的征兆。零售商品价格的成倍上涨显然是政府所不愿看到的。但事实却是，零售商品的价格并不取决于实际需求，而是为那些不受监督的垄断企业所控制。在此情况下，从事销售的企业利润被大幅压缩，许多商品的销售环节出现了亏损。

　　由于上述原因，许多商店和商品存储基地都出现了大量易腐商品腐烂的情况。当时反对派掌握的电视节目向我们展示了这样的场景：成吨的烂香肠像小山一样堆在那里。零售商发向生产者的订单变少了。在工厂企业的仓库里堆积着大量未能出售的商品。在这种情况下，企业很无奈地延缓了偿还周期。于是，国民经济几乎所有的环节中都出现了严重的债务问题，而生产却下降了。1992 年社会生产下降的幅度并不止 10%—12%，而是 20%—25%。劳动产量明显下降的同时，生产成本却上升了。

　　为了弥补自己的损失，企业管理层决定提高产品的售价。但是，在全社会都提升物价的情况下，生产成本也就随之提高了，并且最终转嫁到消费者身上。在这其中，根本就没有什么市场的因素。商品的供应实际上在不断地减少。国家的收入减少了，尽管已经缩减了军费支出和社会必要开支，但赤字却在不断增加。企业陷入供销不足的循环之中。农村在 1991 年秋季时是按照"老价格"出售的农产品，这导致其根本无力购买新的农机和化肥。而那些制造农业生产所必需物资的企业，仓库里则堆满了卖不出去的产品。

　　由于物价飞涨的同时，全国的商品交易都是使用现金支付，印钞厂被迫不断提高货币的票面金额，先是 200 卢布，后来又提升到了 500 卢布和 1000 卢布。但是印钞厂并不打算再提高票面金额了，为此盖达尔还指责鲁斯兰·哈斯布拉托夫所做出的正确决定。到了 1992 年 3 月，全国都出现了现金危机。数千万的人没能按时拿到自己的工资、退休金、福利和奖金。从此之后，此类危机在每一年的春秋两季都会发生，尽管印钞厂已经印刷出了票面金额为 5 万、10 万和 50 万卢布的货币。

　　很多企业开始用餐盘、伏特加、木料、木炭、糖果、布匹、冰箱和罐头等各类产品来充当工资。在这样的情况下，政府发布了专门的法令，允许公民在合适的地点任意出售自己的物品。莫斯科的主要道路和广场在几个月内就变成了货仓。投机倒把已经不再算是违法，许多有关外贸方面的限制也都被取消了。

盖达尔最为担忧的社会爆炸情况并没有发生，出现的罢工现象也不是决定性的。劳动者中充满了惶惶不安和困惑不解的情绪。有很多家庭在1991年时已经存储了许多生活物资，包括白糖、食盐、烟草、罐头、食用油和面粉。他们都不支持改革。

社会学研究所做过一个社会调查证明当时社会上的不满正在增加，社会平衡也已经被打破。1992年1月，被调查人群中对生活表示不满的比例已经从61%上升到了82%。46%的受访者以及67%的退休人员和残疾人表示，"无法忍受"物价的上涨。

1月2日，面对"您是否相信叶利钦的经济改革能够取得成功？"这一社会调查提问，有52%的受访者表示"相信"，而到了30日，选择同一选项的人就只有38%了。只有6%的受访者表示他们相信，叶利钦在1992年年底之前能够成功克服经济危机。还有20%的国民希望经济能在1993—1994年开始好转。21%的俄罗斯人认为，要等到1997年时生活才能开始好转。只有14%的受访者认为经济情况在10年之内都无法好转，而13%的受访者认为甚至有必要通过"强力措施"来颠覆叶利钦-盖达尔政府。①

1991年秋，俄罗斯就邀请了以杰弗里·萨克斯为首的西方专家小组参与到了经济改革方案的制定工作中去。1992年时，盖达尔政府仍旧邀请了数十名来自美国和西欧国家的专家。资产阶级专家的数量一直在增加，但是俄罗斯的经济形势却在一天天地恶化下去。

无论是国际货币基金组织还是世界银行，它们为俄罗斯经济改革制定计划的时候，首先想到的都是西方的利益。方案就是刺激俄罗斯的出口贸易，从而让俄罗斯获得外汇收入。扩大出口偿还继承自苏联的外债是有必要的。西方无意从俄罗斯进口日用品、军火或是其他新技术产品。它们想要的是石油、天然气、有色金属、电力、木材、肥料和其他化工与石油工业产品。

这样一来，就出现了一种自相矛盾的情况，在民众生活水平下降的同时，外贸额却实现了快速增长，实现了过去没有出现的外贸平衡。1992年俄罗斯同西方发达工业国家间的贸易合作，超过了苏联时期数十年内的任何一年。如果说过去苏联的美元外贸长期处于消极状态的话，那么从俄罗斯时期开始，就出现积极状态。

---

① 取自作者的自有资料。

在 1985—1989 年，国际原油和其他能源价格呈走低的态势，到 1990—1992 年，这些商品的价格开始上扬，这在一定程度上帮助俄罗斯免于走上破产的道路。根据不同的数据分析，1992 年俄罗斯同资本主义国家的贸易利润为 70 亿—100 亿美元。但是，这实在没什么可值得庆幸的。尽管外界对俄罗斯的石油和天然气的需求增加了，国内的石油供应量却下降了，天然气的供应量也没有增加。在这样的情况下，出口能源产品只会造成一种结果，就是要减少国内经济发展所需能源的配给，首当其冲的就是有色金属冶炼和化工产业。高科技产业此时大幅度萎缩了，尤其是航天和航空制造业以及几乎全部机器制造业。面向国内市场的各个行业都出现了生产下降的情况。

不论是 1992 年，还是之后的一段时间，俄罗斯都没能够很好地利用出口收入，这些钱本应该是用来向一些重要的工业生产或哪怕是能源开采与生产投资，帮助实现现代化用的。结果这些生产领域并没有得到提高，沉重的生产负担加重了设备的磨损。大量出口所创的外汇资本并没有流入政府以外的商业领域。

尽管通过出口石油、天然气、金属和其他自然资源，俄罗斯创汇达到了数百亿美元，但是这些钱并不属于个人所有，而是归了国家，因为这些收入都是通过相关管理部门发放的许可才出口换回的。数量庞大的金钱并没有返回俄罗斯经济领域，也没有用于偿还外债，而后者的规模还在不断增大。

俄罗斯出现了资本外逃的现象，大部分外贸收益存放在西方国家的银行，这些存款的来源主要是个人的外汇积蓄。还有一部分外汇被用作进口居民生活必需品，而这种行为压制了国内民用产品生产企业的发展。

真实的情况比看上去还要糟糕。苏联留下来的工厂的仓库里，原料和物资的储备情况并不乐观。很少有人提前就有意识地攒下一车皮黄铜，或者是一列车钢管或石油等。过去国内市场上原材料的价格是比较低的，不过边境线是牢固的。现在的形势逆转了，俄罗斯同其他独联体国家间的边境线简直就是透明的，与波罗的海国家间几乎就不存在边境线。关税管理刚刚开始完善，各个工厂就出现了拖欠工资的情况，尽管工资水平都已经下降过了。

在这种情况下，俄罗斯出现了出口走私原材料和各种物资的现象，具体数额没有确切的统计。俄罗斯和它邻国的官员们瓜分了这些非法贸易带来的收入。在 1992 年，仅仅爱沙尼亚就从俄罗斯进口了数万吨有色金属，尽管当地的经济实际上并不需要这些物资。

这些贸易基本上都建立在偷窃与走私的基础之上，俄罗斯一些临近爱沙尼亚的州甚至还偷偷出口自己的电力。在这种条件下，很少有人愿意去做合法的生意。走私和非法贸易带来了丰厚的利润，而且这些钱全部都归自己所有，不用与国家一同分享。

在日益加重的混乱中，国家已经失去了调节经济的最后杠杆，无法让经济秩序恢复。盖达尔在自己的回忆录中也承认这一点："用军事术语表达的话，1992 年 5 月至 8 月的这段时间内，政府在许多重要领域都没有采取先发制人的手段，而只是对一些行为体保持了压力而已。"①

政府中的一些显要人物明显表示出沮丧的情绪。我在 1992 年夏天参加了俄罗斯最高苏维埃的会议，这次会议是由俄罗斯联邦工业部部长亚历山大·吉特金主持的，他在不久前还是图拉一家大型工厂的厂长。吉特金坦率地承认，他无力稳定国家的工业生产形势，而且这项工作本来就是难以进行的，因为涉及 14 个不同的工业领域。就在不久之前，全国的工业生产还是由 14 个联盟部委一同管辖的。吉特金很快就辞去了部长的职务，还放弃了俄罗斯人民代表的身份。

国家情况的恶化

鲍里斯·叶利钦曾经向民众许诺，他会在 1992 年夏季终止生活必需品价格的上涨，还会安排好工资和退休金的发放并扭转经济形势。但是国家的整体形势却在全面恶化，到 4 月的时候，已经可以很明显地看到这个承诺是无法兑现了的。叶利钦决定逃避解释，而盖达尔更倾向于保持沉默。

新政府决定在足球场上向民众展示自己的能力与力量。总统办公厅、俄罗斯联邦政府和莫斯科市政府做出决定，把一些部长和高级官员组织起来，编成几支足球队进行比赛，并通过电视向全国转播。当然，这真的是一幅很荒唐的景象。

媒体人列昂尼德·巴特金在《首都》杂志上写道：

> 5 月 2 日晚，电视转播了这场史无前例的作秀活动。俄罗斯国家和莫斯科市政府的高级官员们身着球衣球裤，在球场上追逐足

---

① 盖达尔：《失败与成功的日子》，莫斯科：1996，第 203 页。

球，在休息期间还接受了即时采访。叶利钦总统和市长波波夫出任教练。国务秘书布尔布利斯自封为俄罗斯政府队的队长，就是他们创造了国家经济的奇迹，与其同一队的还有格拉乔夫将军。副市长卢日科夫拖动着身躯，跳跃着前进，冲向总统与政府队的球门，至于将他放倒在途中的那个人，我对其并没有什么仰慕之情。胖的和瘦的，年老和年轻的高官们奔跑着，有时还相互冲撞一下，司法部部长在比赛中还受了伤。这便是他们积极比赛的例证。政治家们向全国和全世界展示的，就是他们这个职业的荒唐之处。大政治！大足球！需要指出的是，我对他们这种政治景象已经看够了。这种民粹主义表演方式真的是很廉价的。①

　　1992 年 5 月和 6 月，俄罗斯的经济状况继续严重下滑。国家统计机关就 1992 年上半年的经济发展做出了统计："经济改革的决定性开局与积极落实，对全部生产领域都产生了影响。对民众和经济而言，最痛苦的当属价格自由化了。相较于 1991 年 12 月，居民生活必需品与服务的价格，参照 6 月中旬时的价格，已经上涨了 10 倍。购物的积极性大幅下挫了，上半年的商品贸易也下降了 42%。工业品的批发价上涨了 15 倍，农产品的价格也上涨了 6 倍……与去年同期相比，今年上半年生产收入下降了 18%。亏损企业的数量在增加。在工业生产领域，债务规模已经达到了 2.5 万亿卢布，其中大半是近期产生的。企业对自己员工的债务也在增加。在秋明州、雅库特共和国、克拉斯诺达尔边疆区、库尔曼茨克州、车里雅宾斯克州、伊尔库茨克州、克罗麦沃州和其他许多地区，都出现了工资支付严重困难的情况。"②通过这份报告，我们可以发现居民必需品生产量缩减了 14%，食品生产量缩减了 23%。在此情况下，全俄罗斯的肉类生产下降了 27%，香肠生产下降了 37%，乳制品生产下降了 48%。尽管价格上涨，但白糖和面包的生产并没有下降。

　　俄罗斯的经济形势在 7 月至 9 月之间进一步恶化了。各项社会事业的投入也深受影响。对医药卫生、教育、文化和科学研究等领域的经费都大幅缩减了。许多军工企业已经停工。受苏联解体的影响，陆军、海军、交通运

---

① 《首都》，1992 年第 25 期，第 7 页。
② 《经济报》，1992 年 7 月 30 日，第 30 期。

输、能源以及军民航空体系的分割工作也已经启动。曾经统一的国家安全与法律保障体系也瓦解了。

在俄罗斯阻碍国民经济走向光明的不仅是苛捐杂税和官员的索贿，还有成体系的勒索犯罪现象。在犯罪分子面前，执法者简直就像是一群喜剧演员。这个时期国家体系下的居民生活必需品配给减少了，市场体系发展缓慢而且也不均衡。在价格飞涨的情况下，很多城市的市面上竟然没有白糖、肉类和葵花籽油出售。

在农村，牛的存栏数减少了，播种面积也减小了，在很多地方的农业生产中没有使用肥料和除草剂。在收割完1992年的庄稼后，农村也不急于向国家提供面包。数十年以来，人口的死亡率第一次超过了出生率。毫无疑问，这一切都导致政府遭到严厉的批判。这个时期已经基本上见不到持乐观态度的经济学家了。

到了1992年年底的时候，政府新的经济政策已经明显失败了，以至于在叶利钦的身边也出现了很多不满的声音。俄罗斯总统办公厅主任尤里·彼得罗夫对政府发出了极严厉的批评。副总统亚历山大·鲁茨科伊在一次公开讲话中，将盖达尔的团队称为"穿着粉红短裤的小男孩们"。副总理兼信息部部长米哈伊尔·波尔多拉宁同自己的亲信谈起盖达尔等人时，直接将他们称为"无赖"。根据奥列格·波普措夫的回忆，叶利钦也坦陈自己当时是被这些"可疑的小男孩们"迷惑住了。

鲍里斯·叶利钦身边环境的变化

1992年5月之后，叶利钦需要调整的已经不仅仅是经济政策了，他还需要对身边的人做出调整。足球上的成功并不能挽救根纳季·布尔布利斯。他的副总理和国务秘书职务被免去了，尽管直到1992年11月之前，他还担任过俄联邦总统顾问小组组长的职务。大多数俄罗斯人民代表和部分普通人都将自己对改革成效的严重不满发泄到布尔布利斯身上。俄罗斯社会上当时还出现了一个专有术语——布尔布利斯现象。

在这个特殊的时期，当局只能力保叶利钦的威信，布尔布利斯震惊于竟然有这么多的人对自己不满，他显然成了一个不受欢迎的人。曾任布尔布利斯秘书的沃尔捷马尔·科列什科夫后来写道："离开叶利钦的威望，他几乎什么都做不成。群众很容易就能分辨出谁是自己的守护者，而哪些又只是宠物而已……政治家之间权力分配的比例如此，布尔布利斯不应该受到职位所带来虚荣的影响。国务秘书的职位也成了他出问题的地方。办公室要与苏斯洛夫或戈尔巴乔夫看齐，至于自己的专车，也必须要那种被老百姓称作'首长专用车'的车才行，还要专属卫队护卫。他还要求住到有名的好房子里去。对权力高层，根纳季·艾杜阿尔多维奇并没有做到一视同仁，而是想将这一切全都掌握在自己的手中。有目击者称，布尔布利斯由于没有看清周围情况，自己的大衣被粗心大意地刮掉了却毫无知觉，这位大官的卫兵中有一个人身手很快地在空中抓住了这件大衣。这种习惯是从哪里来的，又怎么会这么快就形成了？"

布尔布利斯坐在自己的办公室里（曾经是戈尔巴乔夫的办公室）接受记者的采访，当记者问道："如果有一天叶利钦背叛您的话，您是否能接受呢？"布尔布利斯回答道："不会发生这样的事情，因为这意味他与国家机器之间关系的全面转变。"针对更加直接的问题："您是否认为，在叶利钦的身边并没有您的竞争对手呢？"布尔布利斯回答道："我的位置与职权是不可动摇的，我和叶利钦之间的关系也是不可动摇的。"就在同一时期，叶利钦也说过类似的话："我永远不会出卖自己人。"事实证明，他不仅仅是抛弃了一个布尔布利斯而已，就像过去的沙皇，面对包围克里姆林宫的人群，可以处决不为人民所喜的大贵族一样。处理布尔布利斯要容易得多了。布尔布利斯后来成立了一个名为"战略"的非政府的基金会，希望能够通过非官方手段来影响叶利钦的亲信，让他们接受自己的建议，但其实没什么人关心这些建议。

至于为什么要解除布尔布利斯的职务，叶利钦表示，错误地使用了布尔布利斯和盖达尔的团队来主持改革，是导致严重后果的原因。叶利钦后来在自己的回忆录中有所表述：

> 布尔布利斯作为具有关键性意义的第一副总理，也是当时事实上的部长办公会领导人。布尔布利斯却不能将整个官员集团视作一个整体，他鄙视机关办公，却很热衷于摆布盖达尔手下的那些部长。
>
> …………
>
> 如果说有必要对盖达尔的部长们做一个评价的话，他们确实是

在非理性的状态下进行着自己的计划的。在残酷和沉重的现实面前，他们已经迷路了……布尔布利斯天然地反感他们，因而不会全力相助，全国上下也都反对这些专家，在俄罗斯建立起一些东西是很难的，但更困难的是去摧毁一些东西。人们很快发现，盖达尔政府总是发布与之前不同的指令。他们从来就没有到国内任何一个地方进行过任何调查走访活动。

在第六次人民代表大会召开之前，国家形势的消极结果引发了大家的愤怒。此时已经非常明了，盖达尔政府并不是独立自主的一个集体，而是布尔布利斯的个人团队。而他本人与议会中的各个党团、副总统、总统办公厅之间的关系已经不能再用不好来形容了，而是达到了完全无法相处下去的境地。这样看来，布尔布利斯对竞争对手的嫉妒，以及想要"铲除"对方的野心，只不过是自欺欺人而已。我可以毫不隐讳地告诉大家，那个时候我感到非常疲惫，我每天要在办公室里见很多人，还有各种会议和接待，在我自己家里，在别墅里，在网球场上和桑拿房里。如果能影响总统决策的话，对实现自己的目标是非常有利的。但不能就只是知道这些而已！布尔布利斯每次来找我都是这样，直奔主题来和我谈事情。我们之间根本就没有私人关系。①

"政治斗争总需要有一个牺牲品，这是常事。"——后来有一位记者谈到这件事情时做出了这样的评价。

1992 年夏，叶利钦从各地的厂长中调动了一些人进入政府。格奥尔吉·希扎成为副总理。出任圣彼得堡市副市长的人不久前还是光明电力联合企业的负责人。希扎在自己的新岗位上干了还不到一年，就离开了俄罗斯的政坛。弗拉基米尔·舒梅科成了另一个副总理，他之前担任的是克拉斯诺达尔仪器测量厂的厂长，还是俄罗斯苏维埃联邦社会主义共和国人民代表与俄罗斯联邦最高苏维埃副主席。舒梅科在新岗位上坚持了半年的时间，最终在 1996 年 1 月离开政坛。第三任负责燃料与能源的副部长是维克托·斯潘捷诺维齐·切尔诺梅尔金，他同时兼任俄罗斯天然气工业股份公司（简称"俄气"）的董事会主席职务。

---

① 叶利钦：《总统笔记》，莫斯科：1994，第247—250页。

叶利钦本人在 1992 年夏季之后，就不再兼任总理职务了。叶戈尔·盖达尔就掌握了总理这一职务的全部权力。1992 年冬春两季时，叶利钦发起并主持了多次会议。叶利钦开会时非常严厉，正如绍欣所承认的那样，许多年轻的部长都要在会议前一天进行一个排练以便在会议上达成一致的意见。①自 1992 年 6 月起，叶利钦便不再出席这些会议。这些会议全都是在盖达尔的主持下进行的，但一切关键性的决定还是要由叶利钦亲自做出。

银行挤兑风潮

在叶利钦-盖达尔政府改革第一年带来的严重后果中，全国老百姓的存款被清理一空当属其中之一。1989 年年底，俄罗斯联邦共有 4.3 万家储蓄银行，存款单数达到了 1.18 亿笔，总金额为 1920 亿卢布。中等存款的金额在 1626 卢布左右。主要的存款者年龄已经超过了 50 岁。大多数存款者的存款目的主要是防病和养老。对于很多退休者而言，这些存款就是他们的"棺材本"。② 少数人是为了购置房产、汽车，或者是给孩子的教育投资才存款的。

盖达尔后来曾经出面证实，大部分存款实际上来自 1990—1991 那一段"滥发"货币的时期。但事实并非如此。通货膨胀导致大家疯狂地花钱，对储蓄增长其实并没有太大的贡献。在 1990—1991 年，俄罗斯公民储蓄增加了大约 240 亿卢布，最后总的储蓄金额达到了 2160 亿卢布，对于俄罗斯整体财政规模而言，这并不是一个特别大的数字，而当时的通货膨胀率甚至还要低于 1989 年。

盖达尔试图把俄罗斯黄金储备规模太小当作居民存款贬值的借口。尽管联盟政府分给俄罗斯的外汇与黄金确实不多，但是国家手上还掌握着全部的工业企业，巨大的不动产、土地与自然资源。这些国民财富就可以保障居民储蓄的安全。

作为盖达尔的亲密支持者，亚历山大·绍欣后来承认，政府在草率地制定计划时，就产生了严重的失误。绍欣后来回忆说："轻视对改革过程中国民储蓄的保护，是我们犯下的错误之一。假如我们当时能够迅速了解到，通

① 《当代秘密》，1997 年第 6 期，第 7 页。
② 《苏联年度经济报告（1989）》，莫斯科：1990，第 92 页。

货膨胀在这一年内竟然会大到远超我们预期的地步，我们在制定私有化政策的时候，就一定会把保障国民的储蓄及其生活水平等因素考虑进去。通过私有化措施所获得的收入，可以用于对国家财政的弥补。但遗憾的是，私有化走上了另一条道路。"①

但事实是，在1991—1992年，有关居民储蓄补偿的方案根本就没有被讨论过。这就给人留下一种印象，政府在制定计划的时候，完全把居民储蓄的事情忘在脑后了，尽管事实并非如此。在1月时，俄罗斯的报纸就为消除民众的顾虑而努力。盖达尔在接受《消息报》的一次采访时直言不讳地表示，政府根本无法完全兑现自己之前的承诺，政府不能确保民众可以购买小汽车的全部存款、"庄稼-90"购物债券以及普通人的存款等。一位名叫米哈伊尔·别尔戈尔的记者对此发表了自己的观点："您不能指望那些眼睁睁地看着自己的存款消失的人成为您的支持者。"盖达尔对此回答说："我们不能通过无用的承诺来获得支持者。"②

对于自己不道德的立场，盖达尔将之辩解为由于苏联输掉了冷战，政府是在战后的环境下展开工作的，所以才会迷失方向。这不是事实。冷战所带来的后果是无法同内战或者是卫国战争所带来的后果相提并论的。苏联和俄罗斯的经济在冷战结束时并没有被破坏，它是可以被并入全球化生产的轨道上去的。只不过盖达尔政府没能做到这一点而已。经济遭到破坏的原因不是冷战的失败，而是错误的政策。

这里需要说明的是，哪怕是在卫国战争期间，通货膨胀的幅度也没有达到1993—1994年的程度，而1993—1994年国家生产的下降还要大于1943—1944年的幅度。

1947年时苏联也进行过货币改革，那时战争刚刚结束一年半，那次货币改革要比盖达尔政府的货币改革仁慈得多。当时要让老百姓在3天之内将自己所有的现金以10∶1的比例兑换成新币。当时还有人建议这些工作应在1天之内完成，而斯大林还是选择了这个方案，因为它能够在最大程度上保护国民的储蓄、企业的流动资金以及工会的经费等。这样做的结果是大家对储蓄的信心更加提升了。

盖达尔的团队还犯下了一个不可饶恕的错误，他们竟然幻想着以为存款

① 《独立报》，1996年11月6日。
② 《消息报》，1992年1月29日。

贬值所伤及的就只是普通公民而已。而事实上，存款贬值也在很大程度上给国家与政府自身带来了伤害。众所周知，存款并不只是可以存放在银行的保险柜中，它们都转移到经济流通领域去了。就连西方国家的经济学家也认为，俄罗斯当局洗劫了居民的存款是一个战略失误。

俄罗斯政府为了消除国内的债务，毁灭了未来的私人投资。美国斯坦福大学的著名经济学家贝尔施塔姆就曾经明确指出，在苏联经济领域中的流动资本当中，有 70% 的资金来自私人储蓄，而投资所用资金则几乎 100% 是来自私人储蓄。[①] 所有经济学家都认同一点，即规模庞大的储蓄在任何一个国家都是成熟市场关系的前提。一般而言，国家债务与居民储蓄之比应该低于100%。也就是说，一国中的债务不应该超过其居民储蓄总额。

1992 年的俄罗斯，其债务总额已经达到了 5 万亿卢布的规模，然而同一时期银行的保证金却只有 6800 亿卢布。换言之，俄罗斯的银行已经完全承担不起这样的债务了。[②] 公民信任国家所开办的银行本来是很正常的事情，但是，剧烈的通货膨胀却导致人们再也不愿意把钱存在银行里，而是尽快取走自己的存款。在当时的条件下，最好的办法就是把钱存放在自己家中安全的地方。然而，1992 年时国家的外汇储备也很少，其货币币值也很高。社会的心理环境也出现了变化，产生了一系列新的金融融资机构，有"领导者-MMM""威信""霍培尔-投资""提别特"等。这些金融机构大量通过电视台播放自己的广告，它们对政府洗劫俄罗斯储蓄者的行为完全无动于衷。

政权的第一次危机与盖达尔的下台

随着经济形势的恶化以及居民生活水平的下降，俄罗斯的政治危机和政治斗争也在不断升级。反对派甚至就出现在克里姆林宫内，他们批判的对象先是政府，之后波及了总统与副总统亚历山大·鲁茨科伊。作为原空军飞行员和"共产党民主派"运动的领袖，以及 1991 年 8 月的白宫保卫者，亚历山大·鲁茨科伊在这一年秋对政府提出了严厉的批评，将盖达尔的团队称为"穿着粉红色短裤的小男孩们"。

---

① 《消息报》，1995 年 11 月 10 日。
② 《消息报》，1995 年 11 月 10 日。

叶利钦原本试图保持中立的立场，后来他对鲁茨科伊做出了妥协，赋予了后者管理俄罗斯农业事务的职权。当然，作为一名职业战斗机飞行员，鲁茨科伊并没有做好承担这项工作的准备。然而，用不着对各州的农业情况有太深入的了解，就能看清在1991—1992年推行冒险主义政策带来的整体性衰落。

鲁茨科伊在第一次走访调查国内农业情况的时候，就因为国家农业部门管理不善和生产严重失序，以及在各个车站随处可见的巨大浪费而感到无比愤怒。

斯塔夫罗波尔边疆区的向日葵没有收割，政府却从国外进口了大量的植物油。在奥廖尔和其他"苹果之乡"，大量苹果无人问津，但这个时候俄罗斯却从西欧国家进口了大量的苹果，花费高达1.02亿美元。1992年的俄罗斯，浪费了45%的甜菜收成。但同一年用于进口白糖所花去的外汇，却达到了6.05亿美元。鲁茨科伊估算了一下，这笔钱可以建设20座糖厂。

1991年年底，俄罗斯政府宣称要制定谷物最低收购价，每吨定为60美元。这对于政府和农民而言都是有利的。根据政府发布的文件，莫斯科需要为这项工作提前准备50亿美元。与此同时，截至1992年年底，俄罗斯农村一共进口各类商品价值5亿美元。其他的钱和物资都堵在了农村的各条道路上。亚历山大·鲁茨科伊称这一政策是在犯罪也就不足为奇了，他表示，在这种情况下，已经不再只是改革的问题了，而应该属于刑事犯罪的范畴。但叶利钦拒绝接受鲁茨科伊的批评意见，甚至不愿意和这位副总统通电话。

1992年秋，最为激烈的政治反对活动就出现在白宫，包括俄罗斯联邦人民代表与大多数政党都在这里展开了自己的活动。

1992年春季，俄罗斯境内新注册了许多反对派政党。民族主义和爱国主义政党将自己认定为政治右翼力量。俄罗斯民族联合会、俄罗斯民族复兴党、俄罗斯全面联盟、祖国复兴军官团、军官联盟、莫斯科大学反对力量委员会、苏联人民代表大会常务委员会、俄罗斯人民民主委员会、妇女委员会、"尊严"与其他激进主义政党等都反对西方自由化，但同时也反对共产主义意识形态。

俄罗斯共产主义劳动党、劳动俄罗斯、劳动莫斯科、俄罗斯共产党、共产党员同盟、社会主义劳动党等属于比较温和的左翼政党，他们大多建立在原苏共的一些党组织基础之上。1992年初秋，俄罗斯的大多数反对派政党通过相互协调，将自己的工作置于一个框架之下。一些反对派政党的报纸刊登了《左翼与右翼反对派政党的政治宣言》。一个月之后，莫斯科就召开了救国阵线政党联合大会，这个组织的要求就是总统和政府的集体辞职。

当时有很多社会活动家、政治家与人民代表都参与了救国阵线的领导，主要有伊利亚·康士坦丁诺夫、尼古拉·巴甫洛夫、谢尔盖·巴布林、根纳季·久加诺夫、米哈伊尔·阿斯塔菲耶夫、斯维特兰娜·戈里娅切娃、维克托·伊柳辛、尼古拉·李森科、阿尔伯特·马卡舍夫、亚历山大·普罗哈诺夫、根纳季·萨耶科、亚历山大·斯捷尔利科夫、斯坦尼斯拉夫·捷列霍夫、萨日·乌马拉托夫等。

就在大会举行之前，莫斯科的十月广场上出现了令人印象深刻的大规模示威游行，大约有 20 万人参加。当局曾经尝试组织支持政府和总统的反游行，但没有成功。在 1990—1991 年，民主派很少能够在莫斯科组织起超过 10 万人参加的游行示威，到了 1992 年秋，连号召几千人上街都已经做不到了。

"民主俄罗斯"第三次代表大会于 1992 年年底召开，这个运动的力量已经迅速地衰落了。媒体几乎没有注意到一点，在 1990—1991 年，正是这个代表大会将叶利钦推上了权力的宝座。这次代表大会上叶利钦并没有到场，尽管他事前曾经许诺过要赴会。在知名的政治家当中，只有根纳季·布尔布利斯、阿纳托利·丘拜斯和加林娜·斯塔罗沃依托娃到会。

在总统的周围，一切都不平静。10 月 28 日，叶利钦签署了一项命令，要求解散"破坏社会稳定"的救国阵线这一"极端组织"。救国阵线并没有屈服于这一命令，而且这一命令很快就被宪法法院所取消，因其不符合俄罗斯联邦宪法。

第七次俄罗斯人民代表大会召开前，弥漫于全社会的紧张气氛对叶利钦的统治权形成了真正的威胁。按照当时的俄罗斯宪法，俄罗斯的最高权力机关是人民代表大会。宪法第 122 条是这样规定的：俄罗斯联邦总统无权中止或取缔俄罗斯联邦人民代表大会的活动……俄罗斯联邦总统的权力不得用于改变俄罗斯联邦民族国家建构的行为，不得中止或取缔任何经由选举产生的权力机关的活动。

在大约两年之内的时间里，叶利钦得到了人民代表的充分支持，正是他们将叶利钦选为国家元首。俄罗斯的人民代表在叶利钦与戈尔巴乔夫的政治斗争中，对其予以了积极的支持，他们还坚决地反对国家紧急状态委员会，在这之前他们还支持叶利钦胜选成为俄罗斯联邦的第一任总统。俄罗斯最高苏维埃批准了《别洛韦日协议》，同意苏联解体，而且第五次人民代表大会也批准了国内实行彻底经济改革的方案，并授予叶利钦巨大的额外权力以推行改革计划。尽管这些权力行使的有效期截至1992年12月1日，但在1992年4月，原本的那一份宁静祥和就已经被打破了。

在第六次俄罗斯人民代表大会上，政府遭到了严厉而广泛的批评。我至今还很清楚地记得当时克麦罗沃州人民代表阿曼·图列夫，俄罗斯民主党领导人尼古拉·特拉夫金，"俄罗斯共产党人"的领袖之一、伏尔加格勒州人民代表伊万·雷布金等人那些观点非常鲜明的发言。在第六次俄罗斯人民代表大会上，最高苏维埃主席鲁斯兰·哈斯布拉托夫对政府和总统做出了具有关键意义的批判。

就在两年之前，经济学博士、莫斯科普列汉诺夫国民经济研究所副所长哈斯布拉托夫还是一个不太知名的人。作为车臣-印古什共和国的人民代表，鲁斯兰·哈斯布拉托夫在1990年时获选成为最高苏维埃副主席，在1991年年底时他还积极支持过叶利钦。但是，哈斯布拉托夫并没有进入叶利钦的新团队。哈斯布拉托夫并不认同政府的经济政策，也不愿像根纳季·布尔布利斯和谢尔盖·沙赫赖那样成为新总统的附庸，他转而投入到了大多数人民代表的阵营中去，这一切都迫使哈斯布拉托夫结束了自己对叶利钦的忠诚。自1992年春季起，哈斯布拉托夫就成为叶利钦最有力也最危险的政治反对者了。因此，叶利钦和他的亲信对第七次俄罗斯人民代表大会即将召开充满了焦虑也就不足为奇了。

当然，叶利钦已经发现了人民代表们对他态度的转变。他和他的亲信都在思索采用什么样的方式来对付俄罗斯人民代表大会和最高苏维埃。首先要采取的步骤是从内部来瓦解这个立法机构，叶利钦在议会里还有不少自己的支持者。

俄罗斯国内形势的变化也引起了西方国家的不安，美国对此尤其关注，当时美国正在进行大选。布什看上去会轻松战胜还名不见经传的比尔·克林顿州长。但是，叶利钦在同反对派进行斗争时有可能会采取的立场却让美国总统很担忧。出于了解情况的目的，美国著名政治家亨利·基辛格在10月来到了莫斯科。

在10月底的时候，美国中央情报局局长罗伯特·盖茨也来到了莫斯科，他同叶利钦以及俄罗斯安全部门领导人维克托·巴拉尼科夫进行了会谈。盖茨在返回美国之前，希望发表一个演说。他步行来到了红场，面对着西方国家记者的摄像机高声说道："就在这个广场之上，在克里姆林宫与列宁墓旁边，我完成了一人的胜利游行。"这一实况后来就只是在西方国家进行了转播。

俄罗斯联邦人民代表大会于 12 月 1 日在克里姆林宫召开。就在一两年前的人民代表大会上还曾经出现过的那种思想观念交锋的情况，这次却完全都没有出现，尽管此次参会的代表还是之前的那批人。会议的议程中设定了许多议题，但最主要的还是围绕经济改革带来的结果以及对俄联邦政府首脑的评价展开的。

俄罗斯公民可以通过电视直播观看此次会议的实况。全俄的广播电台也对大会进行了实时播报。哈斯布拉托夫在一开始就做出了极为严厉的讲话，在他看来，政府并不是在某一项工作上犯罪，问题在于将整个改革的路线制定成了美国的货币模式。盖达尔的报告只针对上层，而且还不公开，尽管他涉及的主要还是有关金融稳定和卢布汇率保持的问题。会上的批评之声很强烈，对政府工作评价很差。

尽管如此，叶利钦还是提名让盖达尔出任部长会议主席一职，大会对此进行了投票，同意的票数为 470，反对的票数为 419。当时的情况已经到了白热化的地步。从 12 月 9 日夜间直到 10 日白天，叶利钦在克里姆林宫的办公室人进进出出。在叶利钦的周围，竞争已经展开了。

到了这天早上，叶利钦在代表大会的讲台上已经不只是向人民代表，而是向着全体人民发出号召了。他问他们：到底是信任总统，还是信任人民代表大会？与此同时，他要求自己在人民代表中的支持者离开议事大厅，不再参加后续的大会讨论工作。这一行为破坏了人民代表大会作为权力机构的威严。

人民代表的总数是 1049 人，大约有 1000 人来到莫斯科参会。投票结果显示，大约有 320 人对叶利钦与俄罗斯政府持反对态度。大约有 300 人结成了同盟，始终支持叶利钦和政府。有 150 个人民代表结成了一个"中心力量"。有 250 个人民代表出于各种原因，没有加入任何一个团体。用议会生活里的行话来说，这部分人应被称为"一潭死水"。

叶利钦努力对人民代表们施以影响。叶利钦提名盖达尔为政府总理，为此他必须得到 540—560 张选票，而不是 524 张。现在的叶利钦，只能寄希望于那 470 个人民代表了。但如果那 300 名反对改革的代表都离开克里姆林宫的话，那么大会就会因为法定人数不足而无法进行下一步的工作。

在总统身边，布尔布利斯是公认的第一操盘手。俄罗斯的人民代表们都特别珍视自己的地位。提前结束任期，对于他们而言就意味着丧失到手的权力与特权。如果失去人民代表的资格，他们中的很多人就必须离开首都，回到自己那些穷困的选民中去。在这些人民代表中，只有极少数人在莫斯科拥有自己的住房，没有人愿意去过普通人的生活。

我当时就在会议大厅，看到只有很小一部分人依照叶利钦的号召离开了自己的位置。他们和总统一起进了一个房间。有数十人虽然出了大厅，但不是跟着叶利钦走，而是去了休息室。半个小时之后，统计结果出来了，叶利钦没有获得起码的票数。大厅里当时还有大约 800 名人民代表，到达了法定人数，于是哈斯布拉托夫宣布大会继续进行。当时选择留在大厅里的，还有国防部部长、内务部部长、国家安全部门负责人、总检察官、宪法法院主席以及副总统。

在克里姆林宫周围聚集了大约 5000 名支持叶利钦的群众，但他本人却拒绝再回到会议大厅。为了结束这场闹剧，艰难的谈判开始了。各议员党团都在催促总统。在叶利钦提名的 17 名政府高官候选人中，只有 5 人获得了通过。按照规则，凡是得票超过 50% 的人都可以被任命为总理。叶利钦任命盖达尔的愿望落了空。尤里·斯科科夫获得了 637 票，维克托·切尔诺梅尔金获得了 621 票，而盖达尔只获得了 400 票，仅仅比刚刚从陶里亚蒂来到莫斯科的瓦滋汽车制造联合企业总经理弗拉基米尔·卡达尼科夫多 1 票而已。得票最低的是副总理弗拉基米尔·舒梅科，他只得到了 270 票而已。叶利钦提出休会一个小时，来讨论这个问题。他召集包括盖达尔在内的亲信对此问题进行磋商。盖达尔请求叶利钦道："除了斯科科夫，任命谁当总理都行。"叶利钦便提名由切尔诺梅尔金出任政府总理，大会立刻便以多数同意的形式通过了这项提名。1992 年 12 月 14 日夜，第七次俄罗斯人民代表大会结束了自己的使命。

维克托·切尔诺梅尔金——新总理

叶戈尔·盖达尔失去了政府首脑的职位，但他还会在叶利钦以及俄罗斯政界活跃很多年。不仅是叶利钦的亲信，就连他本人在内对如何安置维克托·切尔诺梅尔金都很发愁，后者当选为政府总理实在是出乎他们，甚至是当选者本人的预料。对于那些等候在大克里姆林宫殿堂内的新闻记者来说，切尔诺梅尔金的当选也完全在意料之外。唱票结束之后，切尔诺梅尔金走上讲台，对人民代表的信任表示感谢。但是休会时间一到，他就走出房门，而不是接受采访。切尔诺梅尔金面对把自己紧紧围起来的记者们说了几句后来被反复引用的话："我支持市场，但不支持集市；我支持发展市场，但不能建立在人民的贫困之上；我热爱俄罗斯，但不热爱为小店主所拥有的俄罗斯。"

12 月 14 日夜至 15 日，切尔诺梅尔金来到位于老广场的政府大楼，几乎所有的部长和副总理都已经早早在那里等候了。对于记者而言，令他们感兴趣的不仅仅是切尔诺梅尔金的施政理念，还有他本人的经历，大家对新总理的了解实在是太少了。

维克托·切尔诺梅尔金出生于 1938 年的奥伦堡州黑城堡乡下。他儿时的学习成绩并不理想。切尔诺梅尔金的反对者时常以此来嘲讽他，不断地翻出他在学校的旧事，比如考试成绩通常就是"3 分"或"4 分"而已。与毕业后就进入高校工作的盖达尔不同，切尔诺梅尔金 17 岁时就成了一名钳工，后来担任奥伦堡石油冶炼厂的工程人员。在部队服役两年之后，切尔诺梅尔金又回到了这家工厂工作。

切尔诺梅尔金在 1962 年进入库班理工学院学习，在毕业之后进入奥伦堡的机关工作，后来又进入全联盟函授理工学院从事研究生的学习。切尔诺梅尔金的职称和学历最后定格为工程师、经济师与理工科副博士。切尔诺梅尔金在 1966 年时加入苏联共产党，很快就上升到了奥伦堡市委工业与运输部门副主管位置。但是，切尔诺梅尔金对党务并没有太大兴趣，于是很快便被调回工程技术部门工作。自 1973 年起，他成为奥伦堡天然气工厂的厂长。20 年后，切尔诺梅尔金曾经在一次谈话中提起这段往事："作为一名红色厂长，我感到十分自豪。"

20 世纪 70 年代末，切尔诺梅尔金来到莫斯科，进入苏共中央的重工业管理机关从事与天然气相关的工作。1982 年切尔诺梅尔金开始担任苏联天然气工业部副部长。

苏联的天然气产业在这些年里获得了飞速的发展。当时苏联天然气领域的领导人是瓦西里·金科夫，他是苏联劳动英雄和许多国家奖章的获得者。这一时期的切尔诺梅尔金在秋明能源企业中的知名度并不太高，他在各个场合都谨慎行事，善于听取别人的意见，学会了在政治与经济的梯队中生活。1983 年时，金科夫委派切尔诺梅尔金前去秋明州领导秋明天然气联合企业，同时保留他的副部长身份。

20世纪80年代中期，石油领域出现了危机。为了应对这一形势，瓦西里·金科夫被任命为苏联石油工业部部长，切尔诺梅尔金原本是金科夫担任天然气工业部部长时的副部长，由此升任部长。在苏共二十七大上，金科夫和切尔诺梅尔金一同当选为中央委员。

在切尔诺梅尔金的参与下，天然气工业部在1989年改组为天然气康采恩，并由其出任主席。这是一个市场化方向的远景改革。同时，包括石油在内的其他物资出口出现缩减，但是在1992年时俄罗斯天然气开采与出口都呈现上升趋势，成为俄第3大出口创汇来源。在当时的欧洲市场上，俄罗斯天然气总公司甚至有能力和强大的鲁尔燃气分庭抗礼。

左翼力量非常欢迎切尔诺梅尔金上台，而极端民主派感到失望，担心改革会止步不前。在盖达尔的团队中，则弥漫着一种沮丧的情绪。

叶利钦自己宣称，他与切尔诺梅尔金一同在工业领域工作了几十年，两人不仅相互了解，还相互认同。不过，总统也说过这样的话，切尔诺梅尔金政府不会终止改革，也不会对政府大换血。切尔诺梅尔金也确实没有终止改革和对政府大换血，他甚至允许盖达尔继续在政府任职。尽管盖达尔拒绝了这个建议，但是在后来接受采访，提到切尔诺梅尔金的时候，盖达尔只说了一句话："其实，他是个正派的人。"

切尔诺梅尔金的上台受到了大多数政治学家和经济学家的认可。政治学家列昂尼德·斯科普佐夫认为："如果我们认为切尔诺梅尔金不是一个有如盖达尔一般的市场主义者，那么这一结论的得出就只能是建立在这样一个事实之上：盖达尔把俄罗斯天然气总公司赚来的钱投放到市场上去获利，而切尔诺梅尔金则是把这些钱全部投到国际货币基金上去了。"经济学家帕维尔·布尼奇认为："维克托·切尔诺梅尔金是处于批判中心的人，很有可能这种声音主要来自右翼；在我看来，改革带来的灾难所引发的哀号之声是有其广大基础的。任何一个研究中心的数据都可以证明，对总理的支持度在70%以上。"

1992年年中时，"盖达尔帮"的部长在和最高苏维埃之间第一次发生冲突时，曾经做出过一个决定，如果盖达尔下台，那么团队中的其他人也要一同离开政府。但是在第七次俄罗斯人民代表大会开过之后，却没有谁真的想要离开。阿纳托利·丘拜斯和弗拉基米尔·舒梅科旋即表示自己要继续留在政府里面。最终，大多数"盖达尔分子"继续留在政府里工作。

没费多大力气，切尔诺梅尔金便同意任命鲍里斯·费奥多罗夫为副总理兼财政部部长，后者认为应该取消各部部长生产组织者的身份。费奥多罗夫过去曾经在欧洲复兴开发银行工作过一段时间，后来又成为世界银行的一个经理，获得了国际同行的认可。他很快就采取了在政府中保持独立的立场，甚至对总理的许多直接指示也拒不执行。

由于第七次俄罗斯人民代表大会并没有真正改变俄罗斯政府的构成，也没有改变国家的内外政策。所以，全体国民在既没有多少遗憾，更无多大希望的处境下送走了 1992 年，这是截至当时俄罗斯在战后的历史中最艰难的一年。下一年，也就是 1993 年，许多方面的情况更加恶化了。

第十一章

1993 年的事件

在俄罗斯的历史中，有一些年份因所发生的重要事件而具有代表性，比如 1917 年、1937 年、1941 年、1945 年与 1991 年。按照这个逻辑，1993 年也可以进入这些年份之列。

持续的经济危机与倒退

俄罗斯的经济并没有随着政府首脑的更迭而出现更多变化，而是朝着继续恶化的方向发展。切尔诺梅尔金在接手政府总理一职后，开始着力避免激烈的举动。但是，1993 年的许多复杂情况干扰了他的施政。首先，经济中的消极因素持续发酵，俄罗斯与自己的"远近邻居"之间的社会联系实在太多，想要中断是不可能的。自 1993 年 1 月 1 日起，由于许多商品和服务的价格出现了实质性的大幅增长，工资、补助金和退休金却没有随之上涨，这引发了全社会的不满，税收的提升导致了新一轮物价的上涨。而切尔诺梅尔金根本没有任何办法确保经济稳定，他原本就没有治理国家的方案，也没有制定出新的整体性方案；他没有战略规划，只是在不停地去填补一个又一个窟窿。

除此之外，切尔诺梅尔金是在没有自己团队的情况下就任总理一职的。在 1993 年最初的几个月里，政府是依靠盖达尔的团队在运转的。新人是慢慢进入的，包括亚历山大·扎维留赫、奥列格·索斯科维茨、尤里·亚罗夫、奥列格·达维多夫、弗拉基米尔·巴比切夫。尽管如此，切尔诺梅尔金还是将政府里的这些人称为"浪漫的市场主义者"。盖达尔团队中有人曾回忆称，当时的各部部长都仿佛是热锅上的蚂蚁。尽管他们当中没有任何人自愿辞去自己的部长职务，但其中的很多人都不愿再回到过去的政策上去。出人意料的是，叶利钦还是把盖达尔安置到了政府中，后者并不愿意安心从事学术研究工作，他显然对权力与政治更感兴趣。盖达尔出任政府副总理，但是排序情况并没有明确。

由于这种结构上的缺陷，政府时常处于瘫痪状态。有很多次，切尔诺梅尔金、索斯科维茨和国家银行行长维克托做出向企业提供财政援助的决定。这项工作能否顺利进行是至关重要的。但过不了不久，鲍里斯·费奥多罗夫、丘拜斯和盖达尔就否决了这些决议。切尔诺梅尔金的团队制定了在独联体框架下成立经济联盟的计划，以及在独联体地区建设统一的卢布区的方案。但其他的副总理和各部部长在具体工作中，实际上却是朝着另一个方向发展。鲁斯兰·哈斯布拉托夫在某次最高苏维埃的会议上能够做出当面责难切尔诺梅尔金的事情，也就不足为奇了。他是这样说的："维克托·斯捷潘诺维奇，现在谁是真正的政府首脑呢？据我所知，肯定不是您啊。"西方的分析人士公开表示，在他们看来，1993 年的俄罗斯政府首脑首先是鲍里斯·费奥多罗夫、阿纳托利·丘拜斯、亚历山大·绍欣，最后是叶戈尔·盖达尔，因为正是这些政府官员在主持与国际货币基金组织和七国集团的谈判。

俄罗斯总统办公机关的存在对切尔诺梅尔金的工作造成了巨大的阻碍。庞大的总统办公机关与议会制政府是极不相称的，它所发挥的其实是之前苏共中央委员会的作用。规模十分庞大的总统办公机关已经超出了克里姆林宫的范围，在老广场和新广场拥有数千间办公室。不只是那些强力部委的部长，许多副总理和部长实际上也是遵从叶利钦，而不是切尔诺梅尔金的指令在主持工作。切尔诺梅尔金对外交部和信息部完全没有影响力。许多部门都与总统建立了直接的联系，它们并不是特别看重切尔诺梅尔金的态度。在与布尔布利斯分道扬镳之后，叶利钦保留了一套由自己人组成的体系，当时就连总统保卫部门的领导人亚历山大·科尔扎科夫都对国家的经济问题有自己的影响力。

尽管切尔诺梅尔金对这种荒唐的决策机制时常感到不满，但他还是精心地掩盖自己的不满情绪，尽量避免与总统和各部部长之间发生冲突。国内的情况继续恶化，对政府的批评也越来越多。不过，这些批评的声音基本上都不是直接冲着切尔诺梅尔金本人的。舒梅科与丘拜斯、绍欣与盖达尔、米哈伊尔·波尔托拉宁与谢尔盖·沙赫赖之间的矛盾很深，但切尔诺梅尔金却没有这种情况。

切尔诺梅尔金之前一直在能源生产领域工作，对机械制造、财政系统、农业、军工、交通与通信等领域则不是很了解。由于职业的缘故，切尔诺梅尔金的性格与作风同赫鲁晓夫、戈尔巴乔夫和叶利钦这些领导人是不一样的。这些领导人都是从党的系统内上升到最高层的，并且通过党的机关来对一切工作进行指导——从农业生产到机械制造，从太空研发到全联盟作家的工作——但切尔诺梅尔金既不是也不想成为这样的"领袖"。

1992年12月，俄罗斯企业家联合会专家研究院院长谢尔盖·亚力沙辛写道：

> 维克托·切尔诺梅尔金当选为俄罗斯政府总理，不仅对于所有其他人，更重要的是，对于他自己而言，都是一件出乎意料的事情。可以断言的是，他很难在一开始就能够管理起来整个国家的经济运转，这同他只在一个生产领域工作过的背景有关。从另一方面看，他必须做出富有创造性而且严厉的决定，只有这样才能证明自己是一个真正独立的总理，树立起展开工作所必需的威望……但事实上，在这种情况下，对他而言最好的方案却是不作为。①

切尔诺梅尔金是否读到了亚力沙辛的文章，我不得而知，但他在1993年的所作所为却有如这位专家所建议的那样。当然，这并不等于切尔诺梅尔金在新的岗位一件事都没有做。切尔诺梅尔金为了了解他之前并不了解的农业生产领域，花去了许多精力。与不常出入莫斯科的盖达尔不同，切尔诺梅尔金频繁往返于各地之间，去了解当地情况。在1993年最初的几个月里，切尔诺梅尔金并没有急于做出非常重要的决定，而是依照其他副总理和各部部长的建议行事。

切尔诺梅尔金最先做出的决定是对能源生产联合企业提供财政支持。在1992年12月底，经切尔诺梅尔金提议，议会批准向能源生产联合企业提供2000亿卢布的资金支持。经济学家们之所以能通过这项决议，并不仅仅是出于对新总理的"老本行"提供支持，更多的是对盖达尔的国民经济发展模式发起抗议。这意味着此后将要更多地发展基础生产领域。

1993年俄罗斯的经济继续走向恶化，虽然消极因素在减少，但并没有完

---

① 《俄罗斯报》，1992年12月17日。

全消失，社会不满情绪继续蔓延。在总统与议会之间，新的矛盾正在生成，这些将各方的注意力从解决国民经济问题上吸引过来。政府将主要精力放在应付各种突发事件上，努力解决各种不期而至的事故，避免国民经济真的在这些严重问题的压迫下走向彻底的崩溃。

直到 1993 年 8 月底，俄罗斯的经济学家和生产者们都还没有看到经济走向平稳的迹象。在各个生产领域和地区都出现了情况恶化的问题。有一小部分人富裕起来了，而数千万人则走向了贫穷——贫困人口、失业者和乞讨的人数大幅增加了。为了支付更高的工资以抵消物价，政府加大了对运营相对良好企业的税收，而企业的利润恰恰是维持其继续生产的最重要因素。

俄罗斯政府中"改革派"的代表性人物是鲍里斯·费奥多罗夫，他敢于当面对切尔诺梅尔金说"不"。但是，更多的经济学家认为，国家财政日趋紧张、对经济产生严重伤害的重要原因之一就是大部分资金没有被投入扩大生产和社会保障的领域。

对于俄罗斯新出现的商人、国有或集体所有企业的领导人而言，将资金投到国外，而不是投入俄罗斯国内的生产领域无疑是最好的选择。在这种经济情况下，对西方国家的慷慨投资报以期望也是不现实的。在当时的俄罗斯，很难找到一家真正完税的企业，因为税收比例已经达到了企业利润的95%，使得企业的大部分资金流动都没有体现在财务报表上。其结果是财政部根本无法按照合理的税收向国家提供预算。

俄罗斯 1993 年的整体经济形势很不好，总的生产下降了 12.5%，国民收入下降了 14%，工业生产下降了 25%，农业生产下降了 5.5%，月均通货膨胀率达到了 16%。卢布与美元的汇率在起起伏伏之间，从 1992 年年底时的 450 卢布兑换 1 美元下跌到了 1993 年年底时的 1250 卢布兑换 1 美元。国民生活水平严重恶化。

俄罗斯政治斗争的尖锐化

随着国家经济形势的恶化，来自民众的不满愈发强烈了。在这种情况下，政权内部再次发生冲突就是不可避免的了，而叶利钦迈出了第一步。

3 月 20 日（周六），俄罗斯电视台在晚间播报了一条消息，总统鲍里斯·叶利钦将要发表面对全体国民的讲话。我们所有人都守在电视机旁等待他的讲话。叶利钦的发言并不长，他向国民宣布了刚刚签署的有关在俄罗斯国内实行特殊秩序管理的命令，按照这个命令，最高苏维埃和全国人民代表大会无权制定和通过与总统命令相抵触的法律法规。总统还宣布修改俄联邦宪法中有关行政与立法机关之间关系的重要条款。

不出意外，这份讲话引起了轩然大波，当时在白宫主事的是最高苏维埃副主席尤里·沃罗宁（最高苏维埃主席哈斯布拉托夫正在哈萨克斯坦访问），他代表最高苏维埃主席团会议谴责总统的言行，这条信息也通过电视台向全国做了转播。作为回应，午夜 12 时俄罗斯电视台向全国民众转播了这些国家最高领导人的讲话，当时几乎所有人都收听了这些讲话。

首先发言的是尤里·沃罗宁，第二个发言的是鲁茨科伊，他对叶利钦的所作所为做出了批判和谴责，第三个发言的是俄罗斯宪法法院主席瓦列里·佐尔金。在他们之后发言的是俄罗斯总检察长瓦连京·斯捷潘科夫，他也对叶利钦加以谴责，而这个人其实是叶利钦此时唯一有可能指望上的人。对叶利钦而言，这是一个沉重的打击。

事后我们得知，总统的讲话是在 3 月 20 日上午录制的，当天中午就把影像的拷贝分发给了各国驻俄罗斯的外交机构，以供在国外播放。叶利钦十分急迫，这个命令的文本刚刚成文之后，他就立刻赶去录制了讲话影像。维克托·切尔诺梅尔金是支持总统的，但安全委员会秘书尤里·斯科科夫却拒绝承认这份命令，并且试图劝说自己的上司中止这一场冒险行动。同样，俄联邦副总统也拒绝承认这份命令。

3 月 21 日（周日），当天下午召开了最高苏维埃会议，旨在讨论总统的行为和召开俄罗斯紧急人民代表大会的事情。出席这场会议的强力部长有帕维尔·格拉乔夫、维克托·叶林、维克托·巴拉尼科夫。他们全部表示支持最高苏维埃的决定。就在同一天，宪法法院也召开了会议，这场会议进行了一整夜，到了 3 月 22 日早晨，法院宣布叶利钦颁发的命令与俄联邦宪法的条款相抵触。叶利钦颁发的命令只是在 3 月 24 日的时候才刊登在了报纸上，但没有任何言论表示支持叶利钦的"紧急秩序管理"，对其在 20 日发布的讲话也没有更多的表态。

第九次俄罗斯人民代表大会于 3 月 26 日在克里姆林宫召开，第八次俄罗斯人民代表大会过程很简短，也没有多大的影响力。但第九次俄罗斯人民代表大会却承诺要解决所有方面的问题，我对此也给予了密切的关注。

会议第一天，瓦列里·佐尔金宣读了自己的报告。叶利钦在他发言的时候几次插话，想要为自己做出辩护，好占据有利形势。尽管会场上不时有代表插话，打断其他代表的发言。但与此同时，在这一切的幕后，各方已经在寻求达成妥协。在克里姆林宫墙外的瓦西里耶夫斜坡上，有数千人正在举行集会。一部分人希望叶利钦不要屈从于俄罗斯人民代表大会的意志，而作为反对者的另一部分人则高喊着反叶利钦的口号。

3 月 27 日晚，原本平静的会议走向发生了转变。出于对部分规则的不满，叶利钦要求在大会上发言，他讲话的语速很慢，也不够坚定。叶利钦希望代表们对"新诞生的俄罗斯"当局少些批评，冷静地接受现状。叶利钦的头发有些蓬乱，脸也有些肿胀，给人们留下的印象并不好。

会议在叶利钦发言后暂时休会，但代表和记者们都没有急着离去，他们留在格奥尔吉耶夫大厅继续讨论今天发生的事件。这时，叶利钦出人意料地从大门走向大厅的尽头，他左右两侧都有警卫人员架着胳膊。摄影师没有拍摄总统的双腿部分，叶利钦面对提问，只做了简短却不甚合理的回答。叶利钦离开了克里姆林宫，在警卫的簇拥下，与他的支持者在一片批判声中一路沿着特维尔大街走到莫斯科市苏维埃。当时有认识的记者问我这样的问题："在这种情况下，我们真的能安睡吗？难保叶利钦不会在夜里突然按下那个不该按的按钮。"

3 月 28 日晨，大会的局势变得十分紧张。红场上至少聚集了不少于 10 万名叶利钦的支持者，吸引他们到来的原因并不仅仅是对政治的热情。总统也加入了集会，做了讲话。叶利钦宣称，即使俄罗斯人民代表大会否决了他所做出的决定，他也不会向大会低头，他只服从人民的意志。当时民众的情绪十分高昂，莫斯科市市长尤里·卢日科夫甚至建议代表们哪怕是在休会的时候，也不要离开克里姆林宫。这事实上就是一种恐吓。

针对叶利钦总统职位的信任投票于当天下午进行。根据宪法的规定，弹劾总统需要获得 3/4 的选票支持，即 780 票。

叶利钦当时非常紧张，他在自己的回忆录中对此也有记载。叶利钦写道："对于我国人民，信任投票一词还颇有些神秘的色彩。无论是我个人，还是所有俄罗斯人，都是这样的心理。但是，尽管我不担心信任投票，但是其实这个词与俄语中的'撤换''抛弃'，或是其他近义词是一个意思。"①

从原俄罗斯总统安全部门负责人亚历山大·科尔扎科夫的回忆录中我们

① 叶利钦：《总统笔记》，莫斯科：1994，第 310 页。

得知，当时的叶利钦并不仅仅是高度紧张而已，他已经做好了如果自己失败就对俄罗斯人民代表大会施以强力措施的准备。

科尔扎科夫回忆道：

> 如果人民代表在总统发布命令后仍然违背总统的意志，那么他们就会失去阳光、水、暖气和下水道……如果他们采取静坐罢工的方式，就让他们到又黑又冷的地方"抽支烟"冷静下来。我们在阳台上已经做出了决定，计划用一种催泪瓦斯来对付他们，这是一种让人很痛苦的化学产品。我们的军官已经准备好了这些东西，如果他们真的罢工，那么没有一个人能够喘得上气来。①

大会于晚间 9 点召开会议，但直到 10 点政府的人才进入大厅，之后是宪法法院的人落座。总统一直都没有在大厅出现。

22 时 30 分，投票结果统计出来。其中，支持弹劾叶利钦的有 617 票，占总票数 66%，反对弹劾叶利钦的有 268 票。也就是说，此次投票的结果没有达到能够弹劾叶利钦的基本票数。

这样的结果，意味着叶利钦可以维持自己的政治立场。因此，他来到红场，向聚集在这里的人群宣告自己的胜利。

大会的第 4 天过得十分平静。尽管哈斯布拉托夫反对，但大会仍然通过了在 4 月底举行关于是否信任总统以及提前选举的全民公投决议。

做好全民公投的准备工作，此时就成了接下来的政治活动。在这一段时间里，副总统鲁茨科伊活动很积极，他对农业十分关心且提出了改革建议。鲁茨科伊还成立了一个旨在打击犯罪和贪污行为的跨部门委员会，由此他得到了不少政府高层官员犯罪和贪污的材料。

4 月 16 日，鲁茨科伊在最高苏维埃的会议上做了一篇有关犯罪与贪污问题的长篇报告。在报告中，他列举了许多文武官员的犯罪与贪污事例，特别是西部集团军的军官。鲁茨科伊将报告全文在多家报纸上发表，并且还根据最高苏维埃的决议通过电视台转播。

有一些报告中提及的部长试图反驳鲁茨科伊提供的数据，并威胁要去法院起诉他诽谤，但后来他们都没有真的去做。叶利钦对鲁茨科伊的报告做出

---

① 科尔扎科夫：《鲍里斯·叶利钦：从黎明到黄昏》，莫斯科：1997，第 159 页。

了自己的解释："鲁茨科伊自己说，他是这个打击犯罪和贪污的跨部门委员会的领导人。而这个委员会的成员有切尔诺梅尔金，但没有鲁茨科伊。"

定于 4 月 25 日举行的全民公决将就以下四个问题进行意见征询：

一、您是否信任俄联邦总统叶利钦？

二、您是否赞成俄联邦总统与政府自 1992 年起所施行的社会与经济政策？

三、您是否认为应该提前举行俄联邦总统选举？

四、您是否认为应该提前举行俄联邦人民代表选举？

叶利钦与其支持者在第一个与第二个问题上做出了"是"的回答，在第三个，甚至是第四个问题上做出了"否"的回答。全面公投的结果令反对派感到十分失望。共有 1.07 亿公民有投票权，其中有 64.05% 的人参与了投票。在第一个和第二个问题上回答"是"的票数占到了总票数的 58.5% 和 52.9%；在第三个和第四个问题上回答"是"的票数占到了总票数的 32.64% 和 41.4%。既然总统获得了俄罗斯人民的信任，总统和人民代表选举就都不必提前进行了。所有的反对派都对总统和政府的社会与经济政策感到不满。在一些反对派报纸上，还刊登了一些有关美国电视台播报的或其他类似的信息。

叶利钦对全民公决的结果非常满意，并公开发起了与最高苏维埃之间的斗争。

在很多国家，行政与立法机关之间早就建立起了有序的民主斗争模式，最终确立行政机关使用权力的规则。但是在另一些国家，由于正处于危机之中，而且尚未建构起成熟的社会，通常就只能通过使用暴力来进行权力的争夺。令人感到遗憾的是，1993 年的俄罗斯联邦就属于后者。

5 月 1 日，在特警的参与下，一些共产主义政党的游行遭到了压制。当时有很多民主人士都被袭击，其中还有一个人因为头部受伤身亡。叶利钦在 5 月 6 日通过电视台发表讲话，表示他已经对副总统鲁茨科伊感到完全失望："我要把这个被压抑的总统从一切事务中解放出来。"

在整个 6 月和 7 月，俄罗斯国内的政治斗争愈演愈烈，到 8 月，几乎所有的政治力量都被卷了进来。

我在意大利和挪威的左翼报刊陆续刊登了有关俄罗斯激进主义危险性的文章，我是这样阐述的："最近几个月发生的事件证明了一个铁一样的事实：俄罗斯的社会正在面临分裂的危险。在群众集会上，叶利钦的支持者与反对者的数量大体相当，那些演讲者引用的论据也同样荒唐。目前对立的还是社会中的两个不同派别而已，人数还不是很多，但问题是每一天双方的参与人数都在增长……"

双方政治斗争的手段都很激烈，衡量标准已经不是合不合法，而是文不文明了。随着政治与经济危机的加重，总统及其支持者的胜算也越来越大，社会中的积极分子与之前冷漠的大多数人都被激起了兴致……

一个总统竟然会去剪除自己副总统的党羽，而且这个总统还对当时的状况并不太确定，也没有多少主见，并且在自己拥有资本也不够充足的情况下就走上最高立法机构的讲台，宣布自己不会遵守宪法！这究竟是一个什么样的国家？一个政府经过施政，竟然导致全国的生产整体性下降 2/3 左右，致使居民生活水平全面降低，破坏了国家的教育、卫生和文化体系，然后还可以继续执政！这究竟是什么样的地方？

在我们的眼中，一个新的俄罗斯出现了，但它仍然是一个满目疮痍的国家。这个国家没有明确的边境线，但拥有军队，却又不总是执行指挥部的命令。这个国家没有明确的对外政策和军事理论，但拥有指向不明的数千枚核弹头。

现政府计划制定怎样的经济政策，此时还不得而知。1993 年已经过去了一半，国家都还没有预算，我们不清楚开支了多少，又收入了多少。这种状况无法也不会持续很久。但不能忽视的是，任何危机都有可能产生或者左的，或者右的专政。对于俄罗斯而言，不论出现上述哪一种专政模式，都不会是和平的和轻松的。

拯救俄罗斯的唯一途径，就是在温和的政治力量基础上建立起联合政府，以及新的选举制度、总统和议会。20 世纪的经验证明，无论从任何意义上看，大炮都无权决定人民和人类的命运。现代社会太脆弱了，人们难以相信那些具有破坏性心理的人。

8 月 21 日（周六），左翼力量在白宫墙外聚集起了上万人举行示威集会。具有戏剧意味的是，与两年前"八一九"事件时不同，民主派高喊着"一切权力归苏维埃！"的口号。叶利钦宣称，俄罗斯国内在 9 月将会发生"决定性的事件"，而 8 月剩下的日子需要用来做炮火准备。用不了多久，我们就可以发现，这种表态并不是随便说说的。

反对派

与 1991 年发生的"八一九事件"相似，对莫斯科在 1993 年 9 月、10 月发生的事件，也出现了许多的研究成果以及为数不少的各种传说与小道消息。1994 年 2 月，国家杜马宣布由专门机构对 1991 年和 1993 年所发生事件进行调查，做出了全面政治赦免的决定。但是，并没有回忆录或是文件集对这一政治赦免的内容做出集中的描述。

有关这一事件的出版物大多来自反对派之手，有很多反对派的领袖，包括哈斯布拉托夫、鲁茨科伊都出版了相关的专著，有一些人还接受了专访，细致地讲述了事件的经过。包括西方记者在内，有许多书和数百篇文章都认为这个事件是俄罗斯悲剧的延续。格列博·巴甫洛夫斯基在《二十世纪与世界》杂志（莫斯科，1993 年 10 月号）上刊登文章，详细还原和分析了事件的整体经过。

叶利钦在自己的回忆录中，将 1993 年 9 月至 10 月所发生的事件归于《艰难的秋天》这一章。《莫斯科·1993 年秋·对抗纪实》于 1995 年出版，这是一本内容丰富的专著，收入了叶利钦、盖达尔、丘拜斯、库里尼科夫、米罗诺夫、叶甫尼奇、沃尔克戈诺夫、卢日科夫等许多人的观点。同时，这些研究者的研究成果能够起到相互补充的作用。而更多的时候，不同的研究者对"黑色十月"的研究不一致，这也是毫不稀奇的。但值得注意的是，在很多时候，不同的研究者在采用不同的，甚至是相互矛盾的材料进行研究，由此而采信的文献、论据便无法令其他研究者接受了。在目前的研究框架下，我无法对这个问题做出更深的研究，对整个事件的经过也无法做出更加详细的解读。但是，我还是可以对事件中的部分阶段做出自己的分析。

叶利钦很早就计划解散政府或是对其采取强力施压的措施，但直到 9 月初他才真正开始采取较为积极的手段去进行这项工作。早在叶利钦担任斯维尔德洛夫斯克州委时期就跟随他，后来又追随他到莫斯科市委工作的总统第一助理维克托·伊留申，因为是总统身边最亲近的人之一而最早得知了这个决定。伊留申开始着手准备第一套行动方案。一周之后，叶利钦的另一个助手尤里·巴图林也加入进来，负责有关法律层面的问题，此人当年是从戈尔巴乔夫的苏联总统办公厅转投到叶利钦的俄罗斯总统办公厅的。几天之后，叶利钦又把国防部部长帕维尔·格拉乔夫和内务部部长维克托·叶林安排进来，之后是新任俄联邦安全部部长尼古拉·格鲁什科。在行动的准备过程中，亚历山大·科尔扎科夫与克里姆林宫机关管理部门的负责人米哈伊尔·巴尔苏科夫也加入了进来。

维克托·切尔诺梅尔金和安德烈·科济列夫也受邀来到新奥加廖沃官邸参与方案的制定，总统令定名为1400号，将会分发给相应的单位。讨论会上提出，将内务部的作战单位于9月18日（周六）或19日（周日）调至白宫周围，因为这个时间那里不会有人民代表在场，届时可以宣布解散俄罗斯最高苏维埃和人民代表大会。但叶利钦后来还是决定在21日展开行动，他认为可以不必占领白宫就达到目的。于是，他们从俄罗斯全国各地向莫斯科与其周边地区调来了内务部部队和特警。在筹备过程中，决定将那些参与行动，并具有决定性意义的强力部门的公职人员的工资提升至原有的1.8倍。

9月15日，叶利钦就已经签署了终止俄罗斯最高苏维埃与人民代表大会职权的命令，但文件上的签署日期有意延后了。9月21日白天，叶利钦在专业摄影小组的配合下摄制了自己的讲话，并于晚7点过后将其送交电视转播中心。20时整，国内所有的电视频道同时向全国人民转播了叶利钦的讲话。讲话持续了大约20分钟。与此同时，1400号总统令以机要邮递的方式向俄罗斯国内各权力部门下达。鲁斯兰·哈斯布拉托夫在总统讲话转播开始5分钟后收到了自己那一份总统令。总统令的名称很含糊，是《关于分阶段完善俄罗斯联邦宪法的命令》。其内容如下：

一、在俄罗斯联邦两院制议会正式运转之前，终止俄罗斯联邦人民代表大会和最高苏维埃作为法律的最高制定与政府监督机关的职能。

二、12月12日前，向宪法委员会提交完整的宪法协调方案。

三、在宪法获得通过以及联邦会议选举结束之前，俄罗斯联邦政府根据总统的命令开展工作。

四、全国进入国家杜马选举状态，并成立制宪会议，国家杜马的选举将于1993年12月11日至12日举行。有关总统选举事宜交由联邦会议审核。

五、组建负责国家杜马与联邦会议选举工作的中央选举委员会。

　　六、俄罗斯联邦人民代表大会不得再次召开会议。取消俄罗斯
联邦人民代表大会的权力。

　　七、俄罗斯联邦宪法法院在联邦会议开始运转之前不得召开
会议。

　　该总统令自签署之时起生效。

莫斯科　克里姆林宫

1993 年 9 月 21 日 20 时

　　当天晚上 6 点前后，叶利钦离开了克里姆林宫，回到自己位于郊区的官邸静候事态的发展。叶利钦下令切断白宫与政府和外交部门的一切电话联系。20 点 15 分，白宫内就开始举行最高苏维埃主席团会议。最高苏维埃代表、记者和国务活动家们从四面八方赶来，其中就包括副总统鲁茨科伊。在第九次俄罗斯人民代表大会上，曾经对俄罗斯宪法做出过一个重要的修正案——第 121 条第 6 款。这一条款规定，如果总统试图解散合法选举出来的国家机关，法律就立刻自动解除他的职权。21 日晚，最高苏维埃所做出的一些最初决定，都是以该条款作为法律依据的。9 月 21 日夜至 22 日，最高苏维埃再次确认了最初的决定。9 月 23 日，白宫已经聚集了很多非最高苏维埃成员的人民代表，并且召开了第十次俄罗斯人民代表大会紧急大会，在会议上通过了一系列决议，内容如下：

　　一、根据俄罗斯宪法第 121 条第 6 款的规定，自 1993 年 9 月21 日 20 时起，解除俄联邦总统叶利钦的职权。

　　二、根据俄罗斯宪法第 121 条第 11 款的规定，俄罗斯联邦总统的权力自 9 月 21 日 20 时起移交给副总统鲁茨科伊。

　　三、将俄罗斯联邦总统叶利钦的行为视作政变。

　　自 9 月 21 日夜至 22 日，鲁茨科伊以俄罗斯联邦总统的身份向外发布了一系列命令。9 月 21 日晚间，宪法法院通过决议，认定第 1400 号总统令为非法，并且总统叶利钦的行为已经"足以解除他的职务，并且要追究他的责任"。尽管最高苏维埃占据法理优势，但在没有来自民众，哪怕是部分强力

147

部门支持的情况下，这一切又如何能够付诸实践呢？

1993 年 3 月，所有的强力部委都站在俄罗斯人民代表大会一边。但时至今日，他们已经站到了总统的一边。到白宫来的，就只有最高检察长斯捷潘科夫而已。9 月 21 日较晚的时候，还有一些持极端的反政府立场的组织的领导人来到白宫。

白宫内外都有闻讯赶来的莫斯科市民，但总数为 2000—3000 人。全国民众都通过电视观看了叶利钦的讲话，但没有多少人直接表示支持总统或是议会。没有人冲破路障，没有人想要流血。

鲁茨科伊不断地向各军区打电话，但根本没有人打算执行他的命令。军队也不急于执行叶利钦的命令，将军既不想与国民开战，也不想执行驱散最高苏维埃的命令。国防部部长帕维尔·格拉乔夫始终站在叶利钦的一边，但他无法说服自己的同事明确立场。军官之间的关系出现复杂化局面，并产生了对立。1993 年，曾经针对军官和退伍军人做过社会民意调查，得出的数据在一定程度上可以体现叶利钦在军队中的支持度。叶利钦的支持度在 8—9 月间，没有超过 30%，而鲁茨科伊的支持度达到了 40%。军队对弗拉基米尔·日里诺夫斯基的支持度有所提升，达到了 12%，曾经指挥过在德涅斯特河沿岸驻扎的第 14 军的亚历山大·列别德将军的支持率也有所提升，达到了 7%。还有 1%—2% 的人选择支持阿尔伯特·马卡舍夫将军。毫无疑问，国防部官员选择对双方所发布的第一批命令采取了中立的态度。

电视台迅速采取了支持叶利钦的立场，这对总统而言是至关重要的。所有的电视台都只播发叶利钦所发布的命令。而俄罗斯人民代表大会和最高苏维埃以及鲁茨科伊所发布的任何消息，电视台都没有播报。

大多数报纸都采取中立的立场。左翼的报纸采取了支持最高苏维埃的立场。《俄罗斯报》当时由最高苏维埃管辖，刊登了第 1400 号总统令的同时，还在醒目的大标题《总统违宪了》之下，刊登了鲁茨科伊、俄罗斯最高苏维埃与人民代表大会的全部命令。《俄罗斯报》还刊登了由鲁茨科伊与最高苏维埃做出的有关解除格拉乔夫、叶林和格鲁什科职务的决议。

弗拉斯基拉夫·奥恰洛夫上将被任命为新的国防部部长。奥恰洛夫在 1989—1991 年曾经指挥过苏联的空降兵部队，还担任苏联国防部的副部长。1991 年 11 月，他被解除现职，调入预备役。安德烈·杜纳耶夫被任命为内务部部长，他在 1990—1991 年曾经担任过俄罗斯联邦内务部副部长。在 1992—1993 年间，杜纳耶夫再次出任内务部副部长一职，是副总统鲁茨科伊和最高苏维埃的积极支持者。维克托·巴拉尼科夫将军被任命为俄罗斯安全部部长，他在 1993 年 7 月之前一直担任安全部部长的职务，但叶利钦指控他犯有贪污罪行，而对此他是否认的。这些将军都公开表示接受任命，并赶到白宫。但是，没有任何一支成建制的部队、内务部的军事力量、警察，或是其他强力部门的成建制力量前来白宫。到白宫来的军官，都是来自不同部门的志愿者。鲁茨科伊和奥恰洛夫只能将这些军官分编成几个小组，作为白宫与其领导人的保护力量。

俄罗斯各地也出现了对立的情况。几乎所有国家管理机关的领导人都宣布支持作为俄罗斯合法总统的叶利钦。与此同时，各州与各共和国的很大一部分领导人则宣布支持最高苏维埃。有一部分州和共和国的领导人宣布中立，或是建议双方和解。在此情况下，在对抗的最初一段时间内，双方都没有占据优势地位。美国著名政治家与政治理论家兹比格涅夫·布热津斯基说得很对，他在预测莫斯科对抗现象的前景时说道："第一个流血的，就会是输家。"当时，所有西方国家的领导人都宣布支持叶利钦。

9 月 15—22 日，我与社会劳动党主席柳德米拉·瓦尔塔扎洛娃受联邦德国社会民主党之邀，在德国访问。9 月 23 日晚，我们在波恩同许多议员与商人举行了会晤。瓦尔塔扎洛娃做了一个关于俄罗斯经济形势的报告，我讲的是政治形势。当然，大家更希望我多讲一些有关叶利钦与最高苏维埃以及鲁茨科伊之间对抗的情况。我和柳德米拉同情白宫，而听众明显倾向于克里姆林宫。我在大厅里提问道："你们的意思是说，就在这里，在波恩，总统或是总理应该解散联邦会议，修改联邦德国的宪法并组建一个新的权力机构吗？""俄罗斯不是德国"，听众里有一个人回答我。在德国不仅电视台倾向于叶利钦，就连报纸也是如此。

对抗还在继续。22—23 日，白宫门外放置了路障，但保卫者却没有多少。尽管双方都发起了号召，但莫斯科市民却没有明显地倾向于叶利钦或是鲁茨科伊。议会一方非常希望能够得到群众的支持，但却没有得到。1993 年 5 月 9 日那天，有超过 10 万莫斯科市民参加了游行示威，当时那些非正式的莫斯科街头领袖做出了保证。但是，现在兑现这些承诺显然是不可能的了。对于叶利钦的命令，工会也没有做出任何反应。当时确实出现了激烈的抗议活动，但并不是出于回应对抗事件的目的。

不论是莫斯科，还是国内其他地区，都没有出现政治性罢工事件，虽然鲁茨科伊和哈斯布拉托夫对此寄予了很大的希望。有一些支持者从圣彼得堡、德涅斯特河沿岸和阿布哈兹来到莫斯科。但问题是，来的是数十人而不是数万人。在此期间，叶利钦和他的支持者加大了针对议会一方的打击力度。叶利钦方面向所有人民代表公开承诺，只要离开白宫，就会被委以重任。

这些承诺开始发挥作用了。哈斯布拉托夫的副手尼古拉·利亚波夫就是最早离开白宫的那批人之一，他马上被授予组建中的中央选举委员会主席一职。预算委员会的成员亚历山大·波奇诺克离开白宫后，马上被授予财政部副部长一职。9 月 24 日各报都以醒目的大标题——《拯救宪法就是拯救国家》（《真理报》）、《军队永远都不会反对人民》（《红星报》）、《国家和我们将要面临什么?》（《共青团真理报》）、《莫斯科市政府与叶利钦在一起》（《自鸣钟》）、《最高苏维埃没有投降，但部分人民代表却拒绝执行自己的任务》（《独立报》）——报道这些新闻。

在白宫与其邻近建筑的周围，警察的数量增加了，不过他们并没有干涉事态的发展。媒体也先后来到了俄罗斯最高苏维埃会议与人民代表大会所在地，进行实况转播。至 9 月 23 日夜，共有 632 名人民代表抵达议会办公大楼，但尚未达到通过宪法决议的法定人数。但是，大会做出了终止那些宣布支持叶利钦并且拒绝前往最高苏维埃和全国人民代表办公地的人民代表的权利的决议。在这个决议中，有 88 名人民代表被剥夺权利，其中较为知名的有康士坦丁·科别茨、瓦连京·费奥多罗夫、奥列格·巴斯拉什维利、贝拉·杰尼森科、鲍里斯·佐罗杜辛、贝拉·库尔科娃、弗拉基米尔·李森科、阿纳托利·马诺辛、奥列格·波普佐夫、玛丽娜·萨尔耶、谢尔盖·费拉托夫、阿纳托利·沙巴德、谢尔盖·尤申科夫、德米特里·沃尔科戈诺夫、谢尔盖·克拉萨夫琴科、叶卡捷琳娜·拉霍娃、谢尔盖·诺索维茨、列夫·波诺马廖夫、加林娜·斯塔洛沃依托娃、格列波·亚库宁。除此之外，还以"支持国家政变"为名，剥夺了亚历山大·波奇诺克、尼古拉·利亚波夫与谢尔盖·斯捷帕申的权利。在此之后，大会又做出了几个类似的决议。

时间到了 9 月 24 日，对抗还在继续。此时进出白宫还是比较自由的，一个接一个外地代表团来到这里，人民代表们还试图与国防部和内务部的官员以及大众传媒机构举行谈判。军官联盟派来一个代表团，全都身着军装并携带武器。哥萨克的一些代表团以及德涅斯特河沿岸地区的代表团也来到了白宫。此时，向叶利钦和卢日科夫提出的配发武器和弹药的要求并没有得到满足。

出人意料的事件发生了，有一伙武装人员袭击了位于圣彼得堡大街上的独联体联合武装力量总参谋部，引发了群众的激烈反应。在袭击过后，武装人员销声匿迹了，而保卫总参谋部的一个军官却在袭击中身亡。国防部表示谴责此次袭击，而白宫却认为这次袭击是对当局的挑战。

围在白宫周围的人数开始减少。民意调查数据显示，在莫斯科有 75% 的市民既不同情总统，也不同情最高苏维埃。大多数市民既不想通过游行或罢工来声援叶利钦，也不想采用这样的方式来声援最高苏维埃。这种状况对叶利钦而言是有利的，但是却让哈斯布拉托夫感到非常失望，他在自己的报告书中无奈地将这种现象称为"同胞由来已久的惰性"。

关于白宫即将遭到武力攻击的传言愈演愈烈，但叶利钦和格拉乔夫都公开表示，不会有任何武力攻击发生。亚历山大·鲁茨科伊走出大楼，穿过路障和警察与特警组成的人墙，号召他们维护俄罗斯的法律。人们静静地听完鲁茨科伊的演讲，没有出现情绪波动。哈斯布拉托夫几乎全天都在招待会上，还会见了一些反对派政党的领袖。

鲍里斯·叶利钦也接受了几个采访。按照他的说法，人民代表们正在一个接一个地走出白宫，那里很快就会只剩下鲁茨科伊和哈斯布拉托夫了。到这天晚上，白宫还有不少于 500 名人民代表，他们当中有不少人已经下定决心要待到最后。在白宫保卫者中，也有不少人集合起来，宣誓效忠宪法。

在最高苏维埃的保卫者当中，还有一些极端民族主义政党，其中就有亚历山大·巴尔卡舍夫领导的"俄罗斯民族联合体"。巴尔卡舍夫得到了白宫的一些房间，但没有配发武器；白宫内部所有的电话线都掌握在鲁斯兰·哈斯布拉托夫手中。

9 月 26 日晨，对白宫的包围圈已经形成，普通公民和新闻记者都禁止入内，但里面的人可以自由离开。白宫周围新增调了警察单位和救护车，甚至调来了捷尔任斯基主力师的部队。在白宫附近的许多房屋的屋顶上都安排了狙击手，大楼周边停放着数十辆大卡车和公共汽车。总统方面承诺，凡是选择离开白宫的人民代表，都可以立即获得 100 万卢布的奖励，并获得一套永久性住房。

姆斯基斯拉夫·罗斯特罗波维奇紧急来到莫斯科，并于当天中午 12 点在红场指挥乐团举行了一场音乐会，叶利钦、格拉乔夫、叶林和卢日科夫都参加了这场音乐会。下午 2 点，苏维埃广场上举行了超过 3 万人参加的游行示威活动，声援叶利钦。

白宫寄希望于正在朝莫斯科挺进的军队内部产生分裂，其时军队已经到达莫斯科近郊。这时白宫周围还出现了教众，领导他们前来的是一群神父。在这一天里，鲁茨科伊几次走上阳台，向白宫的保卫者们讲话。在俄罗斯自由广场上还出现了一起小规模的游行示威活动。鲁茨科伊宣称，乌拉尔军区和伏尔加军区都已经站在议会的一边。国防部驳斥了这个消息。到了晚上，白宫被断水断电，大楼的高层已经无水可用了。会议都是在烛光中举行的。在晚上的记者招待会上，哈斯布拉托夫还邀请了许多国外的记者。尽管新闻记者们被阻挡在包围圈之外，但是白宫里的记者人数还是增加了。在距离白宫不远的和平饭店里，还临时组建了内务部军队和内务部指挥机构。

9月27日晨，白宫里再次出现了即将发生武力攻击的传言，很多保卫者还拿到了防毒面具。在包围圈的外围聚集了很多人，面对他们的特警都手持棍棒。

瓦列里·佐尔金一整天都在与政府的部长以及最高苏维埃的部分领导人举行会谈，到了晚上，白宫再次举行了一场示威活动，鲁茨科伊和哈斯布拉托夫都参与了进来。

9月28日清晨，一场旨在彻底封锁白宫的行动开始了。白宫周围的警察进一步增加了，他们调来了储水车，特警小队封锁了周边街道的出入口。许多特警都配备了自动步枪。新的警察小组被调到大楼正面，还有许多马匹。

就在距离白宫不远处，架起了高音喇叭，向着那些保卫者宣布莫斯科市政府关于即将通过武力解决的最后通牒。在白宫大楼外，聚集了上百名人民代表，他们在早上就没有被放行进入大楼。大牧首阿列克谢二世也加入了争取双方达成妥协的谈判中。

议会大楼和周边建筑的电话线全部被切断了，电话联系全部转移到克拉斯诺普雷斯涅区三号大楼去了。在外国记者中，就只有美国记者得以被放行，进入大楼采访。

白宫周围架起了铁丝网，还来了许多辆消防车，以及用于冲开路障的推土车。白宫的保卫者数量减少了，整整下了一个晚上的雨，有一部分人因为需要休息而暂时离开了自己的位置。在这个时候，完整的包围圈形成了。

在白宫内，会议继续召开。按照哈斯布拉托夫的数据，此次会议有514名人民代表参加。与此同时，示威者封锁了花园路，还拆毁了一个路障，这个路障就在地铁街垒站的旁边——位于1905年12月的作战区域之中。在白宫周围又架起了新的铁丝网，就连国外的观察家都感觉局势已经非常紧张了。

9 月 29 日晨，哈斯布拉托夫的副手维尼阿明·索科洛夫同总统与政府的代表开始举行谈判。拉马赞·阿卜杜拉季波夫很快就促成了这些谈判。人民代表大会宣布休会，而在克里姆林宫内，叶利钦主持召开了俄罗斯安全会议。

通过对局势的分析，我们可以得出这样的结论，经过一周的对抗，局势并没有朝着有利于叶利钦一方的方向发展，他的支持者不但没有增加，反而在快速减少。几乎所有有声望的地方领导人与教会人士都要求双方谈判和解。但是，白宫支持者的数量也没有增加。通过报纸的报道我们可以发现，不论是莫斯科市民还是外省的公民，他们对获胜方是谁无所谓，也不愿参与到这个事件当中。在莫斯科各处的大型示威活动变成了小型示威活动。《特快信息报》对此做出了评论："你们都病得太严重了！尽管他们早就有这个动机，但俄罗斯人还是就这样看着政权高层内部打得筋折骨断，不论是总统的法律恶作剧，还是议员们的即兴发挥，都没有人去阻止。"[1]

我在 9 月 29 日从德国回到了莫斯科，之后便前往白宫附近的各个地方。我到过克拉斯诺普雷斯涅斯卡娅河堤岸的人群中，到过乌克兰饭店、地铁街垒站、阿尔巴特大街和花园路去现场观察。人们成群结队地前往议会所在地附近观望，一拨接一拨。在最邻近包围圈的地方，人们的情绪也最为兴奋，叫骂和诅咒之声不绝于耳。特警手持棍棒，面对人们站立。在其他地方，一些本地妇女还将自家烹饪的馅饼送给特警食用。在城市的其他地方，基本上没有什么对抗的事情发生，莫斯科市民其实对红色普列斯尼亚大街上发生的事情也不是一直在关注。尽管哈斯布拉托夫向外宣称，在莫斯科有超过 30 万人参加到了游行示威活动中，而且这种对抗正在向全国蔓延，但事实上并不是这么回事。

9 月 30 日，在白宫的包围圈中出现了水陆两栖战车。记者们还发现了 6 辆装甲运兵车。白宫内再次召开会议，会议通过了一部又一部法律，一项又一项规定。其中有一部法律规定，必须对国家高级领导人进行医学检查，包括总统和总理。在宪法法院召开了有 54 个州和共和国领导人参加的联邦主体领导人会议，目的在于建立一个新的权力机构——联邦委员会。

叶利钦在克里姆林宫会见了大牧首阿列克谢二世，同意后者提出的调解建议。谈判预定在光明达尼洛夫修道院举行。总统一方派出的谈判代表是谢

---

[1] 《特快信息报》，1993 年 9 月 29 日。

尔盖·费拉托夫和奥列格·索斯科维茨。位于新阿尔巴特大街 17 号，专门为人民代表"叛变者"设立的办公室——或者可以将其称为"接待分配处"——开始工作。这个办公室专门接待那些从白宫逃出来的人民代表，他们在此可以获得 100 万卢布的报酬，还有一套莫斯科市内的住房以及在某部工作的机会。有数十名人民代表挤在办公室里，他们最关心的是能否得到一个显赫的职位。

10 月 1 日，在光明达尼洛夫修道院内的谈判开始了。议会一方派出的代表是阿卜杜拉季波夫与沃罗宁，总统和政府一方派出的代表是卢日科夫、费拉托夫与索斯科维茨。这时，白宫的部分电话得以恢复使用，早晨 6 点起，电力供应也恢复了。

按照预先约定的条件，阿卜杜拉季波夫与沃罗宁必须将守卫白宫的武器与弹药全部封存，并交由双方共同组成的小组负责看管。但是，最高苏维埃却拒绝了这项建议，谈判进行了一整天。最高苏维埃要求保存议会的全部法定权利。但是，对于叶利钦而言，这是绝对不能接受的。叶利钦宣称，只有在白宫守卫者的武装全部解除之后，才能走上和平解决的道路。叶利钦表示："我们不打算诉诸武力，但我们也不希望从德涅斯特河沿岸和里加地区来的特警流血。"

卡尔梅克总统基尔桑来到白宫，声称包围大楼的力量更强了，仅装甲车就有数十辆之多。"叛逃"人民代表的奖金此时已经升高到了 200 万卢布。但提升奖励额度的同时，截止日期也明确定为 10 月 4 日。到 10 月 5 日，接待处就会关闭。当天早上，经政府允许，有大约 100 名国内外记者得以进入白宫。按照奥恰洛夫的说法，已经有数十名特警倒向了最高苏维埃一边。但包围圈上又出现了数百名警察部队人员和特警，根据观察家的分析，这些武装人员的总数已经超过了 10 万人。政府从莫斯科周围地区调来了新的警务力量，驱散了市内的游行示威集会，逮捕了数百人。

人民代表大会晚上召开了会议。议员们决定停止针对谈判协议所做的示威活动。议员弗拉基米尔·伊萨科夫和瓦伦丁·阿卡冯诺夫以及众议院主席和许多人民代表都加入了新的谈判代表团。这次会议还安排了个人艺术表演，参加表演的人有的唱歌，有的朗诵了诗歌。

在整整一天的时间里，不断有装甲运兵车被调至白宫周围，在大楼四周还安装了高功率照明设备。在大楼内的记者和工作人员收到了警告，自周六起，他们将被完全禁止出入大楼。在记者招待会上，米哈伊尔·波尔塔宁称，大家应该"理解总统在 10 月 4 日所做出决定的意义"。

莫斯科的对抗也引发了国际上的关注，很多人认为叶利钦已经决定诉诸武力来解决白宫的问题。但是，社会调查的数据显示，俄罗斯的广大公民对这一切表现出了他们的政治冷漠。受访者中有 19% 的人表示支持叶利钦，7% 的人表示支持最高苏维埃，而 74% 的人表示不支持其中的任何一方。白宫的水电供应再次被切断了。政府宣称，在白宫内还有大约 100 名人民代表。到了晚上，白宫宣称，如果叶利钦政府能够解除包围圈，并且将特警部队撤回原驻地的话，他们将会封存全部守卫者的武器。

10 月 2 日晨，人民代表大会再次召开会议。有很多代表都站在墙外，等待进入白宫。虽然已经是周六了，但记者仍然被放行进入大楼。自早上开始，莫斯科的整体态势还很平稳。光明达尼洛夫修道院的谈判也再次举行，只不过参加者就只是专家而已了。哈斯布拉托夫和鲁茨科伊接连召开记者招待会，他们向市民发出呼吁，希望大家能更加积极地支持最高苏维埃，去截断铁路、输油管道和通信电缆。但是，没有人去响应这些号召。根据哈斯布拉托夫的估计，此时包围白宫的武装力量人数已经达到了 5 万人。鲁茨科伊号召莫斯科市民和全国其他地区的居民"走上街头，发动一连串的游行示威集会活动"。他还号召退伍军人和军官们也采取积极的行动。

斯摩棱斯克广场在白天出现了大规模的示威集会。在政府试图驱散人群的时候，示威者发起了反抗，他们动用石块和木棍。在警察和示威者中，都有人受了重伤。整个广场上的无秩序现象持续了几个小时之久，"莫斯科劳动者"组织中的积极分子也参与其中。花园路上出现了街垒，还有人点燃了轮胎。到下午 4 点的时候，示威者的总数达到了 5000 人的规模，他们中有不少人使用了燃烧瓶和铁棍。警察破除了路障。示威活动的组织者维克托·安皮洛夫号召人们展开对抗。一直到晚上，示威人群才被驱散，他们决定在第二天，也就是周日再次举行示威活动。

莫斯科的内战

10 月 3 日（周日），在一处距离白宫不远的规模不大的教堂内，有数十名议会保卫者接受了洗礼。到场的哈斯布拉托夫和鲁茨科伊得到了祝福。尽管莫斯科市政府宣布游行集会为非法，但 FNS（救国阵线）① 的领袖伊利亚·康士坦丁诺夫却引导着示威的人群向祖博夫斯基广场方向前进。由示威人群组成的队伍转而向克里米亚大桥进发，特警封锁了桥面，试图阻挡示威人群，但人群却向特警发起了攻击，并在包围圈上撕开了一个口子。3 时前后，"劳动俄罗斯"党的示威者已经到达斯摩棱斯克广场，并朝着白宫前进。在队伍的最前面有数十个手持铁棍的人。他们遇到了四辆装甲运兵车和两支特警分队，后者还动用了自动步枪，但却是朝天射击。

就在这一刻，事态出现了奇怪的转折。尽管白宫周围部署了不少于15000 名特警以及其他部队的武装人员，但示威者仍然冲破了包围圈，到达了白宫。与此同时，从克拉斯诺普雷斯涅斯卡娅堤岸又涌来了数千人，向议会大楼的方向进发。白宫的大门打开了，在白宫围墙外出现了示威活动。人们高喊着"吊死叶利钦""鲁茨科伊——总统""叶利钦——犹大"等口号。在高呼口号的人群面前，鲁茨科伊几次号召大家占领市政府和奥斯坦基诺的电视塔。这已经不只是号召了，而是一个命令。在白宫的入口处，鲁茨科伊和马卡舍夫迅速组织起了一批由白宫保卫者和前来此地的示威者组成的混合小队。组织这些小队的目的不再只是保卫白宫，而是要采取积极的行动。在莫斯科市中心所发生事件的性质就这样出现了急剧的变化。

警察为什么会撤离？10 月 3 日与 4 日所发生的事件，已经不仅仅是总统与议会之间的矛盾问题了，它反映出的是新生的俄罗斯迄今为止所积累的一切尖锐矛盾。警察、特警以及内务部部队在 10 月 3 日采取的立场，应该算是这一系列难以理解的重要事件中的一个。为什么特警分队没有阻止示威者到达白宫？为什么内务部的指挥部，在这些天里一直严密保卫着市政府大楼的安全，但却出人意料地终止了这项工作并离开了大楼，给马卡舍夫的部下以可乘之机？

这天中午前后，在最高苏维埃大楼附近，出现了在低空盘旋的武装直升机。有数十辆载着士兵的卡车来到议会大厦前面。而警察、特警与内务部部队却出人意料地在 20—30 分钟内全部离开了包围圈，就连装甲运兵车也离开了。在最高苏维埃和莫斯科市政府门外的广场上停着许多辆卡车，司机都离开了，但卡车油箱却是满的，车钥匙也插在钥匙孔里。内务部部队的士兵和特警在离开白宫包围圈后，并没有回到自己的营地，而是去了大楼两侧的

---

① 俄文为 ФНС。——译者注

民房里面。这些行为是出于什么目的？是撤退，逃跑，投降，诱敌伏击还是迷惑对手使之敢于采取更加积极的行动？众所周知，部队和警察是不会在没有命令的情况下采取行动的。这是否意味着，确实有过这样的命令？

10 月 3 日晚上，警察不只是撤离了白宫，他们在莫斯科市中心完全消失了。在花园路上，甚至连交警的指挥岗楼都空了，汽车完全是在没有信号指挥的情况下行驶的。整个城市仿佛进入了一种权力真空的状态，这促使议会保卫者们敢于采取较为积极的行动，尽管此时的鲁茨科伊和哈斯布拉托夫事实上并没有多少可以采取行动的力量。

事后民主派的报纸对警察和内务部部队纷纷加以谴责。指责他们的怯懦和彷徨，认为正是因为他们离开了自己的岗位，马卡舍夫和安皮洛夫的"匪帮"才洗劫了莫斯科。各大报刊对内务部部长维克托·叶林也进行了谴责，后者在事件结束后不久被叶利钦授予了"俄罗斯英雄"的光荣称号。莫斯科的各大报纸纷纷用这样的标题来报道这一情况——《向英雄部长提的三个问题》《为什么给这些英雄授予光荣称号》。其实还有一种可能，那就是叶林其实是很好地完成了自己的使命。叶林本人在事件结束后，没有对任何一个撤离包围圈的内务部警察做出过谴责。

无论是叶林，还是他的下属或叶利钦，都没有对撤离包围圈一事做出过解释。叶利钦在自己的回忆录中表示，星期天的时候，他一直在巴尔维赫的家中与家人在一起，在中午之前对莫斯科发生的戏剧性事件毫不知情。叶利钦回忆道："家里一切正常。我们围坐在餐桌旁。我们根本就没有讨论与政治和时局有关的话题，在这一刻我只是一个丈夫、父亲和外公而已。米哈伊尔·巴尔苏科夫通过专线打来电话，他很简要地报告了有关警察出现混乱的情况，以及此时市政府正遭受围攻，白宫周围的包围圈不复存在，而此时此刻，任何一支武装力量都可以威胁整个城市的安全。我听完他的话，心里响起这样的声音：'上帝啊，竟然发生了这样的情况，他们已经走到了这一步，突破了我们划出的底线，这是一条在俄罗斯绝对不能被允许突破的底线。他们发起了战争，最残酷的战争，这是一场内战！'"①

叶利钦在晚上 6 点签署了宣布莫斯科进入紧急状态并向警察与内务部部队发放必要武器弹药的命令。叶利钦命令国防部部长格拉乔夫向市区调兵，"用以保卫合法政权"。通过分析这场事件的经过，可以发现叶利钦的自白是

---

① 叶利钦：《总统笔记》，莫斯科：1994，第 378 页。

没有什么说服力的。我们很难相信，10 月 3 日上午叶利钦完全不清楚莫斯科所发生的情况。

10 月 2 日的时候，流血事件已经发生了。警方、示威者与议会保卫者三方当中各有几人死亡。各方都在指责是对方先动手，但到底是谁开的第一枪，又有谁能说得清楚？对于叶利钦而言，将自己打扮成一个防守者的形象是至关重要的。

克里姆林宫的分析专家们早就展开了对反对力量的研究，他们有能力利用后者的心理活动从而推动其采取极端的行动。在分析专家看来，反对派的这些人大多倾向于采取冒险行动，而不是采取深思熟虑的方式与步骤。在被包围了 12 天之后，鲁茨科伊、哈斯布拉托夫、马卡舍夫，甚至是奥恰洛夫与巴拉尼科夫都有理由相信，政府已经坚持不下去了，警察之间也出现了动摇，人民也转向了议会一边。此时正有数千名示威者从两个方向奔往白宫，这便是最好的证据。

反对派的领袖此时已经掉进了专门为他们设计的陷阱。就在不久前，议会的保卫者还处于守势，他们的行为在法律上和政治上还是说得通的。他们保卫的是宪法。而叶利钦还没有任何理由能够对白宫采取行动，他需要的不是让议会死于自己的枪下，而是由反对派发起的武力袭击、叛乱或是暴力起义。就在鲁茨科伊和哈斯布拉托夫发出占领莫斯科市政府和奥斯坦基诺电视塔的命令时，叶利钦等来了他需要的时机。

市政府很快就被占领了。到晚上 5 点前后，白宫保卫者以及从各处赶来的示威者，在马卡舍夫的指挥下已经控制了庞大的市政府大楼。于是，马卡舍夫又发出了向奥斯坦基诺进发，去占领电视转播中心的命令。一部分人乘坐刚刚缴获的汽车，而另一部分人则步行穿过城市，一路上没有遭到任何阻拦。人群在路上还遇到了载有特警的装甲运兵车，但是车里的人却高喊着："我们是站在你们一边的。"于是，在议会保卫者当中开始流传大量警察已经倒向最高苏维埃一边的传言。

攻占电视塔的行动也是马卡舍夫将军指挥的。他身边有数千人，但武器却相当少。维克托·安皮洛夫在指挥其他斗志昂扬的人群。电视转播中心里就只有原本的保安人员，以及内务部的"勇士"小分队。还有 12—15 辆装甲运兵车来到了被围困的电视转播中心。

数千人不可能就只是站在电视转播中心的大门口而已。这时不知道从哪里射来子弹，人群中有人受了伤，甚至有可能已经被击毙。马卡舍夫下令冲破大门。电视转播中心的玻璃上倒映出了榴弹炮管发出的火光，但炮手却在回击中被击毙了。这是一个信号，大门被打开，在电视转播中心的一层出现了许多特警。一场短暂的交火发生了。

"勇士"小分队、特警以及停在广场上的装甲运兵车一同开了火。立刻就有数十人受伤或死亡。人群开始逃离电视转播中心，各自寻找掩体躲避。攻击停止了。安皮洛夫已经逃得无影无踪。再次发起进攻就意味着更大的伤亡，于是马卡舍夫下令停止对奥斯坦基诺采取行动，并带领一部分人回到了白宫。哈斯布拉托夫与鲁茨科伊顿时陷入绝望之中。

尽管奥斯坦基诺并没有被占领且还具备转播能力，但它却被关闭了。那时就只有俄罗斯新闻一个频道还在播放，发射基地用的是沙巴罗夫卡的信号塔。这个基地的负责人是奥列格·波普佐夫，他在 10 月 3 日晚到 4 日之间没有与总统或是内务部、国防部发生过联系。在事件结束后，我们弄清楚了一件事，即俄罗斯国家电视公司奥斯坦基诺主席维切斯拉夫·布拉金是奉总理切尔诺梅尔金之名，下令停止奥斯坦基诺全部电视转播的。

所有人都在等待总统或是总理的指令，但一直都没有命令下达。受俄罗斯新闻频道之邀，尤里·切尔尼琴科、因诺肯季·斯莫科图诺夫斯基、莉娅·阿赫德扎科娃等一些演员和民主派政治家来到转播基地。有关攻占市政府以及警察撤离的信息在部分民主派人士中引发了恐慌。叶戈尔·盖达尔通过广播和俄罗斯新闻频道向莫斯科市民发出呼吁，请他们到莫斯科市苏维埃大楼来"保卫政府"。有数千名没有携带武器的莫斯科市民响应号召，整夜守在苏维埃广场上以及中央电报大楼周围，他们并不清楚自己需要做些什么，也不知道莫斯科的事态正在如何发展。

10 月 3 日，以空降兵部队为主的军队开向了莫斯科。但是部队并没有进入环城公路以内的地区。将军们仍然在犹豫不决。夜间 2 时，叶利钦和科尔扎科夫来到位于兹那明科的国防部指挥部。

科尔扎科夫在自己的回忆录中写道：

> 我不喜欢当时的气氛，格拉乔夫穿着一件衬衫，但没有打领带。其他与会者都穿戴整齐地坐在那里。切尔诺梅尔金也在那里。总统走了进来，所有人都起立欢迎。此次会议召集的都是拥有上将及以上军衔的人……鲍里斯·叶利钦听取了情况汇报。这份报告什么问题都没有讲清楚。叶利钦问道："下一步我们应该怎么办？"会

场陷入一片寂静。总统再一次提问，会场再一次陷入了寂静。

叶利钦问及能否为旨在解决议会问题的行动提供坦克支援的时候，格拉乔夫说道："鲍里斯·尼古拉耶维奇，我只有在接到您的书面命令之后，才能派部队参加攻占议会的行动。"

科尔扎科夫回忆道：

> 会场再次陷入了寂静，领袖的眼睛里露出不悦的目光，他默默地站起身，走向门口，并停在门框那里冷冰冰地看着这位"历史上最出色的国防部部长"。然后平静地说道，我会给您一个明确的书面命令的。①

但在命令交到格拉乔夫手上之前，部分空降兵部队就已经到达了白宫周围。在白宫对面的河滨道上排满了坦克，在白宫另一面则是数十辆装甲运兵车。反恐小分队"阿尔法"接到了逮捕议会领导层的命令，其中就包括哈斯布拉托夫和鲁茨科伊。"阿尔法"小分队没有片刻的犹豫和思考，而是直接去执行命令。

早在10月3日，美国记者就获得了在白宫周围任何合适地点架设摄像机的许可。自第二天早上起，美国有线电视新闻网（CNN）开始向全世界转播摧毁议会过程的实况。

10月4日7时，装甲运兵车开始向白宫的低楼层部分和保卫者开火，而反击的声音几乎没有听到。当时大楼还没有被完全封锁，有数十名人民代表从两侧的出口逃离了大楼，并穿过邻近的楼房到达了安全地点。他们当中的一部分人甚至直接逃到了新阿尔巴特大街，去领取为"退缩者"准备的200万卢布。但是仍有将近200名人民代表滞留在大楼里，因为他们都聚集在民族院的大厅里面，那里没有通向大街的出入口，所以也不会遭到炮火的袭击。

9点起，坦克部队开始炮轰大楼的高楼层部分。鲁茨科伊传递出信息，大楼里的人愿意投降，但当时没有人对他发出的信号予以注意。议会大厦开始着火，滚滚浓烟从高层的窗户里喷出。这时已经无法逃离大楼了，白宫已

---

① 科尔扎科夫：《鲍里斯·叶利钦：从黎明到黄昏》，莫斯科：1997，第168—170页。

经完全被包围圈和火焰吞没。在 10 月 3 日突然撤离的警察与特警全部都回到了白宫周围，并且建立起了第二重包围圈，将所有从白宫逃出的人员抓捕起来，并把这些人带到某个地方进行关押。

在白宫上空还有直升机盘旋并向屋顶射击。在距离大楼较远的地方，站满了出于好奇心理而前来观战的莫斯科市民。不时有流弹飞来飞去，有几个人甚至因此而受了伤，但围观的人群还是越来越大了。这时从白宫逃出来 10 多个人，他们全都被"抓了俘虏"并遭到关押。

射击力度更强了，在 11 点的时候，第一批行动小组进入大楼，装甲运兵车的炮火也开始向大楼的高层延伸。大楼的第七层与第八层都燃起了大火。莫斯科的医院接收到了第一批伤者，太平间也接收到了第一批死者。快到 12 点的时候，大楼第一层已经完全被空降兵占领了。

在"阿尔法"小分队进入大楼之后，哈斯布拉托夫和鲁茨科伊向"仁慈的"胜利者投降了。在"阿尔法"小分队战士的押送下，人民代表们走出了大楼。他们当中的大多数都乘大巴车离开了燃烧中的议会，几个小时之后他们就获得了自由。12 点 30 分后，白宫的保卫者和工作人员都举着双手开始离开大楼。射击此时已经停止了。记者和卡尔梅克共和国总统基尔桑的人也陆续走了出来，一部分人被逮捕，其他人则被释放。

哈斯布拉托夫、鲁茨科伊、马卡舍夫、奥恰洛夫、巴拉尼科夫、杜纳耶夫以及其他一些白宫的领导人被逮捕，他们被科尔扎科夫带领的武装人员押送到了列佛尔托夫监狱羁押。当时就只有美国的电视台对当地的实况进行了详细转播。6 点过后，内务部宣布在最高苏维埃大楼里的战斗已经全部结束。晚 9 点，消防人员开始扑灭大楼和路障上的火焰。但在这之前，大约 16 点30 分，叶利钦和他的亲信们就已经开始庆祝胜利了。在场的人有帕维尔·格拉乔夫、康士坦丁·科别茨将军以及历史学家、上将德米特里·沃尔科戈诺夫和其他参与指挥白宫行动的人。快 6 点的时候，亚历山大·科尔扎科夫和米哈伊尔·巴尔苏科夫也加入到了克里姆林宫内"胜利者"队伍当中。

10 月 3 日至 4 日所发生事件当中有许多谜团，遗留下来很多问题，但本书没有能力，也没有必要对问题进行全面的分析。在 10 月 4 日这一天，人民代表中的很多人都被击败了，但他们当中没有一个人死去。

白宫保卫者当中战死的人现在我们都已经清楚了，在他们当中有很多人死得很勇敢。但是在这些政治家和人民代表中，没有一个人被人民视为英雄。就连反对派主办的报纸在事后谈及这一事件的时候，也只是使用了勇敢一词而已，还指出了马卡舍夫的浅薄与鲁莽，因为他发起了向奥斯坦基诺进攻的行动。

维克托·安皮洛夫吓坏了，第二天逃出了莫斯科。几天后，他在邻近的一个州的郊区被抓获。

哈斯布拉托夫在最关键的时刻完全吓坏了。在 3 日，他还提出向克里姆林宫进军，到了 4 日，他竟然已经无法同自己身边的人正常地交流了。

鲁茨科伊的态度一直在变化。他请求坦克部队停止向白宫开炮，但同时还命令下属从窗户和大门向对方参与行动的人射击。他向空军和陆军请求帮助，还给很多外国使馆打电话。他非常害怕遭到镇压，又完全不知道该怎么办。鲁茨科伊把自己的自动步枪交给"阿尔法"小分队的军官，他当时关注的就只有一件事，即自动步枪是刚刚上过枪油的。"我没有用这支枪进行射击。"在 10 月 4 日傍晚，仿佛这样做真的会有什么意义似的。

来自俄罗斯基督教民主运动党的人民代表维克托·阿克修奇茨后来写道："人民代表大会的领导人确实缺乏政治斗争和国家领导的智慧……哈斯布拉托夫和鲁茨科伊对自己扮演的角色缺乏考虑，自说自话地采取了革命路线，这就导致了他们必然走向失败……试想一下，如果组成一支整齐的队伍，从国外的摄像机和美国大使馆门前走过，受益者会是谁？在安皮洛夫布尔什维克式的号召下，受益者又会是谁？当然，肯定不会是那些人民代表，他们在那里什么都做不了。但是，如果这些失败者不采取这样的行动，那么总统又将如何向世界说明自己正在遭受的是来自共产主义的进攻？"①

可耻的是一些文化界的知名人士，叶利钦后来还对他们的态度表示了赞许。他们联名发表了一篇向总统示好的宣言，署名的人有贝拉·阿赫玛杜丽娜娅、瓦西里·贝科夫、丹尼尔·格拉宁、德米特里·利加乔夫、维克托·阿斯塔菲耶夫、格里高利·巴克拉诺夫、布拉特·奥库德扎等人。宣言是这样说的："红棕色的变形人想要逃避惩罚的愿望要落空了，在警察严厉目光的注视下，他们所做的那些侮辱人民、国家以及合法领导人的行为，还有他们想要鼓动我们所说的甜言蜜语……此时已经没有必要再同他们讲些什么了。是时候采取行动了。对这些愚蠢的坏蛋，现在只能用武力解决。难道现在还没有到我们起来保卫我们年轻的民主的时候吗？"② 事后就只有尤里·达维多

---

① 《独立报》，1996 年 11 月 9 日。
② 《消息报》，1993 年 10 月 3 日。

夫公开为这段宣言向公众致歉："我那时其实不应该做这件蠢事。"①

对俄罗斯苏维埃机构的压迫与重组

就在行政与立法机关还在斗争的时候，政府已经临时查封了几乎所有的共产主义和极端民族－爱国主义倾向的报刊，在莫斯科查封了《真理报》《苏维埃俄罗斯报》《真相报》《快报》《劳动讲坛报》，统一查封了一些早已收到法院传唤、进入诉讼程序的反犹主义报刊，比如《图申人的脉搏》《俄罗斯报》《俄罗斯复活报》，在圣彼得堡查封了《人民真理报》，在克麦罗沃查封了《库兹巴斯报》。大部分共产主义和工会报纸都停止了发行，其中有一些还更换了名称（如《今日报》更名为《明日报》），大多数报刊没有更名。

在莫斯科进入紧急状态之后，许多在 1993 年 9 月积极参与反对总统活动的政党都被中止活动。司法部认定救国阵线、劳动俄罗斯运动、俄罗斯民族共同体、劳动者统一阵线、军官联盟、俄罗斯联邦共产党、俄罗斯共产主义劳动党和其他一些名气相对小一些的政党为非法。在莫斯科解除紧急状态之后，几乎所有的政党都恢复了活动。然而，救国阵线并没有恢复活动。这是一个集合了左翼与右翼的持反对立场的组织，在 1993 年 10 月之后它已经无法再按照过去的模式继续活动下去了。

在逮捕了包括鲁茨科伊、巴拉尼科夫在内的议会领导人以及许多议会保卫者和左翼与民族主义组织中的积极分子之后。作为 10 月 3 日示威组织的领导者，维克托·安皮洛夫与伊利亚·康士坦丁诺夫也被列入应予以逮捕的名单之中。在"暴乱"过程中，出现了许多起刑事犯罪事件，但这些行为都在 1994 年 2 月的特赦中被赦免了。

倾向于叶利钦的政治家和社会活动家为其做出了辩解，而反对派和很多法学研究者却认为叶利钦在 1993 年 9 月至 10 月所做的行为属于犯罪。后来法学家们做过一个统计，仅仅在 9 月 21 日至 10 月 5 日，俄罗斯总统和政府违反俄联邦宪法至少 50 次。这些违法行为不是由检察机关，而都是由反对派和其他一系列法律保护组织统计的——胜利者是不受审判的。

---

① 《独立报》，1996 年 10 月 30 日。

对于 1993 年 9 月至 10 月的获胜者而言，取缔俄罗斯联邦最高苏维埃和人民代表大会这两个立法与代表机构并不是他唯一的任务，他还要取缔全国各地各个层级——包括自治共和国、州、边疆区、市、市辖区、农业区以及乡镇的苏维埃机构。

尽管 90 年代的苏维埃已经不再像 1917 年组建时的苏维埃那样，由农民、工人与士兵的代表组成，并且以此为起点，引发了 1917 年十月（俄历）新国家的诞生，但对于叶利钦和他的团队而言，取缔苏维埃已经不只具有政治上的意义，还具有标志性意义。

众所周知，在苏维埃时期，"苏维埃"与"社会主义"在词义上具有相同的意义。无论是我们的联盟，还是各个加盟共和国，都被冠以"苏维埃"的名号，而"社会主义"一词总是与"苏维埃"一词并列在一起。

当西方国家提及苏维埃社会主义共和国联盟的时候，很少使用这个国家的全称。更常用的是"苏维埃"，如"苏维埃谋划""苏维埃利用""苏维埃认为""苏维埃在举行谈判"等。现在需要建设资本主义国家，仍旧将国家的最高机构称为"苏维埃"，这是俄罗斯领导人所不愿意看到的。因此，在 1993 年 10 月之后，他们所考虑的已经不只是压制苏维埃的权力与影响力，而是完全取消苏维埃作为国家权力机构的地位。

在最高苏维埃和俄罗斯联邦人民代表大会被取缔之后，紧接着被取缔的就是莫斯科市苏维埃，因为后者在 1993 年 9 月至 10 月曾经积极支持过白宫。当局宣布，即将举行的不是莫斯科市苏维埃的选举，而是市杜马的选举。全国大多数城市也在准备杜马的选举。全国许多州和区都将苏维埃一词改成了"会议"。名称各有不同，但"苏维埃"一词几乎完全消失了。在计划于 12 月 12 日举行公投以确定的俄联邦宪法当中，只有两处用到了"苏维埃"[①]一词："联邦委员会"以及"安全委员会"。而这两处所指的，已经是完全不同意义上的委员会了。

国家杜马的选举

叶利钦第 1400 号总统令不只是完全剥夺了苏维埃作为俄罗斯最高权力

[①] 苏维埃是俄文 Совет 的音译，意译则为"委员会"。——译者注

机构的职能，还宣布俄罗斯国内自 9 月 25 日起，进入国家杜马选举的阶段。新的游戏规则发布后，许多政治家和政党都开始积极活动起来，为 12 月 12 日将要举行的选举做准备。10 月初，在众多白宫保卫者还没有缴械之时，很多政治团体已经行动起来。时间很紧迫，距离选举就只有两个月的时间了。

从法律的角度来看，这个行为是很有争议的。尽管叶利钦违反了宪法，但并没有废除它。宪法在俄罗斯国内仍然具有效力，俄联邦总统在 1991 年 7 月正是手按着这部宪法宣誓就职的。不过在这部宪法当中，并没有提到什么国家杜马的事情。

在总统所属的办公机关提出的新宪法草案当中，国家立法机关被设定为两个机构，分别是联邦会议和国家杜马。但是这部宪法的内容并不为社会所了解，到 11 月中旬的时候它才向社会公开，并且交由 12 月 12 日的公投来决定，并在同一时间进行国家杜马的选举。如果公投得出的结论并不是当局所期盼的，又应该怎么办呢？

无论是叶利钦的支持者还是反对者，他们对这些法律都没什么兴趣。叶利钦已经不可能再回到现有法律的框架之下。他正在按照自己的意愿制定新的游戏规则，并将这些规则通过法律的力量加以实现。

新的选举方法与过去的苏维埃权力机构选举方法有所不同。在 450 名杜马议员当中，有大约 225 名议员是在各个单人选区按照多数票原则选举出来的，另一半才是按照从登记在册的政党与社会政治组织或联合体中按比例吸收进来的方式。但入选政党只有在所在选区获得 5% 以上的选票才有资格入选。各个选区的投票人数如果少于 25%，选举结果将不予承认，而且所有的选举都只进行一轮，得票最高的候选人将会进入杜马。按照宪法草案的规定，杜马议员的服务期限是 4 年。但是 1993 年选出的杜马议员只有两年的任期。

11 月 10 日，新的选举方案以及宪法草案公布，在全国范围内引发了批评。就连那些亲叶利钦的知识分子也出现了疑惑：为什么要这么着急呢？但叶利钦依照自己在 1991 年选举时的经验做出判断：较短的选举准备时间会给反对派，而不是当局带来更大的困难。除此之外，总统和他的班底都希望能够迅速将社会的注意力从 10 月 3 日至 4 日发生的悲剧转移到其他地方上去。

各反对派政党毫不犹豫地加入选举的进程之中。有很多政党加入了自由俄罗斯党、救国阵线和俄罗斯共产主义劳动党。这些党还没有解禁，它们的领袖——鲁茨科伊、康士坦丁诺夫和安皮洛夫都还被关押在列佛尔托夫监狱。

左翼参选政党中的旗帜是俄罗斯联邦共产党、农业党、社会主义劳动党。对当局持反对立场的是弗拉基米尔·日里诺夫斯基领导的自由民主党，这个政党通常被认为是极端民族主义政党。

中派力量主要有国民联盟、俄罗斯民主改革运动以及俄罗斯妇女党。右翼力量中对当局持反对态度的有"亚博卢"政治联盟，领导人是格里高利·亚夫林斯基。

1993年时，有两个政党积极支持总统，它们是叶戈尔·盖达尔领导的"俄罗斯选择"以及谢尔盖·沙赫赖领导的俄罗斯统一和谐党。

盖达尔领导的政党提出了自己的口号——"俄罗斯选择"就等于叶利钦总统。当被问及自己政党的前景时，盖达尔表示，"俄罗斯选择"将会获得40%的席位，加上本党的盟友，将会成为国家杜马中的多数党。

与谢尔盖·沙赫赖一样，中派选举联盟的领导人阿尔卡季·沃尔斯基、阿纳托利·索布恰克和加夫里尔·波波夫也都做出了非常乐观的预测。当时有社会组织做了民意调查，11月底时，这两个社会组织"在使用纯粹的计算，即数学方法基础上，且没有依赖国内外的分析员"的情况下得到了相关数据，并将其公布。民意调查的结果如下："俄罗斯选择"支持率为41%，农业党为12%，"亚博卢"为10%，共产党为10%，索布恰克与波波夫的组合（俄罗斯民主改革运动）为8%，沙赫赖的党为6%，"俄罗斯妇女"以及生态运动"雪松"为6.6%，其余政党没有达到5%的基线。较为谨慎的分析家认为盖达尔有望获得30%的席位。但他们认为日里诺夫斯基很难获得5%以上的选票。

无论是对于参选者还是观察者，选举的结果都出乎他们的预料。在政党竞争中，盖达尔的党只获得了12%的席位。沙赫赖和绍欣领导的俄罗斯统一和谐党很艰难地获得了7%的席位。

在这次竞选中，日里诺夫斯基领导的自由民主党获得了尽管不是很大，但确实比较关键的成果。至此时为止，大多数政治分析人士都出现了明显轻视日里诺夫斯基政治野心的问题——俄罗斯自由民主党在这次选举中获得了25%的选票。

在根纳季·久加诺夫的领导下，俄罗斯联邦共产党此次获得了14%的选票。与俄共联合竞选的农业党也取得较好的成绩。

中派政党失去了自己的地位，其政治领袖加夫里尔·波波夫、阿纳托利·索布恰克、阿尔卡季·沃尔斯基以及叶夫根尼·沙波什尼科夫都没有入选国家杜马议员。"亚博卢"和俄罗斯妇女党勉强获得超过 5% 的选票。

对于"俄罗斯选择"和中派政党而言，主要的成果出在单独候选人选区的选举结果。

民众对"休克疗法"的严重不满，是出身于政府的选举团队失利的主要原因。总统和总理在 4 月公投之前所做出的承诺，还没有一件得以兑现。仅仅 4—12 月，俄罗斯国内的物价上涨了 5 倍，而同期的工资和退休金只上升了 3 倍。在这种情况下，国内关键部分民众感到的是国家的耻辱。

在拉脱维亚和爱沙尼亚，俄罗斯族人组成的家庭已经不再享有公民待遇了，大批俄罗斯族人逃离了车臣和图瓦，有数万个俄罗斯族家庭从外高加索、中亚甚至是乌克兰离开。毫不意外地，日里诺夫斯基的政党获得了军队当中关键部分的支持。太平洋舰队和黑海舰队的大部分军官，甚至是动用坦克炮轰白宫的塔曼精锐师的部分军官都支持日里诺夫斯基。一些较为关键的大型军工企业也支持日里诺夫斯基的党。

总统和总理在这场选举中的立场十分明确，因而媒体都没有对此予以过多的评价。

《俄罗斯报》这样评论道："让我们鼓起勇气来确认一下吧，国家杜马之后会如何发展，目前迹象还不明显，保守派、左翼和极端派，其比例较之于 9 月至 10 月的议会有所增加。我们现在已经坐在同一艘船上，左翼力量被这一切激怒了，民主派也会重新振作起来。"①

《消息报》是这样评论的："俄罗斯，你选择了什么？全世界都因为选举的结果而困惑不安，就在不久之前，亚历山大·鲁茨科伊还是主要的坏人，而当时还认为弗拉基米尔·日里诺夫斯基只是一个消遣而已，并没有多么危险。"②

俄罗斯联邦的新宪法

国家杜马选举并没有很严重地影响新的官僚阶层的地位。无论是对于官

① 《俄罗斯报》，1993 年 12 月 15 日。
② 《消息报》，1993 年 12 月 15 日。

员、政府还是叶利钦本人，相较于选举出新的议会而言，通过俄罗斯联邦的新宪法无疑具有重要得多的意义，因为这部宪法真正地扩大了总统的权力。

如果说在9月底的时候，叶利钦还认为新宪法应该由新议会或者是专门的制宪会议制定的话，到了10月初的时候，却是当局给新宪法加入了许多修正案。在这种情况下，议会根本没有时间对此进行细致的讨论。

关于宪法的公投是非常简单的，就是针对叶利钦提出的草案勾出"是"或"否"的选项，而没有任何修改的可能。

按照新宪法的精神，俄罗斯将要建立的是类似于美国与法国式的总统制，而不是议会制。新宪法规定，总统不只是行政机关的首脑，还是国家元首。俄罗斯总统拥有的权力已经远远大于美国和法国总统。俄罗斯总统发布的总统令在国内具有临时法律的地位。没有设置副总统的职位。在特殊情况下，总统可以担当政府首脑的角色。

按照新宪法的规定，俄罗斯将会建起两院议会制，联邦会议和下院——国家杜马，后者的议员需要在全国范围内选举产生。上院，也就是联邦会议则出自各联邦实体，每月召开数次各州和各共和国行政与立法领导人之间的会议。联邦会议无权干涉政府或总统的活动。

在产生严重分歧的时候，总统有权解散杜马。但解除总统的职权，在实践上几乎不可能做到，其过程实在是太过复杂。在这种结构下，很难设想能出现权力之间的平衡。俄罗斯的新宪法事实上就只是保护了总统的权力而已。

新宪法并不支持"共和国主权"声索。在1990—1991年，叶利钦曾经号召各联邦实体："想拿多少主权，就拿多少主权。"在苏联解体之后，俄罗斯国内各自治体获得了太大的主权自由，严重阻碍了一些激进改革措施的推行。很多地方甚至出现了向中央瞒报自己丰富矿藏和生产情况的现象。新宪法将权力重新赋予中央，与此同时在地方上建立起可靠、灵活的政权体系。

在11月10日新宪法草案发表后，许多法学界人士都对此予以了严厉的批评。

尽管如此，12月12日的公投还是如期举行了。根据中央选举委员会的统计，有53%的选民参加了投票，其中57%的人表示支持叶利钦的草案。反对派对这个数据提出了异议，就连叶利钦过去的秘书长维切斯拉夫·科斯基科夫后来也证实：中央选举委员会主席"修正了"最终统计结果，但也就是在2%—3%之间而已。不过，反对派并没有将此事诉诸法律。

第十二章

1994 年：票据私有化的终结与车臣战争的起始

政权构成的变化

通过艰苦的政治斗争，1994 年年初的胜利者叶利钦已经成为俄罗斯毋庸置疑的代表者，他几乎不再受到任何人或任何机构的限制。当时就已经有不少人称叶利钦为"沙皇"了。

但是，叶利钦也可以像普希金笔下的鲍里斯·戈东诺夫那样看待自己："我已经到达了权力的最高峰……却已经感觉不到自己的内心。" 1989—1993 年，叶利钦用 5 年的时间登上了最高权力宝座，但运用这份权力的力量却一点也没剩下。至于民族与国家应该如何运转，叶利钦并没有自己的方案和理念。

鲍里斯·叶利钦不是在直接管理这个国家，而是在各个最高权力机构之间采取平衡与制裁的措施，以总统身份担当起了平衡者的角色。鲍里斯·叶利钦在地方与中央、各政权派系、政府与杜马之间不断地碰撞。

叶利钦很少召集政府高层开会，也很少出席国家杜马的会议。叶利钦经常撤换高级官员的职务，被撤换的官员有政府重要部门的负责人、安全委员会秘书、副总理、部长、总参谋部参谋。

1994 年叶利钦开始经常生病，他搬离了自己在克里姆林宫的办公室，从"文案工作"中解脱了出来。

当时维克托·切尔诺梅尔金所有经济方面的决定，都是依照鲍里斯·叶利钦所提供的建议做出的，政府中盖达尔留下的团队此时就只剩下丘拜斯一个人了。

除了盖达尔之外，还有很多人也离开了政府，他们是鲍里斯·费奥多罗夫、米哈伊尔·波尔托拉宁、弗拉基米尔·舒梅科、埃拉·帕姆菲洛娃。政府每周举行一次例会，但是它所能解决的就只有一些小事而已。

尽管当时有很多人为政府提供建议，其中就包括在 1993 年和 1994 年时拥有很高威望的格里高利·亚夫林斯基，但政府在处理许多新产生的全球化问题上，还是非常无力。在当时不同机构进行的民意调查中，亚夫林斯基都获得了很多民意支持，具备很高的"总统"威望。

1993—1994 年的冬天很冷也很长，城市的供暖压力很大。因此，需要尽快安排好哪怕是第一季度的财政预算，这事关在各行各业工作的数百万人。

国家北部和东部的情况尤为严峻，那里的居民几乎很难得到获取额外工作收入的机会。切尔诺梅尔金宣称："我们在市场化的罗曼蒂克面前被终结了。"鲍里斯·叶利钦在这个问题上，明显不支持总理的观点。

政治分析家弗拉基米尔·奥尔洛夫评论道：

> 浪漫的改革时期，如果我们要讨论有关政府更迭的事情，不能忘记以下事实：他们都是在总统的祝福声中上台的……切尔诺梅尔金在 1993 年时，是以一个主管各项事务的政府总理身份出现的。而他现在却变成了一个政治形式上的总理。几乎全国上下都清楚这一点，这位总理并没有获得高层的有力支持。与之相对应的是，切尔诺梅尔金政府在各个地方政府当中却获得了较多的支持。在联邦会议和国家杜马中都有人支持他。此外，很多政府官员以及总统办公厅里有不少人同情切尔诺梅尔金。他们已经厌倦了不断的重组和不确定性，觉得现任总理代表着稳定。如果总理下台，肯定会引起冲突和激战，因此……现在必须停止内讧。因为总统和总理目前都还持合作的立场。①

---

① 《莫斯科新闻报》，1994 年 1 月 23—30 日。

经济的持续倒退

由于时常生病，叶利钦只参加了在1994年3月召开的那一场政府工作扩大会议。这场会议是在白宫匆忙举行的，此时该地已经成为政府的办公用地。

在这场会议上，总统与总理先后宣读了自己的报告，在所有的经济政策问题上形成一致意见。切尔诺梅尔金并没有向政府和人民做出他能够在1994年稳定国家形势、减少通货膨胀、阻止生活水平下降、遏止失业人口数量上升的许诺。完全没有任何鼓舞人心的内容出现，正如他本人所说，政府所面临的真正威胁是非常严峻的，而且从另一方面看，还必须特别谨慎地处理，"我们正行走在刀尖上"。

切尔诺梅尔金在报告的结尾处讲道："俄罗斯并不是辆赛车，它一下子就冲出了赛道，紧接着全国就燃烧了起来。"所有的电视频道都记录下了这个历史时刻，并同时将镜头转向了切尔诺梅尔金和盖达尔。有目击者称，在切尔诺梅尔金宣读完自己的报告后，叶利钦紧紧地握住了他的手。

然而总理并没有改变市场化改革路线，而是决定要"加快改革的进程"，进而采取一系列新的举措，包括在兑换、税收、酒精饮品的进口以及对银行和企业在金融活动上的管控等。

尽管政府在事实上无法做到"加快进程"，但还是要尝试着去做。在许多情况尚不明朗的情况下，又谈何让俄罗斯这艘巨轮前进呢？

总统和总理的共同目的是非常明显的：努力在1994年内遏止生产的下滑，在1995年完成国内生产结构的重建，从而保证在1996—1997年，俄罗斯的经济得以重新增长并且回归发达国家的行列。但令人感到遗憾的是，这个目标是无法达到的。道理很简单，没有任何人和任何国家，能够在错误的道路上完成自己的目标。

1994年的一切结果都很不理想。最主要的问题还是经济，其形势甚至比1993年还要差。当时俄罗斯的媒体都在用"失去的一年""失去可能性的一年"，甚至是"挥霍遗产的一年"这样的词汇来形容1994年。1994年的国家财政赤字再次上扬，与国民经济相关的国家机关的支出增幅甚至超出了预算的两倍以上。生产下滑的问题仍然在持续，国内生产总值只相当于1993

年的85%左右，农产品的产量几乎下降了10%。通货膨胀问题非常严重，国家在支付债务的问题上遇到了严重困难。

1994年秋，俄罗斯政府曾经试图设法克服金融上的严重危机（"黑色星期二"），但种种努力只换回了很小的成果。国内已经有半数老百姓滑入"贫困线"以下，有30%的人陷入了"可怕的贫穷"，这意味着他们已经沦为乞丐，处于营养不良，甚至是饥饿的状态。

票据私有化的终结

俄罗斯的私有化是分不同阶段进行的。第一阶段始于1991年年底，止于1994年年底。这就是已经恶名在外的所谓人民私有化了。鲍里斯·叶利钦以俄罗斯总统的身份在1991—1994年签署了许多相关的法令，来推动私有化的进行。但是，叶利钦对这些法令的细节并没有多少思考，他对资产和财产的概念也不是很清楚。

阿纳托利·丘拜斯是这一场运动的主角。丘拜斯宣称："私有化的目的就是在俄罗斯建立资本主义制度，这项在全世界其他国家花了上百年才完成的工作，我们必须在几年之内完成，就肯定会造成一些震荡。"①

然而叶利钦对这些细节是不在意的，他在原则上完全赞成盖达尔和丘拜斯的改革主张，他还鼓励这两个人做出最为关键的决定，而最重要的部分就是打破过去的规则。叶利钦不止一次讲过这样的话，而且他也让自己的团队去落实这个理念："对过去的一切我们不要怜悯，我们要反过来做。"叶利钦还对外宣布，这些工作要非常严肃认真地去做。

叶利钦在自己的回忆录中透露，盖达尔和丘拜斯的改革确保了也必然确保宏观经济的发展："旧的经济制度被打破，在没有灯光的手术台上进行手术，这将是多么痛苦。伴随着铁锈声作响，肉被一小块一小块地割了下来。这就是事情的经过。也许我们根本就没有其他办法可用。我们所拥有的，就只是斯大林模式下的工业和经济而已，几乎完全没有能够适应今天形势的任何东西。而这些东西的本质决定了它们的路径——要倒下去。它们只有在完

---

① 《独立报》，1997年9月11日。

全被破坏的情况下，才能重新建立起来。"①

对于叶利钦的这些"反思"，我们其实是难以评价的。

在俄罗斯的历史上也曾经出现工业完全瘫痪的时期，但那还是在 1918—1921 年的时候，当时国内正在发生内战。

但是新经济政策获得了成功，工业和交通以及农业都迅速在废墟上重建了起来。尽管当时俄国的整体工业体量还不是很大。新经济政策获得成功的主要原因还在于当时国内的数百万"有产者"，这些人不只是有愿望，而且有能力在市场经济和所有制条件下展开工作。

然而数千万的苏维埃劳动者和集体农庄的工人却仅有这种愿望而没有这种能力。这种情况是倡导"休克疗法"的改革者们所没有预料到的，打破原有的经济体制，最终导致的却是破坏了俄罗斯联邦全部国民的生活基础。根本就没有出现新的经济体制，也没有出现新的城市和房屋。

国民反对经济改革的意愿已经超过了继续改革的意愿，以至于几乎全国上下都在反对"休克疗法"。在苏维埃政权机构"倒下去"的那一年，克里姆林宫面对的社会不满已经达到了一个高峰。但在这个时候，还没有出现能够取代"休克疗法"的另一种有前景的最终经济政策。

由于无法克服的"客观困难"，我们的改革家们采取了荒唐和不明智的举措，他们还在寄希望于获得当局的支持。但叶利钦不无遗憾地指出："俄罗斯必须停止这些实验，因为在俄罗斯想要推倒什么东西，比建立起那些东西还要困难。"②

我们没有必要在这里对"人民私有化"的细节做出一一阐述。就连俄罗斯联邦最高苏维埃在 1992 年春夏之际，都没有对私有化的新细则和新原则做出讨论。叶利钦根据自己掌握的紧急状态下的权力，完全能够以法令的形式来推动私有化的进程，这些法令无须通过讨论就可以迅速加以施行。其中有一条法令规定，所有的大中型企业（军工和资源型除外），都必须改组成为股份公司并制定私有化方案，通过出售股份的方式确定其身份。这些方案须经工人会议确认，之后上报政府备案。每个俄罗斯公民可以获得价值 1 万卢布的私有化债券。但这个数字又是从何得出的呢？

俄罗斯制定"人民私有化"方案的逻辑在于将整个国家的生产潜力视作

---

① 叶利钦：《总统笔记》，莫斯科：1994，第 380 页。
② 叶利钦：《总统笔记》，莫斯科：1994，第 226 页。

全民的财富。因而每个公民都有权从全民所有的资产中平等地获得"自己的那一份"。

在 1991 年，俄罗斯的国有企业并没有市场价格，因为国家的经济结构不是市场化的，所以市场价格不可能出现。在这种情况下，政策制定者决定通过企业收入来决定企业价值。包括发电站、机场在内，每个企业都有自己的资产价值，或者是根据收支情况得出的名义资产价值。这些信息可以反映出企业的生产成本，这对于企业的建设和运行是至关重要的部分。企业建成运转之后，在一般情况下，资产价值就不会再次进行核算了。当时全民的货币财富全部都蕴藏在各行各业的生产领域之中。

俄罗斯联邦在 1991 年时总人口数是 1.487 亿，而生产领域的资产价值是 12605 亿卢布，折算到每一个公民就是约 8477 卢布。于是，俄罗斯政府就以此为依据，决定每个公民可以拥有价值 1 万卢布的国有资产。这笔钱当时可以支付半辆拉达牌或是莫斯科人牌小汽车的车款。按照设想，俄罗斯公民所购买的股票价格会有所上升。

众所周知，在市场经济的条件下，股票和其他有价证券是不具备固定价格的。很多效益良好企业的股票可能在一开始只价值 50 美分，之后在交易所上涨到 100 美元，过一段时间又上涨到 1000 美元。在 1992 年夏季的时候，丘拜斯曾经很不谨慎地向公众承诺，每一个俄罗斯公民所获得的私有化债券到年底的时候就能换一辆伏尔加牌小汽车，甚至有可能会是两辆。

直到今天，俄罗斯老百姓还没有忘记丘拜斯所做的这个承诺。但历史却向着与私有化债券所许诺的反方向前进，1991 年估算出来的 1000 卢布，到了 1993 年年底的时候最多就只能买一瓶伏特加酒而已，债券几乎成了废纸。除此之外，俄罗斯私有化的重要目的还在于希望能够在最短的时间内打造起一个有产者阶层，他们将会成为新制度的建设者。

俄罗斯私有化无论是从价值总量或规模，还是进行时长而言都是史无前例的。在 3—4 年的时间内，起始于 19 世纪 70 年代，后又经苏维埃 74 年历史所建立起来的大部分国有企业都被出售或分配给了各个公民。

与此同时，我们需要清楚一点，在 1991 年年底等待私有化的俄罗斯经济，既没有高效率的管理，也没有实现现代化，而且在"改革"的最初几年，国家预算也没有为私有化做出任何准备。

丘拜斯在自己那本恶名在外的著作《俄罗斯私有化史》的前言中写道，在国内快速推行私有化政策会暂时降低生产效率，但他对此并不会特别担心。"我们都清楚一点，我们必须解决价格与生产之间的关系。我一直这样认为，在俄罗斯建立私有制具有绝对价值。为达到这个目标，就必须牺牲一部分经济效益。不同的问题要用不同的标准来衡量。经济效益是以年为单位来衡量的，也许是两年，十年，而私有制却能够上百年或上千年，甚至更加久远地发挥作用。"①

有一位支持民主派立场的记者写过一篇报道，对私有化的思路做出了非常直白的分析："对于读者而言，再没有比盖达尔和丘拜斯的秘密更有趣的秘密了。他们在还没有发起行动之时，就已经明白这样一个道理，那就是无法公正地分配国家的财产，肯定会有人从中作梗或是'在背后捅一刀'，官员始终能够很及时地意识到自己的利益在哪里。因此，盖达尔和丘拜斯的计划很宏大，但最终获得的却很少。将资产随意地分配，哪怕对方是土匪也无所谓，只是简单地把资产从国家的手中夺下来而已。如果土匪能够管理好自己的资产的话，他就不会再当土匪了。不，他们只会失去自己的财富而已！"②

任何事情都不能以是否达到目标为唯一的评价标准。任何目标，哪怕是那些应该予以谴责的目标，也需要一些条件和时间才能够得以实现。从这个意义上讲，俄罗斯那些强调民主思想的专家们也对盖达尔和丘拜斯有所怀疑。

经济学家格里万诺夫斯基在 1993 年曾经这样写道：

> 在任何国家和任何时期，财产分配都是一件细致而痛苦的工作。西方国家的当代有产阶层分层经历了几个世纪的过程……在任何情况下，有产阶层形成的过程都有其历史合理性因素，因而这需要漫长的时间。没有任何一个国家是通过一个整体性计划，并且在短时间内完成这一切的。西方国家没有这样的先例——将全社会或国家的财产在很短的时间内分配给个人……俄罗斯所做的事情无疑具有划时代的意义：如果私有化真的能够像它的创造者那样发展直至达到自己的目标，它一定会因其宏大的面貌而在历史上留下光芒闪耀的一页，完全可以拥有与 1917 年布尔什维克革命一样的历史地位，只不过方向是与之相反的。将财产再次归还到个人手中，在

---

① 《新时代》，1997 年第 48 期，第 10 页。
② 《文学报》，1997 年 6 月 25 日。

很大程度上也有其历史合理性，但私有化带给经济、社会以及国家政治稳定的就只是负面影响而已。①

叶利钦是在 1992 年 8 月 14 日签署私有化法令的，当时最高苏维埃正处于休会状态。当时就有人提出，依照叶利钦所发布的法令，"私有化债券就是给失败者准备的通行证"。其主要论据就是私有化债券是不记名的，在私有化的过程中具有很强的流动性和随意性。

斯德哥尔摩东欧经济研究所的艾斯仑德曾担任盖达尔–叶利钦政府的顾问，在他看来："俄罗斯私有化过程越快越好。俄罗斯的特点在于，如果不能尽快把资产都卖给国民，那一定会被全部偷光。"②

出于公正的原因，我们必须指出，"私有化债券"并不是丘拜斯独创的概念。这个术语是美国经理人的行话，后来经由那些来自西方国家的、连俄语都不懂的顾问推荐给他们。不过，盖达尔政府中的"芝加哥小男孩们"很快就喜欢上了这个概念。叶利钦很反感这个词汇，觉得很不好听。他甚至禁止在政府会议和正式讨论私有化问题的场合使用这个词汇。③

"私有化债券"的概念在当时还不是特别为人所知，而且阿纳托利·丘拜斯与私有化债券的发行与管理始终是连接在一起的。我们甚至可以用马雅可夫斯基诗歌式的方式来形容他们："丘拜斯与私有化债券，他们就是一对双胞胎兄弟……"

自 1992 年 9 月 2 日起，俄罗斯所有的储蓄银行开始向国民提供私有化债券。这场运动完全是无序的，产生了很多消极因素，民众普遍对其抱有怀疑、愤怒和不解的情绪。私有化债券的发放以及以此兑换任意企业股权的活动持续了一年左右，另一方面，由于企业不得拒绝任何持有债券的人前来兑换股权，而且债券是发放到每一个人的，这就为债券的转售和统合创造了可能。

在私有化进程初期就被私有化的那些企业，其实根本没有必要采用以私有化债券兑换股权的方式来完成自己的私有化。这些企业完全有理由拒绝某些情况下的股权兑换要求。1993 年被私有化的那些企业，还不是最有竞争力

---

① 《经济问题》，1993 年第 10 期，第 64—65 页。

② 《商业世界》，1993 年 8 月 14 日。

③ 此处的"私有化债券"一词的俄文原文是 Ваучер，属于典型的外来词汇，与传统的俄语习惯不一致。——译者注

的企业。但是到了 1994 年的时候，被列入私有化清单的企业数量又大大地增加了。

经过大范围的宣传，几乎所有的俄罗斯公民都到储蓄银行领取了属于自己的那一份私有化债券。截至 1993 年 12 月 31 日，政府已经成功发放了99%的债券。但人们拿着这些债券又能具体做些什么呢？对私有化债券持怀疑态度的人认为，政府永远不可能完全回笼这些私有化债券，所以私有化债券作为一种"有价"债券不应该只用以兑换企业的股权，还应该可以用其购买属于政府的不动产。

然而真实的情况是，企业其实很乐意通过私有化债券来完成企业的私有化，但只限于将股份转让给自己的工人和干部。但如果是这样的话，其他的公民又能到哪些企业获取股权呢？这根本不是真正的投资行为，成袋的债券也买不来任何新设备和原材料。对于债券持有者而言，跨区域兑换企业的股权更是难上加难。到 1993 年年底的时候，尽管政府一直在大力地推动，但是在 1.47 亿份私有化债券中，也只有 2000 万份完成了企业股份的兑换。

到了 1994 年，私有化债券经过再分配，已经基本上集中到了三四万人的手上。这些人到了当年年底的时候便成为俄罗斯新一代的百万富翁了，而代价却是 6000 万—7000 万人陷入了赤贫之中。

这是一场非常野蛮的社会与经济变革，所产生的严重后果在俄罗斯至今都没有消散。亿万富翁制药商弗拉基米尔·布伦扎罗夫从不讳言，他的第一座工厂就是用成袋的私有化债券换来的。在当时的情况下，私有化根本就没有按照预想的计划进行。其结果就是，许许多多非常重要的企业以极其可笑的价格出售给了个人。

在这里我可以举一些例子。位于圣彼得堡的著名造船厂波罗的海造船厂以 15 万份私有化债券，或者说是 15 亿卢布的价格被出售了。涅瓦大街上的儿童用品商店仅以 7 万份私有化债券的价格出售，其资产估价仅仅为 7 亿卢布。

位于莫斯科的明斯克饭店，以 20 万份私有化债券的价格被出售。而巨型企业"吉尔"，仅员工人数就达到了 10.3 万人，企业占地超过上千公顷，但其估价却只有 80 万份私有化债券。

除此之外，还有许许多多的体育设施、港口、工厂等都以极低的价格被出售了。苏联和俄罗斯最大的汽车制造企业乌拉尔汽车制造厂，拥有超过 10万名员工，在 1993 年时也被列入私有化清单。这家巨型企业的估价只有 18

亿卢布，按照当时的汇率换算，仅价值 200 万美元。在美国这些钱只能买到纽约市中心的一处好房子而已，或者是在其他相对小一点的城市买下一家面包店。来自莫斯科的企业家卡赫·本杜吉泽成了乌拉尔汽车制造厂的新主人，他当时以一家名字十分奇怪的企业——"生物处理器"买下了乌拉尔汽车制造厂。后来有报道指出，乌拉尔汽车制造厂的售价并不是 200 万美元，而是 370 万美元，但这并没有改变事情的性质，因为工厂所获得的并不是真金白银，而是私有化债券，而且作为购买者的卡赫·本杜吉泽当时是否真的有 200 万美元的资金其实都是很可疑的。

车里雅宾斯克钢铁厂是以 370 万美元的价格出售的。车里雅宾斯克拖拉机制造厂的售价是 200 万美元。将这些企业由国家转手到个人手上的行为，并没有给企业带来任何好处，因为让企业实现现代化，需要的是数百万或数千万美元的资金投入，而那些新的企业主根本就没有这些钱。

北海造船厂是以 200 万美元的价格出售的。著名的高尔基汽车制造厂"嘎斯"卖得要"更值钱"一些，售价为 250 万美元。比这些企业更加廉价的是苏联留下来的船队。大部分商船都在离开俄罗斯后换上了其他国家的旗帜。1994 年，俄罗斯每天都有数十家大型企业被出售，国有资产以极简单的形式转手给了个人，而这一切都是在阿纳托利·丘拜斯和阿尔弗雷德·科赫的主持下进行的。

俄罗斯政府从私有化过程中获得的收益还不到国家财政预算的 1%。当然，丘拜斯的私有化方案遭到了许多人的反对，其中具有决定性意义的是莫斯科市市长尤里·卢日科夫。副总理奥列格·罗波夫在斯维尔德洛夫斯克州的时候就追随叶利钦，是后者的心腹，他提出了完全不同的私有化方案。鲍里斯·叶利钦决定对尤里·卢日科夫做出让步，专门发布命令在莫斯科建立私有化工作的"特殊秩序"，并授予莫斯科市在辖区内建立经济特区的权力。但叶利钦免去了奥列格·罗波夫的副总理职务，并将其逐出了自己的圈子。

俄罗斯社会的刑事犯罪现象

俄罗斯权力机关在整体性地弱化，执法机关的权威也遭遇了严峻的挑战，有非常多的警务人员都辞去了自己的工作。在财产再分配的背景下，影子公司无处不在，大规模的失业以及国民生活水平的普遍严重下降，这一切都成了社会上犯罪形式多样化、犯罪率急速攀升的重要原因。俄罗斯出现了许多组织严密、管理专业的犯罪集团，涵盖了从职业杀手到入室盗窃、抢劫等全部犯罪领域。国内的私营企业普遍受到腐败官员的勒索。鲍里斯·叶利钦甚至要求成立一个只忠诚于自己的卫队。这个任务交给了亚历山大·科尔扎科夫将军，按照叶利钦的说法："请您为我组建一个小型克格勃吧。"

在 1991—1994 年，俄罗斯社会刑事犯罪数量增速远远超过了市场和市场体制发展的速度。导演兼作家斯坦尼斯拉夫·科沃鲁辛甚至搜集了相关资料，于 1995 年编写出版了一本畅销书——《伟大的俄罗斯刑事犯罪革命》。

在戈尔巴乔夫改革时期的最后几年，由于出台了一系列不适当的经济与社会改革措施，社会上的犯罪率开始提升，统计显示，1990 年的犯罪率相当于 1984 年的 1.5 倍。1990 年，已经有大量的专业人员离开了执法机构，而与此同时犯罪情况却更加严重了，形势变得越来越严峻。在故意杀人案数量急速增加的同时，犯罪集团的武器装备也日益强大起来。

根据内务部的官方数据，1991 年年底时俄罗斯联邦境内已经出现了超过 3000 个职业犯罪组织，这些犯罪组织都拥有自己的地盘，从事卖淫、贩毒、出售军火、绑架等犯罪活动。其中还有一些势力很强大的犯罪组织，影响力和活动范围都已经超出了俄罗斯的领土。这一时期经济领域的犯罪增长尤其明显，包括偷盗物资和高价原材料等，以及参与投机行为。私营企业和合作社的出现一方面导致影子经济中的重要部分实现了合法化，另一方面则促进了贪污腐败数量的增长。当时有许多官员已经不仅仅是受贿了，他们还主动索贿。在商业领域出现了前所未有的普遍性讹诈现象。经济生产领域的犯罪很快就传播到了金融领域，进而直接扩散到了包括执法机构在内的国家政权机关。

当时有专门的社会调查部门做过一些民意调查工作，发现自 1992 年起，俄罗斯居民对于"可怕的事情"的态度出现了变化。对人身侵犯的犯罪已经超越了贫穷、疾病、饥荒和内战，成为最令人恐惧的事情。而在 1988 年，对于俄罗斯人而言，最令人恐惧的事情还依次为亲人患病、战争和自然灾害。

俄罗斯内务部分析中心预测，1992 年社会上的犯罪行为将会增加 150% 至 200%。后来的数据显示，实际上发生的犯罪数量比预测的要少，但很明显的是，有非常多的犯罪行为并没有统计在册，执法机关对此没有予以处理。当时的俄罗斯出现了许多新的犯罪形式与手法，而这些在刑法典上都找不到与之对应的条款。

许多原内务部和克格勃人员开始积极参与犯罪组织的活动，他们大多是"被解雇者""被清退者""被精简者"。新组建的犯罪集团内出现原特工或警官已经成为一件很正常的事情，他们都是些训练有素的人，精于图上作业、摔跤或柔道等。这些人不只是善于使用冷兵器，他们对热兵器也很熟悉，而且还非常熟悉内务部与克格勃内部的各种机密。同这些人展开斗争是非常困难的。乘坐火车也已经不再是一件安全的事。犯罪集团甚至将日古丽牌小汽车推上铁道以截停客运列车，这简直和内战时期一样了。

内务部对一些案件进行了记录，我们可以发现，某些极为残暴的犯罪行为哪怕是在内战时期也是闻所未闻的。

政治恐怖此时也已经出现，媒体开始报道有关警员、杂志编辑、人民代表被杀的新闻；北高加索出现了炸毁列车车厢和天然气管道的事件。买凶杀人等在之前的俄罗斯从未听闻的犯罪方式也都出现了，杀手也已经成为犯罪集团中的关键角色。内务部的数据显示，至 1994 年年底，俄罗斯已经出现了超过 1000 起买凶杀人事件，在这种情况下，高级官员、富有的私营企业家都开始越来越多地雇用私人保镖。

当时不仅仅出现了专门经营私人保镖的公司，还有一些公司做起了私人侦探的生意。有一些经济学家开始讨论有关全社会正在逐步"发展成为"军事化社会的问题。其根据就是，不同层级的安保机关越来越多。全社会用于保护私人商业花费的钱比用在社会保障和内务部整个体系上的钱还要多。

经济领域的犯罪数量出现了急剧上升的态势，尽管这类犯罪活动有很多都难以被统计进来。假如是凶杀或者是盗窃汽车的案件，100% 都会被记录在案，但收受贿赂这样的问题就不可能 100% 被记录在案。中小企业主在犯罪集团面前几乎是没有防卫能力的，他们必须接受后者所提出的一切条件。

苏联的解体还导致了在整个后苏联空间内的边境与关税管理能力的弱化，致使走私现象非常猖獗。

国际贩毒集团打通了一条自阿富汗和巴基斯坦起始，经由俄罗斯通往西方国家的新通道。在俄罗斯国内，贩毒与吸毒问题也急速恶化了。根据内务部的评估数据，1992 年，俄罗斯国内的涉毒犯罪金额已经超过 20 亿美元，并且正在以每年 10 亿美元的量级增长。涉案金额排在第 2 位的是非法贩卖武器罪。有大批轻武器从波罗的海地区运送到了俄罗斯，与此同时，又有更多自动步枪、手榴弹、炸药和火箭筒被从俄罗斯偷运到其他亚洲和高加索国家。车臣战争的爆发更进一步促进了此类犯罪活动的发展。

走私有色金属和稀土的犯罪活动也有所抬头。有数十家企业的仓库几乎没有任何守卫，铜材和铝材摆放在仓库里，很轻松地就被偷运出了国境。对稀土的看守非常不力，使之成为犯罪的目标。盗取金属的范围甚至扩大到了高压输电线乃至地下电缆。瑞典海关的数据显示，仅 1992 年 5 月至 9 月，经爱沙尼亚走私进入瑞典的产自俄罗斯的有色金属就有 45000 吨。[①]

各种有组织的犯罪行为和犯罪团伙正在迅速成长壮大起来，盗窃犯罪已经发展到了在包括执法机关在内的国家管理部门里拥有"自己人"，并里应外合盗窃物资的地步。西方国家的犯罪问题首先集中在贩毒、嫖娼以及赌博等领域，在新生的俄罗斯，上述这些犯罪和其他一些半犯罪情况也正在快速滋生。

但与西方国家不同的是，在俄罗斯国内，犯罪集团并没有忽视对一般性经济活动的侵扰，而且将后者完全置于自己的掌控之下。俄罗斯的犯罪集团开始越来越多地进入进出口领域，还进入了城市的食品销售行业，甚至是银行业务领域。根据内务部的数据，至 1995 年年底，约有 40% 的商业银行被犯罪集团的领导人直接管控。有数据显示，当时有约 1500 家国有企业，超过 500 家集体企业，550 家银行和超过 700 个市场为犯罪集团所控制。犯罪集团之间为了争夺铝材，已经爆发了真枪实弹的战斗。以"铝材战争"为主题的报道当时时常见诸报端。

在勃列日涅夫领导时期，影子经济由于无法见光，而没能获得太大的发展。与之相反，当时有很多企业在贸易过程中却做出了地下交易的实际行为，因为这样可以在国家与官员面前有效地降低过重的税赋。经济学家对影子经济进行了分类，这属于比较单纯的非正式经济类别，因为它是在合法经济活动的框架下，存在的一部分未被正式统计的商品交换与出售服务的现象。这种生产活动不仅未被统计部门记录在册，更是逃过了税务部门的眼睛。比如来自乌克兰和白俄罗斯的建筑工程队、从其他独联体国家进口的肉类和奶类商品，还有一些穿梭于各国的流动劳动力，所有这些都可以被称为非正式经济，对上述生产劳动的数据统计也有自己独特的规则。

影子经济的第二种形态是地下经济，所有违背法律规定的经济活动都可以被纳入这个范畴。比如说，在戈尔巴乔夫当政时期，非法生产酒精饮品的

---

① 《劳动者讲台》，1993 年 2 月 19 日。

情况增多了。在 1992—1995 年间，非法生产酒精饮品的问题发展得非常之快。在伏特加、葡萄酒以及其他酒精饮品的生产领域，国家能够监控的就只有 1/3 而已。大量的酒精从乌克兰和北高加索地区（特别是奥塞梯）地区走私进入俄罗斯。

影子经济的另一种形态是虚假经济，通过行贿的方式获得本不应得到的不合理的优惠待遇。大笔的金钱不受管理部门的监管，进行着各种各样的交易。这是影子经济中最为复杂且形式最为多样的部分。

对于影子经济的发展而言，一个全面弱化了的国家机器以及监管机制是极为理想的状态。根据内务部阿斯拉姆别克·阿斯拉哈诺夫少将提供的数据，1993 年时影子经济已经达到了 35000 亿卢布的规模，比照当年的物价，这是一个非常巨大的数字。犯罪集团所控制的组织体系，已经掌握国内 40% 的生产。

在一些领域，犯罪集团已经不仅仅是参与合法生意的问题，而是介入到了政权之中。当时的许多媒体已经对此有所谈论，认为罪犯的"权威"已经成为国家的第五个权力组成部分。这种情况在克拉斯诺亚尔斯克边疆区、斯维尔德洛夫斯克州、滨海边疆区、伏尔加格勒和奔萨州等地区尤为严重。

如上所述，根据内务部的数据，1991 年时俄罗斯已经出现了不少于 3000 个犯罪团伙；到 1994 年年底，内务部认为国内的犯罪团伙数量已经达到了 5500 个左右；而到了 1995 年年底，达到了 6500 个左右。这其中有大约 50 个犯罪集团在全国各地拥有自己的"分部"。这些具有全国影响力的犯罪集团，拥有超过 6000 名武装人员。这数千个犯罪集团几乎都拥有自己的种族特征，分别由阿塞拜疆人、格鲁吉亚人、车臣人、塔吉克人、亚美尼亚人、奥塞梯人以及其他各族人群组成。在这几年中，俄罗斯的各个监狱里几乎关押了上百万的囚犯。1995 年年底，俄罗斯的"武装人员"数量在 60 万人左右，相当于 10 个整编军的规模。

在 20 世纪 20 年代后，俄罗斯第一次出现数十万无人管教的少年儿童。俄罗斯从苏联接手过来的少年儿童社会保障体系几乎被完全破坏了。

社会文化价值观以及人生取向出现的问题，对犯罪情况的快速增长起到了推波助澜的作用。众所周知，国家行政体制实现其管理目标，并不仅仅通过强迫和暴力手段，还要通过对民众施以意识形态的灌输。然而，我们过去接受的许多有关意识形态方面的理念现在都已经被抛到一边去了。我们不久前经历的那一段历史中的许多事件都已经暴露在阳光之下。但是，旧的价值观和权威毁灭的同时，新的并没有随之建立起来。在新的价值观还没有建立起来的时候，很多人就已经失去了方向。阻挡在犯罪行为道路上的道德障碍已经消失了。

很多人都被卷入犯罪活动之中，从另一方面讲，这几年几乎国内所有的家庭都与犯罪行为产生了牵连。官方统计数据显示，1995 年登记在册的刑事案件就超过了 300 万起，其中得以破案的大约有 170 万起。涉案人员约有 105.9 万人，其中有超过 100 万人是第一次犯罪。但是，来自内务部的非正式数据显示，在这一年实际上发生了 800 万—1200 万起案件，因为有许多都属于带有潜伏和隐蔽性质的案件。

内务部的数据显示，在 1993—1995 年，俄罗斯国内出现了大规模枪战的情况。"在 3 年的时间里，由于犯罪活动而丧生的人数超过了 10 万人，有 35 万人伤残。""加入帮派活动的总人数应不低于 300 万人。""3 年内，有超过 500 万人遭到过盗窃。""每年从犯罪团伙收缴的武器超过 150 万件。"当时社会上对叶利钦时代的俄罗斯资本主义有一个独特的评价——资产阶级政权加全国性犯罪活动。

鲍里斯·叶利钦的失当举动

1992—1993 年，叶利钦将主要精力放在了同俄罗斯议会以及议会中的反对派的斗争上面。到 1994 年的时候，再也没有任何力量能够真正地威胁到叶利钦的政权，于是他便开始长时间的休息，时常进行长距离的出访或是邀请周边国家领导人来俄罗斯访问。在俄罗斯领导人的对外交往历史上，鲍里斯·叶利钦是第一个采用非正式方式会谈的人，比如进行"不打领带的会谈"，在交谈中使用"你"这个称谓。叶利钦非常坚持要建立和外国领导人之间的私人友谊，并且总是能找到出人意料的会谈地点，哪怕是在俄罗斯境内也是一样。但真实的效果却是只有一个日本领导人愿意和叶利钦一道去桑拿房洗浴，其目的当然是希望获得俄方的大幅度让步。

叶利钦赴各国正式访问与参加会谈，是一个可供外界对他展开研究的机会；其目的之一也在于通过对外交往活动，让各方了解自己的性格。苏联过去的领导人也曾经这样做过，尼基塔·赫鲁晓夫、列昂尼德·勃列日涅夫以及米哈伊尔·戈尔巴乔夫都是如此。各方都需要了解对方的强项与弱项。对于西方国家领导人而言，叶利钦是一个不同寻常的合作伙伴，他本人经常会做出一些让其他人感到惊奇的举动，哪怕是已经提前提醒过他了，但他还是会经常做出一些有违基本规则的举动。比如，在会见英国女王的时候，尽管之前叶利钦就已经被告知，亲吻女王陛下的手背是有违礼仪的，但他还是那样做了。

赫尔穆特·科尔和比尔·克林顿都收到了有关鲍里斯·叶利钦各项情况的秘密报告，报告指出，叶利钦的某些失当行为是由于酒精的作用，酒精还造成了他许多"粗心大意"的举动。报告还指出，叶利钦经常处于一种神志不清的状态，还觉得"并没有发生什么可奇怪的事情"，"仿佛一切都很正常而且什么特殊情况都没有发生过一样"。时任美国副国务卿、专门协助总统处理俄罗斯问题的斯特罗布·塔尔博特向克林顿汇报完自己的结论后，克林顿明确表示："我们需要莫斯科有这样一位领导人。"

1994年9月的一天，俄罗斯总统专机自华盛顿飞返莫斯科的途中降落在爱尔兰的善农机场，按照计划，叶利钦将在此处与爱尔兰总理雷诺兹举行会谈。但是总理和记者们在飞机的舷梯下白白站了40分钟，走下飞机的却是副总理奥列格·索斯科维茨。在爱尔兰的这一次大事件立刻就成了国际舆论关注的焦点。

叶利钦事后试图为这次严重的外交事件做出解释，称自己当时由于出现了轻度中风所以一时动弹不得，当然这种借口是苍白无力的。就在叶利钦从中国以及后来从美国飞回之后的两三天里，他又向全国民众做出承诺，如果出现中风的情况，即使是轻度的，也一定会去医院接受住院治疗。

1994年，叶利钦曾经做过一件很失礼的事情，当时他乘坐一艘内燃机游轮游览叶尼塞河，在船上下令让警卫人员把自己的新闻秘书维切斯拉夫·科斯基科夫丢到河里去，这个事件到了几年之后才为人所知。警卫人员执行了这一命令，而科斯基科夫必须认可这个来自"沙皇"的玩笑，何况当时他的生命安全是有保障的。叶利钦以此确认了科斯基科夫的忠诚，很快就委派他去梵蒂冈出任大使一职。

就在这一年的夏天，俄罗斯的总统在中欧又做出了非常失礼的事情，他去参加最后一批西方国家军队撤出柏林的仪式。8月30日晚，俄罗斯国防部部长帕维尔·格拉乔夫陪同鲍里斯·叶利钦来到柏林。在马尔蒂姆的豪华套间内，叶利钦彻夜狂饮，在第二天早上出了个大笑话。在正式典礼上，叶利钦的发言很短而且意思十分含糊，特别是作为俄罗斯的总统，表示他认为

"在俄罗斯同德国的战争当中没有胜利者，也没有失败者"。在去往位于特雷普托公园中一座小山上的苏联解放者纪念碑的路上，叶利钦走得很辛苦，差点跌倒在路上。午餐过后，叶利钦在柏林市政府受到了配有仪仗队的乐队迎接，他却出人意料地从乐队指挥手中夺走了指挥棒并挥动起来，开始自己指挥起乐队来了，还一边跳舞一边嘴里念念有词地唱着什么。当然，这一切都被现场的记者和摄影师记录了下来。在这件事发生后不久，叶利钦还与儿童合唱团一起唱了一首名为《可爱的小浆果》的儿歌。对这些事情做出一个评价，真的是一件很难的任务。

叶利钦本人对他所做的荒唐事也有记载，相关内容在《总统马拉松》一书中占用了整整一页纸的篇幅。

> 在柏林那里，当整个欧洲都在关注我们最后一批部队撤出的时候，我感到很兴奋，就没有克制住自己的情绪。当时现场的气氛充满了历史感。出人意料的是，我没有克制好自己。我搞砸了……

在这里我只列举了鲍里斯·叶利钦的少数几个行为失当的案例，而且都是发生在 1994 年的事情。鲍里斯·叶利钦显然还不能很好地掌控有如沙皇一般的权力。造成叶利钦频繁行为失当的原因，并不只是酒精或者是自制力差而已。"当我喝醉了以后，至少我不会成为一个富有侵略性的人"，比尔·克林顿这样描述自己，他曾经多次同叶利钦饮过酒。1994 年 11 月 16 日，叶利钦与索尔仁尼琴在自己的官邸见面，他往桌子上放了一杯伏特加，劝道："为了俄罗斯，请多喝一点吧。"这是对是否忠诚的一次考验，索尔仁尼琴便喝了这杯酒。在此次会面之后，在某次长达 4 小时的采访中，索尔仁尼琴在被问到有关叶利钦的问题时只说了两个词："非常俄罗斯。"索尔仁尼琴思索片刻，又补充说道："太俄罗斯了。"有很多观察家，尤其是从医学角度对叶利钦进行观察的人都确信一点，酒精对于叶利钦而言是帮助其举行会谈或做出重要决定的关键药物，以运动员做类比的话，应该将其称为兴奋剂。

在 1989 年年初苏联人民代表选举期间，我也曾目击了叶利钦的一些严重失当行为。鲍里斯·叶利钦从莫斯科第一号民族选区面向全莫斯科范围展开了竞选活动。我当时是在第六号沃洛什洛夫斯基地区选区展开竞选活动。我们相隔了两三个星期的时间，先后来到库尔恰托夫原子能问题研究所进行发言。

当鲍里斯·叶利钦前来演讲的时候，到场的人数超过了1000。叶利钦回答了许多问题，情绪非常高昂。见面时长超过了4个小时，叶利钦出人意料地出现了令人意外的情况。叶利钦突然僵在那里，身体摇摇晃晃的，我们发现，他已经完全不知道自己身处何方了。这时有几个人过来架起了他的胳膊，扶着他走到了幕后。在大厅里有7名医生，这时也赶紧跑到了大幕后面。这些医生中有一个人是大医院的院长，他后来告诉我说，叶利钦的安保人员甚至都不允许他们靠近。

第一次车臣战争打响

凡是将叶利钦视作政治人物和总统来讲述的书籍，无一例外都对始于1994年，终于1996年秋的第一次车臣战争有所记载，在这场没有取得胜利的战争中，俄罗斯中央政府的指挥及其武装力量无疑是具有重要意义的因素。然而，在2000年才面世的鲍里斯·叶利钦的个人回忆录《总统马拉松》一书中，作者却有意绕开，甚至是直接将有关他本人在第一次车臣战争中的指挥情况等内容排除在外了。

迄今为止，有关第一次车臣战争的书已经出版了很多本。在我看来，对战争过程本身做出了较为公允和准确描述的主要有以下几部专著：阿纳托利·库里科夫与谢尔盖·列姆毕克合著的《车臣的转折：1994—1996年军事对抗纪实》（莫斯科：2000年），阿纳托利·库里科夫所著《沉重的星星》（莫斯科：2002年），根纳季·特罗舍夫所著《我所经历的车臣战争》（莫斯科：2001年）、《车臣的断折》（莫斯科：2008年）。

本书没有必要对车臣和北高加索地区在1991—1994年所发生的历史事件再次做出描述。但是，在描写叶利钦个人经历的书中，跳过这一问题是不可能的。

1994年秋，车臣几乎在事实上脱离了俄罗斯联邦的管辖。车臣已经不仅仅是像在1990年和1991年时的许多自治共和国一般，如鞑靼斯坦共和国就只发出了自己的主权宣言，而是建立起了一整套政权体系，实现了政权运行的自给自足。在原苏联红军将军焦哈尔·杜达耶夫的率领下，名为"伊奇克里亚车臣共和国"的国家"成立"了。杜达耶夫不仅担任了"伊奇克里亚车臣共和国"的"总统"，他还兼任该共和国武装力量的"总指挥"。

在劫掠了苏联军火库之后，杜达耶夫分子将自己武装了起来，成立了一支装备精良的武装力量，不仅拥有重武器，还拥有自己的空军。在 1994 年年初，车臣非法武装人员的总数已经超过了 2 万人。车臣当局还将俄罗斯族居民中的重要部分都排挤出了边境线。车臣压缩了本应上缴的税收，还控制了包括石油综合体在内的所有境内企业。在此情况下，整个北高加索和俄罗斯南部地区的安全和稳定都面临着威胁。1994 年对车臣用兵的理由有很多，作为俄罗斯宪法所赋予的使命，总统有义务保护我们国家国民的安全。在 1994 年春夏，就车臣和北高加索问题在俄罗斯政府与车臣当局中间进行了多次的谈判和磋商。但杜达耶夫和他身边的人拒绝了莫斯科提出的一切建议。

1994 年 8 月，有关对车臣使用武力措施的法律程序已经走完。由此进入了对车臣叛乱施以镇压的政治与军事准备阶段，这是一场旨在维护俄罗斯领土和主权完整的相对温和的军事打击。按照部署，军事镇压活动将主要集中在边界地区。当时有很多重要武器和成队的雇佣兵，从各个极端穆斯林地区来到了"伊斯兰的伊奇克里亚"。

在车臣内部，也有对杜达耶夫分裂政策持反对立场的力量。在车臣也一直存在军事化的山区居民与独立的平原居民之间的分歧，后者相对更加和平，也更加忠实于中央政权。此时，车臣境内的许多力量和社会中的一些阶层都共同表示，反对杜达耶夫将车臣从俄罗斯中分裂出去。

当时的莫斯科当局其实并不真正清楚所出现问题的复杂性，政权内部出现了分裂，对自己的能力也没有足够的信心。危机状态伤害了俄罗斯的武装力量。正因为如此，政府为求得与车臣当局"合拍"做出的努力都显得是那样的无用和软弱。那些决定动用军事力量解决问题的政治家们，其实根本就不清楚车臣和北高加索的真实情况，也不清楚军队在俄罗斯联邦本土作战的实际战斗力。

1994 年 11 月，俄罗斯当局做出了对杜达耶夫势力采取军事行动的决定，最后却以全面失败而告终。当局决定，向车臣派出内务部部队和国防军的部分军队。1994 年 11 月 24 日，鲍里斯·叶利钦召开了安全委员会紧急会议，伊万·雷布金和弗拉基米尔·舒梅科作为两会代表出席了会议，参加会议的还有总理维克托·切尔诺梅尔金、俄联邦国防部部长帕维尔·格拉乔夫、内务部部长维克托·叶林等其他一些人。安全委员会通过了军事行动的构想。11 月 30 日，叶利钦签署了《关于在车臣共和国地区内恢复宪法法律地位和法律秩序》的命令。俄联邦军队、内务部以及联邦安全委员会的部队接到了如下任务：恢复该共和国内的秩序，解除非法武装力量的武装，如遇抵抗便将对方消灭，恢复俄联邦的法律权威性与当地法律秩序。

工作进行得很快。1994 年 11 月 30 日便成立了联合集团部队，指挥官是北高加索军区司令阿列克谢·米秋辛将军。按照计划，军事行动应不迟于 12 月 10 日发起，在 1995 年 1 月 1 日之前结束。作为整个事情的亲历者，内务部将军阿纳托利·库里科夫后来在自己的回忆录中写道："用今天的眼光看，按照当时设计的行动完成这项任务其实是不可能的。但在 1994 年 12 月最初的时间里，一切都进行得非常快，在领导层看来，所有反对速胜的思想，因行动日期而产生的争论都是不可接受的，总参谋部和国防部的所有高级官员都是这种认识。政治领导层之所以不喜欢长期军事斗争，是因为其根本就没有做好思想准备，数量庞大的受害者问题不但会引起西方的批评，还会带来财政上的压力以及国内的反对声音。通过两周或者几周的时间来肃清非法武装力量，这是一种非专业的想当然的思想。最终，会议还是通过了这个方案。就我个人而言，我真的想好好看一看这个即将从高山上跌落下来的人的双眼。"①

1994 年 12 月 11 日，俄军从 5 个方向突入车臣。然而就在行动开始后几个小时之内，行动计划就被打破了，出现了很多意想不到的困难。来自杜达耶夫分子的反抗，比俄军想象中的强大得多。

米秋辛将军没有做好指挥这样一场困难的军事行动的准备，对行动本身的准备也很不好。叶利钦在听取了格拉乔夫的报告之后，希望能选择新的行动指挥官。但国防部所有的副部长都拒绝接手指挥任务。

康德拉奇耶夫将军立刻表示，他已经受够了"93 年的 10 月"，他已经承受不住这一切了。另一位副部长、陆军司令爱德华·沃洛普耶夫将军也拒绝了任务，尽管格拉乔夫已经向其发出了命令。沃洛普耶夫声称，"军队还没有做好准备去应付这样一场战争"，他宁可辞去自己的职务也不愿接受任命。

1994 年 12 月 20 日，国防部部长格拉乔夫命令阿纳托利·科瓦申担任联合集团部队的司令，后者曾担任总参谋部主要作战部门的副司令。科瓦申也参与了行动计划的制订过程，因此他比其他将军更适合去车臣指挥作战行动。

---

① 库里科夫：《沉重的星星》，莫斯科：2002，第 259 页。

快速获胜的情况最终还是没有出现。直到 12 月 25 日，联邦军队才进入格罗兹尼的郊区，但是并没有完成对该城的全面封锁。12 月 26 日，安全委员会做出了攻占格罗兹尼的决定。在大批装甲车的护送下，有大约 15000 名士兵参与到了攻占格罗兹尼的行动当中。但杜达耶夫在此也拥有大约 10000 名装备精良的武装人员，这些人都已经做好赴死的准备。在杜达耶夫的部队中，不仅有匪徒和雇佣兵，还有很多专业的原苏军车臣籍军官。负责杜达耶夫参谋部工作的是阿斯兰·马斯哈多夫，他曾是苏军中校，在几年前还在担任波罗的海地区一支精锐空降兵部队的指挥官。这些人都非常专业地做好了格罗兹尼的防御准备工作。

在完成全面封锁之前，就展开对大城市的进攻是一个巨大的错误，但军队是不能讨论任务的。进攻在 1994 年 12 月 31 日凌晨发起，联邦军队没有遭遇任何抵抗。他们被引诱进入街道上，几乎到达了城市的中心。

12 月 31 日晚，军队与内务部部队遭到了袭击，在整个夜晚，激烈的战斗一直持续进行。就在这一个晚上，联邦军队一方有超过 1500 名士兵阵亡或负伤。

但攻占格罗兹尼的任务并没有完成。

1995 年 1 月的第一个星期，格罗兹尼街道上的激烈战斗一直在进行。几乎所有进入市区的重装备都被摧毁了。形势已经非常明朗，在车臣恢复法律秩序将是一个艰巨和长期的任务。而在 1994 年年底和 1995 年年初的时候根本没有人知道，俄罗斯为了最终达到恢复南部边境的秩序与和平的目的究竟还要付出怎样的代价。

第十三章

鲍里斯·叶利钦在 1995 年

鲍里斯·叶利钦后来很不愿意回忆 1995 年的历史。在这一年中，几乎社会中每一个层级都对生活感到了失望。几年后，叶利钦本人也在回忆录中写道："1995 年的俄罗斯又出现了新的状况——'全面否定'，对自己失去了信心，我们作为俄罗斯人已经不再相信自己的能力。"在这一年中，无论外交、内政还是经济建设，俄罗斯都没有取得任何新的成就。国家还在为生存发愁，民众的生活更加艰难了。

叶利钦执政五年来的经济成绩

在苏联和苏俄历史上，历来都是以五年为单位进行经济建设的，苏联历史上最失败的五年计划是 1986—1990 年的"十二五"计划。这个五年计划没有顺利完成的责任应该由苏联和苏共领导人来承担。而在 1991—1995 年，则没有任何五年计划。当时的俄联邦政府策划了一系列的反危机措施，试图通过市场经济的杠杆和大规模的市场化来化解眼前的危机。

俄罗斯政府与其总统以及各级政府机关强力推行的政策，在事实上导致了社会经济发展和居民生活水平的下降。毫无疑问，第十三个"五年"是失败的。

在 1993—1995 年，商品供应不足的现象得到了遏制。市场已经出现饱和，甚至出现了过度消费的情况，但价格的上涨与其真实价值之间的差距仍然存在。在总体经济形势中，服务业的比例快速上升。

商品交易的增长特别迅速。数百万人离开了政府机关或是科研机构，进入了贸易领域，其中有很多都是个体经营者。不仅小的售货帐篷和迷你商店到处都是，大型的廉价品市场和集市也遍地开花了。

在 1994—1995 年，居民生活水平下降的幅度减小了，俄罗斯公民们已经找到了增加收入的办法。在这个五年的结尾，通货膨胀率也降了下来，居民储蓄率也出现小幅上扬。卢布的汇率虽然继续下跌，但也已经不像 1992—1993 年那样猛烈。波兰、芬兰以及奥地利甚至是德国的部分银行都在国内开展了卢布兑换的业务。

在金融和其他一些市场经济领域，还出现了新的成分，包括商业银行、商品交易所、有价证券和国家债券交易市场、外汇交易市场、保险公司体系、管理退休金和其他投资的基金会、调解人和公证机构以及民事律师等。

经济学家已经看到了国家走向复苏的迹象，但国家还没有真正走出危机。在市场经济政策的制定者们看来，上述成分无疑是构成健康经济机制的基础。但当时的俄罗斯，生产仍然在萎缩，这也就证明居民的贫困状况在继续加重。

1995 年，国内贸易中的物价还没有做到基本体现真实的价值，这也反映到了卢布与美元的汇率上面。对于那些持有硬通货的企业家而言，在俄罗斯的生活是极其廉价的，他们简直是用掠夺的方式从俄罗斯进口商品。

在巨大的困难面前，私有企业中的一部分甚至出现了逆势而上的态势。1994 年夏秋之时，有很多经济学家断定，衰退的态势即将终止。俄罗斯国家统计局的数据显示，有色金属冶炼、发电以及机器制造等领域的衰退已经停止。化学和石油工业生产领域甚至出现了小幅的增长，交通运输业也出现了复苏。

但是这些领域的复苏并非仰赖投资的增加。机械设备不但没有得到更新，甚至连维修都没有做到。由于机器磨损过大，严重的生产事故数量出现了上升。

1994 年俄罗斯对外贸易出现了出超，顺差达到了 150 亿美元。但结余的主要部分却都被俄罗斯商人存在了西方国家的银行里。贸易盈余对国家机器的生存起到了维持的作用，但对经济发展却没有发挥作用。

在 1994 年年底的时候，各界对俄罗斯当年的经济发展评价是不一样的。国内外有很多学者都支持舒姆彼捷尔的观点，认为国家仍处在"创造性的破坏"过程之中。甚至很多时候将这一情况直接称为"崩溃"或是"灾难"。

英国工党的经济顾问罗斯这样评价道："俄罗斯正在经历其工业史上最大的崩溃，这不仅仅是和平时期工业所遭受的最严重灾难，其损失甚至超过了战争年代。"①

切尔诺梅尔金对这一年来的俄罗斯经济做出了较为慎重的评价，指出："我们的国民充分感受到了原有经济体制中的消极因素，但他们在新的经济体制中也没有感受到多少积极的因素。"切尔诺梅尔金表示，1995 年将会是"实现生活与市场运行正常化"的关键一年。②

1994 年 12 月底爆发车臣战争，总统叶利钦和他的幕僚们原本计划在几天之内就结束战斗，但这场战争最终却损失惨重，且毫无获胜的希望。这场战争的结局也导致了对 1995 年的前景做出的乐观预期的破灭。

在 1995 年年初，俄罗斯的经济学家和观察家们以为国家经济的恢复会是非常迅速的，平均生产能力、物价和汇率稳定等问题已经不能用月来考察，更应该用星期甚至天来计算。

军工生产的部分领域出现了关键性的增长，其目的是让俄军在车臣作战时不再遭遇炮弹和炸药的短缺，让己方士兵先于车臣军队获得新的武器。

富人的住宅建设获得了迅速的发展。在莫斯科郊区建起了许许多多的新房屋和别墅，其中有一些设施齐备的豪华住宅简直就像是一座座宫殿。大多数建筑工人来自乌克兰、白俄罗斯或南斯拉夫。于是，砖瓦、玻璃、木材等建筑材料的需求开始增加。

在进出口贸易增长的情况下，以莫斯科为主的部分城市出现了大规模的房屋建设情况。

但这一切都不能证明复苏已经真的开始了。国内第 1 季度的生产下跌了 4.4%，第 2 季度则是 3%。受冲击最为严重的是耐用品的生产。第 3 季度的生产大体上停止了下跌，第 1 个月和第 3 个月的产量分别相当于 4 月的 98.99% 和 102%。但国内的谷物危机仍在加剧，谷物产量低于年均水平，牛的存栏数也在下降。

物价的上涨还在持续，到 9 月的时候整体物价又上涨了 2 倍，而退休金和其他社会保障的上涨水平则只有 50%—70%。在社会学角度上的"贫穷"或"困难"人口数量大大增加了。失业人口越来越多，出生率却持续下降，居民的平均生活水平也在降低，悲观主义情绪在不断上升。

工业党领袖弗拉基米尔·舍尔巴科夫指出：

---

① 《经济问题》，1994 年第 3 期，第 22 页。
② 《俄罗斯报》，1994 年 11 月 29 日。

我们的所作所为对经济的稳定毫无益处，只是让其停滞不前；经济发展已经错过了可以修正的时期。如果说之前国内生产的下滑破坏了包括军工体系以及重工业的生产基础的话，那么现在之所以会出现下滑速度减缓，就只是因为已经没有下滑的空间了而已，我们的经济发展取决于工业生产是否会突破崩溃的底线。一旦突破，技术和设备的损坏将会是无可逆转的。①

有经济学家预测，1995 年秋季经济发展将会遭遇新的重大挫折。这个预测是准确的。形势在持续恶化，尽管不像 1992 年或 1994 年时那样剧烈。但是，1995 年绝不能被称作伟大的一年，也不能被认为是损失较小的一年。

对大多数经济学家而言，如何评价 1991—1995 年这五年间的经济成就，是一件让人头疼的事情。有很多经济类的出版社以及经济分析中心都做出了评价。我下面引用的数据中，有一部分来自我自己的统计。

1995 年的俄罗斯国内生产相较于 1990 年下降了 42%—45%。这距离红线已经非常之近了，按照根纳季·奥斯波夫的计算，一旦越过这道红线，国民经济就很有可能走向彻底的崩溃。

相较于 1990 年，1995 年俄罗斯的工业生产下降了 43%—46%，农业生产则下降了 64%—65%，投资额只相当于 1988 年或 1989 年的 28%—30%而已。

在一些与西方国家存在贸易合作的生产领域，也出现了严重的衰退现象。尽管天然气的生产下滑并不严重，但与此同时，石油、煤炭和钢铁产量的下滑却已经达到了 40%。有色金属的冶炼下滑达到 80%之多。

与 1990 年的产量相比，1995 年的载重卡车产量下滑了 39%，拖拉机产量下滑了 10%，联合收割机产量下滑了 6.7%，化纤产量下滑了 33%，冰箱产量下滑了 47%，洗衣机产量下滑了 25%，彩色电视机产量下滑了 15%，收音机产量下滑了 10%。1995 年的布匹产量相当于 1990 年的 21%，鞋的产量仅仅相当于 14%。

俄罗斯国内的许多高科技领域下滑程度也已经突破了红线。很多重要的研究基地和应用科学研究单位都衰败了，导致了严重的人才流失现象。在这

---

① 《共青团真理报》，1995 年 8 月 19 日。

五年当中，国内原有的自主研究体系和经济运行机制几乎被全部摧毁。俄罗斯的粮食依存度已经达到了 50% 的水平，而红线是 30%。1995 年政府对科技领域的拨款只占到国民生产总值的 0.32%，仅相当于最低需求的 1/6 而已。

在这样严峻的形势下，在莫斯科和其他一些大城市和大型聚集区已经出现了真正意义上的贫民区。

国家的北部地区几乎全部陷入了贫困状态，进入了一种无法摆脱的困境中。滨海和库兹巴斯地区的情况尤其严重。伊万诺夫州的纺织企业陷入了困境，因为俄罗斯根本没有足够的外汇从乌兹别克斯坦购买棉花。与此同时，来自中国、土耳其、韩国和越南的廉价商品开始涌入俄罗斯的各个城市。过去许多因从事原子能问题而保密和半保密的城市也都陷入贫困。

1995 年俄罗斯的失业人口占劳动人口的 9%。根据杜马统计委员会的数据，俄罗斯有 40%，即 6000 万人处于最低生活标准以下，还有 5000 万人陷入了困顿的局面，无法改善自己的生活。此时，社会上 10% 的人获得了 60% 的收入，占总人数 10% 的最富有的人，与占总人数 10% 的最贫穷的人的收入比是 15∶1，而一般我们认为的警戒线应该是不超过 10∶1。除此之外，我们还可以找到非常多的材料来证明俄罗斯当时所经受的经济崩溃。

由于"第十三个资本主义的五年计划"失败，叶利钦不止一次地向大众重复丘拜斯和盖达尔有关"社会主义的沉重遗产"的理论。但叶利钦也谈到了他有意"向膝盖一击"，以达到彻底摧毁过去路线和体系的目的。早在 1921 年年初，列宁号召自己的战友们转入带有市场成分的新经济政策时，就曾经讲过有关"赤卫军向资本主义发动进攻"已经失败的观点。叶利钦在 1995 年年底号召自己的战友为俄罗斯找到一个新的民族意识时，多次用"骑兵对社会主义的失败进攻"来形容 1991—1995 年的改革。

全社会酗酒现象

俄罗斯经济在 1991—1995 年遭遇严重损失的同时，整个国家体系和社会正常生活也被破坏了。军队和执法机关被破坏了，文化被破坏了，教育和医疗体系也被破坏了。由于大多数国民迅速走向贫穷，公共住房业根本无法建立起任何市场关系。

但有一个产业出现快速发展的趋势，假如说戈尔巴乔夫在 1985—1988 年以较为粗暴的方式推行了反酗酒政策的话，那么当下的鲍里斯·叶利钦政府则没有对酒精饮品的生产和销售做出任何政策限制。在很大程度上，这已经不只是市场行为，而是有意识的政策。

1994 年，俄罗斯的人均酒精消费量是 14.5 升，位居全球第一。有一些专家对数十年的数据进行了分析，发现酒精消费和经济发展情况之间存在联系，因为酒精饮品并非人们最需要的消费品。在这种逻辑下，一个国家的居民应该是在满足基本消费之后，才会将金钱用在购买酒精饮品上。

在 20 世纪 70 年代，美国是全球因为饮酒而患病人数最多的国家，患病人数达到了 540 万（人均酒精消费量是 11 升）。1968 年的法国人均酒精消费量是 22.6 升，因酒精患病的人数也非常多（150 万人）。根据统计，俄罗斯在 1980—1991 年，因酒精而患病的人数在 250 万—290 万之间徘徊，但低于美国与法国的水平。

西方国家一直在努力减少酒精对人身健康的伤害，并采取了加征税款等措施来减少酒精饮品的生产与销售，而且还着力减少从国外进口葡萄酒和伏特加。在这种情况下，酒精饮品的价格增速一直都是高于通货膨胀速度的。

1970—1982 年，苏联由于国民收入的提升，酒精饮品的产销量也增加了。但 1985 年，戈尔巴乔夫开始采取十分严厉的限酒措施，大力压缩伏特加与葡萄酒，甚至是啤酒的产销量。采取这样的措施，就必然会导致 1987 年国营酒厂的产量出现大幅的下降。与此同时，私酿酒的产量开始提升。

俄罗斯在 1992—1993 年进行的改革，与世界其他国家和过去在苏维埃时期的改革都很不一样。在这两年以及之后的 1994—1995 年，酒精饮品产销量的增加都是在国民收入减少了 1/2—2/3 的情况下发生的。俄罗斯当时有几乎一半的人收入已经跌破了贫困线。但就在这一时期，酒精饮品的销量却大幅地提升了。在这一时期内，烟草的销量也出现了大幅的提升。

俄罗斯有这样一个荒谬的理论，认为俄罗斯人天生就喜欢饮酒。这实际上是不正确的。在受到国家政策影响的情况下，任何一个民族都有可能会出现加大饮酒量的情况。1992—1993 年的俄罗斯政府，在其有关酒精饮品的政策制定上确实没有什么值得称赞的地方。

1992 年年初，俄罗斯总统曾经颁布过两道命令，第一道是解除国家对伏特加生产的垄断，放开全部酒精饮品的生产限制，一切由市场决定。在不长的时间里，就出现了几十家名不见经传的伏特加制造商，它们甚至就在大街上用大桶销售，或是将酒散装在汽车后备厢的容器里，在公路上兜售。在世界上任何一个国家都没有这样的酒类销售自由。与此同时，进口酒精饮品的制度也被破坏了，有许多原本不经营酒类产品的机构（很多是体育组织、残疾人和退伍军人机构等）也开始从事进口酒类的业务。

大量酒类（因为未交关税）涌入俄罗斯，导致伏特加成为一种廉价的商品。中等收入人群的收入在 1992—1993 年下降了 1/2—2/3，而同期酒精饮品的销量却上升了 3 倍。这完全是因为当局出台了有利于酒精饮品销售的政策（自 1994 年起，烟草类商品的售价也出现了下降而非上升的趋势），伏特加已经成为最贫穷阶层都能消费得起的商品。

西方的一些观察家们对这些"人民的鸦片"做出了自己的评价："这些酒精饮品可以保证，在快速的国有财产再分配以及国有企业产权向私人手中转换的过程中，俄罗斯不会出现大的社会震荡。"

乌克兰、白俄罗斯与哈萨克斯坦出现的剧变不像俄罗斯那样严重，这些国家中出现的酒精中毒、自杀与杀人问题也轻一些。1993 年，俄罗斯的酒精中毒致死人数位居全球第一（其中男性 48342 人，女性 14555 人）。杀人比例方面俄罗斯也超越了美国，而且不只是单位人数上（平均每 1 万人中的杀人比例），在总人数上也超越了美国。1993 年俄罗斯有 45060 人被杀，而美国在同一年"仅有" 26254 人被杀。俄罗斯在谋杀问题上已经达到了和巴西同一个层级的水平，仅仅低于柬埔寨这个全世界最危险的国家而已。

仅仅依靠酒精的作用，无法降低俄罗斯人平均寿命。在 1992—1994 年，俄罗斯因患传染病而丧生的人数大为提升。有大约 2 万人仅仅因为患上肺结核便失去了生命。这是贫穷和传染病治疗机构遭到破坏的共同结果。而自杀人数从 1988 年的 26796 人上升到了 1993 年的 46016 人，无疑与酒精有最直接的关系。

在原苏联加盟共和国中，自杀比例最高的国家是拉脱维亚、爱沙尼亚和立陶宛，它们已经成为欧洲国家中自杀比例最高的国家（之前是匈牙利）。这种情况的出现，与这些国家正在承受严峻的社会压力有关，它们的改革深深地伤害了广大民众的利益，当地的俄罗斯族人则首当其冲。

俄罗斯民众此时还遭受着营养不良的威胁。专家的数据显示，俄罗斯中等收入人群的日能量摄入量仅有 2100 卡路里，这低于联合国卫生组织认定的最低标准。

到了 1995 年，改革与再分配过程中最艰难的时段已经度过，俄罗斯政府开始试图整顿酒精饮品的生产与销售秩序，通过了一系列较为严格的规章制度，加强对酒精饮品的生产、进口与出口的管理，在质量管控和销售等领域也有所进展。在缓和改革带来的众多尖锐矛盾的问题上，伏特加发挥了自己的作用，现在是时候让它回归到单纯的饮品功能上去了。

新的政治闹剧

鲍里斯·叶利钦在自己的回忆录《总统马拉松》一书中，对俄罗斯在 1995 年发生的许多事情都直接采取了回避的方式，仅用寥寥数语就一笔带过，我在本章的开头就已经引用过他的话了。

鲍里斯·叶利钦对 1995 年发生的事情仅就以下几个问题做了简单的回忆：心肌梗死、在车臣遭遇的失败、与身边许多人关系失和、所有的社会民意调查都显示出自己已经失去了国民的信任。

俄罗斯同许多西方国家的关系也相处得不好。叶利钦回忆道："我站在命运面前，身体虚弱得仿佛一阵风就能把我吹倒，那些我一直以来依赖的'最亲密的朋友'已经离我而去，人民不能原谅'休克疗法'，也不能原谅布琼诺夫斯克和格罗兹尼的耻辱，看上去，我们似乎已经输掉了一切。"①

这些漂亮的语句其实是在掩饰一个严峻的事实——叶利钦在 1989—1991 年间获得的政治资本，在他第一个总统任期行将结束的时候就已经基本上输光了。他本人对此也不予以否认。

1995 年的俄罗斯左翼力量发展得非常快。在 20 世纪 90 年代初，几乎所有的州一级领导人都是叶利钦自己挑选的；各共和国的总统都是由选举产生的，比如鞑靼斯坦的沙伊米耶夫。

时至此刻，民主体系应该得到扩充。鲍里斯·叶利钦和他的亲信已经无法再掌控一切了。当时的俄罗斯大约有 10 个州一级领导人是俄共党员，其中甚至还有原国家紧急状态委员会的成员，如图拉州的州长瓦西里·斯塔洛杜布佐夫。除此之外，还有不少于 10 个州长采取支持俄共的立场，而且其他大部分州长对叶利钦都不是非常忠诚。

1995 年的俄罗斯政坛又发生了一起新的政治闹剧，在当年年底将要举行

---

① 叶利钦：《总统笔记》，莫斯科：1994，第 24 页。

杜马选举，之后便是总统大选，鲍里斯·叶利钦在谈到这个问题时表示，他对第二个总统任期不感兴趣。在被问及他认为谁能够接任总统一职时，叶利钦给出了不同的答案：谢尔盖·沙赫赖、鲍里斯·涅姆佐夫、维克托·切尔诺梅尔金。

1995 年春，俄罗斯开始进行伟大卫国战争胜利 50 周年纪念活动。国内左翼力量的快速发展，以及大部分退伍军人对总统施政的不满等问题使得叶利钦无法忽视这样一个重要的纪念日。

为纪念日而做的准备很早就开始了。在节日来临之前，政府出台了许多针对卫国战争老兵的优待政策，并承诺在未来 10 年内落实。在受邀前来观礼的嘉宾中，最重要的是美国总统比尔·克林顿。5 月 9 日的庆典活动分为两个部分进行。大的游行队伍将要穿过胜利公园，此处还专门为包括俄美两国总统在内的各国领导人搭建了观礼台。在这之前还要安排一场由卫国战争老兵和其他身着 1945 年军装并佩戴当时武器的军队参加的阅兵活动。鲍里斯·叶利钦组织的这场阅兵式是 1990 年之后第一次在列宁墓上观礼的阅兵式。而列宁墓上的"列宁"二字则已经完全被树枝挡住了。

在这一章里，我们有必要讨论一下与 1995 年杜马选举有关的政治活动。参加这场政治活动的不仅有叶利钦的支持者和反对者，还出现了一些新的面孔。其中较为显眼的是莫斯科的亚历山大·列别德将军，他离开了驻扎在德涅斯特地区的第 14 军，回到莫斯科进行较为温和的政治斗争，但他本人是叶利钦的反对者。最终，选举的结果令叶利钦的亲信都感到非常失望。

过去杜马的选举都是被激进民主派的力量控制着，参加选举的候选人也大多出自联合民主派党团，该党团主要包括"俄罗斯民主选择-民主联合派"（叶戈尔·盖达尔）、农民党（尤里·切尔尼琴科）、社会民主党（雅科夫列夫）以及其他一些包括俄罗斯民族组织联合在内的不太知名的小党。这些党派构成了 1992 年的联合民主派党团的基本组成部分，俄罗斯第一届政府中的大多数部长也都加入到了其中。但是，他们必须为自己的失误以及这届政府未完成的工作任务而付出代价，联合民主派党团仅仅获得了 3.9% 的选票，甚至都没有突破 5% 的最低门槛。党团内的任何一个领袖人物都没能在杜马中获得一个独立席位。

在 1992—1993 年，有许多政治家都脱离了原来的党团，出面组建了新的民主政党，并出任党的领袖。这些新的党派主要有前进祖国、共同事业、祖国复兴、帕姆菲洛娃-古罗夫-李森科以及其他一些尽管没有进入杜马，但也获得了 10% 左右选票的政党。激进民主派中通过获得独立席位而进入杜马的议员有安德烈·科兹洛夫、根纳季·布尔布利斯、加林娜·斯塔罗沃依托娃等。由于人数太少，他们在杜马中都无法组建起自己的派别。

格奥尔吉·亚夫林斯基的选举团队获得了相对较好的成绩。他们组建了自己的政党"亚博卢"，还吸收了不少较小的党派进入，由于获得了 7% 左右的选票，亚夫林斯基得以在杜马中组建自己的派别。

在 1995 年的选举中，切尔诺梅尔金组建的新党"我们的家园–俄罗斯"并没有取得预期的成绩。这个党将自己的政治立场定义为"右翼的中心"，但当时的评论家和政治学家都将其称为"政权党"。

尽管"我们的家园–俄罗斯"名义上是以切尔诺梅尔金为党首的，但依靠知名电影导演尼基塔·米哈尔科夫以及在车臣战争中有出色表现的列夫·罗赫林将军的影响力，该党还是获得了 9.9% 的选票。"我们的家园–俄罗斯"已经在广告宣传上花费了数百万美元。仅在电视台的那些主要电视频道上，这个"政权党"就购买了 7.5 个小时的广告时间。对于"政权党"而言，这样的选举结果其实是一场政治失败，他们的领导人仅仅获得了 25%—30% 的选票而已。

鲍里斯·叶利钦对"我们的家园–俄罗斯"感到非常失望，而且毫不掩饰这种情绪。因为叶利钦本人就是这个新党的发起者，并且他打算将其打造成自己在政治上的一个支柱。

在选举中持"中立"或是"中左"立场的政党，都没有获得预期的成绩。这些政党相互间是无法割裂的，它们无法在选民中建立起较高的威望，其结果就是无法突破必须获得 5% 选票的门槛。

劳动者自我管理党获得了大约 4% 的选票，其党首是斯韦托斯拉夫·费德罗夫。俄罗斯公众大会与其盟友一共获得了 4.3% 的选票。工会的选择选举组合获得了大约 1% 的选票，"伊万·雷布金组合"则获得了 1.1% 的选票。我们的祖国竞选联合、联合工业党、社会–民主联合等获得的选票更少。加夫里尔·波波夫和瓦西里·里皮茨基一同率领的社会–民主联合只获得了大约 9 万张选票。

日里诺夫斯基领导的自由民主党在 1993 年的选举中获得了 23% 的选票，在 1995 年的选举中却只获得了 11.1% 的选票。

农业党与"劳动联盟"都有在维克托·安皮洛夫领导下的共产主义激进分子加入，这两个党都没能进入杜马。农业党获得了 20 个独立席位，但其中并没有安皮洛夫的人。农业党得票率为 3.3%，劳动联盟得票率为 4.5%。

亚历山大·列别德将军并没有以俄罗斯公众大会成员的身份获选，而是以图拉州的独立席位身份进入杜马。他过去曾经担任过驻扎在图拉的空降兵师师长，在当地很有威望。

在 1995 年 12 月的杜马选举中，俄联邦共产党成了最大的受益者。俄共的领袖是根纳季·久加诺夫和瓦连京·库普佐夫，他们成功吸引了大部分对当局持反对立场的选票。

俄联邦共产党超越了其他所有的党派，获得了 22.3% 的选票。对于该党而言，这无疑是一个巨大的成功，但也还不能说明大多数选民已经彻底地倒向了俄共。通过事后的分析得知，此次选举俄共获得的选票中有许多是在1993 年时曾经支持农业党、俄罗斯自由民主党以及其他反对派力量的选民转投过来的。

所有积极支持政府和总统的政党共获得 25% 的选票，而所有共产主义政党共获得 32% 的选票。那些没有任何明显政治倾向的政党共获得 4% 的选票。剩余 39% 的选票分布在各种派别之间，有社会改革派、社会党和中间派等，其中比较有影响力的就是我在前文中提到的"亚博卢"联盟。

虽然俄共的优势已经非常明显，在 450 个席位中占有 186 个席位，俄共领导人之一的根纳季·谢列兹涅夫当选为杜马主席，俄共党员在杜马的许多委员会中也占据主导地位，但在当时的情况下，没有任何一个政党可以真正地控制杜马。

车臣战争

俄罗斯各界对车臣战争的关注，在 1995 年时持续了一整年的时间。

战争进行得很艰难，甚至可以用痛苦一词来形容，此战对于双方而言都是非常残酷的。尽管 1 月 19 日，来自俄罗斯北海舰队突击队的一名战士在格罗兹尼的总统府大楼上升起了俄罗斯国旗，但格罗兹尼的战斗却仍旧在持续，直到 2 月底才结束。

1 月底的时候，俄罗斯联邦安全委员会再次做出了撤换联合军事小组领导层的决定。所有被任命担任领导工作的将军，在接到命令后都拒绝接受这一任务。后来帕维尔·格拉乔夫在阿纳托利·库里科夫缺席的情况下，推荐后者出任总指挥，于是安全委员会便直接下达了任命的命令。

鲍里斯·叶利钦同意这个任命，并表示"是的，库里科夫是个理想的人选，他从未让人失望过，就让他出任指挥官吧"。而克瓦什宁拒绝以国防部代表的身份前往车臣。

2 月 26 日，杜达耶夫的武装力量才撤出了格罗兹尼。整个 3 月，联邦军队都把力气用在了清除车臣平原地区反政府武装的工作上。联邦军队接连控制了阿尔贡、古杰尔梅斯和沙利等城市。

但是，在车臣南部的山区还有一场战斗等待着联邦军队，那里有大约 7000 名武装完备的反政府军事人员。

1995 年 4 月 26 日，叶利钦签署了一项名为《关于通过采取新的措施在车臣共和国恢复稳定》的命令。根据这个命令，在 4 月 28 日零时至 5 月 12 日零时之间，联邦军队需要在车臣地区扩大自己的军事行动范围。这是一项政治决定，因为莫斯科正在筹备纪念卫国战争胜利 50 周年的纪念日活动。届时会有许多国外的代表团前来莫斯科，其中还包括美国总统克林顿和德国总理科尔以及其他许多国家的领导人。

5 月 14 日，针对格罗兹尼的军事行动又一次开始了，当时联邦军队集中火力发起进攻，因而城内的战斗没有持续几个小时就结束了。司令部完成了对城市的控制。

5 月 18 日，联邦军队展开了对高加索主山脉地区的进攻。至 6 月 10 日前后，车臣的大部分山区已经被联邦军队控制。

1995 年 6 月 14 日，分裂分子的主要据点沙塔耶上空升起了俄罗斯国旗。

但就在同一天，有大约 200 名武装分子潜入了斯塔夫罗波尔边疆区，进入布琼诺夫斯克市。武装分子在大街上打死了超过上百名群众，在沙米尔·巴萨耶夫的率领下，他们占领了城市的医院和产房。他们手上的人质超过了上千名。武装分子提出了自己的条件，要求联邦军队撤出车臣，并与杜达耶夫的代表进行谈判。

按原定计划，鲍里斯·叶利钦要在 6 月 15 日飞往加拿大参加七国集团的会议。俄罗斯此时还不是这个囊括了全球最有影响力国家的组织的正式成员国，而是受成员国的邀请来参加会晤。通过这个机制，叶利钦得以有机会与西方国家的领导人进行交流。

令人惊讶的是，布琼诺夫斯克所发生的变故这一历史上最大的恐怖袭击事件竟然都没有改变叶利钦的行程。叶利钦于 6 月 14 日晚飞往加拿大，将处理布琼诺夫斯克问题的权力交给了切尔诺梅尔金。

俄政府向布琼诺夫斯克派遣了数百名军事人员，其主要组成部分来自"阿尔法"小分队。人质解救行动在安全委员会的负责人谢尔盖·斯捷帕申和内务部部长维克托·叶林的共同指挥下进行。6月19日早晨，解救人质的行动开始了。几个小时之后，"阿尔法"小分队成功占领了大楼的第一层，并做好攻占其他楼层的准备。当然，这样的行动是无法避免伤亡的。

随着压力的增加，首先精神崩溃的是切尔诺梅尔金。他下令停止后面的进攻行动，接受巴萨耶夫的谈判要求并与之通电话："你是沙米尔·巴萨耶夫吗？大点声说话，我听不清你在说什么……"俄罗斯的领导人就这样投降了。

巴萨耶夫的士兵带着上百名人质分乘6辆大巴车离开了布琼诺夫斯克，以英雄的身份，从各个不同的方向经达吉斯坦回到了车臣。

切尔诺梅尔金答应了恐怖分子提出的大部分要求，停止在车臣的军事活动，并在此基础上展开谈判。

俄罗斯社会被发生在布琼诺夫斯克的悲剧深深地伤害了，但车臣的和平并没有真正到来。分裂分子在车臣各地发起了攻击行动，而联邦军队则基本处于守势，他们的军心发生了动摇。

1995年7月30日，鲍里斯·叶利钦撤销了谢尔盖·斯捷帕申、维克托·叶林与副总理兼俄罗斯总统驻车臣代表尼古拉·叶戈罗夫的职务。至1995年年底，车臣处于一种"既非和平，也非战争"的状态。很多有关交出武装和实施休战的协议都没有落实。在当地建立起来的，以萨拉姆别克·哈吉耶夫以及之后的多库·扎夫加耶夫为首的亲俄政府也未能控制共和国内的局势。

当时除了数百名雇佣兵从阿拉伯世界来到车臣之外，还运送过来了许多资金和武器。上述活动明显是出于推动车臣获得独立地位的目的。

针对联邦军队的打击数量在增加，但鲍里斯·叶利钦不允许军队针对分裂分子展开大规模的军事打击。他想结束车臣的战事。按照计划，车臣还举行了国家杜马代表和共和国领导人的选举，当选者是早在苏联时期就曾经担任过车臣地区领导人的多库·扎夫加耶夫。

但直到12月底，杜达耶夫在接受媒体采访时仍然提出，车臣的战争依然没有结束，对于俄罗斯而言，这场战争才"刚刚开始"，而实现和平的前提则是在莫斯科出现一个"新的俄罗斯政府"。在1995年12月底的时候，几乎车臣的全境都有战争在持续。

鲍里斯·叶利钦与鲍里斯·别列佐夫斯基

过去所有关于鲍里斯·别列佐夫斯基的书对其对总统的实际影响的描述都有明显的夸大。但与之相反的是，几乎所有描写鲍里斯·叶利钦的书对其受外界影响的情况都存在估计不足的情况。

叶利钦在自己的回忆录中写道：

> 我从来没有喜欢过鲍里斯·阿布拉莫维奇，① 现在也不喜欢他。我不喜欢他那自信的口气，也不喜欢有关他对克里姆林宫具有强大影响力，但实际上根本不是那么回事的这些丑闻。尽管我不喜欢他，但我其实一直是支持他的，目的是不要……失去他。我们是职业政治家，我们要让民众保持较高的热情。我们要激发民众，让他们发挥自己的天分。对鲍里斯·阿布拉莫维奇也是如此。阿布拉莫维奇自己在接受电视采访时也说过类似的话："我只见过叶利钦几次而已。"事实确实如此，我们之间仅见过几次面，有过几次简短的会谈，而且都是很正式的。但在大众的眼中，别列佐夫斯基却成了我永恒的影子。不论什么事情，仿佛克里姆林宫永远都掌握在"别列佐夫斯基的手中"。好像我在做任何决定之前，都要先喊上一句："别列佐夫斯基呢？"不管是谁为其套上了这个"神秘的光环"，其实都是人为炒作而已。②

在本章中其实没有必要对这个问题进行深究，到底是叶利钦对别列佐夫斯基影响力大一点，还是别列佐夫斯基对叶利钦影响力大一点。他们实际上是一种相互需要和依赖的关系。

介绍别列佐夫斯基和叶利钦认识的人是瓦连京·尤马舍夫，他帮助自己

---

① 鲍里斯·阿布拉莫维奇即别列佐夫斯基，与罗曼·阿布拉莫维奇并非一个人。——译者注

② 叶利钦：《午夜日记》，莫斯科：2000，第 109 页。

的上级完成了《叶利钦自传》与1994年出版的《总统日记》等书。

别列佐夫斯基当时是半犯罪企业全俄汽车联盟的总经理，专门出资赞助了这本书的出版，尽管这种赞助其实并不那么必要。任何一家俄罗斯出版社都会非常乐意出版俄罗斯总统的书，并会因此大赚一笔。别列佐夫斯基后来进入了由科尔扎科夫筹建的"总统俱乐部"，叶利钦的亲信汇集在此，进入后可以有机会在许多非正式场合与总统进行更多的交流。在1993—1995年，此类会面的地点一般是网球场或餐厅。

通过新建立起来的联系，鲍里斯·别列佐夫斯基得以在1995年大幅扩张自己的影子经济业务，他还吸引了新的合作伙伴罗曼·阿布拉莫维奇加入进来。他们一同为叶利钦家族提供财务支持，主要对象是叶利钦的女儿塔季扬娜·季亚琴科和叶利钦的助手瓦连京·尤马舍夫。别列佐夫斯基甚至开始影响俄航的事务，因为俄航掌握在叶利钦的女婿，即他大女儿的丈夫奥库洛夫的手中。俄航的部分收入存入了别列佐夫斯基在瑞士银行开设的单独账户之中。

1994年年底的时候，别列佐夫斯基成为第一频道的副主席，这是俄罗斯最主要的电视频道。1995年3月1日，第一频道的总经理弗拉基斯拉夫·利斯季耶夫被人雇凶枪杀，死于自己家的门厅之中。在第一频道里，他是最有影响力的人，也是国内最具影响力的电视人。当时在利斯季耶夫与别列佐夫斯基之间，矛盾正在不断升级，最有嫌疑杀害他的，自然就是别列佐夫斯基。

3月1日晚，鲍里斯·叶利钦出现在了第一频道的现场，通过电视直播向公众承诺会尽快将案情调查清楚，并抓住凶手。

别列佐夫斯基并没有出现在重案组的第一场审讯之中，虽然重案组已经接到了命令，要对别列佐夫斯基进行强制审讯，并搜查全俄汽车联盟位于新库兹涅茨克大街上的办公室。

对别列佐夫斯基的抓捕是不成功的，他一连在克里姆林宫的客房里藏了好几天，保护他的是保卫总局的负责人米哈伊尔·巴尔苏科夫。别列佐夫斯基在克里姆林宫录下了一段转呈鲍里斯·叶利钦的视频，指责是弗拉基米尔·古辛斯基这个利斯季耶夫在电视转播领域的商业竞争者雇凶杀人，因为古辛斯基是俄罗斯第三大电视频道——独立电视台的所有者。但包括莫斯科市市长尤里·卢日科夫以及"克格勃势力"在内的许多人都一直谴责别列佐夫斯基，认为他才是杀人犯。

　　调查进入了死胡同，鲍里斯·别列佐夫斯基也从半地下状态走了出来。在他的活动之下，鲍里斯·叶利钦于 1995 年 8 月 24 日签署了关于成立西伯利亚石油公司的法令。在 1995 年 12 月底，西伯利亚石油公司被拍卖，由别列佐夫斯基和阿布拉莫维奇控股的石油金融公司成功收购了这家企业。在此期间，在叶利钦的支持之下，还成立了许多带有半违法性质的企业，它们都成为鲍里斯·叶利钦在 1996 年总统大选中的支持者。

第十四章

1996 年：新的总统大选

不管是对鲍里斯·叶利钦个人，还是整个俄罗斯的国家生活而言，1996年当属又一个挫折的年度，而且还成为"寡头资本主义"强化、"七人"政权形成的关键一年。这一年除了举行总统大选之外，还举行了包括莫斯科和圣彼得堡在内的地区选举。

无论是直接的字面意义，还是从相对隐蔽的角度看，叶利钦在这一年中过得都十分艰难。在这一年中，各种丑闻不断发生，其中有很多事例都让人感到非常羞愧，甚至都不愿意去想起。在这一章中，我将对其中的一部分进行记述。

1996 年的俄罗斯经济形势

在 1996 年年初，人们就已经可以清楚地看到，所有关于国家经济的崛起以及生活水平改善的承诺都是无法实现的。经济下滑的速度虽然减缓了，但并没有真正停止，国际货币基金组织、世界银行和联合国的相关报告显示，除了南斯拉夫和伊拉克之外，俄罗斯和乌克兰也已经走到了经济崩溃的地步。

俄罗斯国内生产总值在 1996 年缩水 6%，石油、天然气和电力的生产出现了小幅的增长，国家财政预算的 50% 取决于能源出口。但是，正如部分经济学家指出的那样："国家并没有杀死这只能生金蛋的母鸡，但却缩短了它的寿命。"

在能源出口出现增加的情况下，发生了管道与设备短缺的情况。从另一个方面看，地质工作和矿藏勘探方面的拨款却减少了。机器制造、化工、石油以及军工产业的生产还在缩减。只有黑色金属和有色金属的生产出现了小幅的增长。

尽管酒精饮品产业出现了增长，但轻工业生产的整体性匮乏情况并没有得到改变。同年俄罗斯的农产品生产又下降了 5%。俄罗斯经济领域获得的投资，以及基础投资都缩减了。在社会生活领域，只有住宅建设领域出现了增长。

政府在汇率稳定方面取得了部分成就，年度通货膨胀率控制在了 30% 左右。对于国内严重货币紧缩以及大量出现的货币代用品的情况，社会学家们普遍表示十分担忧。

预算赤字问题依旧非常严重，对公职和现役人员欠发的工资已经达到了数十万亿卢布的水平，内外债务金额也都出现了明显的增长。对卢布的信任尚未出现。统计数据显示，1996 年俄罗斯居民美元持有额为 50 亿，而俄罗斯的商人带出国境的美元金额却有 200 亿之多。因此，不能说政府已经战胜了通货膨胀，至多是推迟了而已。

根据间接的统计数据，俄罗斯的"影子经济"缩减了 10%—12%。俄罗斯只有 1.2% 的居民认为 1996 年对自己而言是非常成功的一年，只有 0.3% 的居民认为对国家而言是非常成功的一年。认为自己过得不错的人只占总数的 21.3%，而认为国家发展得不错的人更只有 3.7% 而已。有 70% 的人认为 1996 年自己过得不好，而感觉在这一年国家发展得不好的人达到了 90%。[①]

俄联邦经济部部长叶夫根尼·亚辛在写给切尔诺梅尔金的密信中，就国家债务不断增长和企业税收出现危机的问题，讲出了自己对 1996 年发展失利的清醒认识，并认为已经到了"生死一线间"。亚辛指出："在现有条件下，必须在结构重建的基础上，彻底扭转经济发展的形势，要大规模地改善能源产业的基础设施……经济增长已经不只是我们期待的一个目标而已，这已经成为我国政治与经济保持稳定的最基本前提。"[②]

在这一时期，俄罗斯国内生活水平低于贫困线，甚至低于最低生活要求的人数急剧增加，但快速富裕起来的人数也在快速地增加，甚至出现了许多特别富裕的"新资产阶级"。

我们的国家经历了前所未有的巨大社会实验。在大约 100 年的时间里，

---

① 《独立报》，1997 年 4 月 17 日。
② 《独立报》，1996 年 11 月 26 日。

在既不是自由经济也不是资本主义的封建社会基础上，建立起了一个属于官僚阶层的，由意识形态管控的新社会。官僚阶层根据意识形态的需要，将其称为发达社会主义，后来的人则试图在这个基础上，建立新的资本主义制度，并寄希望于在极短的时间内创造出一个新的资产阶级。到 1996 年时，资产阶级上层团体已经正式形成。

《商业界》和《独立报》分别发布了俄罗斯商界最富有和最具影响力的 50 人名单，两份名单中所列举的人选基本上是一致的。

居于榜首位置的是俄罗斯天然气工业股份公司总裁列姆·维亚希列夫。在石油和天然气开采开发领域，有 5 名"最富有和最具影响力的人物"入选。在这个名单中，有 27 人是银行家，3 人来自汽车制造业，2 人从事黄金与钻石业，还有 2 人来自广告业、出版业、商业秀，航空运输与有色金属冶炼领域各有 1 人入选，还有 3 人经营的是多门类的企业。

对这些人的收入情况做出一个准确的评判是非常困难的，因为他们普遍存在通过偷漏税来扩大自己收入的行为。按照美国、德国和日本专家的分析数据，当时俄罗斯的资本家还算不上特别的富有。按照西方国家专家的估计，俄罗斯资产达到数千万美元的，大约有 1000 人的规模。

美国杂志《福布斯》每年都会公布全球最富有的人的名单。在 1996 年公布的名单中，全球最富有的 300 人中，俄罗斯资本家只占有 6 个席位，他们是鲍里斯·别列佐夫斯基、米哈伊尔·霍多尔科夫斯基、瓦吉塔·阿列克别罗夫、列姆·维亚希列夫、弗拉基米尔·波塔宁和弗拉基米尔·古辛斯基。按照《福布斯》的估计，俄罗斯最富有的人是别列佐夫斯基。《福布斯》杂志认为，这些人的资产额在 4 亿—30 亿美元之间。上述企业家对这则信息持既不肯定，也不否定的立场。只有别列佐夫斯基向外宣称，自己的资产额没有超过 100 万美元。

就在不久之前，俄罗斯的这些最富有的百万富翁之间还在相互仇视。但到了 1995 年年底的时候，共同面对的恐惧——俄联邦共产党在 1996 年大选中获胜的可能性——却将他们团结在了一起。此时的俄罗斯，愿意继续保护这些百万富翁利益的政治家已经不多了。所有人此时都明白一点，阿纳托利·丘拜斯或者奥列格·索斯科维茨是很难在总统大选中获胜的。

这里没有必要对寡头之间以及当时的政治家于 1995 年年底在总统大选的问题上具体都做了哪些或是采取什么具体的步骤进行细致描述。因为这些操作最终都导致了一个结果：叶利钦于 1995 年年底时提出自己希望连任的愿望。为了迎接这次大选，还专门成立了竞选策划部门，叶利钦的亲信以及时任副总理奥列格·索斯科维茨都加入了进来。就连亚历山大·科尔扎科夫也加入了这支队伍。

按照弗拉基米尔·尤马舍夫的建议，叶利钦还将自己的小女儿塔季扬娜·季亚琴科安排进了这个策划部门。塔季扬娜原本是一名数学领域的专家，此前一直在礼花设计局工作，这个设计局主要的研究方向是宇宙飞船的轨道技术问题。

这位35岁的年轻女人出现在由下流和无耻官员与商人组成的团队当中，不仅让这些人感到非常的诧异，甚至是难以理解的。但叶利钦却坚持自己的决定。

于是，在这之后就出现了一个新的名词来指代这个组合，人们将其称为"家庭"。

鲍里斯·叶利钦与叶夫根尼·普里马科夫

为了赢得1996年的大选，叶利钦不仅仅需要建立起一个策划部门，他还要改变自己的各项政策，其中首先要调整的就是对外政策，而安德烈·科济列夫恐怕是难以改变这个屈辱的外交状况的。

早在1993年的时候，法国的著名报纸《世界报》就曾经发表过文章，认为"在俄罗斯的外交史上，从未出现过这样的情况，俄外交部已经失去了它的威望，在决策时完全不能体现这个部门对相关问题做出的考虑。安德烈·科济列夫已经不被总统信任，不但在议会中饱受批评，在外交部机关中也已经被彻底地孤立了。俄罗斯的整个外交体系都已经陷入了混乱，对西方政策实施得也很不理想。俄罗斯太大了，又非常复杂，为了不被西方一口吞下，俄罗斯不应该允许由欧洲来制定自己对外政策的路线。如果不能做到这一点，那么俄罗斯将会是短命的"。①

当然，也有其他一些旨在表扬科济列夫在俄罗斯外交界中颇有建树和威望的论述，称其"为新生的俄罗斯带来了和平"。我对这种观点是难以认同的。对于这样重要的职位而言，作为一个爱慕虚荣的官员，科济列夫并没有

---

① 《国外》，1993年第13期，第3页。

做出与之相称的功绩。在多次对外出访中，他隐藏颇深的不健全的自尊情绪也都已经暴露无遗。

1993 年时，科济列夫曾经对自己的历史做出过描述：

> 我是一名职业外交官，但我的仕途是很不同寻常的。1974 年我毕业于莫斯科国际关系学院，那里是专门培养外交人才的地方。毕业后，我进入苏联外交部工作，有 6 年的时间都在最基层，月薪只有 110 卢布而已，比我的同辈都要低，但之后却突然被任命为领导干部，这种事也只能出现在改革时期。

苏联外交部的国际组织局在科济列夫担任负责人 14 年之后，成了外交部机构中一个次要的部门，在这个部门工作实际上不太需要什么真正的外交工作经验。

在掌控了俄罗斯联邦最高苏维埃之后，鲍里斯·叶利钦决定强化俄罗斯政府的实际影响力。根据苏联宪法的规定，外交机关属于联盟机构的范畴。联盟的各共和国可以组建自己的外交部，但只能处理地区性的事务，而且并非每一个加盟共和国都拥有这样的机构。

科济列夫与布尔布利斯、沙赫赖以及盖达尔都参与到帮助叶利钦筹备《别洛韦日协议》的工作当中。在苏联解体之后，原本规模庞大的苏联外交部转而隶属于规模很小的俄罗斯外交部，前者的主要部门全部被并入了后者，许多专业外交官在回忆起这些事情的时候，都抱有苦涩和不满的情绪。

外交部的总规模缩减了 50%。在这个过程中，原苏联外交部的副部长都被免职，之前围绕在部长周围的团队也被解散。

科济列夫不止一次地对外交部的政策路线做出过描述，表示要让俄罗斯不仅成为西方国家的合作者，还成为对方的盟友，特别是要成为美国的盟友。科济列夫强调指出，他所执行的并不是"幼稚的亲美主义"，而是一项建设性政策："我过去是亲美和亲西方的，现在仍然是。"

对于自己采取亲西方政策的动机，科济列夫做出了既简单又直白的阐释："我认为，对于人类而言，再没有比过上美好生活更重要的利益了。西方国家的生活都很好，这就使得我们的主要外交方向是西方，而非东方。所有人都愿意去法国、瑞士或奥地利生活，而不是伊朗或伊拉克。历史上俄国的贵族、富人以及知识分子都在西欧生活过。如果我们没有钱，买不起法国南海岸地区的别墅，就只好去编织一个神话，即我们其实不需要那些东西，于是就只好住在落后的亚洲了。"①

科济列夫在西方国家那些卑微和屈辱的外交活动获得了对方的赞许，但并没有赢来尊严。早在 1992 年南斯拉夫危机爆发之初，有一家美国的报社就曾经将科济列夫称为"长着一副孩童面孔的部长"，因为他"为了华盛顿的利益而不惜出卖塞尔维亚这个俄罗斯传统盟友"。

尽管如此，叶利钦却一直没有急于用自己的亲信来替换科济列夫。1995 年 1 月，科济列夫向叶利钦提出了辞呈，但叶利钦并没有急于做出答复。外交部部长的候选人有很多，其中最受推崇的当属伊万·雷宾科。但叶利钦却选中了普里马科夫。

叶夫根尼·普里马科夫做过记者，也是一名东方学研究者以及社会活动家，在勃列日涅夫时代就以参谋和顾问的身份参与到了许多有关外交活动的智囊团队之中，在权力机构中居于较高的位置。米哈伊尔·戈尔巴乔夫对普里马科夫较为看重，在 1986 年召开的苏共二十七大上，后者当选为苏共中央委员。

1989 年，戈尔巴乔夫命普里马科夫掌管最高苏维埃联盟院。普里马科夫同时也进入中央政治局，不过是以候补委员的身份。普里马科夫对戈尔巴乔夫是很忠诚的，关于这一点可以举出很多例子。普里马科夫后来并没有参加到反对戈尔巴乔夫的阵营中去，尽管在 1990—1991 年，有很多苏共中央委员、苏联最高苏维埃代表和地方领袖都曾经这样做过。在 1991 年 8 月，国家紧急状态委员会的各项行动，普里马科夫也都没有参与。

在苏共被禁止活动之后，国家的实际权力已经转移到了叶利钦的手中，普里马科夫成为戈尔巴乔夫为数不多的积极支持者。但他并没有站在第一线，在这一段时间内，莫斯科和其他大城市的居民也就没有将自己的不满情绪发泄到普里马科夫的身上。

叶利钦与普里马科夫的第一次会面是在 1989 年夏，当时他们都已经当选了最高苏维埃代表。普里马科夫并没有卷入戈尔巴乔夫与叶利钦的矛盾中去。当时在苏共中央委员会和最高苏维埃机构中，党和政府内有很多高层人物都站到了叶利钦的一边，而叶夫根尼·普里马科夫一直与叶利钦保持了良好的关系。

---

① 《莫斯科新闻报》，1998 年 12 月 21—27 日，第 6 页。

在 8 月的那些具有关键性意义的日子里，普里马科夫与叶利钦和戈尔巴乔夫都保持着联系。普里马科夫不仅旗帜鲜明地反对国家紧急状态委员会的所作所为，8 月 21 日他还与瓦季姆·巴卡京一道乘坐亚历山大·鲁茨科伊的飞机前往福罗斯，并与戈尔巴乔夫同机返回了莫斯科。

在国家紧急状态委员会倒台之后，叶利钦任命瓦季姆·巴卡京为克格勃主席。克格勃中负责对外情报侦缉的是列昂尼德·舍巴拉辛将军，巴卡京并没有做出将其撤换的举动。但在 1990 年 9 月，舍巴拉辛自己提出了辞呈。

巴卡京在回忆录中写道："舍巴拉辛辞职后，形势开始变得复杂，我们需要挑选一个能够在新的条件下独立展开工作的较为知名的政治家。对于联盟而言，这是一个非常重要的专门部门。而这个人就是叶夫根尼·普里马科夫。他是非常合适的人选，但这个决定只能由叶利钦做出。这些天里，叶利钦一直住在距离莫斯科较远的地方。我给叶利钦打了电话，他同意了我的建议，并且告诉我说，俄罗斯总统是信任我的。叶利钦之后还对普里马科夫说，这并不是一个简单的任命。在同情报侦缉部门的工作人员见过面后，他更确信自己做出了一个正确的决定。"①

巴卡京对普里马科夫的才能非常了解，知道他是一个拥有组织才能，明辨事理且真正能够维护俄罗斯国家利益的人。

普里马科夫第一次出任部门长官还是受戈尔巴乔夫的任命担任克格勃内负责对外情报搜集部门的领导人。与此同时，普里马科夫也担任了克格勃第一副主席。尽管如此，巴卡京并没有插手情报局的工作，普里马科夫的报告先是直接呈交给戈尔巴乔夫，后是呈交给叶利钦。

苏联解体之后，情报局成为一个独立的部门，直接受俄联邦总统的管辖。这一举措大大提升了情报局和部门长官的政治地位。

在了解到情报局地位变化的消息后，普里马科夫给叶利钦打了电话："由谁来掌管俄罗斯情报局呢？"叶利钦回答他说："我认为，应该由您来掌管，但现在还有一些反对的声音。"后来，普里马科夫邀请总统来参观位于亚新尼沃的情报局办公地点，邀请时间是 12 月底，但总统却到了 1 月才来参观。在此期间社会混乱情况严重，叶利钦从情报局的高级干部中抽调了 50 人在自己身边工作，且完全是依照普里马科夫所提供的人选名单。至此，叶利钦已经清楚地意识到，除了普里马科夫之外，再没有第二个合适的人

---

① 巴卡京：《摆脱克格勃》，莫斯科：1992，第 70 页。

选了。

当时有大约 20 个高层官员支持普里马科夫，因为工作出色，他在短短 4 个月内就获得了人们的认可。叶利钦在亚新尼沃签署了对普里马科夫的委任状。普里马科夫过去一直坚持保留自己的军衔，此次他接受任命的职务名称是情报局局长，而非情报局长官。

简而言之，普里马科夫在戈尔巴乔夫时期已经成为高级官员，在叶利钦时代则继续保有了这个级别的职务。

本书无意详细描写普里马科夫担任情报局局长时期的具体工作情况。已经有许多曾经在普里马科夫身边工作过的人，包括记者和政治观察家都已经对这段历史进行了描述。有个别人认为，普里马科夫已经在事实上领导情报局很长时间了，这个任命只是将其领导合法化而已。而其他人则认为，普里马科夫只是由于偶然因素才担任了这个职务，他的任务就是拆解这个已经不合时宜的机构，因为苏联解体时就已经宣告其在冷战中的失败，而在那个时期建立起来的机构自然没有存在下去的必要。此时的俄罗斯在西方已经没有意识形态上的敌人，尽管它对自己的国家利益此时还没有很清楚的认识。

1992 年，俄罗斯有一家很重要的报纸这样写道："毋庸置疑，军阶位于上将巴卡京与少将穆拉舍夫之间的普里马科夫，在情报局当中是一个起临时过渡性作用的人而已。"其实这些人都错了，叶夫根尼·普里马科夫在情报局局长任上工作了 4 年时间，而正是由于他的业绩，情报局才很合理和体面地保留了下来，而且该机构的工作效率还得到了很大的提升。

苏联的情报部门当之无愧属于世界一流情报机关。无论是组织管理还是情报人员的数量，都可与美国中央情报局相媲美。在最近 10—12 年，关于自斯大林时期起直到勃列日涅夫时期的苏联情报机关的著作已经出版了几十部，对其不乏深入分析。西方国家也出版了很多有关苏联情报部门的著作，讲述了该机构所取得的成就及其失误等。

要想建立起这样一个机构，需要很长的时间和必要的条件。情报局并不像其他一般的机构，它非常重视传统和继承性。但这种继承性特别强调人与人之间的相互联系，在这其中真的是善恶交织，好的和坏的动机都有。可以这样说，在情报机构中会出现很多在其他政府部门中都不会发生的事情。

但正由于普里马科夫的努力，这样的机构和体系在 1991—1995 年才没有受到严重的损失。实事求是地说，俄罗斯联邦并不具有如同苏联一样的全球性利益。俄联邦的宪法也没有做出国家必须拥有单一意识形态的规定，而是承认意识形态的多样性。在此情况下，情报机关其实担负的是军事部门的职能，整个90年代的工作都实现了脱意识形态化。

在普里马科夫出任情报局局长期间，情报局实现了大幅的缩减。缩减过程是比较谨慎的，只是减少了工作人员的数量。俄联邦情报局在某些工作方向上还实现了拓展，成立了经济情报部门，还增加了针对贩毒集团、国际恐怖组织以及跨国犯罪集团的斗争的内容。

俄罗斯情报局不再使用"主要"和"真正"的敌人这种说法，而是采用"反对者"的概念。根据1992年颁布的《俄罗斯联邦对外情报法》，情报局的主要工作方向定为针对意在损害俄罗斯国家利益的国外力量而进行调查。

情报局人员对局长工作能力给予了很高的评价。1991年曾经出现过的对未来工作的迷茫和不解，很快就因为普里马科夫的出色领导而消散了。但是，普里马科夫从来不涉足政治斗争，因此他的名字也极少出现在各类媒体上。这也是普里马科夫一贯的原则，不让情报机关卷入在90年代初期充斥于俄罗斯的社会生活中的政治斗争中的任何一方。在苏联时期，情报机关是克格勃的组成部分，不卷入政治斗争是不可能的，因为领导层的各方都想努力掌握全方位的信息。

在苏联时期，情报部门的长官向克格勃主席，而不是直接向党和国家领导人呈交报告。苏联解体后，普里马科夫开始直接向俄联邦总统叶利钦呈交情报局的报告，从较为宏观的角度向后者指出当前最为重要的信息，并对事态的发展以及国际政治中的各项因素做出自己的评价。

普里马科夫从未对这些信息做出过任何的修饰和掩盖，哪怕是涉及情报局本身也是如此。普里马科夫发现，有相当一部分非常重要的信息为俄罗斯领导层所忽视。以安德烈·科济列夫为部长的外交部甚至完全不考虑情报局提供的情报。除此之外，俄罗斯的许多部委也都十分轻视情报局的情报。

早在1994年时，情报局就对西方的跨国企业试图染指俄罗斯军事工业体系提出了自己的判断，普里马科夫向总统报告称："西方国家意图全面获取俄罗斯的新技术，北约还为此成立了专门的机构。他们有一个专门的计划，旨在将俄罗斯相关技术专家邀请过去，以便将俄罗斯的技术改造成为适用欧洲通行标准的技术。"

但是，当时的俄罗斯政府中没有人对这个情况做出反应。这更刺激了普里马科夫，他在多份由情报局呈交的报告中反复提及此事。

多方研究显示，俄罗斯情报局并不仅仅是对国外针对俄罗斯的重要政治与经济行动进行跟踪与分析。国外的情报机构一直在密切关注着俄罗斯，俄罗斯情报局还需要了解国外情报机构对俄罗斯和俄罗斯的政治家有多少了解。

众所周知，美国情报机构中的苏联问题专家与克里姆林宫问题专家在尽一切可能掌握苏联和俄罗斯领导人的情报。这些情报对于西方国家政府至关重要，其重要性甚至要超过战斗机和导弹的价值。

在 1992—1993 年，俄罗斯有大量资金外流到了西方国家，"新俄罗斯人"在蔚蓝海岸和巴哈马群岛买下了大量的豪华别墅，这些都不能逃过情报局的眼睛，一切相关情报都被送到亚新尼沃。

俄罗斯情报局对美国和北约的领导人进行了深入的调查，还针对上述这些人对于俄罗斯重要政治家、商人有多少了解以及他们在俄罗斯国内外的活动之间的联系一直予以跟踪调查。

普里马科夫从未向总统隐瞒过情报局所掌握的情报，《专家》杂志在 1995 年曾经刊登过一篇文章，称叶利钦对普里马科夫的态度是"既敬且畏"的。

1996 年 1 月 5 日，叶利钦将普里马科夫召至自己位于莫斯科城郊的府邸，请其出任俄联邦外交部部长一职。但普里马科夫却明确地拒绝了这个提议。到那时为止，普里马科夫一直担任的都是与公开政治无关的职务。他的名字至少要隔好几个月才会在报纸上出现一次。进入外交部工作，将会彻底地改变他原来的生活与工作习惯。在叶利钦这样的总统手下工作，作为外交部部长就必须参与制定对外政策路线，而并非简单地执行。从当时的情况看，俄罗斯外交的许多原则都需要进行调整，叶利钦本人也明白这一点。

叶利钦之前已经听取了普里马科夫的所有观点，并请求后者以一种开放的心态来看待这个问题。1 月 10 日，普里马科夫在情报局呈交的一份报告中表示，他愿意接受这个任命，出任俄罗斯外交部部长一职。叶夫根尼·马克西莫维奇在任命书上签了字，但他还提出了一个要求，希望能在情报局局长的职位上再干两个月，以便能够平稳地完成工作的过渡。但就在当天，亚新尼沃的员工们就已经通过电视转播得知了普里马科夫即将离任的消息。

国内外媒体对俄罗斯外交部领导层更替一事进行了广泛的报道。在基辅出版的重要俄文报纸《每周镜报》称："如果说各国外交官对科济列夫是不喜欢，那他们对普里马科夫就应该是畏惧了。这无疑是正确的做法。如果亲美派觉得科济列夫已经是个'战斗男孩'的话，那么普里马科夫上台后，这种感觉将会再增强 3 倍。普里马科夫与科济列夫完全不一样，他很有经验，不但知识丰富，而且冷酷、稳健。"①

1 月 12 日，普里马科夫召开了记者招待会，对俄罗斯未来的外交工作做出了描述。在他看来，首要的任务是确保俄罗斯的领土完整，第二位则是发展与独联体国家的关系，之后是对地区冲突和大规模杀伤性武器的扩散进行管控。普里马科夫明确表示反对北约东扩，要求缔约各方继续遵守《削减和限制进攻性战略武器条约》的内容，反对改变《反导条约》的条款。

鲍里斯·叶利钦几乎从未对外交部的工作做出过任何干涉，更没有对普里马科夫的政策做出过什么批评。

在叶利钦的回忆录中，有整整两个章节用来描述他和其他大国领导人之间的故事，其中有比尔·克林顿、赫尔穆特·科尔、雅克·希拉克、托尼·布莱尔、桥本龙太郎、西班牙国王胡安·卡洛斯、英国女王伊丽莎白、罗马教皇保罗二世。叶利钦写了许多有关"不打领带的会晤"的故事——饭店中的宴会、叶尼塞河上钓鱼、狩猎和礼品馈赠以及这些领导人的趣闻等。

叶利钦还专门用了一个章节来记述有关独联体国家领导人的故事，很生动有趣。但他的描述都是一些明面上的东西，而不是什么政治角度的分析，而且没有一段文字用来记述有关普里马科夫的事迹。但事实却是，正是由于普里马科夫的努力，俄罗斯的对外政策才出现了这样大的转折。

普里马科夫路线的核心部分就是要实现全球秩序的多极化，在全球政治体系中，任何一个国家或集团都不应该阻止这一趋势的发展。

自 1996 年起，俄罗斯再次回归到与西方友好的路线上来。俄罗斯改变了与中国、印度以及伊朗，乃至整个东方世界的关系，就连西方的报纸也不得不承认，普里马科夫这个"从冷战中走出来的战士"能够在这样困难的条件下展开这样出色的工作，是非常了不起的。当时有一家报纸这样写道："他改变俄罗斯所有的对外方针，尽管他手上并没有多少好牌，但他打得确实很不错。"

但由于叶利钦过于以自我为中心，他难以体察自己身边这些人的成绩或是能力。也许是因为他在 1996 年时，已经将全副身心投入到了权力斗争之中，尽管他每个月都与外交部部长至少会面两次，但他却几乎没有察觉出相关政策的变化。

---

① 《每周镜报》，1996 年 1 月 19 日。

关于车臣的战争

原本已经暂时熄灭的战火，于 1996 年 1 月在车臣再次燃起。1996 年 1 月 5 日，由吉洪米洛夫出任联合指挥部司令。与此同时，阿纳托利·库里科夫出任俄联邦内务部部长一职。此前联邦军队在车臣投有部分作战部队，主要是在古德梅斯、沙托伊区和韦杰诺区。分裂分子们决定给予俄罗斯以新的打击。

1996 年 1 月 10 日，在萨尔曼·拉杜耶夫的率领下，一队武装人员攻击了达吉斯坦的基兹利亚尔机场以及内务部部队的营地。在战斗过程中，有大约 360 名武装分子冲入了城市，强占了一家医院，此间约有超过 30 名平民被杀。

俄罗斯特种部队"阿尔法"和"信号旗"小分队被迅速调往基兹利亚尔。鲍里斯·叶利钦在莫斯科也召开了国家安全委员会紧急会议，决定任命委员会主席米哈伊尔·巴尔苏科夫来主持解救人质的行动，并指派库里科夫为其副手。

行动计划确定为攻占医院。但达吉斯坦地方当局却不同意这一行动方案，他们对切尔诺梅尔金在 1995 年的所作所为还记忆犹新。当时车臣匪徒抢掠了 6 辆大巴车，将大约 150 名人质从基兹利亚尔掳至车臣。

人们决定在旷野中解决战斗。从直升机上向下开火，并从外部包围五一镇。另一方是大约押解着 100 名人质的 300 个匪徒，联邦军队动用了超过 3000 名士兵，数十门火炮与迫击炮、"冰雹型"火箭炮、直升机以及 80 辆装甲车。

1 月 12—14 日是行动的准备时间。1 月 15 日清晨，打击行动开始了，到傍晚的时候对五一镇的合围已经形成。就在同一天的晚上，鲍里斯·叶利钦站在克里姆林宫救世主门的门前，接受了电视采访。叶利钦宣称，38 名狙击手已经将敌方武装人员置于自己的瞄准镜下，可以随时切断他们对人质的控制。"38 名狙击手"，叶利钦不知为什么一直在重复这句话。

1 月 16 日清晨，战斗再次打响，但主要的战斗发生在人口较为密集的镇中，解救人质非常困难。在战斗过程中，有超过 150 名武装分子被打死，有数十人被俘。但拉杜耶夫本人率领大约 60 名武装人员和 15 名人质成功突破了包围圈，并于 1 月 18 日夜晚逃回了车臣。联邦军队同样损失惨重，镇上的居民和人质也是如此。由于发生了这样血腥的悲剧，很难说联邦军队真正获得了胜利。叶利钦本人和他反复提及的"38 名狙击手"成了当时人们嘲讽的对象，他的威望也因此大受打击。

1996 年 1 月底至 2 月初，车臣的战事重启，但转入游击战的模式。在车臣的俄罗斯族居民当中，有许多成为人质或遭到杀害。位于车臣北部的沙林区有超过 70% 的由俄罗斯族人组成的家庭选择迁离该地，因为他们的住房被车臣人强占了。

联邦军队的伤亡还在上升，因为山区的战斗再次打响了，他们击退了一次又一次的进攻，甚至还包括武装人员对格罗兹尼发起的新的进攻。

当时在杜达耶夫的麾下，还有超过 3000 名武装人员。大约有数百名雇佣军从阿拉伯国家来到了车臣，除此之外还有来自波斯尼亚和阿富汗的雇佣军。有一些雇佣军甚至来自波罗的海沿岸地区、西乌克兰和白俄罗斯。

联邦军队的联合指挥部当时正在酝酿一系列新的作战行动方案，针对目标就是杜达耶夫的部队。但就在 1996 年 4 月 1 日，鲍里斯·叶利钦发布了"关于逐步解决车臣共和国危机"的命令，这个命令不仅中断了军事行动的方案，还决定逐步将用于维护车臣选举和地位稳定的军队撤出当地。这道命令的目的就是要让俄罗斯政府的军人，而非敌方的武装人员屈服。叶利钦的逻辑很明显，就是为竞选服务，他要让国内和西方世界以为俄罗斯境内的武装冲突已经结束了。

鲍里斯·叶利钦对国家转型的尝试

1996 年 1 月对于叶利钦而言，无疑是那一年中较为艰难的一个月，他在这一个月中的所作所为有许多都是相互矛盾的。尽管叶利钦已经下决心参加总统大选，但他还没有向外正式公布自己的竞选方案。旨在赢得俄罗斯总统大选的全俄竞选总部已经成立了。总部中的主要领导者是副总理奥列格·索斯科维茨，组员还包括尼古拉·叶戈洛夫、谢尔盖·费拉托夫以及莫斯科市市长尤里·卢日科夫。

尽管看上去已经是很明显的事，这个竞选团队是为叶利钦服务的，但他们还没有向外承认这一点。在整个 1 月，叶利钦的威望都在低位徘徊，以至于许多专家都认为叶利钦的竞选团队很可能会提前告负。叶利钦对这一情况感到非常焦急。

叶利钦于 1 月 16 日签署了解除副总理阿纳托利·丘拜斯职务的命令。在几天之后，《现有工资支付保障办法》颁布。这项文件规定，大学生和研究生的奖学金提高 20%，各种社会保障和津贴数额都获得了提升。所有的退休人员也都获得了金额很低的"补偿性支出"补贴。

此时叶利钦的亲信间也爆发了争吵。叶戈尔·盖达尔、谢尔盖·科瓦廖夫、奥托·拉吉斯、谢尔盖·阿列克谢耶夫都声称要退出总统委员会，因为后者违背了民主改革的基本纲领，失去了民主派的信任。

下诺夫哥罗德州州长用一辆载重卡车运来了上百万份签名信，要求停止在车臣的军事行动。国家杜马在 1 月底召开的会议，其氛围从根本上是反叶利钦的。根据俄共的提议，杜马决定做出 1991 年 12 月签署的《别洛韦日协议》无效的声明。

根纳季·久加诺夫作为俄共推出的总统大选候选人，在一次杜马召开的会议上提出了自己的建议，希望乌克兰、白俄罗斯和哈萨克斯坦在原来苏联的框架下建立起紧密的相互间联系。

1996 年 2 月 15 日，叶利钦在参加叶卡捷琳堡的一次大会时，公开宣布自己将要参加总统第二任期选举。但这个声明并没有在国内引起多少同情。叶利钦的演讲显得很勉强，他一时间甚至弄不清楚到底想要向自己的支持者表达些什么。与此同时，想竞选总统一职的已经不仅仅是根纳季·久加诺夫而已了，格里高利·亚夫林斯基、亚历山大·列别德、弗拉基米尔·日里诺夫斯基、阿曼·图列夫，甚至是米哈伊尔·戈尔巴乔夫都表示要参选。竞选团队在第一个月中的行动显得很无力，到 3 月中旬的时候，叶利钦的支持率提高幅度并没有超过 3%—5%。

通过对上述这些情况进行分析，再加上其他一些因素，鲍里斯·叶利钦决定解散杜马，限制俄共的活动，并且推迟总统大选的日期。作为第一个被告知上述决定的人，亚历山大·科尔扎科夫表示支持叶利钦的决定。

鲍里斯·叶利钦在自己的回忆录中对这段历史只有很简单的描述：

> 相较于遮遮掩掩，我一向更倾向于直接面对问题。与其花上一年的时间去解开绳子上的那个结，还不如直接将其斩断，这样更省事。时常会出现这样的情况，同时有两个不同的战略思路存在，人

们给我提出了各类建议，在我看来，简单地等待 6 月大选的结果是不行的……必须现在就行动起来！我命令机关工作人员，让他们去"准备各项文件"。机关帮我准备了一系列命令：有关查禁俄共的、解散杜马的、延迟总统大选的和其他一些事关细节的等。这一切行动都证明了一个事实：在现有的宪法框架下，我无法克服危机。

叶利钦对后来他召集自己的支持者与切尔诺梅尔金来开会商讨的事情也有所记载。在所有的与会人员中，只有内务部部长库里科夫明确表示反对叶利钦的提议，切尔诺梅尔金也表示支持前者的意见，其他人都支持叶利钦。叶利钦在最后部分这样写道："我完全明白当时的局势，大多数人都赞成我。会议结束后，我感觉是前进的时候了。"

其实事情发展的经过根本不像叶利钦描述的那样。在第一轮会谈中，国防部部长帕维尔·格拉乔夫和总理切尔诺梅尔金并没有参加，而且每一个人都是单独谈的。并不是叶利钦要求大家在 17 时之前"考虑清楚"，而是内务部部长库里科夫这样建议。库里科夫当时在内务部自己的办公室里，像一个士兵和部长那样构思有关解散杜马所需要的一切必要手段。但库里科夫很快就明白过来，他接下来要做的工作是多么困难，因为这些行为是违反不久前才通过的宪法的。到底要怎么做，才能对共产主义党派实行党禁并且解散杜马呢？库里科夫与各位副部长商议过后，后者也都支持他的观点。

库里科夫与总检察长斯库拉托夫以及宪法法院主席图曼诺夫商议了当下的形势之后，他们也都表示支持库里科夫的观点。

在克里姆林宫，库里科夫在与叶利钦的秘密会谈中很直接地告知后者，他本人以及内务部的领导层都不同意叶利钦的方案。

维克托·切尔诺梅尔金也不支持叶利钦的方案。形势变得很明朗，在当时的情形下，就只有科尔扎科夫和索斯科维茨愿意支持这个冒险的方案。

第二天早上 6 点，叶利钦又一次召集了会议，与会者当中只有少数人在 3 月 16 日至 17 日夜间能够真正躺下睡一觉。除了巴尔苏科夫之外，没有一个人表示支持叶利钦的方案。

"问题解决了，尽管是分阶段的。解散杜马以及对共产党实行党禁都暂停了。总统对我们说，你们都回去吧，等候命令。"[1] 在最后一刻，这一切

---

[1] 库里科夫：《沉重的星星》，莫斯科：2002，第 389—403 页。

终于停了下来。

按照叶利钦自己的回忆，劝阻他的是阿纳托利·丘拜斯，是塔季扬娜·季亚琴科为他请来的。叶利钦写道："我们谈了大约 1 个小时（同丘拜斯），我嗓门很大，几乎是在争吵，中止了几乎马上就要发起的行动，这是我过去从来没有做过的。时至今日，我很感激命运的安排，感激阿纳托利·鲍里索维奇和塔尼娅，他们在那个时刻阻止了我，使得我作为一个拥有巨大权力和能力的人，没有在信任我的人们面前出丑。"[1]

形势没有向着继续恶化的方向发展。但是，我们可以得出这样的结论，对于叶利钦而言，第一个能够站出来替他做出正确抉择的人是内务部部长库里科夫。命令文件已经准备好了，就放在叶利钦办公桌上，但他最终决定不签署这些命令。

媒体当时对大选前夕的这些斗争没有做过任何的报道，我们是在叶利钦辞去总统一职之后才得知这些情况的。

肮脏的选举——第一轮

总统选举定于 1996 年 3 月中旬之后开始。这是一场肮脏的选举，伴有舞弊、贿选和恐吓等行为。在这里没有必要全面地讲述这段历史的所有细节。尽管当时的俄罗斯媒体以及后来的许多回忆录都否认这一点。[2] 大多数可以证明这的确是一场胜之不武、不干净的选举的证据至今都没有公布。

1996 年，作为一名奥金佐夫区诺沃伊万诺夫镇的普通竞选者，我得以密切关注整场选举的全过程，我在那里有一处自 1989 年起开始居住的小房子。自 1996 年 4 月或是 5 月起，当地的商店每天都会有一辆卡车送来一袋袋的面粉、白糖和各种各样的米，每一袋都有 15 千克重。食品袋上都用黑体字写着"请您支持叶利钦！"的字样。那些 1996 年时还在国有农场工作的郊区贫困居民，很快就蜂拥而来取走了这些食品袋，因为这些食品根本不是拿来出售的，完全就是赠送而已。我们还能如何定义这件事情？在其他选区也同样出现了各种各样的宣传鼓动行为。

---

① 叶利钦：《午夜日记》，莫斯科：2000，第 109 页。
② 《从叶利钦到叶利钦：1996 年的总统大选》，莫斯科：1997。

1996 年 3 月 22 日，鲍里斯·叶利钦宣布，他决定成立以切尔诺梅尔金和伊留申为首的竞选团队。这就意味着解除了原竞选团队负责人索斯科维茨、费拉托夫、叶戈洛夫甚至是科尔扎科夫的职权。竞选团队事实上掌握在阿纳托利·丘拜斯以及叶利钦的女儿塔季扬娜手中。此时，有一个来自美国的政治分析小组秘密地来到了莫斯科。在比尔·克林顿的支持下，俄罗斯获得了来自国际货币基金组织达 100 亿美元之多的贷款。美国总统在许多场合都公开表示支持鲍里斯·叶利钦出任总统竞选候选人。除此之外，在西方国家中，科尔和布莱尔也公开表示支持叶利钦。

在俄罗斯国内，除了那个公开存在的竞选团队之外，还有一个由银行家和企业家组成的团队为叶利钦的竞选提供了许多帮助，还包括在媒体上的支持。于是，叶利钦获得了足以供其使用的资金。

摆在鲍里斯·叶利钦竞选团队面前的任务只有一个，即帮助他在第一轮就以完胜的姿态获选。叶利钦甚至没有打算制定 6 月 16 日之后的竞选计划。但美国驻俄使馆通过秘密调查发现，叶利钦肯定无法在第一轮赢得选举，选举必定会被拖入第二轮。

除此之外还有许多调查数据显示，第一轮选举后，根纳季·久加诺夫的选票要比叶利钦多出几个百分点。根据调查，久加诺夫在第二轮选举中仅会以微弱劣势输给叶利钦。当时各报刊刊登的社会调查结果却是，叶利钦在 3 月的选举民调中不但无法获得第 2 名的位置，甚至还要排在久加诺夫和亚夫林斯基之后而位列第 3。

进入 4 月之后，竞选开始变得激烈起来。鲍里斯·叶利钦已经清楚地意识到，他有必要奋起抗争了。就在不久之前看上去还有些萎靡和病态的叶利钦，此时找到了动力、积极性、机智乃至斗志，而当时已经没有什么人对他的这些品质还抱有什么期待了。

1996 年 4 月 2 日，鲍里斯·叶利钦与亚历山大·卢卡申科签署了关于俄罗斯与白俄罗斯成立国家联盟的条约。这一举措成为对国家杜马关于退出《别洛韦日协议》决议的回应。为了庆祝此事，克里姆林宫还举办了一个盛大的庆祝仪式，并邀请东正教大牧首阿列克谢二世参加。

4 月 4 日，叶利钦开始了他的各地巡回竞选之旅，第一站是别尔哥罗德州。出于支持叶利钦的目的，美国总统比尔·克林顿还来到了莫斯科与其会面。

4 月 21 日夜至 22 日晨，"伊奇克里亚"政府的首脑焦哈尔·杜达耶夫在车臣格西丘村附近被导弹袭击身亡。这是由国防部"格鲁乌"指挥的一场历时许久、经过长期准备之后的打击行动。对杜达耶夫的追击已经持续了一段时间了，但他一直很善于隐藏自己的行踪。但这一晚却出现了失误，他来到了格西丘村的一处空地之上，因为他要和一个俄罗斯的大商人通电话。此后，副总统泽利姆汗·扬达尔比耶夫成为分裂分子的临时领导人。

到 4 月底的时候，几乎所有的调查结果都显示叶利钦竞选总统的支持率获得了很大的攀升。但相对于久加诺夫，叶利钦仍旧落后 2%—3%。美国大使馆秘密调查的数据显示，久加诺夫的支持率在 30% 左右，而叶利钦的支持率只有 28%，亚夫林斯基、日里诺夫斯基和列别德的支持率分别只有 11%、9% 和 8%。

鲍里斯·叶利钦在 5 月的时候多次会见经历过战争的退伍军人。俄罗斯还通过了一项法令，将红色旗帜正式作为俄罗斯武装力量的旗帜。1996 年 5 月 9 日，鲍里斯·叶利钦又一次登上了列宁墓，接见庆祝胜利的退伍军人和游行队伍。叶利钦在那里向部队发出了自己的问候。俄罗斯以间谍活动的罪名，将 9 名英国外交官驱逐出境。5 月 9 日晚上 9 时，叶利钦便已经来到了位于伏尔加格勒的马马耶夫岗，之后乘小轮船前往阿斯特拉罕。

叶利钦"来到了人民当中"。至 5 月底时，他已经去过了 24 个地区，比他成为总统后到此时之前去过的所有地方都多。叶利钦不仅是在叶卡捷琳堡的大街上与居民们交谈，也不只是在克拉斯诺达尔的体育场里与年轻人一起跳舞，参加顿河畔罗斯托夫的音乐会等。最具有意义的是，叶利钦发布的一系列指令以及做出的许多承诺都具有社会转向的性质。他承诺要偿还拖欠的退休金和工资，提高奖学金和退休金，并首先要保护那些年龄最大的人的存款。他表示不仅通货膨胀将会基本上停止，同时还要向基础科学、中小学、大学、医院和剧场投入数千亿卢布。并且他将支持开发国家的北部地区、壮大波罗的海商船队、建设新西伯利亚的地铁、扶持生态蔬菜栽培以及国产飞机制造业等。

叶利钦谈论的并不只是市场和个人财产而已，他还谈到了成熟的社会市场经济，这不仅吸引了中间派力量，甚至连中左翼也受到了他的影响。按照经济学家帕维尔·布尼奇的话，这意味着叶利钦已经开始在国内执行"真正的社会民主方案"。在解除了科济列夫的职务后，俄罗斯的对外政策也开始转向。

就连《真理报》都认为，叶利钦"成功地将自己塑造成了本民族最辛苦、最忙碌的父亲的形象，让国内很多人都以为他是一个反对苏维埃时代'不民主'，且切实践行民主与自由原则的执行者"。① 俄共当中有一些领导人非常恼火地宣称，叶利钦实际上剽窃了别人的政治理念，而在事实上扼杀了反对派提出的一系列重要主张。

正如久加诺夫所说的那样："请大家看看叶利钦所下达的指令吧，其中有80%执行的是我们的路线。"叶利钦还向选民承诺，会在大选结束之前完成在车臣的战争。车臣分裂分子的代表受邀来到了克里姆林宫，与叶利钦会面并达成了停火协议；叶利钦出人意料地前往车臣，在某部队做了一次演讲。这之后，叶利钦就开始憧憬在第一轮竞选中获胜的美好前景了。

在第一轮竞选中，叶利钦非但没有获胜，就连相对于主要竞争对手的优势地位也没有获得。尽管叶利钦采用了许多左翼政治家的口号，让自己与具有严重破坏作用的"休克疗法"拉开了距离。但对于大多数国民而言，叶利钦已经是近些年来执行这项政策的代表性人物，只有35%的国民选择支持叶利钦，剩余65%的选票流向了其他候选人。

尽管如此，久加诺夫也没有在竞选第一轮就取得胜利。久加诺夫也有自己的竞选团队，并且充满干劲和动力。他到全国多地走访，在大庭广众之下对现行制度予以批判。久加诺夫并没有喊出许多带有共产主义特征的口号，他还承诺不会再次引发革命，也不会进行激进的经济改革。不仅如此，久加诺夫还部分地否定了苏联共产党在1917—1991年在苏联和俄国的实践经验。

在大多数国民眼中，久加诺夫也有一个固化的形象，因此他在努力与共产主义制度下的许多错误拉开距离。当然，共产党的领导人之间也有很大的区别，他们并不像索尔仁尼琴说的那样，是大同小异的。但他们的所作所为在政治、意识形态、体系和治理方式上确实有很强的继承性，这些都是久加诺夫无法也不愿否认的。久加诺夫甚至拒绝更改党的名字，而这个名字在很多人心目中都已经成为一个固化的形象。当时有一张海报这样写道："共产党拒绝更名，就意味着它不愿意改变自己的行为方式。"

久加诺夫甚至拒绝批评斯大林犯下的错误，还时常公开赞颂斯大林。这一行为吸引了安皮洛夫集团中一些极端分子，却把知识分子当中最优秀的那一部分拒之门外。当时有一名莫斯科大学的教授对我说过这样的话："我怎么可能拥护久加诺夫？我参加了他们的集会，有数千人沿着特维尔大街行

① 《真理报》，1996年7月9日。

进，手里还举着久加诺夫和斯大林的画像。"久加诺夫在农村有许多支持者，但他无法号召起大多数工人。甚至就连北方的矿工和伊万诺夫州的失业纺织工人都拒绝支持久加诺夫。共产党之所以能在 1917 年之后执政，其实靠的不是选民的投票支持，而是切实的行动。因此，久加诺夫率领的俄联邦共产党，其所执行的新方针最终以失败收场。在第一轮竞选中，久加诺夫获得了 32% 的选票，其余 68% 的选票为他的竞争对手获得。

对于格里高利·亚夫林斯基而言，6 月 16 日的选举日也算不上是一个成功的日子。所有选民都知道他的名字，但没有什么人对他和他的政策有具体的了解。不论是"聪明""理智""博学""有性格""英俊"，还是"自信"，这些其实都不是政治上的定义。不论是左翼、右翼还是中间派，都没有被亚夫林斯基吸引。不愿意妥协的性格，对于一个学者而言是好的，但对于一个政治家而言却并非如此。亚夫林斯基不仅给自己的党派起了一个奇怪的名字"亚博卢"，① 在树立政党形象方面也没有什么建树。

《共同报》写道："亚夫林斯基是俄罗斯最著名的政治家之一，有号召民主运动的天分……他就像一名站立在旗帜下的战士。由于自己的'机灵'，他在竞选中并没有失去什么。他那些幸运的伙伴在其他选区获得了成功，在选区中脱颖而出，压倒了其他竞争者。"② 这些其实都是政治上的奉承话，亚夫林斯基事实上只获得了 7.4% 的选票。

日里诺夫斯基也参加了大选。这是一个无原则的政治时代，充斥着丑行。不太现实的沙文主义思想受到推崇。因此，俄罗斯自由民主党成为一个持反对立场的政党。日里诺夫斯基获得了 430 万张选票（5.7%），至 1993 年年底，他已经丧失了 3/4 的选票。

媒体对尤里·弗拉索夫、马特林·沙库姆、弗拉基米尔·布伦察洛夫、斯维亚斯拉夫·费奥多罗夫的报道不多，他们的选票都在 0.1%—0.9% 之间。这些人过去没有什么政治经历，也没有获胜的可能。有很多评论家指出，真正遭遇毁灭性打击的人是米哈伊尔·戈尔巴乔夫，他只获得了约 0.5% 的支持率，即 40 万张选票。

在第一轮选举后的一段时间里，有关亚历山大·列别德将军的报道比叶

---

① "亚博卢"一词为音译，俄文原文是 Яблоко，原意是"苹果"，但该俄文词汇的首字母为大写，与 яблоко 有所不同，大写字母 Я 与亚夫林斯基的首字母 Я 相同。——译者注

② 《共同报》，1996 年第 27 期，7 月 10—17 日。

利钦和久加诺夫的还要多。他这一轮获得了 14.5% 的选票，当然，这对一个政治家而言是一个巨大的成功，而他还仅是在 1995 年 7 月时才率领自己的第 14 军穿过莫斯科而已。不只是社会学家们没有预测到这个结果，就连将军自己的竞选指挥部也没有想到能获得这样大的成果，他们之前的预测是最多能获得 8% 的选票。

此后不久，戈尔巴乔夫在意大利《新闻报》上刊登文章，称"列别德现象"是人为造成的，列别德接受了叶利钦竞选团队的资助并受其指挥。根据《资本报》的报道我们可以得知，列别德不仅仅是得到了选举委员会的资助，同时还有一大批赞助者，其中有一些还是金融和商业机构。在最后的两个星期里，将军在电视屏幕上频繁出现，正是因为资金充裕，才可以这样畅行无阻。①

我认为不能排除叶利钦的团队在最后阶段采取各种手段以便让将军显得更加"突出"。叶利钦从那些拥有自己团队的"第三方力量"当中搜寻过人选来帮助自己，他与亚夫林斯基、费奥多罗夫和列别德都为此见过面。对于政治家而言，这都是很正常的事情，我们很难想象，列别德的团队会拒绝来自叶利钦的支持或者拒绝与后者见面。

列别德成功的首要因素其实并不是资金。1995 年，叶戈尔·盖达尔和伊万·雷布金组合投入了巨额资金以避免在国家杜马选举中失败。1996 年 6 月，巨额财富也没有帮到亿万富翁布伦察洛夫。响亮的知名度搞垮了而不是帮助了戈尔巴乔夫。马特林·沙库姆至少有 5 次在电视上喊出了自己的座右铭——"大家说什么，他就做什么"，但哪怕是在这样大的资金投入之下，他的支持率也没有达到 1%。那个在 1995 年秋季频繁出现在电视上的尤里·斯科科夫，出现在电视上的频率越高，选民流失就越严重。金钱固然是选举成功的一个重要因素，但并不是最主要的。列别德的形象和他的传记与经历，他的口号"真理与秩序"以及时常出乎意料地出现在民众面前并能与民众进行很好的交流，这一切都非常符合选民的期望。

列别德的成果令那些具有共产主义和民主主义意识形态的团体感到非常气愤，因为这造成了大量关键性选票的流失。他们试图破坏列别德的形象，《明日报》甚至报道说，这个俄罗斯将军获得的资金来自以色列新政府、美

---

① 《资本报》，1996 年 7 月 5—9 日，第 25 页。

国财团以及索罗斯名下金融集团的犹太资金。①

肮脏的选举——第二轮

第二轮选举于 7 月 3 日开始。第一轮选举的结果不仅令叶利钦大失所望，同时也迫使一大批富人和失望者改变自己的做法。6 月 17 日，叶利钦就已经邀请过列别德将军会面，谈论可能的合作。1 天之后，列别德就出任俄罗斯安全委员会秘书以及俄联邦总统安全事务顾问，他获得了相当大的权力。与之相对的是，格拉乔夫将军却在与叶利钦的会谈之后提出了辞呈。

在 7 月 20 日早晨的记者招待会上，叶利钦宣布解除奥列格·克斯科夫茨副总理的职务，同时被解除职务的还有亚历山大·科尔扎科夫以及米哈伊尔·巴尔苏科夫，我们当时都通过电视直播见证了这一幕。

与此同时，根纳季·久加诺夫恢复了自己的竞选活动，叶利钦却突然在电视上消失了，几个早就预定好的会谈被取消了，本应由总统在农民大会上做的报告，改由维克托·切尔诺梅尔金代为宣读。有关叶利钦生病的消息风传一时，但谁也不能够确定。之后一段时间我们才知道，6 月 26 日鲍里斯·叶利钦在位于巴尔维赫的住所内突发严重的心肌梗死。他的家人和亲信都决定封锁这个消息。医生来看过叶利钦后，并没有把他送到医院，而是将客厅改成了病房。一些必需的设备和药品很快就送了过来。病房由几名保卫人员把守，病情也只限于少数医生知道而已。

叶利钦本人后来回忆起这件事情：

> 在发病的第二天，即 6 月 27 日，塔尼娅和丘拜斯在总统饭店的办公地点会面。所有的计划全部取消，包括去企业和外出走访等等，战术改变了。总统仍然是充满活力和自信的，在任何情况下都不能泄露一丁点与病情有关的信息。当然，我和我的顾问们其实是在刀尖上行走。真的可以对公众隐瞒这些信息吗？迄今为止，我相信一点，在战胜久加诺夫或者说赢得选举的过程中，我有多次都陷

---

① 《明日报》，1996 年第 27、28 期。

入了恐惧之中。①

正当叶利钦痛苦地躺在自己住所的时候，选举还在继续进行。久加诺夫对竞选活动非常积极。久加诺夫几乎每天都会去一个企业，并做一场面对大量公众的演讲。电视台没有忽视他的演讲，但他个人在这一段时间内实际上对胜选并没有抱太大的希望。无论是久加诺夫本人，还是他的竞选团队都在致力于尽可能地缩小与领先者之间的差距。而这正是深为叶利钦的竞选团队担忧的。选举结果令双方都很吃惊：53.7%的选票投给了叶利钦，而久加诺夫只获得了40.4%的选票。有67.3%的选民参加了投票，其中就只有约5%的选票没有投给叶利钦或久加诺夫。

7月5日（星期二），《独立报》以醒目的标题在头版刊登出了一则消息——《总统的意外完胜》。选举过程中出现了不少让人惊奇和意想不到的情况，但"完胜"的结果却真的是不公正的。叶利钦的成功绝对不是一场完胜，不论从直接意义还是间接意义上讲，都是在付出了极大代价之后的结果。

有许多人认为叶利钦获胜依靠的是直接伪造选票的方式，或者是大规模借助西方选举技术。

关于来自西方国家的竞选专家一事，其中涉及4名住在莫斯科总统饭店11层1120房间的美国"形象设计师"，已经有西方记者在之后的一段时间里做了报道，这些记者中就有意大利记者朱利叶托·基耶萨。②

他是这样写的：

> 大众传媒手段已经能够深刻地影响选举结果了……图片信息取代了文字信息，人们的思维方式、个体思考、竞争意识和利益观都改变了。也就是说，谁控制了媒体，谁甚至就可以轻易地站在社会中大多数人利益的对立面。

普罗汉诺夫以悲观的情绪写道：

① 叶利钦：《午夜日记》，莫斯科：2000，第47页。
② 朱利叶托·基耶萨：《再见俄罗斯!》，莫斯科：1997，第13—31、179页。

人民在半被欺骗的情况下，被那些电子迷魂药搞得晕头转向之后走向了投票箱，签署下了判处自己死刑的判决书，为的是免受折磨而痛快地死去。我们不能忘记那些盗贼和施刑者……那些长着长毛的魔鬼和漂亮的魔女，正是他们盗取了选举。[1]

　　上述表述当然是有些夸张的。但选举的结果也的确对俄罗斯当局和西方都产生了巨大影响；独联体国家的领导人和一些国际金融组织对俄罗斯的内政确实有所干涉，违反选举法规的情况也发生过，也出现过伪造选票的事件。但所有这些因素并不能彻底地影响整个选举，能够影响的选票也就是3%—4%。因此，对于久加诺夫而言，最好的行为应该是在选举结果公布之后，向叶利钦发出一封恭喜他胜选的贺电。

　　但俄共党组织中的分析人士却不能正确地总结己方败选的原因。他们找出了许多的原因，但无一例外地全都是些次要因素。《对话》杂志主编尼古拉·克列帕齐问道："我们还能指望些什么？就连上帝都无法针对这个问题给出明确的答案。我们国家民众中的关键部分行事总是让人无法捉摸。他们可以被当局通过金钱或其他手段说服、引发同情、欺骗、收买、恐吓并接受那些硬塞给他们的决定。尽管看上去很矛盾，但在总统选举的第二轮过程中，大部分俄罗斯人却将选票投给了在最近五年当中毁灭了国家，让国家尊严扫地，让大部分国民沦为乞丐或穷人，摧毁了民选的议会，在车臣投降，让民众备受残暴强盗行径和恐怖主义折磨，腐败，将人民的财产转移给那些不够格的暴发户，并建立起无所顾忌的资本主义制度的那个人。"[2]

　　俄共党内有一些著名领袖认为这场选举对于本党而言，是一场巨大的胜利。事实证明，1996 年 7 月 3 日对于很多参选代表来说，并不是结果公布的日子，而是带有"叛逆"的性质。很多投票给叶利钦的选民，其实并不是叶利钦的支持者，而是俄共的反对者，他们不想让政权再次回到共产党的手上。但同样也有很多人，他们投票给久加诺夫，其原因却是因为反对叶利钦。叶利钦的选举团队对此很清楚。现实的政治家看到了国内的乱局，他们采取的是两害相权取其轻的办法。

　　社会与国家政治研究所的研究表明，大约有一半的选民希望叶利钦当

---

① 《明日报》，1996 年第 28 期。
② 《对话》，1996 年第 8 期，第 1 页。

选。其中有不少于 40% 的选民，是因为不希望久加诺夫当选而投票的。在久加诺夫一方，也有 35%—60% 的选民是出于类似的原因。① 久加诺夫本人并没有对俄共的失败做出必要的结论。久加诺夫在竞选结束的第一次记者招待会上承认，不论是他本人还是他的团队，都没有积极地运用大众传媒的手段。久加诺夫宣称："但是，假如是大元帅斯大林在这种情况下参加竞选，他是肯定不会失败的。"②

选举之后

1996 年的大选花费巨大，选举结果不仅加强了鲍里斯·叶利钦的个人权力和影响力，还加强了总统的职权。俄罗斯联邦在 1991 年年底才以独立国家身份出现，在历史上这是第一次总统大选。这次大选遵循的是新通过的宪法，大选加强总统地位的同时，也加强了宪法的地位。

在 1996 年 7 月 3 日之前，叶利钦当局的信任赤字一直在增加。民众还清晰地记得发生在 1993 年 9 月至 10 月的那些戏剧性事件。人们还没有忘记那些"拆毁"和破坏苏维埃联盟的事件。

站在叶利钦对立面的政治家和法学家们，曾不止一次地提醒公众，叶利钦在 1991 年 6 月 12 日当选的并不是一个主权国家的元首，而只是苏联之下的共和国领导人，国家的总统是米哈伊尔·戈尔巴乔夫。当时民众并没有赋予叶利钦在 1992 年以及之后的 1994—1995 年才陆续获得的全权。因此，无论是从政治学还是历史学的角度，1996 年 7 月 3 日才是俄罗斯历史上第一次由全民选出了自己的国家元首。

尽管庆祝仪式搞得很隆重，也令叶利钦的支持者和高级官员们感到满意，但总统的病情却是一个不能忽视的情况。6 月 26 日的心肌梗死引发了许多其他的病症。叶利钦的生命处于危险之中，而且不仅是那些来到克里姆林宫准备 8 月 9 日总统就职大典的人发现了这个情况，很多人通过电视上播报的短篇报道也了解到了这一切。

在由郊区官邸改成的病房中，叶利钦几乎没有允许任何一个高级官员来

---

① 《社会政治年鉴》，1997，第 87 页。
② 《真理报》，1996 年 7 月 6 日。

探视他，甚至连电话也不接。隐瞒国家元首的病情是很困难的，所以仅有极少数的医生和他的家属知道具体的病情，公众很难得知真相。当时有许多报纸发出了这样的评论："叶利钦为他的胜利而高兴，却为自己的病情所伤心。"

切尔诺梅尔金和部长们重新装修办公室的事情，并没有引起国内媒体的关注。在1996年8月至9月，国内的注意力主要集中在车臣和新任国家安全委员会秘书列别德将军的身上，他是叶利钦在8月中旬任命的赴车臣的个人代表，列别德在车臣问题的处置上拥有很大的权力。

叶利钦与列别德的政治联盟引发了极端民族主义阵营、极端民主主义阵营和俄联邦共产党的极大愤慨。《明日报》和《苏维埃俄罗斯报》报道称，"列别德帮助叶利钦了爱国者"，"克里姆林宫对俄罗斯团结力量和反西方力量进行打击"，"拆散了国防部"，"列别德是丘拜斯手上顺服的武器"。《莫斯科共青团员报》和《莫斯科真理报》评论道，"大象进入了瓷器店"，"将军的行为让人意识到，昨日的英雄已经变成了无思想的大忙人和荒诞的人物"，"不受限制的列别德在委任官员"，"列别德让自己变成了一只穿着室内鞋的小猫，一直躲在自己的阴影后面"。

在车臣的投降

在1996年6月和7月，俄罗斯全社会和媒体的注意力都放在了总统大选之上。很少有人去关注与此同时举行的莫斯科市市长选举，尤里·卢日科夫在这场选举中获得了决定性的胜利。与之相对的是，自1991年夏就开始执掌北方首都——圣彼得堡市市长一职的索布恰克，却在第二轮选举中严重失利。在8月9日举行的总统就职典礼之后，社会的注意力就主要放到了车臣的局势上。

在1996年6月和7月，车臣的军事活动在不断地升级。俄联邦军队撤出车臣的行动停止了，但不同层级代表团和委员会之间的谈判还在继续。在车臣几乎所有的山区内，清缴武装人员的战斗一直在继续。在地下斗争非常激烈的格罗兹尼，也有一些军事行动在进行。

8月6日，当莫斯科已经将叶利钦总统的就职典礼准备就绪之时，格罗兹尼的激烈战斗打响了。所有的武装人员都从山区赶到了格罗兹尼。到8月10日的时候，大部分格罗兹尼的武装人员都已经处在阿斯兰·马斯哈多夫和沙米尔·巴萨耶夫的指挥之下了。武装人员基本上已经控制了格罗兹尼的市中心、主要街道和路口，建立起了封锁线、关卡和指挥中心。从车臣各处赶来的援兵也迅速到达此处。联邦军队进行了抵抗，但他们的战斗基本上都是自保性质的。武装人员在格罗兹尼成立了权力机关。于是，车臣全境内都爆发了反对联邦军队的战斗。

鲍里斯·叶利钦授权国家安全委员会秘书列别德将军处理有关车臣共和国的事宜，列别德也展开了与马斯哈多夫之间有关停火和撤出联邦军队问题的谈判。但是，在那些已经艰苦奋战了两年时间的将军与普通军官之间，并不是所有人都同意"列别德计划"。8月14日，叶利钦签署了一份新的秘密命令，其内容就只有5—6个人知道。这份命令赋予列别德几乎不受限制的权力，来处理车臣的危机。与此同时，武装人员已经几乎控制了车臣全境，建立起了自己的权力机构和伊斯兰教法。过去那些被俘虏的武装人员也被全部释放。

1996年8月22日，在达吉斯坦城市哈萨维尤尔特，列别德和马斯哈多夫签署了关于停火和终止格罗兹尼区域以及车臣全境内军事行动所采取紧急办法的协议。按照协议的规定，自8月23日12时起，军事行动终止，联邦军队开始从车臣撤出。这就意味着投降和承认俄军在车臣的失败。

在哈萨维尤尔特签署的协议没有经过任何批准，但俄政府和俄军一方在其签署后就立即开始执行。8月29日，联邦军队无条件释放了全部在押的武装人员，而车臣当局却仍然扣押着数千名联邦军队的战俘，并驱使他们从事各种各样的劳动。尽管按照协议的规定，车臣地位问题不应该急于在5年内做出决定，但车臣领导人在许多场合都公开宣称车臣或者说是"伊奇克里亚"已经是一个独立和拥有主权的国家了。

1996年9月，分裂分子基本上已经占领车臣的全境。不久之前亲俄政府的领导人多库·扎夫加耶夫被驱逐出了车臣，车臣"政府总理"由阿斯兰·马斯哈多夫出任。1996年9月23日，他出席了在斯特拉斯堡举行的欧洲大会会议。在杜达耶夫死后，车臣"总统"由泽利姆汗·扬达尔比耶夫出任。形势很明显，一年后车臣将会举行总统大选，选出一名新的总统。

在此期间，俄军陆续撤出了车臣。至1996年12月31日，主力部队基本上都已经撤离。1997年1月16日，最后一支联邦军队也撤出了车臣。在《车臣结：1994—1996年的军事冲突》一书中，有这样一段简短的描述：

"原本旨在解除非法武装力量并在车臣恢复宪法秩序的军事行动，就这样结束了。"①

鲍里斯·叶利钦的病情与他身边环境的变化

在 1996 年 8 月 1 个月，叶利钦一直在病中而很少工作。诊断显示，他的冠状动脉分流手术应该尽快进行，如果不做这个手术，那么就很有可能马上引起其他病症并导致生命危险。但叶利钦并没有做好手术的准备，他还需要一点时间来休息。

叶利钦后来在自己的回忆录中写道：

> 对于恢复必要的体力而言，手术之前的这段时间是非常关键的。我先是去了扎维多沃，在这个我喜欢的地方，连空气都是甜的。但我同时意识到，我好像不行了。我在一天天地衰弱下去，不想吃也不想喝，只是想躺着……我叫来了医生。这是怎么了？是不是要完了？医生对我说，鲍里斯·尼古拉耶维奇，事情不是这样的，不会出现那样的情况，一切都在按照计划进行。但这些话听上去是很苍白的。塔尼娅、列娜和奈娜（奈娜·约瑟夫娜，叶利钦夫人）都晕了过去。在几天的时间里，我就迅速地消瘦了下去，因为我的血红蛋白急剧下降了。因为贫血的缘故，原定的手术时间推后了一个月。②

经过一番犹豫之后，叶利钦同意通过俄罗斯媒体向外界公布自己的病情以及必须接受手术的情况。就此问题在扎维多沃第一个对他进行采访的人是米哈伊尔·列辛。

有两名来自心脏病治疗中心的新医生参加了会诊，他们分别是勒纳特·阿克秋林和尤里·别林科夫。在阿克秋林的参与下，叶利钦 1996 年 11 月 5 日进行了手术，并获得了成功。叶利钦在麻药的作用下昏迷了 17 个小时，

---

① 库里科夫、列姆毕克：《车臣结：1994—1996 年的军事冲突》，莫斯科：2000，第 291 页。
② 叶利钦：《午夜日记》，莫斯科：2000，第 5 页。

在此期间由切尔诺梅尔金行使总统职权。有一整组医生参加到了手术工作当中，并由美国著名心脏病医生迈克尔·德贝基主刀。11月7日，叶利钦已经能够从床上坐起来了，第二天他被转移到了中央医院的专门病房。到了11月底，叶利钦被转移到了设在巴尔维赫的专门疗养院。12月9日，叶利钦乘直升机回到了扎维多沃。医生要求叶利钦到1997年1月时才能回到克里姆林宫。

但叶利钦违反了医嘱，在1996年12月23日那天就来到了克里姆林宫。他当时还不能完全投入到工作中去，但他认为能够出现在克里姆林宫，本身就具有重要的意义。出于这个目的，叶利钦于12月31日晚再次来到了克里姆林宫，到了那棵大圣诞树前。他在这里并没有什么事情可做，只是喝了香槟酒，举杯庆贺而已。

但固执并不是最好的医生。新年过后没几天，由于被怀疑患上了肺炎，叶利钦再次住进了中央医院。

在医院治疗期间，在医生的严密注视下，叶利钦仍然保持着对许多人的关注，其中还包括国家的最高层。早在1996年7月赢得大选之后，叶利钦就召回了阿纳托利·丘拜斯，他成了总统办公厅的负责人。8月，经病中的叶利钦首肯，丘拜斯将许多自己人安置到了克里姆林宫管理局的重要岗位之上，将总统所发布的一切命令和指示置于自己的监视之下。丘拜斯已经将总统所有的顾问全部置于自己的控制之下了。

10月2日，叶利钦签署了一项指令，将总统办公厅正式置于丘拜斯的掌控之下，于是后者几乎掌握了所有官员的任免权。此时的丘拜斯不仅可以决定许多地方官员的调动，甚至还可以影响俄罗斯各部机关官员的任命。几个月之后，丘拜斯就已经成为俄联邦的第二号政治人物，叶利钦还专门为他个人设立了一个可以直通总统以便获取签字的渠道。在俄罗斯的许多有影响力的政治家看来，这种模式是很不正常的。

列别德将军与包括丘拜斯在内的许多叶利钦亲信之间的矛盾，终于无可避免地爆发了，因为前者在1996年8月和9月期间一度掌握了极大的权力。作为国家安全委员会的秘书以及总统在安全问题上的顾问，亚历山大·列别德希望能够对所有强力部门的部长施以影响。但是，内务部部长阿纳托利·库里科夫就不愿屈服于列别德，他认为后者所做出的许多行为和指令都是错误的。列别德试图加强权力和影响力的行为并不是叶利钦授意的，叶利钦并不想同任何人分享国家的权力。10月17日，在数十个摄像机面前，叶利钦亲手签下了将列别德免职的命令书，并发表了几句意思含混不清的讲话。

俄罗斯安全委员会秘书由伊万·雷布金接任，他不久前还是俄罗斯杜马的议长，早先曾经以俄共党员的身份担任过伏尔加格勒州州委第二书记，这是一个软弱且没有原则的人物，他并不追求拥有任何政治影响力。引起巨大轰动的，并不是对雷布金的任命，而是将鲍里斯·别列佐夫斯基任命为安全委员会副秘书一事，后者已经将俄罗斯第一频道完全置于自己的掌控之下，他在许多商业组织中实际担当的也都是有如事实上安全委员会领导人一样的副职。

第十五章

鲍里斯·叶利钦在 1997 年

　　不论是历史学家还是分析家，都觉得描写鲍里斯·叶利钦的 1997 年是一件非常困难的工作。心脏手术之后，鲍里斯·叶利钦又患上了严重的肺炎，而且难以完全恢复。叶利钦时常要到医院住上一两个星期的时间，来克里姆林宫办公的次数也越来越少了。此时的叶利钦，已经在郊区拥有好几处官邸了，他开始变得更喜欢待在那里。新上任的俄罗斯总统副秘书长兼总统办公厅副主任谢尔盖·雅斯特热姆勃斯基在接到记者的提问"鲍里斯·叶利钦现在在什么地方和做什么事情？"的时候，一般都是这样回答的："总统正在做文案工作。"

文案工作

　　鲍里斯·叶利钦在 1997 年确实做了许多文案工作，因为相比于主持和参加会议，他更喜欢前者。叶利钦几乎拒绝了一切与他人一同进行的工作，甚至还要求将电话汇报改成纸质形式。叶利钦经常一连几天除了各单位的最高负责人和自己的家人之外，不与任何人见面。在叶利钦的回忆录中，也有一个章节专门用来记述有关文案工作的情况。

　　叶利钦写道：

　　　　在我的办公桌上放着各种颜色的文件夹，其中有红色的、白色的和绿色的，这些文件夹都按照固定的顺序摆在那里。如果文件夹摆放的顺序改变了，或者是出现了一些其他的变化，我是一定能够发现的。我会变得情绪不好，甚至是出现焦虑……最重要的是红色的文件夹，这些文件需要马上研究或是签署才行。需要我当天就要做决定的文件并不厚，它们会被摆放在办公桌的中间稍微靠右一点的位置上。这些文件不能等待，要立刻处理才行，基本上都是等待签署的法令，要下发给各个重要机关，比如国家杜马或是联邦会议的文件。凡是做出决定的，就把文件拿出文件夹，不论是罢免还是任命；没有做出决定的，文件就还放在文件夹里。有时是几个人在等某个文件，而有时是整个国家都在等某个文件。不论做出什么决定，第二天的新闻都会对这个红色文件夹中的文件内容做出报道。因为其中涉及的内容，有可能是国内的，也有可能是国际的。但有一点我是非常清楚的：今天摆在这里的文件，明天就会发生结果，成为一个路标或引发某些事件……红色文件夹的右边是白色文件夹，里面放的是有关国家政治生活的文件。国家是一个固定的机构，如果您愿意的话，也可以将其称为有自我管理机制的机器，按照一定的规则运转。通过这个白色的文件夹，我们就可以清楚整个国家的运转情况。这个机器其实并不依靠车轮的推动，而是依靠这些文件。这些文件来自各个机构、各个部委，是它们做出的各项决定。这不属于我的决定或命令，也不是我直接管理的职权范围之内的工作。这些文件涉及的范围包括国家机构的各个部分，其中有来自政府的秘密报告或是各种请求，国防部或是联邦安全委员会呈交的报表以及国家财政计划等，林林总总，其中最多的内容还是有关官员任命的。至于绿色文件夹，则主要是有关当前社会关注的问题以及国内现实生活的一些情况的。在用来调节人们生活的法律所允许的范围之内，我需要在以上所有的文件上签署自己的意见。总统依法签署的命令，便成了所有人都要遵守的规则，并且要在很长一段时间内予以实行，大概会是数十年吧。是否要签署指令呢？我依照自己的生活经验以及对所处时代的理解，来决定如何处理那些来自绿色文件夹的文件。有的时候，要做出这样一种决断是相当困难的，甚至比做出某一项政治决定或人事任免都要难很多。①

我从未见过叶利钦同意或拒绝签署的那些印有国旗图案的命令公文本

---

① 叶利钦：《午夜日记》，莫斯科：2000，第166—168页。

身，但叶利钦做出的所有决定，都在深刻地影响着广袤国土上的每一个人。

原内务部部长阿纳托利·库里科夫（1995—1998 年在任）后来写道：

> 在我担任部长和副总理期间，我所接触到的实际上是两个不同
> 的叶利钦。其中的一个，是作为最高指挥者的总统而存在的，对我
> 而言，他是一个拥有巨大权力的领袖，我的生死荣辱全在他的一念
> 之间。对于一个正在战斗的人来说，这是正常的。另一个叶利钦则
> 是有血有肉的，是充满矛盾的，其性格中不是最优秀的一面也显露
> 无遗。他特别虚荣，自私又固执。对他而言，人只是一种消耗品，
> 由于自己的任性，叶利钦严重地损害了自己的名声。①

库里科夫证实，叶利钦在接受心脏手术之后，哪怕是文案工作他都是力
不从心的。叶利钦甚至会出现错发文件的情况，哪怕这些文件应该派发给谁
都是提前安排好的。叶利钦曾经将本该派发给总检察长的文件，错发给了政
府部门的首脑阿纳托利·丘拜斯或是副总理鲍里斯·涅姆佐夫。库里科夫写
道："还能再糟糕一些吗？叶利钦慢慢地连人名都对不上了。有一天，叶利
钦要我火速赶往克里姆林宫，我很快就到了那里。但是，总统交给我的任务
实际上与我的工作毫无关系，应该是派给国防部部长伊戈尔·谢尔盖耶夫才
对。"② 叶利钦还经常会忘记自己下达的口头或者是书面的命令。

叶利钦的病致使他丧失了部分力量，也导致了他的健忘，他的身体状况
已经大不如前了。这就使得他的周围出现了一个忽明忽暗的影子权力中心。
在叶利钦的女儿塔季扬娜·季亚琴科的支持下，"有钱人"通过总统专门签
署的一系列命令获得了很大的权力和影响力。新闻记者将她称为"形象设计
师"，而在任何一道命令中，其实都找不到与之相关的任命。

鲍里斯·叶利钦援引的是希拉克的先例，法国总统希拉克的女儿曾经担
任过父亲的专职顾问。但希拉克并不是一个身患重病的人，他在爱丽舍宫的
工作量也是很大的。

作为塔季扬娜·季亚琴科的密友，弗拉基米尔·尤马舍夫在克里姆林宫
的影响力也日渐提升，在 1997 年时他还被任命为克里姆林宫办公厅的主任。

---

① 库里科夫：《沉重的星星》，莫斯科：2002，第 420—421 页。
② 库里科夫：《沉重的星星》，莫斯科：2002，第 416—417 页。

维克托·切尔诺梅尔金的地位也获得了实质性的提升，因为他要做许多过去原本是叶利钦要做的工作。鲍里斯·叶利钦对此显然是不满意的，在未与切尔诺梅尔金商议的情况下，他在 1997 年 3 月任命阿纳托利·丘拜斯为第一副总理兼财政部部长。

鲍里斯·叶利钦与阿纳托利·丘拜斯

本文无意于细致描写阿纳托利·丘拜斯一路升迁的过程，他毕竟是和叶戈尔·盖达尔一道，从俄罗斯政权的角落里上升到这样一个重要的职位之上的。丘拜斯事实上并不能胜任政治家的角色，他太粗鲁、自大，还喜欢撒谎和招摇撞骗。丘拜斯曾经很郑重地表示过这样的观点，对于一个俄罗斯的自由派政治家而言，"厚颜无耻"是最为重要的素质之一。但丘拜斯特别富有工作能力，叶利钦也认为他是一个出色的管理型人才。由于参与到了俄罗斯私有化的工作中去，几年的时间里，丘拜斯和那些知名的金融活动家和西方的政治家们都建立了很好的关系。阿纳托利·丘拜斯在争取西方国家贷款的问题上取得了重大成就，没有这些借贷，俄罗斯当局早在 1994 年就完全无法运转了。

在任命丘拜斯为第一副总理后的几个月里，鲍里斯·叶利钦感到轻松了许多，也不再需要急急忙忙地赶去克里姆林宫了。在他看来，之后一切都会进展顺利。

叶利钦后来在自己的回忆录中写道：

> 阿纳托利·丘拜斯是 1997 年的前进引擎。他为政府引进了许多新人，都是国内那些富有理智、精明强干和坚忍不拔的有生力量。丘拜斯采用了严格的指挥原则，提出了很多建议。塔尼娅承担了我和丘拜斯之间的联络工作。于是，我完全置身于所有的思想、冲突和不同意见之外，从而能够从各个角度对事物进行观察。我对这个团队非常满意，这是我真心盼望而且特别喜欢的那种团队，他们身上那股年轻的力量和渴求达到结果的干劲都让我喜欢这个团队。[①]

---

① 叶利钦：《午夜日记》，莫斯科：2000，第 92—93 页。

　　鲍里斯·叶利钦在 1997 年 3 月做出了一件具有重大意义的决定，他签署了一个专门的指令，将几乎全部的国家权力都授予了阿纳托利·丘拜斯，但后者一直都是与塔季扬娜·季亚琴科商议行动的。在此情况下，维克托·切尔诺梅尔金实际上已经出局，鲍里斯·叶利钦则是"从各个方面进行观察"之后做出决定。

　　丘拜斯在 1997 年的春夏两季工作非常积极，但他仍旧粗鲁且无耻，于是便招来了国内几乎所有有影响力的人和团体对自己的反对。

　　维克托·切尔诺梅尔金公开反对授予丘拜斯以全权。国家杜马中的大多数党团以及联邦会议领导人也一致反对丘拜斯。除了俄共之外，国内几乎所有有影响力的政党都反对丘拜斯。

　　支持丘拜斯的政党，就只有"俄罗斯民主选择"一党，这个政党在 1995 年的选举中，才刚刚突破了 5% 的门槛。但这个政党的领导人盖达尔并不只是同情丘拜斯，他是以一个朋友和战友的身份在最大程度上支持丘拜斯。

　　1997 年秋出版的一部大部头工具书《在俄罗斯是谁拥有谁?》指出，盖达尔在"丘拜斯重回政坛之后，开始以'顾问'的身份发挥越来越大的影响力"。① 在这一时期，几乎所有的寡头都反对丘拜斯，其中还包括鲍里斯·别列佐夫斯基和弗拉基米尔·古辛斯基，他们手上控制着俄罗斯的大多数媒体，比如俄罗斯第一频道和独立电视台。

　　丝毫不会令人感到惊奇的是，丘拜斯遭到了普遍的攻讦。丘拜斯除了决定向社会公布自己的财产和不动产之外，还公布自己在银行的存款数目。他非常清楚一点，支撑其政府正常运转的大部分力量其实是政府短期债券。这是一个财富金字塔，许多参与此项工作的官员都因之而致富。由于当时的俄罗斯并没有一项法律禁止利用内幕消息牟利，于是这种行为也就不算是违法的了。

　　《消息报》刊登了许多旨在反对丘拜斯的报道。该报在 1997 年 7 月 1 日刊登了有关第 739-K 号信贷协议的内容，这份协议是由首都储蓄银行的领导亚历山大·斯摩棱斯基和私有财产保护中心的领导阿纳托利·丘拜斯联名签署的，其内容是银行自 1996 年 2 月 29 日起，向丘拜斯提供为期 5 年，总额

---

　　① 《在俄罗斯是谁拥有谁?》，莫斯科：1997，第 147 页。

达 144.54 亿卢布的贷款。在这张图表上，在确保还款安全的一栏中，只是画了一道横线；而在贷款利率那一栏中，写的则是无息。报纸在这条报道的后面刊登了国外相关问题专家的观点。当然，作为银行所有者，可以完全以自己的意愿向任何人提供贷款，但没有任何一个严肃的银行家会提供这么大的一笔无保障贷款；如果一笔无息贷款的还款周期这样漫长，那就违背了贷款本身的意义，没有利息的贷款是不应该存在的。丘拜斯为证明贷款的合理性提供了许多证据，但没有任何一个人在听闻这笔贷款的情况后还认为丘拜斯说的是正确的。

《新报》《莫斯科共青团员报》《独立报》很快就跟了上来，加入反对丘拜斯的队伍。这些报纸刊登了有关丘拜斯收入 20 万—30 万美元而没有缴纳任何税款的证据。这些报刊还刊登了许多来自经济学院士和社会活动家的公开信，指责这位第一副总理之前主持的私有化运动实际上就是一场掠夺，不但摧毁了国民经济，还犯下了许多别的罪行。

丘拜斯接受了许多采访，并积极为自己辩护，他表现得很积极。他将那些攻击自己的人称为"无知的人及白痴"，并许诺如果没有反对者来干涉他的话，1998 年的经济将会实现大规模的崛起。丘拜斯宣称，政府有能力在解决工资和养老金的同时，实现国家经济的增长，到时那些曾经诋毁过他的人，将会陷入非常尴尬的处境之中。当然，这些都是虚张声势而已。更多的经济学家则认为，国内新的危机已经在酝酿之中，这场危机离我们已经不远了。

1997 年秋季，各个社会组织与丘拜斯之间的斗争加剧了。作为丘拜斯的朋友，也是俄罗斯联合进出口银行的领导人，弗拉基米尔·波塔宁直接购买了《消息报》。国家第二频道也开始持续播放对第一副总理有利的报道。鲍里斯·叶利钦本人也给予了丘拜斯积极的支持。美国财长劳伦斯·萨默思也表示支持丘拜斯，他将丘拜斯所领导的团队称为"梦之队"并且宣称，由于丘拜斯在政府任职，国际金融机构在给予俄罗斯贷款的时候会更少地考虑风险的因素。

在 1997 年 10 月，有人列出了俄罗斯最具影响力的 100 名政治家的名单，其中排在前 10 的有：叶利钦、切尔诺梅尔金、丘拜斯、卢日科夫、别列佐夫斯基、普里马科夫、涅姆佐夫、斯特罗耶夫、季亚琴科、维亚希列夫。阿斯兰·马斯哈多夫和沙米尔·巴萨耶夫也进入了前 50 名，而当时的谢尔盖·绍伊古和亚历山大·列别德则只能排在后 50 名当中。在那一年，还有一些重要电视台负责人进入了这个名单，其中有尼古拉·斯瓦尼泽、叶夫根尼·吉谢列夫、谢尔盖·多连科，尽管他们分属不同的阵营。①

但丘拜斯遭受到了意想不到的致命打击。1997 年 11 月中旬，先是《共同报》，后是《莫斯科共青团员报》公布了有关阿纳托利·丘拜斯和奥尔费雷德·科赫因撰写未出版图书《俄罗斯私有化史》而获得 50 万美元稿酬的相关证据。根据所提供材料，这本书实际上是委托给《生意人报》的记者安德烈·列斯尼科夫来编写的。

任何一个出版社都不会支付这种数额的稿费，因此俄罗斯全社会都认为这是一个伪装得很糟糕的贿赂。甚至就连鲍里斯·叶利钦本人对此也感到很困惑，尽管他之前也通过写书收到过高额的稿费。但最起码叶利钦是在图书出版，且翻译成多国语言之后才拿到的稿费。

叶利钦后来写道：

> 事情发展得很快，有关那本尚未出版的《俄罗斯私有化史》一书的情况很快就摆满了内务部部长阿纳托利·库里科夫的办公桌。合同的复印件就存放在今日出版社的办公室里。这本书的作者是丘拜斯、博依科、莫斯托沃伊和科尔扎科夫（总统办公厅第一副主任），稿费总额为 9 万美元。俄罗斯的媒体将这笔钱称为贿金。我先是免除了科尔扎科夫的职务，之后处理了剩下的几个人。不论是对我，还是对政府而言，"图书丑闻"都是一个严重的打击。于是，丘拜斯的团队撤出了总统办公厅和白宫。对于这个由年轻人组成的改革团队而言，"图书丑闻"就像是一块西瓜皮，让他们滑倒在地。这实在憋屈和荒谬。②

丘拜斯本人也感到特别地憋屈和荒谬。他为此还发过牢骚："所有这一切，就因为 10 万美元吗?!"③ 他想必是忘了，自己是处于记者的关注中心的。

鲍里斯·叶利钦在 1997 年 11 月 4 日解除丘拜斯职务之前，首先解除了

---

① 《独立报》，1997 年 11 月 29 日。
② 叶利钦：《午夜日记》，莫斯科：2000，第 110—112 页。
③ 原书中关于《俄罗斯私有化史》一书稿酬、媒体、叶利钦和丘拜斯本人的说法不同，译著尊重原书予以保留。——译者注

别列佐夫斯基所担任的俄联邦安全委员会秘书的职务。

鲍里斯·叶利钦与鲍里斯·涅姆佐夫

在 1997 年 3 月之时，叶利钦并不只是任命了阿纳托利·丘拜斯为第一副总理，他也曾打算命担任下诺夫哥罗德州州长的鲍里斯·涅姆佐夫出任第一副总理。叶利钦想要提名涅姆佐夫完全是自发的。叶利钦回忆道："我认为，仅仅安排一个丘拜斯进入政府是不够的。于是我决定为丘拜斯寻找一个副手，而且这个人应该是个专业的政治家。鲍里斯·涅姆佐夫是可以胜任的。我的想法很不错，这样就可以从两个方向支撑起切尔诺梅尔金了，用这样的办法可以提振他。我们要打破这个僵局，这个让人感到厌烦的政治平衡。当时曾经有人说过，要打破僵局。僵局被我成功地打破了。"[1]

鲍里斯·涅姆佐夫进入政坛纯属偶然。在改革时期，鲍里斯·涅姆佐夫还只是一个拥有副博士学位的无线电物理学专家，他因为坚决反对在下诺夫哥罗德州建设核电站而为人们所熟知。在切尔诺贝利事件发生后，苏联的许多个州就都开始反对在本地建设核电站了。

在 1990 年，30 岁的涅姆佐夫当选为俄罗斯苏维埃联邦社会主义共和国下诺夫哥罗德市人民代表。涅姆佐夫开始追随民主派的脚步，并且在 1991 年 6 月成为叶利钦竞选总统的支持者。鲍里斯·叶利钦在当年秋季任命涅姆佐夫为下诺夫哥罗德州的州政府首脑，尽管涅姆佐夫并没有具体的行政和管理经验，鲍里斯·叶利钦对此也是很清楚的。叶利钦对涅姆佐夫的临别赠言是这样说的："你对未来将要遭遇的艰难险阻还知道得太少，如果感觉干不了，我们再把你撤下来。"

涅姆佐夫开始非常卖力地工作，不仅仅是叶利钦支持他，亚夫林斯基对他也给予了支持，特别是在有关支持私有企业发展的领域。在涅姆佐夫与亚夫林斯基看来，当时有许多设计都是盖达尔在莫斯科时搞出来的。涅姆佐夫将盖达尔的改革称为"长期精神分裂"的产物，建议采用亚夫林斯基的方案，或者就这样接受阿尔卡季·沃尔斯基带来的糟糕结果。

1995 年时，涅姆佐夫在州长竞选时，从众多候选人中脱颖而出。当时的

---

① 叶利钦：《午夜日记》，莫斯科：2000，第 88 页。

媒体不只是将涅姆佐夫比喻为俄罗斯政坛的新星，更是将下诺夫哥罗德称为"俄罗斯改革的首都"。当时还有一家国际经济杂志，将涅姆佐夫称为"全世界未来 100 年内的 200 名领袖"之一。但是，州内取得的成就与其所宣传出来的，其实是不相称的。开始承诺了很多，但是到了最后又没有实现，这个州也没有成为自由主义改革的样板。

下诺夫哥罗德州的国民生产出现了下跌，在许多行业都出现了严重的衰退，其中有一些领域下跌的比例甚至还要超过联邦的平均水平。居民的生活水平明显下降了。州内的生产之所以还没有崩溃，是因为地方上的很多企业主都在跟着副州长伊万·斯科利亚洛夫干。

到了 1996 年，对涅姆佐夫的批判之声已经不止来自左翼的反对者了，还有很多其他派别的声音。在新生的俄罗斯，几乎没有一个州长可以在没有参加莫斯科某个派别的情况下，在本地顺利展开工作。涅姆佐夫最终躲开了一切政治丑闻。叶利钦将涅姆佐夫提拔到莫斯科担任高位的决定是非常及时的，因为后者那时已经没有别的选择了。

对于这位年轻的州长而言，离开下诺夫哥罗德其实并没有什么值得可惜的地方，因为这个州已经不能成为他政治生涯的支点了。而鲍里斯·叶利钦却是新的支点，他在克里姆林宫同涅姆佐夫的一次会面中，对对方产生了好感，并且宣称："这个和我同名的人是一个不收取贿赂的人。不论是涅姆佐夫，还是我，都是连一个戈比都不拿的人。就只剩下我们两个人是这样的了。"

对于叶利钦将新的宠臣涅姆佐夫安排进政府，并授予其极大的权力，切尔诺梅尔金和丘拜斯都很直接地向叶利钦表示了自己的不满。叶利钦则表示，他会至少支持涅姆佐夫干上两年，甚至是更长的时间。

涅姆佐夫是这样阐述自己的计划的：

> 在这两年当中，我的任务是刚性和务实的。首先，必须保证两年时间的经济增长；其次，我们还必须做一些不太受欢迎的事情，必须削减那些数不胜数的社会福利项目；最后，我们必须保证国家权力的集中，为此，我们必须降低政府机关的腐败程度，阻止人民与政权关系的疏远。我可以这样说，这些任务对我而言是绝对要优先解决的。①

---

① 《独立报》，1997 年 5 月 7 日。

事情的实际发展与涅姆佐夫承诺的大相径庭，他只是解决了一些很小、很平常的问题，小到几乎没有多少人会注意到。比如说，在竞争原则下，军队获得的待遇出现了下降。他将那些"有势力有背景"的银行排除在外，但他没能改善银行服务工作的水平。由于国家和民众贫穷，社会保障改革只得延期。退休金改革只能在国家稳定且拥有很高威信的时候进行。优化社会福利的愿望并没有实现。政府官员之间关于特权的争夺所产生的第一个问题就难住了涅姆佐夫。他们要求用奔驰和沃尔沃来替换过去的伏尔加牌。

一年之后，涅姆佐夫就此事声明道：

> 我不能阻止官员乘坐沃尔沃牌汽车；只有总统和我是乘坐国产汽车的，而我们所有的下属全都换成了国外牌子的汽车。对我而言，这是最大的一个伤害。①

高级官员开始填写财产和收入的申报单。但是，没有谁拿这张申报单当回事，非常明显，他们在申报单上填写的数字都是缩水的。涅姆佐夫同寡头之间进行了多次博弈，但并未取得什么效果。他使用的关于"掠夺性资本主义"的词汇有很多，甚至他还试图打破已经司空见惯的行业垄断，但收效甚微。在寡头的背后，是数千名势力强大的官员，而涅姆佐夫和他的团队获得的来自总统的支持，却是非常软弱的。

尽管鲍里斯·涅姆佐夫在政治上并没有取得多少有重要意义的成就，但在 1997 年春季到秋季之间，他的威信却获得了很大的提升。阿纳托利·丘拜斯离开了，鲍里斯·涅姆佐夫却留了下来，成为最有可能继承叶利钦位置的人。涅姆佐夫的威望达到了仅次于尤里·卢日科夫的地步，而未来总统竞争者的名单中，此时就还只有久加诺夫而已。当时社会上关于涅姆佐夫的文章数量已经攀升到仅次于叶利钦和丘拜斯的地步，但这些文章大多都是批判涅姆佐夫的。

除了副总理职务之外，涅姆佐夫同时还兼任燃料与能源部部长的职务。涅姆佐夫在这个职位上取得的最大成就，就是找到了同"俄气"最高全权负责人列姆·维亚希列夫之间的共同语言，他甚至宣称，"俄气"在政府之前

① 《生意人报》，1998 年 3 月 17 日。

就已经偿清了自己所欠的钱款。

确实，涅姆佐夫并没有很好地把持住自己。他因为出版一本小书《外省人的日记》而获得了 10 万美元的稿费。这件事给他造成了伤害，但没有导致他被免职。

1997 年的经济成绩

早在 1997 年年初，很多经济学家就急于做出一个比较乐观的经济发展预测。作为俄联邦政府下属经济改革工作中心的主任，谢尔盖·巴甫连科在 1997 年 1 月时就指出："经济已经进入发展的阶段，全国的形势已经实现正常化了。"

但直到 1997 年秋季，都没有谁真正看到经济明显复苏的迹象。阿纳托利·丘拜斯宣称，国内已经结束了连续 8 年的生产下跌，开始出现复苏的态势。这一切普通的老百姓都还没有看到，而那些"严肃地分析形势的人"却已经很清楚地看到了。他是这样说的："现在的形势并非仅仅是国内生产的上升和通货膨胀的下跌，其意义是更加重大的。这是复苏的开始。我认为，正如俄罗斯经历的这些艰难的、长期的生产陡然下跌，之后俄罗斯的生产情况必然会出现一种迸发的、长期的、以同样陡峭的态势上升的模式，这一点不仅是社会学家和经济分析师看得很清楚，每一个人也都能真切地看到，从他的收入、支出到购买现代化的小汽车和度过一个货真价实的假期。"① 丘拜斯确信，到 1999 年时俄罗斯"将会成为另一个国家，拥有另一套法律，人们怀着与过去不同的心情，社会也会和以前不一样了"。

只可惜这些宣传都是些虚张声势的东西。通过分析 1997 年取得的成就，不仅仅是普通人，就连那些"严肃地进行分析工作"的"经济学和统计学专家"，也都认为损失是大于成绩的。当然，国家统计局的数据显示，俄罗斯的国内生产总值在这一年上升了 0.3%。在这个增长的背景下，国内的工业生产增长了 1.7%，而农业生产则下跌了 1.4%。在国家预算内，几乎偿还完了在工业和农业生产领域拖欠工人的工资。国家统计局的数据显示，居民的实际收入上升了 0.8%，那些"生活在赤贫当中的人"所占人口的比例，

---

① 《论据与事实》，1997 年第 4 期，第 3 页。

也从 22.2% 下降到 21.5%。本年度的通货膨胀率为 11%。

情况的改善尽管是客观存在的，但国内的居民却很难真切地感受到。1997 年的经济生活中，有很多深刻的东西在朝着危险的方向发展下去。经济领域的投资缩减了 6%。失业人口增加了 3%。至 1998 年 1 月 1 日，国内债务达到了 5400 亿卢布的规模。这个债务的规模是非常庞大的，而且还在不断地增长，到 1999 年 1 月 1 日的时候，债务规模已经达到了 7000 亿卢布。

国际债务的规模也在不断地增长。如果说 1996 年时的财政收入中有 13% 是用于支付外债的话，1997 年这个数字就增长到了 23%。工业企业的生产缩减了 15%，残次品的比例增加了 1.4 倍。

所谓偿清所拖欠的工资和养老金的承诺，更多的是出于粉饰太平的宣传目的，其代价就是对财政资源造成不可弥补的损失，其中有一部分资金来自私有化的收入以及向国外举债。

这些情况还将继续存在。严肃的分析人士指出，由于大规模地依靠有价证券，其附带的投机行为导致了生产领域的投资下降，在几年之内出现经济状况的全面改善将是一件不可能发生的事情。

第十六章

1998 年的经济危机与政府垮台

对于鲍里斯·叶利钦和俄罗斯的命运而言，1998 年在多重意义上都具有转折的性质。鲍里斯·叶利钦非常清楚一点，他肯定无法胜选，继续自 2000 年开始的总统任期了。这就意味着，叶利钦必须找到一个接班人。此时的叶利钦，不仅是为俄罗斯的命运担忧，他还要为自己家庭的命运而担忧。他已经感受到了来自许多社会组织的巨大敌意，因此他非常不安。他并不想让自己落到米哈伊尔·戈尔巴乔夫在国内的那般境地，或者是更严重一点，类似尼基塔·赫鲁晓夫在下台后的境遇。

在 1998 年 1 月和 2 月，鲍里斯·叶利钦深深地为这些困扰所折磨，对此他在自己的回忆录中也做了很坦率的记录。叶利钦想要找到并提拔起这样一个人，此人不只是能够支撑起国家和政权，还要对自己保持忠诚。

维克托·切尔诺梅尔金显然不能发挥出这样的作用。叶利钦一时还没有找到合适的接班人，但是他已经决定将切尔诺梅尔金赶下台，并重用内务部部长阿纳托利·库里科夫，在空余出来的位置安置一个临时的，或者说是"技术上的"总理。

切尔诺梅尔金的辞职

在 1998 年年初，维克托·切尔诺梅尔金的影响力和实际权力都有所提升。他做出了一系列决议，这些决议削弱了副总理的权力而加强了总理的权力。此时的切尔诺梅尔金已经在总理的位置做了 6 年了。很多人都认为切尔诺梅尔金的地位非常牢固，甚至在叶利钦执政期间都不会动摇。1998 年年初，美国总统比尔·克林顿陷入了"莱温斯基事件"。于是就出现了美国与俄罗斯的第二号人物——戈尔和切尔诺梅尔金之间的会谈，这次会谈的地点是华盛顿。在美国和俄罗斯都有很多人将这场会谈称为下一任总统之间的会谈。

在 3 月的一次采访中，切尔诺梅尔金不仅承认了自己实际权力的提升，他还宣称俄罗斯的政坛将会保持长期的稳定，在大选开始之前不会出现太多的变化。国内已经在计划举行一个全民庆祝切尔诺梅尔金 60 岁生日的活动了。官员、州长、企业家、文化名流甚至是外国人都准备了祝词和礼品，而且还在汽车内挂上了印有切尔诺梅尔金头像的挂饰。但是，这一切都在几个小时之内出现了反转。

1998 年 3 月 23 日（星期一）早晨，叶利钦向全国观众做了一个电视讲话，宣布解除切尔诺梅尔金的职务。对于这个意想不到的决定，叶利钦没有给出任何解释。只是到了两个月之后，叶利钦才宣称，将切尔诺梅尔金免职并不是因为他工作不称职或是犯了某个严重的错误。"只是由于时过境迁，面对一个已经在位五六年的领导人，社会已经对其产生了厌倦。这个时候就应该将他调离原来的岗位了。"①

面对总统的决定，切尔诺梅尔金感到非常震惊和耻辱。哪怕就是在电视机前，他也无法遏制自己的慌张与委屈。他实在是不知道要做些什么和说些什么。切尔诺梅尔金其实也明白这一点，这是俄罗斯解决干部问题的一种常见形式。

自 1992 年 3 月至 1998 年 3 月，俄罗斯已经更换了大约 30 名副总理和 150 名部长，而他们几乎都是在意想不到的情况下被罢免的。叶利钦的决策也不仅仅是通过总统正式文书来传达的，在休假时，在别墅休息时，在上班的路上或者是军事指挥处所，也许是在吃早餐时，又也许是在吃晚餐时，都有可能从电视转播中得知总统的重要决定。切尔诺梅尔金在总理位置上工作了这么多年，他已经坚信自己是一个不可或缺的人。作为一名国务活动家，坚决、踏实和团结都是切尔诺梅尔金的基本品质。他根本就没有做好任何准备来应付这一场剧变。

切尔诺梅尔金在被免职之后很久一段时间内，都无法为自己找回平衡。就在不久之前，切尔诺梅尔金还很傲慢地对记者说："没有任何人能夺走我的事业。"最近他又说了一些令人费解的话："我们被人从背后捅了一刀，石

---

① 塔斯社报道，1998 年 5 月 26 日。

油价格急速下跌了。"仅用了 3 天时间，切尔诺梅尔金的个人物品——彩色的油漆画、木器和图书等就被人从位于莫斯科白宫的总理办公室全部搬了出来。在这一段时间里，基里延科都在丘拜斯原来的办公室工作。这位前总理的 60 岁生日如期而至，但庆祝宴会上的气氛完全不是喜庆的，尽管每一位来宾都向他道了喜，叶利钦本人也送来了奖励和礼品。

最令切尔诺梅尔金感到耻辱的是，接替他担任总理一职并握有大权的基里延科，是个他儿子辈的人。就在不久前，基里延科还经常向他请教一些最为简单的问题。对于很多有地位的政府官员来说，叶利钦的这个决定也是令人难以理解的。这些官员都是很有经验的人，他们通常并不像部长那样被频繁替换。他们这些人都是很谨慎的。但叶利钦在摆布政府的管理体系时，表现得却相当糟糕，他并没有做出合理的安排。不论是对基里延科还是丘拜斯，叶利钦都没有做好安排。

鲍里斯·叶利钦与谢尔盖·基里延科

在 1998 年 2 月，基里延科还是一个不太知名的人物。他并没有出现在《在俄罗斯是谁拥谁？》一书所列出的名单中，也不属于政治精英之列。许多报刊都评论道，如果不是叶利钦的刚愎自用或是恣意妄为，基里延科是不可能率领着那支由年轻的管理人员组成的团队来执政的。其他一些报纸还用了"中等层级行政官员的革命"或是"实用主义的专职政府"等表述方式。除此之外，我们还能见到诸如"俄罗斯的第三次自由主义革命尝试"，以及"基里延科——俄罗斯在历经磨难之后所产生的救世主和总理"的表述。①

基里延科本人曾多次表示，他不愿担任政府总理职务，因为他并不觉得自己是一个政治家，也从来没有打算过自己组建一个由职业管理人员所组成的政府。基里延科是这样说的："我同意在短时期内认真地帮助处理一些纯技术问题，因为政治不是我的事业，我所面临的是要在经济危机情况下处理的一些技术问题，我不应该因为政治问题而不安。"② 但在基里延科的眼中，在 1998 年 3 月，他所要处理的那些技术问题，其实也都是相当棘手的。那

---

① 《新时代》，1998 年第 34 期，第 5 页。
② 《独立报》，1998 年 11 月 5 日。

些在切尔诺梅尔金在位期间，已经感觉自己像是白宫主人的那些人，被基里延科决定性地排除在外了。当时所有人都很清楚一点，那就是新总理完全被总统掌握了，对于这一点，基里延科也没有否认。人们向基里延科投以怀疑的目光，觉得他缺乏在高层工作的经验。这是很自然的事，基里延科又能从哪里得到必要的工作经验呢？

基里延科在 1984 年从高尔基水运工程学院毕业之后，曾经在红色索尔莫沃造船厂做过一段时间的工程师。在学院学习期间，基里延科就曾经担任过书记职务，并且加入了苏共。不出预料地，在参加工作以后，基里延科顺理成章地成为车间的书记，后来又升任至工厂的书记。一年之后，基里延科成为下诺夫哥罗德州共青团州委书记，并进入苏联列宁主义青年团当中。当时有很多在经济上有所突破的人都出自共青团组织，基里延科是其中非常积极的一分子。后来共青团消失了，但其搭建起来的架构并没有随之消失。

在当时来讲，最重要的事情无疑是石油和银行。基里延科曾经在下诺夫哥罗德的石油企业工作过，后来又进入名为"保障"的商业银行工作，再之后担任过俄罗斯石油这家石油生产企业的总裁。基里延科成了一个自由人，每年都会变换工作职务和涉足领域。基里延科善于与人协商并听取意见，这弥补了他工作能力的不足，使得基里延科可以胜任任何一项工作。于是，基里延科便率领着自己庞大的顾问团队，在总理的位置上开始领导新政府的工作。

基里延科在就任总理之后最初一段时间内的表现令我感到很吃惊。尽管他一直努力让自己保持微笑的表情，甚至让人感觉他很快乐。但是，在一次采访中面对记者的问题时，基里延科却不只是提到了自己的责任和国家所面临的困难，还提到了有关幸福的事情："这场幸福来得很突然，让人意想不到。我当时正在为晚上庆祝女儿的生日而做准备，突然之间，幸福就这样来了。"[1] 杂志于是为这则报道定了一个标题——《基里延科的幸福》。除此之外，杂志社还拟定过诸如《谨慎的幸运者》《令人惊奇的职业生涯起飞》之类的标题。仿佛他们所讨论的不是俄罗斯的国家命运，而是一场体育比赛的胜利。

不过，反对派却将体育上的专用词汇用到了基里延科的身上。久加诺夫和亚夫林斯基不约而同地将基里延科称为"大力士"，说他可以轻松地举起

---

① 《结论》，1998 年 3 月 31 日，第 21 页。

当前俄罗斯所面临的一切沉重的困难。在仅仅过了两个月之后，基里延科就出现了明显的焦虑、困惑和苦恼，这个时候，他已经在走向失败了。基里延科后来回忆："从那个时候起，我没有一个晚上不是在恐惧中度过的，这份巨大的责任让我明白一点，我实际上是不能掌握一切的。我并没有做好担任总理一职的准备。对于我来说，这实在是太意外了。我对所需要面对的许多事务，其实都是外行。"①

到了5月，基里延科政府实际上已经不是在执行自己的施政计划了，而是已经成了一支救火队，去平息在各地普遍出现的严重社会冲突，克服各种巨大的灾难，减轻在莫斯科发生的市场交易恐慌。到了6月，基里延科的班子制定了一个新的反危机方案，叶利钦将其称之为"维稳计划"。

总统多次坚定地向民众承诺："俄罗斯没有发生危机。"政府也将主要的注意力放在了国家财政问题上，税收得以提升。基里延科宣布要缩减政府机构，并执行新的有价证券管理规则。但基里延科的主要工作，是解决国内债务问题，由于声名狼藉的国家短期债券，国库已经被掏空了。

国家短期债券的命运也就成了基里延科的个人命运，这座金融金字塔的崩溃不仅成为他生命当中最重要的事件，也成了俄罗斯在1998年国家生活中最重要的事件。

国家短期债券的崩溃

鲍里斯·叶利钦从未严肃地思考过有关财政方面的问题，也没有考虑过应该如何管理国家的预算。在俄罗斯的财政工作遇到问题，遭到各方批评的时候，他都是采用罢免旧的财政部部长，并任命一个新部长的方式来解决。在1991年到1998年，俄罗斯一共更换了6名财政部部长。在任命基里延科为总理，并授予其巨大权力的时候，叶利钦宣称："一切都由您个人决定，我不会干涉您的。"在白宫举行的这场授权仪式通过电视进行了转播，我们所有人都看到了这一幕。

有很多人认为，政府当时必须立刻予以解决的事情就是有关煤矿矿工的问题。在全国范围内，矿工大罢工的情况正在蔓延，库兹巴斯的矿工截断了

---

① 《独立报》，1998年11月5日。

西伯利亚大铁路的干线，使得交通一时阻断。罢工矿工的大队人马冲垮了白宫外面拱桥上的军营，而且有数百人穿着矿工的衣服，不断地用头盔敲击沥青地面。

基里延科根本不知道要如何解决矿工罢工的问题，因为大部分矿井都已经私有化了，现在都是私有财产。国家没有资源，也没有相关的法律能够确保提升那些从事重体力劳动的矿工的收入。

尽管如此，对于年轻的总理而言，最重要的任务还是解决财政债务问题。国内的财政灾难不断酝酿，因为政府根本无力对全部国家短期债券持有者进行偿付。政府无法解决这个最严峻的财政问题。

1993 年 2 月，经俄罗斯政府和最高苏维埃批准，政府决定推出国家短期债券。这是一种无纸化的、具有很高流动性的有价债券，周期分别是三个月、半年和一年，面额为 100 万卢布。外国人（包括外国居民）不能购买国家短期债券。俄罗斯银行先是以低于面值的价格出售国家短期债券，不过财政部很快就按照规定面值售出了所有的债券。央行有几次还宣布下调债券价格，以期扩大国内需求。当需求上升时，债券的价格也会随之上升。由于投资国家短期债券可以获得较高，甚至是相当高的收益，在居民收入普遍偏低的情况下，购买债券是更为划算的。在计入通货膨胀因素的前提下，国家短期债券的一般利润也在 30% 以上，甚至有可能达到 100%。在很短的时间内，国家收入因为发行国家短期债券而上升了 250%—300%。

马克思在《资本论》中写道：

> 如果有 10% 的利润，它（资本）就保证到处被使用；有 20% 的利润，它就活跃起来；有 50% 的利润，它就铤而走险；有 100% 的利润，它就敢践踏一切人间法律；有 300% 的利润，它就敢犯任何罪行，甚至冒绞首的危险。①

国家短期债券的发明者清楚，在贫穷的俄罗斯，这种债券的长期存在必然会导致各个生产领域的资本全部流向债券的购买。国家短期债券的市场在不断扩张，收益非常巨大。但是，在国家短期债券不断加大发行量的同时，国家却将本应投向新的生产领域的资金用在了债券利息的支付上。

---

① 《马克思恩格斯全集》，莫斯科：1960，第 23 卷，第 770 页。

国家短期债券具有以下三个特征：回报周期短、回报率高且不需动用国库的资金而是可以使用新的债券持有者投入的钱来支付款额。这就导致债券的体系呈现出颠倒的态势。于是，一个由国家而非私人构建的财政金字塔便形成了。

在 1995 年时，国家短期债券便已经出现了危机预警的情况，当时发生了新售债券的收入不足以抵偿到期债券应偿付款额的问题。当时正值杜马和总统大选前夕，必须马上找到替代的资金来源。摆在眼前的只有两条路：或者是扩大债券的发行量，或者是向国外求助。在 1996 年最初的几个月里，国家短期债券的收入增加了近 100%。在总统大选开始前的那一个月里，国家短期债券的收入增加了 200%—250%。此时国家短期债券的平均回报周期只有 134 天，在这个月对债券的投资额已经超过过去 4 个月！

于是，这时已经不只是银行为了这样疯狂的利润而卷入了国家短期债券的交易市场，就连保险和退休基金、企业和科研院所，甚至教会也做出了自己"独特的重要贡献"。国外投资者在 1996 年购入了价值 60 亿美元的国家短期债券。当然，利润是非常丰厚的，于是第二年的俄罗斯证券市场出现了繁荣的景象。金融分析师认为，俄罗斯的证券市场在全世界是回报率最高的。

那些进入俄罗斯证券市场的西方银行家都欣喜若狂，其中有一个银行家宣称："我感觉，俄罗斯就是在 100 万又 100 万地把美元白送给我啊。"1997年，从西方国家流入俄罗斯的资本超出了从俄罗斯流出的资本。这种现象在一定程度上也可以解释俄罗斯在 1997 年取得的经济成就：俄罗斯的国家预算和银行通过国家短期债券获得了大约 150 亿美元的收入。当然，通过国家短期债券获得的临时性收益是不稳定的。因为利润都流向了个人，而国家则需要来偿还这些债务。1997 年的收益需要在 1998 年还清，这个任务就落到了基里延科肩上。

国家短期债券的金字塔在 1998 年年初开始崩塌。收入的提高并没有解决现实问题，焦虑于是开始增加。政府开始尝试将国家短期债权的发行引向更加理性的长期投资方向，而并非依靠现在这种激情的动因，但债券的持有者们纷纷反对这项改革，对长期债券的投资也非常少。而与此同时，国家必须在 1999 年秋季之前，向国家短期债券的持有者支付 3600 亿卢布的资金，折算成美元为 600 亿。而这笔钱在国库中并不存在。

延续国家短期债券体系的方法主要有借助私人和国外力量这两种。基里延科打算采取二者兼顾的办法，但时间已经不够用了。5 月的时候，国家短期债券所需偿付的金额就已经远远大于新出售债券的收入了。到了 6 月，需要偿付的金额为 380 亿卢布，而新债券的出售额为 200 亿卢布。到了 7 月，需要偿付的金额达到了 420 亿卢布，而新债券仅有 130 亿卢布，且该月的国家财政收入仅有 200 亿卢布而已。国库里面已经没有用以支付 8 月偿付金额所需的资金了。财政部所欠经费以每周平均 43 亿美元的幅度增长。在大难来临的前夕，国家的主要领导人却一个都不在莫斯科。叶利钦在克里姆林宫待了两天之后，乘飞机去了瓦尔代钓鱼。杜布宁和丘拜斯飞去国外了。基里延科去彼尔姆和喀山视察，他在当地还宣称，没有任何因素会威胁卢布的稳定。但他所做的一切，并没有起到平息证券交易市场中不断蔓延的恐慌情绪的作用。于是，所有领导人都决定尽快回到莫斯科。

8 月 16 日（星期日）早晨，基里延科向叶利钦做了关于国家金融形势的报告，称政府已经无法继续控制局势了。总统有几个方案可供选择，包括对证券市场做一些技术性处理、对市场走势做出肯定的评价以及在发言中不能提到"贬值"一词。当基里延科提到政府已经做好停摆的准备时，叶利钦异常激动地说道："您还打算好好地活下去吗？那就请您去工作吧。"

由基里延科领导的分析小组在 8 月 16 日至 17 日彻夜工作。在这里列举他们的不同观点是没有必要的。做最后决定的是总理，叶利钦已经授予他全权做最后的决定。决定在早晨 4 点做出，并在 8 点向外宣布。政府决定停止支付所有国家短期债券的应偿付款额，还要将所有偿付日期在 1999 年 12 月 31 日之前的债券偿付日期推迟至 21 世纪。今天，一些经济学家将这个决定称为犯罪，而其他人则认为这个决定是忠实而合适的。

《新时代》杂志在报道时用《基里延科的勇气》为标题，而《讲坛报》则使用了《是谁给了这个小男孩火柴的？》的标题。我不打算加入这场辩论。国家短期债券这座金字塔并不是基里延科搭建起来的，这个体系一直是在以欺骗的方式来维持自己的生存。在所有经济史的教科书中，国家短期债券的历史都有其一席之地，但并不像维克托·切尔诺梅尔金和米哈伊尔·扎多尔诺夫所宣称的那样，是"正常的财政手段"，而是以一个新时期的重大财政欺诈案例出现。

在 8 月 17 日之后那一周里，基里延科的活动显得十分混乱、难以理解和低效。当他出现在国家杜马并发表演讲时，他嗓音沙哑，双手颤抖。有一家报纸将基里延科与根纳季·亚纳耶夫联系了起来，后者在 7 年之前也是嗓音沙哑，双手颤抖。的确，亚纳耶夫宣告的是国家紧急状态委员会的覆灭，而基里延科则需要面对国家短期债券的崩溃。

依照基里延科的打算，8月17日宣布的决定应被视为政府进入努力摆脱危机阶段的标志。但是政府违背承诺给俄罗斯财政和银行界带来的困难实在是太过于严重了，叶利钦只得顺从于寡头们的压力而解除基里延科的职务，再次启用维克托·切尔诺梅尔金担任总理一职。几天之后，基里延科飞往澳大利亚公干，从而远离了俄罗斯。他悠闲地在潜水员的陪同下，在鱼和水母中潜入太平洋的海里。

任命新总理

自8月17日财政崩塌以后的1个月里，俄罗斯一直没有组建起一个富有行动力的政府。国家杜马已经两次否决了对切尔诺梅尔金的总理任命，他在这一段时间内的主要精力，都用在了同杜马内各个派别的谈判之中，在同一些政治家的对话中还要为自己做个人辩护。

在此期间，经济与财政危机按照自己的逻辑在向前发展。美元的汇率时而上升，时而下跌；很多商品的价格在1天之内上涨了2—3倍。商店的货架都空了，但海关却挤满了货物。商业银行全部歇业了，各处都不再接受信用卡支付。由于各种原因，上千家工厂和车间都停工了。正常的经济活动遭到了破坏，造成了数百亿卢布的经济损失。

中央政府的瘫痪也传染给了地方政府，州长和市长们、各个共和国的总统和地区政府机关的首脑都是如此。也就是说，在此情况下这些人应该想方设法地维持居民的生活基本要求。但是，他们并不是一直都能很积极地面对自己的工作，他们甚至做出了关闭所辖区域边界线这样的决定。

国内许多地区的生活环境急剧恶化，事故的数量上升了。已经不止车臣和达吉斯坦，包括奥塞梯和印古什的爆炸、凶杀和人质绑架等事件的数量都在上升。在北德文斯克，年轻的水兵杀死了熟睡中的商人，将抢来的货物藏在潜艇的16根鱼雷发射管里。强大的寡头集团、政治运动和政党活动、地方与中央、总统与国家杜马在这几个星期的时间里进行着残酷的对峙，而他们当中谁都不想做出让步。

在国家杜马第二次否决了对切尔诺梅尔金的提名后，鲍里斯·叶利钦决定暂停杜马的活动。解散国家杜马应该说是一步险棋。叶利钦和他部下的官员们所遭遇的打击越来越大了。9 月 8 日至 10 日期间的报纸所发表的文章，不仅怀有气愤更怀有恐慌的情绪，这一点从文章的标题就可以看出来——《财政的噩梦又延长了一个星期》《价格极不稳定，争论却在继续》《马迈就在俄罗斯》①《总统毫无作为》《政权在膨胀》《呼叫米宁和波扎尔斯基》②《无人能扑灭这场大火》。

在民间的争论不断加剧的同时，总统的管理层内部也出现了分歧。叶利钦将新闻秘书谢尔盖·亚斯特尔热姆斯基与俄联邦安全委员会秘书安德烈·科科申都撵出了克里姆林宫，因为他们建议由尤里·卢日科夫来出任总理一职。与此同时，国家杜马有代表提名，希望由俄罗斯外交部部长叶夫根尼·普里马科夫出任总理。格里高利·亚夫林斯基对此表示附议，更显得这个提名是有说服力的。

鲍里斯·叶利钦几乎是毫不犹豫地就接受了亚夫林斯基的提议。叶利钦这样向自己的幕僚长瓦连京·尤马舍夫问道："您为什么没有向我汇报这个人选？"普里马科夫受邀来到克里姆林宫，但他表示拒绝接受这个任命。他既没有方案，也没有团队，而最重要的是，他根本无意出面来领导政府。

因为没有找到其他合适的候选人，叶利钦再次邀请普里马科夫出任总理一职，但又一次遭到了拒绝。结果是在切尔诺梅尔金加入的情况下，通过会商的形式，普里马科夫接受了任命。于是，国家从解散杜马后那不可预知的危急前景中被解救了出来。

叶利钦还接受了普里马科夫的要求，任命维克托·格拉先科为中央银行行长，同意尤里·马斯柳科夫出任第一副总理并主管政府的经济工作。1998 年 9 月 11 日，国家杜马史无前例地高票通过了对普里马科夫出任总理的任命。杜马的这个决定，获得了国内民众、各州州长、各共和国领导人，其中还包括车臣领导人，以及独联体各国领导人的广泛支持。

各派政治力量之所以怀着很高的热情支持普里马科夫出任总理，并不只是因为惧怕国家会出现权力真空和政治无序的状态。普里马科夫是一个在国内获得广泛尊重，并且具有较高威望的人。在俄罗斯的历史上，这是第一次

---

① 马迈是金帐汗国时期的军事长官，即实际的统治者，但在俄语中等同于"恶棍"。——译者注

② 米宁和波扎尔斯基是俄罗斯历史上领导人民打败波兰入侵的民族英雄。——译者注

由一个学者——俄罗斯科学院院士来出任政府首脑，而此人在 1977 年时还就任于苏联科学院下辖的世界经济与国际关系研究所的领导岗位。

作为经济学博士、科学院研究所的所长、记者以及东方问题研究者的普里马科夫，曾经为安德罗波夫和戈尔巴乔夫出谋划策过，但他本人却不愿在公共政治场合发挥自己的作用。自 1989 年起，普里马科夫再没有出任过国家最高层级的领导人，这主要是出于他个人的意愿。在 20 世纪 90 年代，普里马科夫已经成为俄罗斯国内最知名且最受尊重的政治家之一，这也是他能够吸引全社会注意力的原因。

在此之前，叶利钦对所有的总理都说过这样的话："政治不是您的事。"伊万·西拉耶夫是航空机械制造专家，叶戈尔·盖达尔是经济理论家，对政治和实际的国民生产是比较陌生的，维克托·切尔诺梅尔金则是"天然气男爵"。作为船舶制造工程师的谢尔盖·基里延科，在 10 年的时间内涉足了 10 个领域，在任何一个岗位上都没有干出特别优秀的业绩。事到如今，第一次将一个政治家安放在了总理的职务上，而这个人在很多方面都要比叶利钦优秀很多。

通常那些有威望的领袖都不喜欢在自己身边扶植优秀的人才，叶利钦也采用了这种干部使用策略。但现在的问题是，在总统本人患病、面对群情激愤的反对派和媒体且已经无望进入第三个总统任期的大背景下，的确需要一个像普里马科夫这样的总理。叶利钦能够明白这一点，不仅仅是出于对政治局势的分析，还取决于他对权力的直觉和本能。当然，还有一种可能就是他第一次做了正确的抉择。遍察当时俄罗斯所有的政治家，包括在现政权任职的和反对派的所有考察对象之后，在 1998 年秋季那样的情况下，确实很难找到一个比普里马科夫更加合适的人选。在整个总统生涯中，在高层政治安排的问题上，叶利钦第一次做出了如此正确的决定。

当然，并非所有的人都对普里马科夫的升迁感到满意，这一点从媒体的公开报道就可以看出来。国内小部分报刊对普里马科夫的任命决定表示赞许，但多数报刊却反对或是嘲讽这一任命，有一些则表现得很气愤。《独立报》这样写道："在已经遍体鳞伤的俄罗斯经济面前，又增加了一个共产党复仇者的危机。"① 《生意人报》写道："普里马科夫没有走出危机的方案，

---

① 《独立报》，1998 年 9 月 12 日。

他只是作为一个‘幌子’而出现的。"①《今日报》评论道："白宫里面出现了红色的人，站在无党派人士普里马科夫的肩膀之上，共产党人要进入政府。"②《莫斯科共青团员报》甚至嘲讽道："在新的时代，出现了一个可以自我吹嘘的总理。这个人上台后不会进行偷窃活动，也不会乘机来安置自己的亲属。这个人采用的是苏共中央的权力—生产路线，并且按照列宁的模式来挑选管理者。"③

　　相较于国内媒体，美国媒体对普里马科夫就任总理一事的评价较为镇静，但更加负面。《华盛顿邮报》评论道："叶夫根尼·普里马科夫在克里姆林宫当局中升迁到了更高的位置，自此西方的对外政策将会处于最严重的境地之中，就如同 1990 年伊拉克入侵科威特之后那样。"④ 英国《经济学人》周刊评论道："在经历了 7 年之久的无序、可怕的痛苦、错误领导之后，人们在灰心之余，看到在俄罗斯的最高权力层出现了一个曾经在苏联时期担任最后一任侦查机关负责人的领导人，这是否是一个正确的选择呢？普里马科夫，他其实并不是一个技艺高超的人，因为他正坐在一个火药桶的上面。"⑤

叶利钦与普里马科夫：1998 年艰难的秋季

　　作为总理，普里马科夫首先要解决的问题就是搭建起一个团队。普里马科夫提出，只有在满足了他的两个主要条件之后，他才会接受政府首脑的职务。第一个条件是团队可以也必须由来自各党派的代表组成，但并不会是一个联合政府。团队中的所有成员必须团结一致，服从总理的指挥。那些新就任部长职务的人，他们不可以也不被允许服从各自党派自己的领袖，而只能是服从总理。只是那些"强力部门"的部长直接受总统任命。任何一个副总理都不可以像切尔诺梅尔金担任总理时那样，直接向总统汇报工作。总统必须按照总理所呈交的名单来任命副总理和各部部长。

---

① 《生意人报》，1998 年 9 月 11 日。

② 《今日报》，1998 年 9 月 11 日。

③ 《莫斯科共青团员报》，1998 年 9 月 13 日。

④ 《华盛顿邮报》，1998 年 9 月 18 日。

⑤ 《经济学人》，1998 年 9 月 23 日。

第二个条件是普里马科夫在临上任之前提出来的，他要求将维克托·格拉先科任命为中央银行的主席，将尤里·马斯柳科夫任命为主管经济工作的第一副总理。普里马科夫对这些人很了解，对他们的评价也很高。总统和杜马都接受了普里马科夫的条件，政府核心部分的搭建，用去了大约一年的时间。9月12日，普里马科夫召开了第一次部长会议，会议持续了一个星期的时间。并不是所有受邀来到白宫的政治家和专家都对普里马科夫感到满意。普里马科夫也不能同意对每一个候选人的提议。

在经过机关之间以及政治上的分歧之后，最终，"亚博卢"和"我们的家园-俄罗斯"这两个政党表现出愿意支持普里马科夫的态度。但这些政党决定，只在国家杜马内对普里马科夫个人做出支持。

叶夫根尼·普里马科夫接受任命后来到白宫，他在这里的工作量很大，而且没有具体的前进方向，还没有大规模的召集活动及夜间会议。新的政府并不像一辆消防车，但经济领域的混乱与无秩序状态正在快速加剧。

恐慌逐渐消失，正常的生活以及国家的生命力都在快速恢复当中。在这种情况下，再没有一份报纸愿意推荐切尔诺梅尔金和"休克疗法"了，虽然丘拜斯、盖达尔和费奥多罗夫等人当时还想在俄罗斯进行第二轮的"休克疗法"。

政府行事很谨慎，并努力避免采用外科手术式的方法。如果说我们要用医学上的词汇来描述的话，普里马科夫的原则与希波克拉特的原则是一样的，即不要伤害。在秋天已经来临的情况下，政府忽略了在东部和北部地区的食品与燃油供给问题，以及防止饥荒和能源供给中断的情况。结果就是，北部地区居民大规模出逃的危险在快速上升。

10月的第一个星期对于政府而言，是一个严峻的考验，当时全国都为很有可能发生的全国性抗议活动做准备。早在8月17日危机爆发之前，俄罗斯全国性质的抗议活动就已经在酝酿之中了，在官员之中危机感也在提升。

激情在9月底的时候开始减退。普里马科夫政府采取的较为平静的行动，平息了已经积蓄起来的愤怒，并给人们带来了希望。10月6日晚上，叶夫根尼·普里马科夫向全国做了电视讲话。

在电视讲话中，普里马科夫对新政府组建以来这一段时间的工作做了一个总结。这个总结做得很平静，但普里马科夫也谈出了自己的观点，他指出，俄罗斯政府事实上做了很多事情，而且是为全体俄罗斯人和这个国家在工作。普里马科夫希望全体国民都能归于平静。在讲话的结尾，普里马科夫这样说："我其实心里清楚，诸位当中有很多人明天就会走上街头，去抗议游行以表达自己的不满。但我想说只有做事情才能避免我们所乘坐的这艘破船在惊涛骇浪中倾覆。"

普里马科夫的呼吁得到了回应，10 月 7 日各处的游行都进行得很平静。在很多情况下，各州州长、各市市长预计各地立法机关的领导者都会加入游行者的队伍。走上街头参加游行的人数，低于激进反对派预期的数字，他们喊出的口号也含混不清。在之后一个星期内，普里马科夫又发表了几次演讲，这些演讲营造和加固了协商的氛围。

新总理展现出了新的工作作风，不屈膝投降、不与群众和利益集团产生剧烈冲突、不夸大分歧、不树立不必要的敌人、坚定但平静地处理问题等，和过去的总理们相比是大不相同的。普里马科夫完全控制住了各位副总理和部长们的行动，不允许他们在没有自己首肯的情况下，在重大问题上私自做出决定。他会阅读每一份送过来要他签字的文件。在上任后的第一个月，普里马科夫的表现就足以证明，他是一个在工作中能够避免矛盾冲突的专家。对俄罗斯这样一个已经深深处于尖锐矛盾之中几年，甚至几十年的社会而言，这无疑是一种新的政治。对此，全国民众都是翘首以待的。

国内已经出现的各派政治力量之间展开协商的局面并没有进一步发展，而且大部分媒体还在继续对新政府表示不满，且持敌对态度。当时还出现了许多明显很荒唐的指责之声，称普里马科夫是"来自共产党的报复""红色的转折"，媒体还纷纷指责政府，称其根本无所作为。

《结论》杂志称："部长会议召开过后的几周时间内，他们什么都没做，既没做好事，也没做坏事。"《独立报》《共同报》《生意人报》纷纷使用"在失败面前昏了头""当局的空虚"这类语汇作为标题，来报道有关普里马科夫政府的新闻。尽管普里马科夫已经努力促使 10 月 7 日的大规模抗议走向缓和，但各报刊还是描写了他的"慌张"和"头脑不清"。其中一家报刊评论道："普里马科夫的演讲引发了共鸣。"还有一家报刊称："所有的讲话都是空话。"

当政府在各个领域都取得成绩之后，就无法再对其进行批判了。普里马科夫提供了一个详细的方案。《生意人报》多次使用大号字母标题《反危机的方案过去没有，现在也没有》作为对政府工作的评价。

普里马科夫对此做出了平静的回应，并表示他"没有时间去做这些嘴皮子功夫。政府正在采取具体的办法来帮助国家从危机中走出来，并从破产的边缘将其挽救回来。政府很清楚现在到底需要做些什么，并且正在经济的重要领域展开战术行动"。①

1998 年的总体结果是很不理想的，大牧首阿列克谢二世也表示，"这一年，我们继续生活在疯狂的世界里"。但是，如果把自 9 月 12 日至 12 月 31 日这一段时间单独抽出来的话，几乎所有的分析师都说，"如果没有普里马科夫，恐怕会糟很多"。

9 月的时候，通货膨胀率达到了 45% 之高，在这一年最后的一段时间里，这一数值下降了 25%—20%。生产下跌也停止了，有很多行业都出现了复苏的趋势并实现了小幅的增长。国内政治实现了稳定，总统与杜马之间也达成了妥协，有赖于此，国家成功制定了强有力的 1999 财年预算。

美元汇率继续上升，但增速很慢。几乎所有在 9 月关闭的商店，此时都已经开门营业了。货品也很多，尽管还没有复苏到 1997 年时的程度。几乎所有预算内机构的工作人员都及时领取到了工资，这就帮助政府消除了不断上升的债务中的关键部分。俄联邦储蓄银行也在正常运营之中。

在 12 月底的时候，鲍里斯·叶利钦针对前 4 个月的工作做过一次电视演讲，他表现出了对总理的完全信任。尽管政府无力让国家恢复到 1997 年时的水平，但它也已经将 8 月 17 日国家短期债券崩溃造成的损失降到了最低，并为人们保留住了希望。

---

① 《苏维埃俄罗斯报》，1998 年 10 月 20 日。

第十七章

鲍里斯·叶利钦在克里姆林宫的最后一年

无论对于整个国家，还是对于鲍里斯·叶利钦个人而言，1999 年都是特别艰难的一年。这一年是叶利钦在总统任上的最后一年。在俄罗斯和全世界，1999 年当中都发生了很多重要的事件，我只能列举其中的一部分。

总统与总理

在 1998 年 10 月，鲍里斯·叶利钦大病了一场。所有的会见和批阅工作都取消了，1999 年的新年叶利钦也是在病房中度过的。因此，普里马科夫承担起了工作的重担，他要在白宫接待那些强力部门的部长以及总参谋长。鲍里斯·叶利钦对这个强有力的政府感到十分满意。他后来写道："公正地说，这些情况我都已经考虑到了。普里马科夫的地位很牢固，在俄罗斯的所有总理当中，没有一个人有过这样的地位。正是由于国内所有的政治力量——不论是总统办公厅还是国家杜马——都高度支持普里马科夫，才出现了这种罕见的情况。"[1]

病中的叶利钦很关心普里马科夫，甚至是已经在提防他了。新的一轮政治循环就要开始了，不只是要进行杜马选举，下一步就是总统大选，但鲍里斯·叶利钦很明显并没有将普里马科夫视为继承人，也无意推举他参选。不仅是媒体，叶利钦的亲信也都怀有这种感觉。恰恰是由于国家面临危机的缘故，到 1999 年年初之时，在各个不同的政治派别之间，并没有更多的政治家走上激进的道路。有不少报纸都通过描写叶利钦行事的不可预测性及其心

---

① 叶利钦：《午夜日记》，莫斯科：2000，第 240 页。

中的醋意来吓唬普里马科夫。《今日报》报道称："政治上层的大范围支持，能够让总理配得上自己的位置。普里马科夫正在被那些要砍了他的头的喊声所威胁。"① 《消息报》报道称："在背后满是懊恼和醋意的情况下，我们很容易就能预测普里马科夫的未来。当所有人都尊重这位政府首脑的时候，总统似乎是忘记了如何在这种条件下来领导政府。叶利钦必然会更加在意，毕竟这位总理这样出色地处理了许多国家大事。"②

而其他一些报刊则持相反立场，劝诫叶利钦要注意普里马科夫日益上升的声望。《共同报》在 1998 年 10 月报道称："普里马科夫可以将全部权力抓在自己手中，他不这样做才对自己不利。"③ 《独立报》指出："今后俄罗斯的主要领导人将不再是总统，而会是总理了。"④

1999 年 1 月，总统的身体情况进一步恶化了，这就在总统和总理之间又插进了一根钉子，形成了三角关系。不知道为什么，普里马科夫被要求向格里高利·亚夫林斯基讲解有关克里姆林宫和国内整体局势的情况。

《独立报》记者塔季扬娜·科什卡列娃和卢斯塔姆·纳尔兹库洛夫发表文章，要求普里马科夫结束"政府实际上的无权和无为状态，因为这一切导致了俄罗斯在经济和政治上孤立于文明世界之外……并且普里马科夫还要将国家的权力控制在自己的手中"。⑤ 这是一个既可怕又危险的建议。

在 1999 年 1 月至 3 月，很多社会学家都分析认为，普里马科夫在全国民众当中，已经拥有了前所未有的威望。尽管大病初愈的总统对总理的不满正在上升，而且叶利钦的亲信以及大部分媒体都对普里马科夫怀有一种很大的恶意，但这些现象都不能体现出后者在当时的威望。到了 4 月的时候，所有的证据都显示，普里马科夫的威望已经到达了相当高的程度。甚至已经有人开始撰写那些有关神秘色彩的东西或是"俄罗斯的良心"方面的文章了，还有人开始写有关普里马科夫的个人事迹。

事实上，这里面并没有任何带有神秘色彩的东西。俄罗斯这艘大船，在几年的时间内被年轻的激进分子引向了灾难，严重倾斜以至于即将发生倾覆。是叶夫根尼·普里马科夫将大船从严重的倾斜中扭转了过来，帮着舀出

---

① 《今日报》，1998 年 10 月 28 日。
② 《消息报》，1998 年 11 月 28 日。
③ 《共同报》，1998 年 10 月 15—21 日。
④ 《独立报》，1998 年 10 月 1 日。
⑤ 《独立报》，1998 年 10 月 19 日。

了大部分进水并将大船领进了安全的航道，他的目的就是让俄罗斯走向富裕和繁荣。因此，国内大部分国民在 1999 年秋季选择支持普里马科夫也就毫不稀奇了。

鲍里斯·叶利钦与尤里·卢日科夫

早在 1998 年秋季的时候，鲍里斯·叶利钦就已经公开宣布，他无意参加下一次总统大选。这一信息毫无疑问地激发了很多政治家和政治团体的热情。当时俄罗斯国内进行的一场社会调查显示格里高利·亚夫林斯基、鲍里斯·涅姆佐夫和亚历山大·列别德的支持度都已经明显下降了。弗拉基米尔·日里诺夫斯基没有机会进入大选的第二轮。根纳季·久加诺夫有机会进入大选的第二轮，但他并没有多少机会在第二轮中获胜。有望在大选第二轮中获胜的人，当时实际上就只有两个人——叶夫根尼·普里马科夫和尤里·卢日科夫。

鲍里斯·叶利钦与尤里·卢日科夫之间的关系是一直变化的。在 1991 年 8 月和 1993 年 9 月至 10 月，尤里·卢日科夫积极地支持了鲍里斯·叶利钦。在 1994—1995 年，莫斯科市市长和俄罗斯总统之间的关系相当冷淡，但并没有出现公开的敌对。在 1996 年的大选中，尤里·卢日科夫曾经积极地支持了鲍里斯·叶利钦。当时在莫斯科的所有大街上，都出现了叶利钦与卢日科夫手挽手的大幅照片。卢日科夫向莫斯科的市民发放了数百万份倡议书，号召人们投票给叶利钦，在 1996 年 6 月中旬，我们每一个人都在自己的信箱中看到了这份倡议书。到了 1997 年，叶利钦多次参加尤里·卢日科夫在莫斯科举办的各种活动，特别是庆祝莫斯科建城 850 周年的庆典。在克里姆林宫内举行的招待会上，叶利钦举起一只大酒杯，向莫斯科市市长献上了自己的敬意，因为这个"戴鸭舌帽的男人"有能力"成为全俄罗斯都欢迎的人，还能够激励更多的年轻人努力工作"。

但从 1998 年年初开始，总统与莫斯科市市长之间的关系出现了明显的恶化。尤里·卢日科夫对阿纳托利·丘拜斯的辞职感到很满意，但反对维克托·切尔诺梅尔金辞去自己的职务。卢日科夫不支持谢尔盖·基里延科出任总理。1998 年 8 月 17 日的国家财政崩溃，对莫斯科和莫斯科的经济造成了非常严重的打击，导致了卢日科夫与叶利钦之间的全面政治分裂，后者曾经非常粗鲁和尖刻地拒绝了顾问向其提出的、由尤里·卢日科夫出面组阁的建议。

在 1998 年 9 月，政府出现总理辞职的情况时，尤里·卢日科夫开始非常积极地参与到全俄罗斯的政治活动之中。9 月的莫斯科，事实上只剩下了两个真正的政治家——叶夫根尼·普里马科夫和尤里·卢日科夫。鲍里斯·叶利钦又生病了，他每隔几天才会来一次克里姆林宫，而且每次只待上 2—3 个小时便会离开，这一切是任何人都瞒不了的。在这一段时间里，普里马科夫忙于搭建新的政府班子，还要处理眼前国内外许许多多非常紧迫的事务。在这种情况下，尤里·卢日科夫便成为国内最有力和最耀眼的政治家了。

有数十位联邦级的政治家和大商人，过去和莫斯科市市长都是朋友和战友，这时坚决要求与卢日科夫见面。尤里·卢日科夫无法在自己的市长办公室接见这么多的人，于是便邀请他们在周六的时候，前去市政府在卢日尼基体育场举办的足球赛或网球俱乐部参加娱乐活动。其中有几次举办活动时，他还邀请了莫斯科本地以及国外的记者前去采访报道。

正如美国知名记者保尔·赫列勃尼科夫所报道的那样："网球俱乐部门前的停车场上停满了高档的奔驰汽车，每一辆都价值数万美元。有一些看上去像是亡命徒模样的保镖站在暗处。网球场里面是比较空的，一些重要人物在相互聊天。他们当中有工会的大头目、'服务选举的志愿者'、政府的部长和民族的领袖。这时，那个人——尤里·卢日科夫走入场内，他身边有保镖护卫，还有几个随从。他已经超越了市长而成为这座城市的独裁者。矮壮又活泼的 62 岁的卢日科夫，是真的喜欢网球。他的头上戴着一顶紫红色的头巾，今天是他的生日，但我们很快就见到了惊人的一幕。这并非普通的庆祝活动。大首领已经到了此地，人们可以看到他有多么兴奋。卢日科夫在同前网球冠军的比赛中，打得比较艰难。到场的人为卢日科夫的每一次得分而欢呼。不出意料，卢日科夫在比赛中获得了胜利。比赛结束后，卢日科夫换下了比赛服装。这些阿谀奉承者向他献上了鲜花和礼品。富有的银行家捧出了奖杯，献上了自己的敬意。'请您一定不要忘记我们，我们都是您最忠实的朋友'，他们当中有一个人这样说道。下一场总统大选将会在 2000 年夏天举行。但鲍里斯·叶利钦的身体由于酗酒而变得很糟糕，很有可能都坚持不到任期的结束。网球场中的这个人，在这些阿谀奉承的人眼中，即将成为俄罗斯的下一任总统，甚至还有可能会超越总统，成为俄国的沙皇。俄罗斯摧毁了共产主义，却没有找到任何一个替代品。叶利钦没能完成制止混乱和恢复秩序的使命。而卢日科夫这个强有力的莫斯科政治家，他在他的城市所做出的一切，正是大多数俄罗斯人所渴盼的。"①

在 1998 年时，尤里·卢日科夫并没有提出自己有参加总统大选的计划，但他同时也没有回避这个问题。1998 年 9 月 30 日，卢日科夫就此问题在英国的布莱克浦做了一个关键的讲话。作为莫斯科市市长，他受邀来此地参加英国工党的集会，这就意味着尤里·卢日科夫愿意接受社会民主主义的口号与理念。在被问及有关总统大选的问题时，卢日科夫说道："我从来没有宣布过有意参加将要在 2000 年举办的总统大选。但这并不意味着，我与即将开始的总统大选毫无关系。我的立场是，我不愿意离开莫斯科。但如果我看到，那些想获得总统职位的人，其实并不打算努力确保国家的稳定与繁荣的话，我就一定要参选！如果我看到真正理想的竞选人的话，我就一定会全力支持这个人当选总统。"这是一则经过周密考虑的，比较真诚的声明。

在经过精心的准备之后，1998 年 12 月中旬在俄罗斯成立了一个新的社会民主主义政党——祖国党，尤里·卢日科夫当选为该党的领导人。在 1998 年年底和 1999 年年初的时候，祖国党是俄罗斯国内最具影响力的政党。而在这一段时间内，俄罗斯国内没有任何一个有影响力的政党或是一个运动是支持鲍里斯·叶利钦的。

在国家杜马的议程上，还包含弹劾总统的问题。根据 1993 年宪法的规定，弹劾总统必须经过一套极为复杂的程序，杜马的决议还需要建立在2/3的赞成票之上才能启动。但是，仅仅是有关弹劾总统的讨论，就已经让鲍里斯·叶利钦和他的亲信坐立不安了。叶利钦更换了总统办公厅中那些最为关键的人，负责人是亚历山大·沃洛申。很明显的是，鲍里斯·叶利钦已经在准备发动一场政治反击了。但他却在 1999 年 1 月，由于胃溃疡导致的出血而再一次住进了医院。懂得医学知识的人预测，总统至少要在医院里住上1—2 个月的时间。

祖国党的建立明显体现出其政治定位，目的就在于首先获得杜马选举的胜利，以便让尤里·卢日科夫在之后的总统大选时成为国内最有影响力的政治家。尤里·卢日科夫与叶夫根尼·普里马科夫以及白宫之间不存在任何矛盾，而在克里姆林宫内，却由于 1999 年 1 月鲍里斯·叶利钦病情的加重出现了进退失据和内部分裂的情况。《剖面》杂志刊登了一则有关该刊记者与

---

① 《福布斯》，1998 年 11 月 16 日。

总统办公厅一位不愿透露姓名的官员之间的对话。

"您认为现在最重要的政治和经济问题都是由什么地方来决定的？是普里马科夫政府吗？"记者提出了自己的假设。

"不是。"

"那是克里姆林宫吗？"

"不是。"

"那就是国家杜马了！"记者高声喊出了自己的判断。

"是在莫斯科市市长足球队的更衣室里面！"官员的话一下子把记者击晕了。①

事情的一部分真相的确是这样的。莫斯科的事情是在卢日科夫的更衣室内解决的。有关联邦级别的涉及全社会的问题，卢日科夫是在非正式的场合——莫斯科市政府的室内足球馆或网球馆的更衣室内同别人商议的。当然，祖国党很快就拥有了自己的办公室。他们被优先安置在莫斯科市政府的大楼里面。

1999 年 2 月 9 日，在莫斯科拉迪森酒店举办了一场以"年度评选"为主旨的盛大典礼，庆祝上一年度的竞赛获胜者。评委会由 216 名国内的高级记者和分析师组成。评选的内容如下：在 1998 年年内，谁是俄罗斯最具影响力的政治家？哪一位政治家为社会带来了最多的收益并获得了最高的社会认可？谁获得了国内企业最多的支持并在境外拥有最高的威望以及谁对媒体的影响力最大？

获得年度政治家第 1 名的，与大家所认为的一致，是叶夫根尼·普里马科夫；以微弱差距屈居第 2 位的是尤里·卢日科夫；以较大差距居于第 3 位的是格里高利·亚夫林斯基。在这个排行榜上位居第 4 的是鲍里斯·别列佐夫斯基，第 6 位是亚历山大·列别德，而作为俄罗斯总统的鲍里斯·叶利钦只处于第 10 名的位置。获得年度地方领导人第 1 名的是尤里·卢日科夫，而列别德在这份排行榜上，只能排到第 18 名的位置。在年度官员和年度商人排行榜上居于比较靠前位置的有尤里·卢日科夫、叶甫图申科、科波聪、列辛、亚斯特尔热姆斯基。当时还没有什么人注意到普京，他还是第一次出现在这些名单里面，在"年度军事人物"的排行榜上居第 9 位，在年度官员排行榜上居第 25 位。

① 《剖面》，1999，第 13 页。

俄罗斯的各个研究中心都对这些排行榜进行了认真的分析。人们都将最主要的注意力放在了普里马科夫和卢日科夫身上。大多数分析师都不认为这两个人是竞争对手的关系，而将其看作政治力量的中心、社会民主运动的领袖以及国务活动家和爱国者，甚至预言他们会结成一个同盟。

1999 年 3 月，尤里·卢日科夫一直在参加政治活动，他还加强了自己与地方领导人以及政府中官员的联系。国家税务部门领导人格里高利·博斯曾公开称自己为卢日科夫的人。所有人都发现，卢日科夫与中央银行行长维克托·格拉先科关系紧密。甚至就连阿纳托利·丘拜斯也做了一连串的声明，这被媒体视作"为了摆正与卢日科夫之间的关系而做的努力"。

对此情况，叶利钦的亲信则表现得比较平静。总统的身体情况出现了好转，来克里姆林宫的次数也多了起来。同普里马科夫之间的关系，叶利钦的态度很明显：必须在杜马选举开始之前的半年就把普里马科夫撤职。对待卢日科夫的态度则更糟糕：要用尽一切手段。在媒体上出现了很多报道，称莫斯科市市长的身体情况有多么不好，精神有多么抑郁。关于祖国党的报道也是如此，媒体将其称为没有什么首创能力的党，称其内部还存在严重的争权夺利的斗争。

在媒体报道中，有关卢日科夫在 1993 年 9 月至 10 月以及 1996 年时对叶利钦提供帮助的报道也增多了起来。此举的目的在于减少左翼选民对卢日科夫的支持度。

总检察长尤里·斯库拉托夫的命运成了各种力量间的第一场角力。在 1998 年 12 月的时候，总检察长就开始调查一些欺诈案件，鲍里斯·别列佐夫斯基牵扯其中。有些线索还延伸到了"家庭"。① 于是，斯库拉托夫便开始遭受来自各个方面的打击，他本人也是一个软弱而无原则的人，经常受到某一方的影响而去威胁另一方。正当他被解除职务不成的时候，一个意想不到的打击来临了。俄罗斯国家电视台有一天在夜间的时候没有按照习惯播放色情片，而是播放了一段性爱视频，而且很明显是用隐藏式的摄像机拍摄的。我们在屏幕上看到的那个男人，与总检察长非常相像，他正和两个妓女躺在床垫上。

斯库拉托夫通知安全委员会秘书尼古拉·博尔久扎，他在一天之后会取回辞职信。对于解除斯库拉托夫职务一事，普里马科夫持何种态度，我们还

---

① 即由叶利钦的亲信组成的小集团。——译者注

不太清楚。在专门讨论有关斯库拉托夫辞职问题的会议上，内务部部长谢尔盖·斯捷帕申和联邦安全委员会主席弗拉基米尔·普京——这个几乎对所有人而言都很陌生的人做出了决定性的建议，要求解除前者的职务。总统要求联邦会议按照俄罗斯宪法所规定的条款，解决总检察长的问题，即解除斯库拉托夫的职务。

但尤里·卢日科夫公开表示反对总统的决定。而联邦会议的大多数代表选择支持卢日科夫而非叶利钦的决定。斯库拉托夫得以在形式上继续留任总检察长一职。军事检察长则多少有些无意义地判定斯库拉托夫有罪，这一裁决剥夺了后者进入自己办公室的权利。尤里·斯库拉托夫做了一次专访，他和一队记者在自家红色别墅的道路上散步，并威胁要公开当局使用的那些阴谋诡计，以及高级官员的腐败情况。但他最后并没有这样做，于是媒体也渐渐地失去了对他的兴趣。

大选临近之际，国内出现了很多新的政治联盟。一些具有影响力的州长和俄罗斯国内民族自治地区的领导人决定组建一个自己的运动组织——全俄罗斯。来自鞑靼斯坦的明季梅尔·沙伊米耶夫、来自巴什科尔托斯坦的穆尔塔扎·拉希莫夫、来自印古什的鲁斯兰·奥舍夫以及来自圣彼得堡的弗拉基米尔·雅科夫列夫一同成了这个运动的领导人。在最初的一段时间里，总统办公厅十分积极地支持新的运动组织产生，因为这就意味着祖国党新竞争对手的出现。

但尤里·卢日科夫其实并没有遇见真正的竞争对手，因为全俄罗斯这个组织的纲领和祖国党基本上是一致的。沙伊米耶夫、拉希莫夫和雅科夫列夫所中意的，也是由市政府引领的资本主义道路，即所谓的莫斯科模式。因此，卢日科夫决定让祖国党与全俄罗斯运动进行合作谈判，或是建立政治联盟。

巴尔干的战争：北约对抗南联盟

1999 年 4 月至 7 月初的这段时间里，俄罗斯社会关注的焦点不是总统叶利钦、总理普里马科夫和莫斯科市市长卢日科夫之间的关系，而是北约突然发起对南联盟的大规模空袭。这个联盟其实只是塞尔维亚和黑山的国家联盟而已，但在塞尔维亚国境内，还有一个自治区域科索沃，但它不具有联盟成员的地位。

北约对南联盟的突然袭击激怒了俄罗斯社会。在这一场战争中，北约并没有直接派出地面部队，而是采取完全依靠空中力量的方法，对贝尔格莱德和整个塞尔维亚的交通干线和工业设施予以打击。这是一场"强者攻击弱者""武装攻击非武装"的战争，引发了俄罗斯上下的不满。

俄罗斯从来都将塞尔维亚视作自己的天然盟友，而且塞尔维亚信奉的也是东正教，两国在很多历史时期国家建构以及民众意识形态的形式都很近似。对于俄罗斯而言，塞尔维亚就如同自己的小妹妹。在许多俄罗斯人看来，北约和美国进攻塞尔维亚的实际目的在于教训和矮化俄罗斯，因为俄罗斯推行了一套公开反对西方的政策，并且正在恢复自己的主权，力图再次成为一个伟大的强国。

俄罗斯民众的愤怒感很强烈，而且都是自发的，没有人去煽动或是组织这些人，也就是说，这一场愤怒情感的爆发不仅让那些观察家感到措手不及，也成为巴尔干冲突当中的一个重要因素，成为众多政治家在分析俄罗斯的作用时，必须提前予以考虑的因素。

在此之前三四十年中，没有任何一件事在我们国家引起过如此巨大的反感情绪。社会调查的结果显示，俄罗斯有大约95%的成年人认为，北约进攻南联盟属于侵略行为。在战争爆发后最初一段时间的抗议游行活动中，参与者有中学生、球迷、工人等。很多过去从不涉足政治的人，结成游行示威的队伍涌向美国驻俄罗斯大使馆，向馆内投掷酒瓶和鸡蛋。

有数百名来自俄罗斯的志愿者已经取道前往塞尔维亚，还有数千人正在计划前往，更有数万人宣称自己会追随前者的脚步。公开宣称自己愿意帮助塞尔维亚的人当中，不仅有哥萨克和空降兵部队的军官，也包括在俄军中担任高级领导职务的现役将军以及大军区的司令，还有操作防空武器的军官以及俄军特种部队的军官。有一名年届四十的上校告诉我说："如果不是因为我的家庭会处于无人照料的境地，我此时已经在塞尔维亚了。"

俄罗斯总理叶夫根尼·普里马科夫在1999年年初的几个月里，已经花了大量的时间和精力，去防止北约进攻南联盟。在1999年3月底，这位新上任的总理按计划，应该去参加过去曾被命名为"戈尔-切尔诺梅尔金会晤"的俄美峰会，因为艾伯特·戈尔当时曾出任美国副总统一职。

设立这个峰会的目的在于及时协商俄美关系中出现的主要问题。主导这个峰会的是戈尔，因为切尔诺梅尔金并不是一个足够独立和聪明的政治家。

以普里马科夫的才能，是完全能够驾驭这个峰会的。他比艾伯特·戈尔拥有更丰富的经验和更高的才能。当普里马科夫还在外交部部长任上的时候，有一些西方国家的报刊就做过这样的评论，认为普里马科夫往往能在拿着一手臭牌的情况下，打出一个好成绩。现在，普里马科夫终于拿到了一手的好牌，就在 1999 年 3 月。就在他即将启程前往美国之时，所有人都已经看到，北约已经在做进攻南联盟的最后准备了，普里马科夫打算利用此次访问华盛顿的机会，向克林顿及其盟友施压，阻止他们向南联盟发动进攻。在这些天里，贝尔格莱德也在举行由美方代表理查德·霍尔布鲁克以及南联盟总统斯洛博丹·米洛舍维奇参加的谈判。事实上，并没有举行真正意义上的谈判。美国向米洛舍维奇发出了最后通牒。但米洛舍维奇不为所动，其中另一个原因就是他寄希望于俄罗斯的支持。

白宫并没有去阻止马上就要开动的战争机器。莫斯科时间晚上 10 点钟左右，戈尔告诉普里马科夫，北约对南联盟的军事打击已经不可避免。戈尔表示赞同普里马科夫之前提出的建议，他建议在双方发表的联合公报中不使用峰会被取消的字眼，而是改用"延迟"一词来表述。普里马科夫回应道，美国犯了一个大错，对此俄罗斯将会坚决反对。普里马科夫旋即乘飞机返回了莫斯科，在离开白宫之后，他才向叶利钦汇报了此事，并得到了后者的赞许。

后面所发生的事情，我们都已经很清楚了。自 1999 年 3 月 24 日起，南联盟遭遇了沉重的空中打击，贝尔格莱德遭遇的空袭尤为严重。在这样一场大规模战斗中，北约并不想经受严重的战斗伤亡。众所周知，塞尔维亚军队是欧洲一支很有战斗力的军队。北约和美国的战略都是倾向于通过"精确打击"的外科手术式方式，在安全高度以上投放炸弹攻击对手。当时的塞尔维亚军队并没有装备最现代化的防空武器。

大多数北约军事领导人和政治家都认为，南联盟根本无法承受这样的打击，而且米洛舍维奇也已经藏匿起来好几天了。在狂轰滥炸 1 个月之后，北约领导层内部出现了不同意见。在轰炸超过 60 天之后，北约的军政领导人中间出现了慌乱的情绪，没有任何人想要派遣地面部队参战。西方于是加大了对俄罗斯的打压。

4 月底，鲍里斯·叶利钦通过自己的专线电话通知普里马科夫，解除了后者对外交政策的决策权。两个星期过后，叶利钦决定解除普里马科夫的总理职务。

普里马科夫的免职

1999年5月12日早晨，叶夫根尼·普里马科夫来到克里姆林宫汇报近期的国内情况。10点整，他来到叶利钦的办公室。总统并没有起身，但他听完了总理的全部汇报并放下了手中的纸。叶利钦在发出了一通令人不快的指责之后，告诉普里马科夫，他已经决定解除其总理职务，称后者在自己任上表现得很出色。"您很出色地完成了战术性的任务。但出于完成战略任务的考虑，我决定将总理职位委派给另一个人。""命令已经签署了。"叶利钦希望普里马科夫签署一份承认是由于个人意愿辞去总理职务的声明。普里马科夫拒绝了叶利钦的要求，但他并没有和总统发生争执，他们此次会面的时间大约为20分钟。

当总理站起身准备离开时，叶利钦也站了起来，同普里马科夫告别。在接受电视采访时，叶利钦并没有吝于对普里马科夫的赞扬之词。总统说道："叶夫根尼·马克西莫维奇在1998年9月那个政治形势进入白热化、经济形势极度危急的时刻，展示了自己的外交风格——稳重而又谨慎。我对他既不倾向于左派，也不倾向于右派的做法非常赞赏。是的，普里马科夫政府的威望在最近一段时间内相当高，这是因为他在最艰难的局势下，还能保持那令人震惊的自制力、沉着和冷静。"

但是，按照叶利钦的话来说，在之后的几个月时间里，政府却一直在原地踏步，不愿意去处理那些得罪人的事情，但这些问题却又都是必须马上处理的。因此，叶利钦本人只能"做出这个艰难却又必需的决定"，将更加年轻且更有活力的47岁的内务部部长谢尔盖·瓦季莫维奇·斯捷帕申将军任命为新一任总理。

在叶利钦与普里马科夫的会面结束两小时之后，白宫召开了一次政府临时记者招待会。这个招待会很短暂也很特别。前总理出面宣读了总统签署的命令，并宣布了新政府班子成员的名单。

普里马科夫的发言显得很有尊严，中途曾被掌声打断过两次，斯捷帕申和他的主要助手——交通部部长尼古拉·阿克森年科的脸上不时泛出惊慌的神情。被免职总理的最后一句话显得有些老套："向大家献丑了。"向所有在场的人致以祝福并开了一个玩笑之后，普里马科夫离开了招待会大厅。

在4月中旬的时候，普里马科夫就已经开始考虑辞职的事情了。当时的情况其实已经比较明显了，身体逐渐出现康复趋势的总统，开始把各种宪法赋予他的权力进行回收，其中自然也包括内外政策制定的权力。叶利钦的做法确实看上去有些鲁莽和赤裸。在1月底的时候，就有报刊和电视台向公众出示了许多相关的材料，其目的就在于损害政府与总理的威信。

其中发挥了重要作用的，当属谢尔盖·多连科和米哈伊尔·列奥奇耶夫这两名具有较大影响力的电视主持人。他们指责普里马科夫，称其在经济即将倾覆的时候，还打算让国家完成一个平静的转弯。有一些报刊自秋季起，就宣称普里马科夫最近什么事情都没做。而其他的报刊则相反，声称"这个有安德罗波夫般本领的剑齿象"做了很多事情，他打算清除掉市场关系，因为他根本就不懂这些东西。

来自《独立报》的叶夫根尼娅·阿尔巴茨确信，普里马科夫如同所有的苏联官员与官僚一样，不关心国家利益，所想的就只是保全自己现有的职位。① 鲍里斯·别列佐夫斯基在许多次采访中表示，普里马科夫并不是一个官员，而是一个狂热分子，他打算建立一个新的帝国，因此他比共产党人还要危险。

4月，报刊上的反普里马科夫运动已经达到了歇斯底里的程度。弗拉基斯拉夫·博洛杜林在《生意人报》以超大号字母为标题，刊登了一则题为《多亏了普里马科夫，俄罗斯损失了150亿美元》的报道，这则报道的结尾处是这样写的："普里马科夫不可以再称自己为国家的总理了，因为他已经出卖了国家的利益。"② 报纸和杂志为了总理和总统而发生了争吵。《叶利钦已经不再是国家的元首了》《普里马科夫想要得到总统宝座》，这些都是2月的报纸和杂志所刊登文章的标题。《叶利钦已经准备好采取针锋相对的措施》《总统试图与普里马科夫达成谅解》《关于罢免总理的问题基本上已经确定》，这些则是3—4月的报纸和杂志所刊登文章的标题。

西方媒体对待普里马科夫的态度则显得比较公正，甚至是有一点偏爱。英国著名刊物《经济学人》的报道指出："叶夫根尼·普里马科夫在国家管理的工作上取得了令人惊叹的成绩。俄罗斯由此实现了政治稳定，尽管这看

---

① 《独立报》，1999年4月14日。
② 《生意人报》，1999年3月24日。

上去有些不可思议。确实，我们没有听到人们对此发出响亮的掌声。"①

法国的知名报纸《费加罗报》指出：

> 俄罗斯的局势稳定了，而这难得的稳定局面的创造者正是普里
> 马科夫。他在工作中努力避免发生对抗的情况，而尽力争取平缓的
> 氛围。俄罗斯的社会已经开始畅想一个由普里马科夫领导的国家。②

在我看来，普里马科夫的回应其实是很少的。叶利钦显得很情绪化，他在一次接受记者采访的时候表现出了这样的态度，"任何人都不要想在我和普里马科夫之间扎下钉子"，"我已经和普里马科夫约定好了，会一同工作到2000年。请你们不要挑拨总统与总理之间的关系，这是很危险的"。尽管媒体的这些作为，其实降低的并不是普里马科夫的威望，而是媒体自身的信誉，但并没有谁发出倡议来停止破坏总统与总理之间的关系。

到了4月中旬，叶利钦开始非常明显地顺从媒体和自己亲信中反普里马科夫运动指挥者的意愿。但叶利钦其实并没有合适的借口罢免普里马科夫，每周的形势都在发生变化。

杜马议员有意利用俄政府与世界银行和国际货币基金组织谈判失败为理由弹劾总统，实际上尽管谈判进行得很艰难，但在某种程度上还是取得了一定的成功。由于杜马有意启动对总统的弹劾案，普里马科夫的命运与叶利钦的命运之间的联系突然加深了。克里姆林宫就此发出声音："杜马应该停止对总统的弹劾案，否则总统就会罢免总理的职务。"

而在此期间，普里马科夫没有与总统弹劾案发生过任何的联系，采取这个行动是杜马议员自己所做出的决定，并且也已经运作了一年左右，将其停止恐怕是不可能的了。针对此事，普里马科夫还数次公开发表讲话，反对弹劾总统。弹劾案在总统办公厅和杜马当中的一些派别中引起了焦虑，但在社会上并没有多少相关的影响。

经过审慎的分析发现，任何一个弹劾的理由都不足以在杜马投票中获得超过300张支持票。杜马的议员们列举了叶利钦太多的错误，这其实反而是他们的失策。在任何情况下，总统弹劾案都会流向最高法院或宪法法院。

---

① 《经济学人》，1999年2月9日。
② 《费加罗报》，1999年2月22日。

尽管媒体一直在指责叶利钦有意罢免普里马科夫，但这些指责是有些牵强的，不仅叶利钦本人予以否认，他的亲信当中也没有人承认这一指控。

究竟是什么原因让叶利钦决定罢免普里马科夫呢？在自己的回忆录中，叶利钦对此给出了自己的解释，但却显得很牵强，甚至像一种胡说。米哈伊尔·戈尔巴乔夫认为，叶利钦之所以要罢免自己的总理，既是因其对权力的沉迷，也有对普里马科夫拥有的威望及其获得的支持感到嫉妒的原因。① 这些因素很难得到佐证，但我认为这不是最主要的原因。

阿纳托利·丘拜斯接受了几次采访，指出叶利钦之所以做出这样的决定，最主要的原因是他发现俄共领导人与普里马科夫在相互接近，杜马中的左翼派别也对后者提供支持。

这个话题还在不停地发酵，知名杂志《剖面》这样评论道：

> 罢免普里马科夫的真正原因只有一个，而且与总统弹劾案以及病魔缠身的叶利钦担心失去个人权力无关。作为叶利钦总统个人，他已经长期不处理克里姆林宫的政务了，是叶利钦身边的小团体——他的亲信、传媒大亨、商业巨头——在处理这些政务，体制出现大的转折就意味着这些人将会失去自己所拥有的一切。在普里马科夫当政的情况下，肯定会采取亲共产主义的政策，左翼力量将会掌握切实的权力，而这是他们所不愿意看到的。同共产党人一起参与政治，这实在是走得太远了。因此，"叶利钦的小集体"决定终结这一切，直接将棋盘上的这个有害棋子拿掉。这才是主要的原因。②

人们所展开的这场公开讨论，其实只给我们提供了少量的真相。普里马科夫政府既不是"红色"的，也不是亲共产主义的。任何人都需要普里马科夫政府带来的社会稳定，这其中也包括商业巨头和"叶利钦的小圈子"。对于普里马科夫政府，其实没有任何理由去担心，因为他根本没有要求叶利钦重新考虑建立在所有权改变基础上的私有化的结果。调查显示，国内只有2%—3%的民众对"叶利钦的小圈子"予以信任，因此，普里马科夫行事是

---

① 《新报》，1999 年 5 月 17—23 日。
② 《剖面》，1999 年第 18 期，第 11 页。

非常谨慎的，并且将这样一种谨慎表现了出来。

《莫斯科共青团员报》的亚历山大·布德别尔格认为，总统与总理之间的矛盾是苏联上层在 20 世纪 80 年代矛盾的延续，之前的矛盾在 1991 年之后又出现在了新生的俄罗斯，并在最近几年影响了俄罗斯政治高层。"普里马科夫不只是向别列佐夫斯基一个人或总统的小圈子宣战。他发起的是一场同那些在 1996 年之后获益的且人数众多的商人、政客、官员群体之间的战争。在我们眼前展开的，是一场'年轻精英'与'年长精英'之间的斗争，一方以 30 岁的人为主，而另一方则是以 60 岁的人为主。"①

这个论断很有趣，但是太过于笼统，且有较重的人为加工痕迹。1992 年的盖达尔政府和 1998 年的基里延科政府都是叶利钦本人钦定的，成员都是些"令人讨厌的小伙子"。但这些年轻的自由主义者们其实很不像精英，他们也没能让自己的政府坚持上几个月的时间，每一次都将国家经济带到了灾难的境地。

在我看来，真相其实比人们猜测的更加简单。比起那些新生的庞大私有产权拥有者同总理之间的矛盾，政治上层之间的竞争发挥的作用是比较小的。鲍里斯·叶利钦依靠的是那些商业巨头。他也想让他本人和自己的"小圈子"继续保持较强的影响力。

叶夫根尼·普里马科夫对于原有的政治高层而言，无疑是一个外来户，也不打算捍卫后者的既得利益。普里马科夫很早就公开表示过，此时也持同样的态度。早在担任情报局局长的时候，普里马科夫就已经掌握了不少政治腐败和非法夺取国有资产的具体情报。到了总理任上，他又掌握了许多新的相关情报，最重要的是，之前的普里马科夫只掌握情报而不掌握权力。

总理发出向腐败宣战的声明，承诺要将所有那些犯有经济罪行和腐败罪行的犯罪分子都投到监狱中去。数千件刑事调查已经展开，遍及各个城市和省份，其中一部分还牵扯到了谢尔盖·斯捷帕申。1998 年秋季，俄罗斯的主要寡头们需要担心的，不仅仅是普里马科夫的行动，还有自己的金融帝国以及信用体系的崩塌。

但是，到了 1999 年年初的时候，有很多寡头已经平静下来了。弗拉基米尔·波塔宁在 1 月时在法国最著名的度假区内的"列·卡夫"俱乐部举办了一个大型宴会。宴会邀请了上百位俄罗斯知名人物，他们在专业安保人员

---

① 《莫斯科共青团员报》，1999 年 5 月 18 日。

的陪同下参加了宴会，跳了舞，玩得很开心。事后有一名来自莫斯科的商人回忆道："我们玩得很开心，没有任何危机即将发生的感觉。"美国知名报刊《华尔街日报》评论道："他们想要向外界展示这样一种信息，他们的朋友、家庭等都一切如常。"①

在2月和3月这段时间里，很多寡头都感到了失望。鲍里斯·别列佐夫斯基也是其中很痛苦的一个，关于他的报道和评论都比其他人要多一些。在这场危机之下，最煎熬的当属俄罗斯最富有的那12个人了，他们都被瑞士最高检察院列入了不予以保护的名单。因为他们涉及的是高达数百亿美元的账目，可以对其进行侦缉。哪怕是那些最肮脏的钱，没有这些手续也是不能予以侦缉的。

感到难过的不仅仅是银行家和金融投机分子，还有广告界的大亨、大的进出口商人、海关人员、其他一些涉足商业的人士和有影响力的国家官员。恰恰是他们控制了大部分媒体，而普里马科夫没有安置好这些人。

吓倒这些人的，并不是"共产主义的复仇"。令他们感到恐慌的，是国家权力机关引进了15—20名原情报局或国家安全部门的干部。

瓦列里·什利亚耶夫在《新报》上写道：

> 普里马科夫如同切尔诺梅尔金曾经是一名"自由主义者"那样，他是一名"共产主义者"。切尔诺梅尔金的总理职位继承者以前所未有的力度去打击腐败，而且他不只是由个人去打击腐败。现在我们已经看得很清楚了，普里马科夫就是这个没落时代的那个曾经短时启动的发动机。②

此时就谈论反腐斗争的"没落"，是否为时尚早？很有可能的是，将普里马科夫免职其实是总统在执行"叶利钦团队"的意志。他是否会继续反腐的斗争？这个问题比卢布汇率和股价下跌更加困扰人们。

就连叶利钦自己后来也承认，斯捷帕申是一个带有临时性和过渡性的角色。叶利钦想要尽快罢免普里马科夫，因为后者到当年秋季的时候，就会成为一个拥有极高威望的角色。叶利钦曾经试图将阿克谢涅科和切尔诺梅尔金

---

① 《华尔街日报》，1999年3月18日。

② 《新报》，1999年5月17日。

都安置到自己身边，但国家杜马却没有批准这些提名，而这些人也不可能在不久的将来赢得总统大选。鲍里斯·叶利钦并不是一个全能的人，在1999年春季时，他的信任度下降了3%—5%。尤里·卢日科夫集团实力的增加，更加重了叶利钦的苦恼。叶利钦决心采取急速的应变措施，而任命斯捷帕申为总理就是应变措施的一部分。

鲍里斯·叶利钦与谢尔盖·斯捷帕申

谢尔盖·斯捷帕申在他的总理任职资格被国家杜马通过之前，就发表了一系列措辞严厉的讲话，诸如"经济必须正常运转，而不能被盗窃"，"同腐败和那些强盗行为作斗争，是我们优先要处理的事情"。在这样的精神下，国家杜马批准了对斯捷帕申的总理提名。他的讲话在国家杜马和联邦会议上都被讨论了，有一些报纸怀着多少有点失望的情绪做了报道，称"斯捷帕申在沿着普里马科夫的道路前进"。

斯捷帕申承诺会延续上一届政府的总体路线，且几乎是完全沿用。在经历了总统弹劾案的折腾之后，国家杜马怀着善意以301票通过了对斯捷帕申的任命。这样的结果也避免了左翼力量在杜马中的分裂。对于大政治家的评价，当然可以采取不同的标准。但最主要的标准只有一个，那就是他在什么情况下接手国家事务，在离任时又在多大程度上改变了国家的面貌。斯捷帕申接手时国家所处的情况，要远远优于普里马科夫从切尔诺梅尔金和基里延科手中接过国家事务时国家所处的情况。

在罢免普里马科夫的时机选择上，已经没有更加不利的选项了。国家的经济正在缓慢地走出危机，工业生产相较于上一年甚至还出现了些微的增长。在1—4月，国内贸易已经恢复到了危机爆发前的水平，这对各种所有制下的企业管理者而言都是很好的情况；国际原油价格上涨了，俄罗斯得以偿还西方国家60亿美元的债务；国内债务规模也缩减了；国家预算执行情况大幅好转，偿清了所欠军队人员以及国家预算内人员的工资。在3—4月，通货膨胀率保持在2.8%—3%之间；几年内第一次能够扩充养老基金。自4月1日起，工资上涨了50%，退休金上涨了12%。

在几年内，俄罗斯第一次在春季没有出现大罢工事件。俄罗斯最具影响力的周刊《专家》撰文指出，"所有人都还记得去年5月时，全社会的那一份‘焦虑’。令人感到讽刺的是，总统对普里马科夫的所有指责全都不能成立，前任总理的团队在经济战线上没有出现任何一场失败。甚至就连慢慢腾腾出炉的专业统计机构所提供的数据，都可以明显体现出经济开始好转的事实。经济部和其他一些权威研究中心提供的月报，都足以证明生产的上升已经持续了半年，其增速相当于年增长 7%。经计算发现，在普里马科夫的领导下，工业出现了前 20 年都没有出现过的增长”。①

谢尔盖·斯捷帕申非常清楚自己面临的处境，他不打算更改普里马科夫制定的经济发展大方向。作为一名在 20 世纪 90 年代获得升迁的原政治工作人员，斯捷帕申一直将自己的观点定义在"中等自由主义"的程度，此处的重点在于"中等"一词。斯捷帕申的讲话在杜马各派别间获得了普遍的欢迎。但我们要看的是他的作为，而不是他的话语。

5 月 21 日晚，在罢免普里马科夫 10 天后，鲍里斯·叶利钦突然决定乘机飞往索契休息两周的时间。他是在伏努科沃 2 号机场的飞机舷梯上做出最后的干部任命的。以至于有一些部长的任命都来不及批准，于是叶利钦便邀请这些人到索契去面谈。

谢尔盖·斯捷帕申对政府人员基本上没有做出调整，自己的工作态度也很积极。他很希望能够沿用"普里马科夫路线"，同时效忠于总统。在短短的任期内，斯捷帕申走访了国内超过 10 个地区，还进行了 10 次出境访问，在飞机上工作的时间超过了 100 个小时。但在他仅有的 82 天任期内，什么也来不及处理。

斯捷帕申承揽了很多工作，所涉及地区除了俄罗斯国内，还包括独联体各国，以及科隆、华盛顿和萨拉热窝。

但性格喜怒无常的叶利钦还是影响到了斯捷帕申，他在参加在美国举行的大型集会时发言道："我的那些前任，切尔诺梅尔金和普里马科夫都是经由北极航线飞到美国的。他们最终都失败了，全部离开了自己的岗位。因此，我这次是从符拉迪沃斯托克（海参崴）飞往美国的。"美国人对这些事情报以嘲弄的态度，在我们看来，这些做法其实也是不必要的。

在公众看来，斯捷帕申在总理任上并没有犯下足以让总统或是杜马怪罪的错误。在 6—7 月，美元的汇率还出现了下降的情况。国家的黄金储备在稳步增长，达到了 120 亿美元的水平。几乎在所有领域，甚至是煤炭产业都

---

① 《专家》，1999 年第 18 期，第 16 页。

出现了增长，国库得以通过税收和海关收入而充盈。尽管国内出现了旱灾的情况，但损失比 1998 年时预计的要小。

在外交领域，斯捷帕申显然不具备普里马科夫那样丰富的经验和能力。斯捷帕申闹的笑话都很低级，他在与西方国家打交道的许多场合，由于不了解其中的规则而做的即兴发挥都显得不合时宜。

《纽约时报》这样写道：

> 谢尔盖·斯捷帕申在这个月从一名警察当上了俄罗斯的总理。在此次美国之行的过程中，他希望能给人一种幽默的感觉。但你既然是一名警察，就应该做好你的警察，而不是一个喜剧演员。①

《权力》杂志则怀着十分气愤的态度发出了自己的评论，认为由斯捷帕申出任总理，意味着国家获得的并不是一个"出色的管理者和经济学家，而是内务部的政治警察"。② 但如果不是与普里马科夫比较，而是与切尔诺梅尔金比较一下的话，斯捷帕申还是很突出的。

在当年 6 月的俄罗斯政治家排行榜上，最具潜力的政治家首推斯捷帕申。③ 将其解职，事实上是没有充足理由的。

当在政府会议上听到自己被解职时，斯捷帕申不仅仅是伤心而已，他甚至都有些手足无措了。

弗拉基米尔·弗拉基米罗维奇·普京——总理

鲍里斯·叶利钦在自己的回忆录中对选弗拉基米尔·普京做接班人有一段描述，他是在 4 月底和 5 月初的时候决定把权力最终移交给后者的。按照叶利钦的想法，应该在大选前矛盾最为尖锐的时刻，将普京作为候选人推出来，那样的话，普京具有的果断性格和强硬作风就能完全发挥作用了。

叶利钦后来写道：

---

① 《纽约时报》，1999 年 8 月 3 日，第 10 页。
② 《权力》，1999 年 8 月 3 日，第 7 页。
③ 《区域》，1999 年第 30 期，第 22—23 页。

其实还不只是出于政治考虑，我没有与普京就此问题进行深入交谈，还在于他继续掌管着安全会议和国家安全委员会，还没有进入我的计划。我很珍惜普京这个人才，不想只是提升他的职务而已，我想给他戴上王冠。我还要为他留下我的政治遗嘱：在大选中获胜，在让人烦恼的公开政治中维持国家的民主自由与经济正常发展。在 2000 年之前就做到这一点，是非常困难的。哪怕是像普京这样强有力的人也是如此。①

弗拉基米尔·普京事实上对叶利钦的计划并不是特别清楚。只是到了 8 月初，叶利钦才同自己办公厅的负责人亚历山大·沃洛申商议有关将普京提拔至总理位置的问题。讨论的问题其实就是日期而已：8 月还是 9—10 这段时间？他们决定不再拖延。

叶利钦后来写道：

8 月，这是一年中最休闲的时段。对普京的任命，将有如一个晴天霹雳。所有人在短时间内都会不知道怎么去应对。不过，在这几个星期内人们其实不太想卷入政治中去，影响自己的好心情，但我们会积极介入进去。这样普京就会得到时间，实现飞跃!②

1999 年 8 月 5 日，叶利钦与普京会面，并告诉后者想任命其担任总理一职。叶利钦向普京解释了自己的主要动机，其中第一步就是要在国家杜马选举中获胜。

祖国-全俄罗斯运动的力量正在增强，领导这一运动的是尤里·卢日科夫和叶夫根尼·普里马科夫，这个情况让总统感到很不安。

普京告诉叶利钦，他会服从总统的安排去出任相应的职务，但他不喜欢选举前的斗争，也不愿意加入进去。在普京的记忆中，还存留着当年在圣彼得堡那屈辱的一幕。

普京问道："那我们要推谁去参选呢?"叶利钦答道："这个还不知道，我们要组建一个新的政党。您主要的任务就是进入政府工作。"从这个对话

---

① 叶利钦：《午夜日记》，莫斯科：2000，第 315 页。
② 叶利钦：《午夜日记》，莫斯科：2000，第 355 页。

中，我们就可以看出一点，此次选举活动中最重要的困难就是如何为自己争取更多的人。叶利钦问道："如果让您出任最高职务呢？"普京答道："我不知道，鲍里斯·尼古拉耶维奇，我不认为我已经对此做好了准备。"在谈话的最后，叶利钦说道："请您想一想吧，我相信您可以胜任。"①

就在同一天，叶利钦将自己的决定告诉了斯捷帕申，但后者听后显得很着急，并且希望能再等上几天。

在叶利钦亲信当中，有不少人对这个计划感到不满，一些人还打算劝阻总统。其中最为积极的，就是阿纳托利·丘拜斯了，他不惜与普京决裂来阻止其接受新的职务。

丘拜斯说道："你根本就不知道是怎么一回事，你最好现在自己提出拒绝这个职务任命，总好过将来不得不被逼下台。"

普京却回答说："抱歉，这是总统的决定，我必须执行。你如果处在我这个位置上的话，也会做同样的事情。"

于是，丘拜斯便通过总统办公厅和叶利钦的亲信来运作这件事。他接连与沃洛申、尤马舍夫和季亚琴科等会面商讨此事。

丘拜斯不仅仅对杜马、联邦会议发出了恐吓，他甚至还向广大劳动者发表了讲话："暴怒的卢日科夫将会做出什么事情？他有能力带着数万人来到红场……从而解决一切问题。总统已经失去理智了。"丘拜斯甚至同意回到克里姆林宫出任总统办公厅主任，从而帮助斯捷帕申这个弱小的总理。

但叶利钦需要的人不是丘拜斯，而是普京。8月10日，叶利钦签署了新总理的任命状，并向公众发表电视讲话。

任命弗拉基米尔·普京为新一任总理，确实出乎大多数政治家的预料，而且不仅仅是在俄罗斯国内，在国外也是如此。叶利钦发言的主题只有一个，他认定普京是自己的接班人，因为普京"能够将那些有能力在21世纪让伟大的俄罗斯恢复元气的人都联合在自己的身边"，这样的表态让大多数政治家感到很气愤。

尤里·卢日科夫将叶利钦此举称为"当局的荒谬布局"，鲍里斯·涅姆佐夫则支持莫斯科市市长的这个观点。根纳季·久加诺夫则认为叶利钦应该去"看门诊"了。

几乎所有的报纸都发出了类似的评论，认为判断普京有望在大选中获

① 叶利钦：《午夜日记》，莫斯科：2000，第380页。

胜，当选下一任俄罗斯总统，是年迈的叶利钦的政治幻想节目中最为离奇的一个。但是，并没有"任何大规模的劳动者请愿"或是"暴怒的莫斯科人所聚集成的人群冲入红场"的情况发生，这些都是丘拜斯用来恐吓克里姆林宫的话语，但并没有成真。

与预想的不同，国家杜马并没有在讨论上用去多少时间，便通过了对新总理的任命案。

《莫斯科共青团员报》就此次杜马会议做出了报道：

> 会议有一些喜悦的气氛，甚至还有一点枯燥的感觉。议员们按照熟悉的步骤完成了对新总理任命案的审议，尽管弗拉基米尔·普京本人已经获得了许多议员足够的好感，但他本人也诚实地表示，其实对议员们提出的许多问题都还是不懂的。①

弗拉基米尔·雷日科夫在国家杜马的休息室中说道："技术上的政府需要技术上的总理。"

《消息报》评论道：

> 鲍里斯·叶利钦的总统权力从未如今天这般虚弱过。有可能的是，总统试图在这种情况下为自己树立一个有力的支柱。由于最高当局意图稳定国内局势的缘故，普京拥有了对强力部门的影响力。我们得到了这样一个政府，它的任务就是执行最基本的技术层面的指令，或者说是一个建立在装甲车上的、技术上的政府。②

但到了9月以及之后的10月时，因为在北高加索地区快速且有效的行动，普京获得了全社会的关注，并确保了政府的运转，其军事行动得到了俄罗斯大多数民众的支持。

这样的部署确实让人措手不及，并从根本上改变了国内的政治力量格局，迫使由叶夫根尼·普里马科夫、尤里·卢日科夫与明季梅尔·沙伊米耶夫一同领导的祖国–全俄罗斯都不得不动用自己的第二计划甚至是第三计划，

---

① 《莫斯科共青团员报》，1999年8月17日。
② 《消息报》，1999年8月11日。

而其恰恰是最令鲍里斯·叶利钦及其亲信感到担忧和不快的选举联盟。叶利钦在其回忆录中有关 1999 年夏秋时分自己最大的忧虑的部分中表示："这一串人（包括普里马科夫和卢日科夫）在国家杜马的选举中已经获得了极大的优势地位（普里马科夫与共产党议员也达成了一致），即将举行的总统选举其实已经失去了意义。这些人有能力达到宪法规定的多数，合法地获得 2/3 的支持票，从而在宪法允许的范围内做任何事情，其中就包括弹劾总统！因此，这些人在任何情况下都具备了强大的能力以及很好的灵活性，有可能使得接下来的选举完全成为一件无意义的事情。"①

在整个 1999 年，叶利钦都很少出现在公众面前。他没有做过任何一次讲话或是推动任何一次政权工作。很明显的是，叶利钦在各个方向上都在支持他的普京总理。但很多媒体还在不断地提出这样的问题：这种支持到底有多牢固、多真诚？各类报刊也都在夸大一个事实，即叶利钦有多么不愿意看到总理威望的升高。当时此类传闻非常多，以至于后来普京本人都承认，他那时也担心失宠和被意外罢免，他当时给自己的目标就是在总理位置上至少干上 3 个月。

但叶利钦并没有干涉政府，而且不仅仅是没有对其做出限制，反而还扩大了政府首脑的权力。正如 1999 年秋季时一位分析人士所说的那样，"一个强有力的体系转交给了受信任的总理"。

在自己作为前总统的回忆录中，叶利钦本人或者是他在写作上的助手后来强调指出，他对普京的绝对支持并没有特殊的用意。叶利钦想要表达这样的观点，在 1999 年秋天的时候，为大多数俄罗斯人提供安全保护的人已经不再是总统，而是总理了。而这种安全感不是切尔诺梅尔金、基里延科或是叶利钦本人所能够提供的。

这种希望在普里马科夫当政时也曾经出现过，但相对于普京还是要低一个层级。不论是工作作风，还是讲话的语言风格，普京都更能获得大多数俄罗斯国民的认可。

在我们几乎没有人认为叶利钦能够实现俄罗斯政治新转折的前提下，普京无论是在全国的意义上，还是在北高加索地区层面上都做到了这一点。

有关这些观点，有必要从叶利钦的回忆录中找到印证。

叶利钦写道：

---

① 叶利钦：《午夜日记》，莫斯科：2000，第 321—322 页。

普京，他对于民众而言是国家稳定和人们个体安全的保障，因为他有能力保护大家。这也是普京的威望飞升的最主要原因。他没有去刻画一个敌人的形象，也没有在俄罗斯的民众当中大力推动沙文主义本能。我深深地相信，普京之所以能够赢得威望，是因为他能够给人们以希望和信心，能够提供真诚的保护和安全感。他从不花言巧语，他坦诚且坚定地面对各类事件，而这正是千千万万俄罗斯人所期盼的。我们的国家，已经在政府危机之中沉睡了很久，很长时间都没有见过这样具有积极意义的思想形态了。正是这个刚刚进入政治不久，对一切问题都具有自己深刻看法的年轻人造就了这一切。普京将俄罗斯从恐惧中解救了出来。但不得不说，俄罗斯为此付出的代价实在是太大了。①

叶利钦是做不到这一点的，因为他就是这场恐惧的一部分，是他让国民陷入气愤和恐惧之中的。因此，他必须离开，他也已经开始做离去的准备了。

在此期间，普京的威望不断地提升。社会调查显示，在被调查人中支持普京出任总统的比例，从 8 月的 2％上升到了 9 月底的 15％。到了 10 月底的时候，所有人都已经开始谈论 "前所未有的提升" 了——普京的支持率已经到了 25％。到 11 月底时，普京的支持率上升到了 40％。当时所有的社会学家和观察家都认为，总理的威望已经达到了 "不可思议的高度"，因而已经无法再提升了。

到 12 月的时候，在杜马选举结束之后，普京的支持率进一步提升到了50％的高度。在俄罗斯历史上，还没有任何一个政治家能够获得如此之高的支持度，一些报纸和杂志已经公开要求叶利钦设法阻止和抑制总理快速提升的威望。

《剖面》杂志对叶利钦的所作所为表示了不满与反对，刊登了一篇长文，不点名地评价了那位 "总统办公厅里面的接班人"。

报道是这样评论的：

---

① 叶利钦：《午夜日记》，莫斯科：2000，第 368—369 页。

现任总理绝对是一个颇善于策划的角色，他出乎克里姆林宫的意料，不像过去的那些官僚一样，他拒绝使用那些政治世家出身的人，其中有一个人的父亲还曾经是总书记。普京通过这些办法，拉近了同叶利钦及其亲信之间的距离。普京没有罢免或是任命任何一个部长，也就没有引发同寡头们之间的战争。普京对于总统，或者说对于这位曾经的政治局委员而言，就像一个不食人间烟火的人，没有任何一个人能够签个名就把他罢免，没有人像他这样有能力。叶利钦不可能不为此而感到兴奋，因为普京所做的一切决定都非常正确。这就意味着，普京是一个非常谨慎的人，而且拥有特别深刻的思想。普京完全不是一个叶利钦式的人物。①

但事实却是，叶利钦和总统办公厅的很多人都为提拔普京的这个想法和计划感到兴奋。

普京威望的上升及其之后在选举中获胜，并不仅仅是因为受到了总统办公厅的支持，还有赖于一个名为"统一"的政治联盟，这个联盟是叶利钦推动打造的，集中了对叶利钦和国家都最为重要的人物。

鲍里斯·叶利钦的离去

在1999年8月的时候，已经有很多观察家和政治家开始讨论叶利钦提前终止自己总统职权的可能性或必然性了。米哈伊尔·戈尔巴乔夫和亚历山大·绍欣都写过相关的文章，我和我兄弟若列斯都在各自所接受的采访中提出过类似的观点，我们假定的时间是9月17日，10月17日或12月17日。

但没有任何人预料到叶利钦会采取这样出乎意料的辞职方式，他选择在新的一年、新的百年、新的千年的前一天，此时几乎全世界所有的国家都做好了迎接新千年的隆重仪式的准备。

按照叶利钦的说法，他和普京第一次谈提前辞去总统职务是在1999年12月14日，这场谈话耗时很长。弗拉基米尔·普京并没有立刻答应叶利钦的建议。

---

① 《剖面》，1999年第45期，第15页。

普京说道："鲍里斯·尼古拉耶维奇，我认为，我还没有做好准备。请您再斟酌一下，鲍里斯·尼古拉耶维奇，这是一个艰巨的使命。对我们而言，与您一同工作是非常重要的。有可能的话，按任期的规定时间会不会比较好？"叶利钦则坚持自己的观点，并试图继续劝说普京，普京最后表态说："我同意，鲍里斯·尼古拉耶维奇。"但叶利钦并没有马上告诉对方具体的辞职时间。[①]

15 天之后，12 月 29 日早晨 9 点，叶利钦再次邀请普京来到自己的办公室，向其通报了辞职的时间以及其他有关权力交接上的技术细节。

在这之前的那一天，即 12 月 28 日，叶利钦已经按照常规写好了致全体国民的新年致辞。但叶利钦要求将拍摄设备和稿件都留在办公室里，他还想再校阅一遍稿件。在当天晚上，叶利钦将自己的决定告知了亚历山大·沃洛申和瓦连京·尤马舍夫，此二人是总统办公厅的负责人。叶利钦要求他们准备好相关的法律文件以及新的发言稿。之后叶利钦叫来了自己的女儿塔季扬娜·季亚琴科，告诉了她自己的决定。而到了 31 日的早晨，叶利钦才将辞职的决定告诉了奈娜·约瑟夫娜。

在这一年的最后一天，叶利钦早上 8 点来到了克里姆林宫，8 点 15 分进入了自己的办公室。9 点的时候，他叫来了办公室主任瓦列里·谢苗琴科，后者带来了一大包文件。但叶利钦并没有去看这些文件，而是叫来了沃洛申，又两次诵读了辞职信，并在上面签下了自己的名字。9 点 30 分，普京来到了总统办公室。负责礼仪工作的弗拉基米尔·舍甫琴科、新闻秘书德米特里·雅库什金、克里姆林宫日常事务管理负责人格里高利·穆拉维约夫和摄像师亚历山大·森佐夫都来到了这间办公室。叶利钦向在场的人宣读了自己刚刚签署的辞职信，宣布自 1999 年 12 月 31 日 12 时起，总统的全部职权都移交给俄罗斯联邦政府首脑。

俄罗斯总统致全国人民的讲话稿在 10 点 30 分的时候完成了，11 点时叶利钦和普京一同与大牧首阿列克谢二世会晤，向他通告了叶利钦的决定。在大牧首离开之后，克里姆林宫的摄影师拍摄下了叶利钦向普京移交权力的重要象征——众所周知的核武器手提箱。在这之后，各强力部门的部长来到叶利钦的办公室，听取了后者做出的辞职决定。在简短的午餐之后，所有的电视台同时转播了叶利钦的电视讲话。我们当时也都在家认真地观看了这场转

---

① 叶利钦：《午夜日记》，莫斯科：2000，第 13—14 页。

播，仔细听了叶利钦的讲话。

"我要离开了……"鲍里斯·尼古拉耶维奇·叶利钦向全国民众发表的讲话中，几次重复了这句话。

这一年、这个世纪也是这个时代的结尾，叶利钦终结了自己快十年的政治生涯，并在1999年的最后一天以自愿的方式让渡出了自己的权力。

在俄罗斯20世纪的历史中，这是最高当权者第一次伴随着礼花和高脚杯，而不是在大规模的破坏和屠杀中，也没有在发生流血政变或是阴谋篡权的情况下，走下了权力的宝座。

在叶利钦向俄罗斯国民发出的最后讲话中，我们感受到的，不仅仅是他分别时的苦楚，更有一份委屈："人们说，我永远都不会离去。"叶利钦还请求国民对其予以原谅，说很多事情他想做，但因为自己的失误而没有做成。叶利钦曾经认为，他有能力让俄罗斯迅速地从过去的一元化极权主义社会转变成为一个"拥有正常文明"的社会。但他没有成功。叶利钦将希望寄托在了自己的继任者——弗拉基米尔·普京的身上。

听完了电视转播，叶利钦起身同自己的秘书人员、克里姆林宫的工作人员、警卫人员以及那些同他一起喝过香槟酒的男人，接受过他赠送的玫瑰花的女人一一告别。叶利钦将那支镶嵌了宝石，专门用来签署命令的笔送给了弗拉基米尔·普京。普京将已经是前任总统的叶利钦，一直送到了克里姆林宫的大门外。此时的叶利钦，走下了台阶，环顾了一下四周，挥了挥双手，说道："请珍惜俄罗斯!"然后他坐进了车内。

就在同一天，弗拉基米尔·普京签署了自己的第一份总统令。这份总统令的内容就是确保鲍里斯·叶利钦和他的家人终生不受侵犯，并由国家对其提供安全保障。于是，一些观察家便认为，普京通过这种手段，利用了叶利钦和他的家庭及其亲信。在1974年时，副总统福特也曾经为离任的尼克松签署过类似的命令，对其可能触犯美国法律的罪行一律施行特赦。福特是在针对尼克松的调查展开之前签署这份命令的，而叶利钦事实上也需要这样一种特赦。

普京之后又下达了一系列的命令，对总统办公厅进行了人员上的调整，其中包括解除叶利钦的女儿塔季扬娜·季亚琴科的总统助理职务。紧接着他签署了致全体国民的公开信，内容涉及新的一年和新的千年所面临的情况。几个小时之后，到了临近夜晚的时刻，普京和他的夫人登上了飞机，不是去圣彼得堡欢度新年，而是飞往了车臣。

第十八章

鲍里斯·叶利钦——前总统

鲍里斯·叶利钦有关其向普京移交权力过程的说法，看上去不是特别有说服力，这是因为，尽管我们对这个过程的细节知之甚少，但我们也都明白移交总统的权力是一个非常复杂的过程。当然，按照俄联邦宪法的规定，当总统遇有特殊情况而不能行使自己的职权时，总理可以立刻接任总统的职务。但是，1999年年底的鲍里斯·叶利钦身体相对健康，很多人都认为，他完全可以坚持到新的总统任期开始之前，即2000年6月的时候。

1999年8月的时候，普京没有反对叶利钦的提议，成为后者的接班人，但普京并没有将叶利钦的讲话公开以示郑重。总理手上有太多的事情无法推开。关于叶利钦在任期结束前就向普京移交俄罗斯总统的职权，以及任命普京为代总统等问题都成为1999年12月14日那一场长时间会谈的主题。

普京并不是轻松地做出了这份承诺的，两位领导人谈到了相互之间的义务，其中一个核心问题就是叶利钦那些继续在政府留任的亲信，以及俄罗斯当局的最高领导层中的所有人。因为，鲍里斯·叶利钦并不仅仅是自愿地向自己的接班人移交了巨大的职权和几乎不受限制的权力，同时还有一大笔遗产，以及全国主要机构的负责人与工作人员，我们不可以将其称为勾结，但这确实是一个非常重要的国家级决定，为此进行了不止一次的讨论协商。这样一部法令，不可能是一个即兴而作的产物。

在2000年年初的时候，有一些观察家曾经撰文或公开宣布，叶利钦与普京谈判的结果很可能形成了一份文件，这份文件是叶利钦还在总统任上的时候就由双方签署的，并且是在大牧首阿列克谢二世的注视之下完成的。

在我看来，后来发生的事情几乎可以证实上述猜想。在1991年12月底时，米哈伊尔·戈尔巴乔夫也是在与叶利钦达成了某种一致之后才离开自己的岗位的。这两位领袖就此问题在克里姆林宫内商讨了9个小时之久。而他们二人达成的协议，后经由独联体国家领导人在阿拉木图会议予以批准。

在叶利钦与普京的协议之中，大牧首无疑起到了非常关键的作用。叶利钦所有的亲信都证实，在俄罗斯国内，只有大牧首具有足以让叶利钦信服的威望。普京对大牧首的威望也是信服的，与俄罗斯第一任总统不一样的是，普京是教徒。

众所周知，1999 年 12 月 31 日，在叶利钦解除了总统权力之后，大牧首祝福了他。2000 年 5 月在克里姆林宫报喜大教堂的总统就职典礼上，大牧首也祝福了弗拉基米尔·普京。

鲍里斯·叶利钦在自己的回忆录中指出，他主动提出辞职并将总统的职权转交给弗拉基米尔·普京，完全是自主决定和个人意志的结果，甚至就连同他关系很近的人以及自己的家人也只是在 1999 年 12 月 29 日至 30 日才得知自己的决定。但这其实并不太可信，因为想要完成这样一个过程相当复杂的权力交接，需要提前准备非常多的文件。

接班人的问题已经引起了叶利钦所有亲信的关注，选择接班人与选择交接方式与时机一样，一般都是集体做出决定。

最重要的问题在于不仅仅需要找到一个强有力和负责任的接班人，这个人还必须能够在一些问题上接受妥协，其中最主要的，还在于该接班人不只是口头上答应兑现承诺，还需要有相应的人格保障。在政治生活中，这样的人是不多见的。

显而易见的是，普京的候选人身份是经过叶利钦身边所有的重要人物一致首肯才得以确立的，正因为如此，移交权力的过程才会这样平静和顺利。叶利钦班底中所有的重要人物，包括沃洛申、卡西亚诺夫和丘拜斯，在权力移交后，都保留了原有的职务。

在叶利钦与普京于 1999 年 12 月 29 日最终达成的协议中，究竟包含了哪些内容呢？我们通过普京之后所做的事情就可以分析出一个结果。

首先，毫无疑问的是，这个协议包含了给予鲍里斯·叶利钦足够的豁免权，使其足以免于遭受法律上的追责。协议还预先确立了俄罗斯第一任总统在卸任之后，所享受的生活、秘书和安保、礼仪服务和新闻发布等相关待遇。

叶利钦获得了一处位于莫斯科郊区的别墅——"哥尔克 9 号"，以及位于克里姆林宫内的几处办公室和活动空间，以便其在那里工作和会客。原来在叶利钦身边工作的一些人此后继续为他服务，其中包括负责礼仪工作的弗拉基米尔·舍甫琴科、新闻秘书德米特里·雅库什金以及办公室主任瓦列里·谢苗琴科。叶利钦的护卫隶属于联邦军事机关，由尤里·克拉彼温将军指挥。

叶利钦拥有的法律地位也不同于一般意义上的"前任总统"或是"原总统"，而是"俄罗斯第一任总统"。这道命令是普京在 1999 年 12 月 31 日 12 时接手总统职权后发布的第一道重要命令。这道第一号总统令，显然是经过精心策划和周详考虑之后才拟定的。

我们可以通过分析得出叶利钦与普京协议中剩余的部分，应该就是保留叶利钦总统机关中所有重要官员的职位。这一点对于普京而言，其实也是至关重要的，因为当时的普京还并没有自己的团队和干部储备。

普京在几年之内，都是依靠叶利钦留下来的班底运转的，他很清楚一点，他需要这些官员的帮助和支持。众所周知，普京也为自己的班子引进了几个自己的亲信，其中就包括德米特里·梅德韦杰夫、德米特里·科扎克、维克托·伊万诺夫、伊戈尔·谢钦，这些人还需要时间来获得经验和威望。

普京从高层清理了几个原叶利钦的亲信，其中包括塔季扬娜·季亚琴科、瓦连京·尤马舍夫。但主要的人员都保留了下来，他们是亚历山大·沃洛申、弗拉基斯拉夫·苏尔科夫、谢尔盖·普里霍季科、扎汗·保雷耶夫等。作为克里姆林宫的总务长，俄联邦总统特别事务局局长巴维尔·博罗金被调离。不过，他其实是被提拔到了一个更高的位置——俄白国家联盟的秘书。

弗拉基米尔·普京任命弗拉基米尔·科任出任俄联邦总统特别事务局局长一职，此人之前担任过圣彼得堡市市长一职。

普京在基本保留了自 1999 年 8 月 9 日出任总理时就已经形成的政府结构的情况下，对人员职务也做了一些调整，所引进的人员中，就有来自"圣彼得堡自由派"的戈尔曼·格列夫和阿列克谢·库尔金。

米哈伊尔·卡西亚诺夫之所以能够获得总理提携，自然是因为有叶利钦的推荐。卡西亚诺夫与叶利钦走得很近，在普里马科夫被罢免后，他在 1999 年春被任命为财政部部长。普京对此并没有提出反对意见，也没有反对提拔他做总理。

新总统将"圣彼得堡的法学专家们"引进了自己的政权，他们此时还没有什么从政的经验，在政治光谱中排名也比较靠后。至于"圣彼得堡的自由主义者"，他们其实都是些很平庸的二流自由主义改革者，根本没有做出什么出色的成绩来。因此，弗拉基米尔·普京在 1999 年年底时，还是主要依靠原有的班底维持政权的运转，也是有其原因的。对于政权接替以及社会、经济和国家管理的稳定而言，这些步骤都是必不可少的。

显而易见的是，鲍里斯·叶利钦自己钦定了许多重要岗位的人选。叶利钦承诺，他不会在公开场合批评自己的接班人。普京也做出了类似的承诺，不会在公开场合批评俄罗斯第一任总统与他打造起来的体制。叶利钦可以安心地过退休生活了，不必担心自己会遭遇类似当年赫鲁晓夫在 1956 年召开的苏共二十大上做关于斯大林个人迷信和严重罪行的秘密报告那样的事情。叶利钦也不想遭遇赫鲁晓夫在 1964 年 10 月时所遇到的情况，被迫辞职而黯然下台。

普京顺理成章应该遵守俄罗斯宪法的规定，而非对其做出修改。按照相关条款的规定，新总统连任不能超过两届，当然，前提是他能够赢得连任的总统大选。

在经济和国内政治方面，普京认为根本没有必要对 20 世纪 90 年代推行的私有化运动的明显不公正性予以重新讨论。那些在普京身边工作的自由主义经济学家甚至都没有提出过这个问题。在这些经济学家和管理人员当中，之前有不少人曾经在圣彼得堡市市长阿纳托利·索布恰克和普京身边工作过，他们当时也曾在圣彼得堡大力推动过由丘拜斯主持的私有化运动。

在政府机关和总统下属机关工作的大部分经济学家都是在叶戈尔·盖达尔和维克托·切尔诺梅尔金当政时期提拔上来的。被调离的都是些不受欢迎和自命不凡的角色。丘拜斯被安排到了新的岗位上，他被任命为俄罗斯统一电力系统股份公司的董事长，很有可能这也属于叶利钦与普京协议中的一部分。

在鲍里斯·别列佐夫斯基的问题上，叶利钦没有为前者争取任何的优待和特权。各种迹象表明，这位"寡头"已经为叶利钦本人所厌恶。对此，叶利钦曾经在一次大型采访活动中有过表态："归根结底，别列佐夫斯基起到的副作用还是要大于正面作用的。他没有作出什么贡献，而只是在妨碍别人。因此，普京所做的事情是正确的，他对别列佐夫斯基和其他寡头采取了强硬措施，在此问题上，我是支持弗拉基米尔·弗拉基米罗维奇的。"[①] 叶利钦自然没有要求对弗拉基米尔·古辛斯基进行保护，从较长的时间维度

---

① 《共青团真理报》，2000 年 12 月 3 日。

看，古辛斯基对于俄罗斯总统而言，更多的是一个反对者而非支持者。

1999 年 12 月 31 日中午 1 点左右，鲍里斯·叶利钦在向俄罗斯新的领导人普京嘱咐完"请珍惜俄罗斯！"之后乘车离去。当他还在去往别墅路上的时候，便接到了第一通电话，来电的是美国总统比尔·克林顿，他对克里姆林宫突发的剧变感到很不安。当时的美国时间还是夜里，但克林顿并不想等到天亮再打电话。然而叶利钦并没有同对方讲话，并建议美国总统晚些时间再打来，至晚 17 时。在此之前，他是不会接电话的。此时还有更多的电话拨向了"哥尔克 9 号"，但叶利钦没有同任何人通话。他决定躺下睡一觉，并要求在两个小时之内都不要叫醒他。

众所周知，普京的新年夜是在车臣的古杰尔梅斯度过的。但叶利钦却在 2000 年 1 月 1 日的早晨，邀请普京和他的妻子柳德米拉来自己的住所吃饺子。在这个对于庆祝新年和新千年有些迟的聚会上，叶利钦还邀请了国防部部长伊戈尔·谢尔盖耶夫元帅、总统办公厅主任亚历山大·沃洛申和他们的妻子一同前来。他们为节日和其他缘由不断地举杯庆祝。宴会一直到很晚才结束。

一天之后，鲍里斯·叶利钦乘机飞往以色列的伯利恒，参加庆祝基督诞生 2000 周年的纪念活动。叶利钦享受到的完全是按照现任国家领导人标准规定的礼节。

回到莫斯科后，叶利钦与妻子和女儿一道前往大剧院，接受"凯旋勋章"。叶利钦很激动，他很担心在场的观众给他喝倒彩。然而，他在剧院的包厢内听到的却是热烈的掌声。叶利钦感到震惊，尽管很多人是真心为他高兴，但对于他最后的离去，这些人当中的大多数其实是赞成的。

鲍里斯·叶利钦在回忆录中写道，他在辞职后最初几周时间里，感到空虚、孤独甚至忧虑。他的写字台空荡荡的，他已经不再需要继续签署大量的文件了。

2000 年 1 月 10 日，叶利钦很迟才起床，当他走到桌前拿起专线电话的话筒时，话筒里却没有传出任何声音。总统专线已经被切断了。叶利钦感到非常气愤和不安。在这间办公室里，他什么都不能做，他只好走出房间，来到了客厅。他此刻可能想起了戈尔巴乔夫被困在福罗斯与外界失去联系时的场景。这一刻自己的专线电话中断，转而为新总统所用，这便成了一个技术上的休止符。专线电话和通信加密，在俄罗斯只能为一个人服务，那就是现任的总统。

1月底的时候，临近69岁生日的叶利钦在辞职后第一次回到了克里姆林宫，与专职为总统服务的记者们见面。在相互赠送了礼物之后，叶利钦来到了弗拉基米尔·普京的办公室。第一任总统向自己的接班人发问道："我能在总统的椅子上坐一下吗？"他那追求权力的本能，此时还没有完全消失。①

2000年2月1日叶利钦生日那天，弗拉基米尔·普京携妻子在早上就一同来祝贺，并在那里逗留了一个小时。

叶利钦的生活是被安排好了的。他每天要阅读来自克里姆林宫各个机构所呈报上来的汇报，包括社会调查的简报、信息汇编和新闻摘要等。叶利钦决定远离公共政治领域，也不愿意成立任何类似于"戈尔巴乔夫基金会"那样的机构。但他不愿也无法让自己真正过上纯粹的退休生活，比如在花园里养花或是和孙辈聊天。

关于他自己能够发挥的作用和所处的地位，叶利钦曾经做过如下的描述：

> 我可以回答一切问题，我对目前发生的一切也都了如指掌。是的，我并不只是以总统的身份，还以普通人的身份经历了整个政治进程，经历了俄罗斯发生的一切。包括新上任的总统在内，今天俄罗斯的任何一个人都可以来找我，询问我的意见，提出让人痛苦的问题。我一定会做到像一个顾问那样对所有的人和问题都知无不言，言无不尽，提供人们所需要的那些重要的、有价值的观点。而且只是纯粹的顾问而已！但这却是一个巨大且严肃的使命。②

有很多人来找叶利钦，他们是米哈伊尔·卡西亚诺夫、伊戈尔·谢尔盖耶夫、弗拉基米尔·鲁沙伊洛、谢尔盖·绍伊古、阿纳托利·克瓦什宁、康士坦丁·托茨基。知识界的代表人物中有加琳娜·沃尔切克、恩斯特·涅依兹维斯特内。弗拉基米尔·普京每个月都会选择两个早上的时间来见叶利钦。他们在郊区的房子相距不远。他们还时常通电话。

2000年3月，普京在第一轮投票时，就赢得了总统大选。这对于普京和叶利钦而言，无疑是一个巨大的成功，叶利钦为此真诚地祝福了自己的接班

---

① 《消息报》，2001年2月1日。
② 叶利钦：《午夜日记》，莫斯科：2000，第406页。

人。是的，叶利钦将普京推到了很高的位置上，让他在竞争者面前拥有了很大的优势。

普京是在叶利钦集团的首肯下，才得以走向权力巅峰的，但对于他来说，这其实已经不仅仅是特权了，而更多的则是一种负担。他必须具备很高的智慧、坚强的意志、足够的才华，甚至是相当的雄心，才能在最开始的时候在克里姆林宫站稳脚跟，从而在几个月后，他才能顺利地摆脱叶利钦集团附庸者的形象，获得大多数国民的好感和支持。

鲍里斯·叶利钦也参与到了 2000 年 5 月 7 日举行的总统就职典礼的筹备工作当中。这场就职典礼被安排在了克里姆林宫的殿堂中举行，之前戈尔巴乔夫和叶利钦也都是在安德烈厅举行的就职典礼，这个大厅在不久之前刚刚修葺一新。这里的安德烈厅、格里高利厅和亚历山大厅都是过去沙皇加冕的场所。为迎接将要走上红地毯的宾客，士兵们开始在这里演练队形。

在总统就职典礼上，鲍里斯·叶利钦不只是发表了激情洋溢的祝福演说，他还亲手向普京移交了总统职权的象征物，这是一种在叶利钦的倡议下，由专门的设计师打造出来的类似于国王和沙皇皇冠的象征物。

俄联邦总统的权力非常大，超出了美国或法国总统所拥有的权力，而叶利钦也自然而然地被他的反对者乃至拥护者称为"沙皇""克里姆林宫孤独的沙皇""克里姆林宫的皇帝"。鲍里斯·涅姆佐夫在说起和写到有关叶利钦的事情时，也经常将其称为"善良的俄罗斯沙皇"。

1993 年通过的俄联邦宪法，毫无疑问地确立了俄罗斯总统的独裁地位，使之得以有能力控制司法和其他权力分支。鲍里斯·叶利钦希望俄罗斯的国家元首能够保持这种皇帝般的地位。

俄罗斯总统的象征物是一条粗大的金链，由 20 片镶嵌了宝石的黄金薄片连接而成，在反面则刻印着现任总统的名字。在前两张金片的背面，刻印着的是叶利钦的名字，在第 3 张和第 4 张金片的背面，则刻印着普京的名字，第 5 张就是梅德韦杰夫了。在不久之前，俄联邦总统的任期由 4 年延长到了 6 年，这条金链便可以连续使用上百年的时间了。

第一次意见分歧

鲍里斯·叶利钦在自己的回忆录中谈及有关普京胜选一事之时指出，从此以后新总统便已经成了"一个在各个方面都绝对自由的人",包括国事决策、经济政策制定以及为新的团队引进新人等。

但事实并不完全是这样的,在普京任上仍有很多职位使用的是过去的人。对于普京而言,在总理和代总统的位置上展开竞选活动,要比在其他情况下有优势多了。普京也承认这一点:"就直说了吧,叶利钦为我制定了总统任上的行为准则。"

众所周知,在总统就职典礼之后,国家最高领导层的人必须提出辞职声明,之后等待再次任命。2000 年 5 月,这个过程进行得非常平静。在总统就职典礼之后,重新任命的官员并不多,但他们都是经过叶利钦授意的。我们观察了俄联邦总检察长的重新任命过程。在总统就职典礼之后,弗拉基米尔·乌斯季诺夫提出了"有证可查"的辞职申请。普京有意批准这份辞呈,并委任联邦委员会已经批准了的德米特里·科扎克出任总检察长。但叶利钦却坚持仍由乌斯季诺夫出任总检察长。

2000 年的夏秋两季,叶利钦一直在忙自己的回忆录。他同许多已经退休的政治家们会面,其中就有科尔和桥本龙太郎,以及一些独联体国家的领导人。在美国总统克林顿 2000 年 5 月访问莫斯科的时候,叶利钦还邀请他的整个代表团前来自己的"哥尔克 9 号"别墅会面。

叶利钦在其回忆录《总统马拉松》一书中,回忆了很多人的事迹。其中包括切尔诺梅尔金、丘拜斯、涅姆佐夫和许多政府部门的领导人,以及叶利钦过去的助手和顾问。

鲍里斯·叶利钦对"库尔斯克"号潜水艇的沉没感到很难过,媒体对此事也进行了大规模的报道。俄罗斯军队和舰队所承受的苦难,在很大程度上是叶利钦施政造成的。

"库尔斯克"号沉没后,叶利钦将弗拉基米尔·普京请到自己的住地。在这场会谈当中,第一任总统指责了自己的接班人。按照叶利钦的观点,普京必须在得知这个灾难之后,立刻前往维佳耶沃或是北莫尔斯克,或至少从索契与独联体国家领导人会晤的现场离开,回到莫斯科并带着悲伤和怜悯之情走到人民当中。弗拉基米尔·普京接受了这个观点,但他很可能其实并不同意这种做法。我们都还记得,叶利钦在国家遭遇重大灾难时的一言一行,比如说布琼诺夫斯克和基兹利亚尔事件发生之后。

2000 年秋,全俄罗斯都在讨论国歌的事情,这一涉及国家主要象征的问题吸引了全社会的关注。弗拉基米尔·普京建议沿用苏联国歌的曲调。新国歌的歌词将会采用谢尔盖·米哈尔科夫的填词，新歌词对过去的歌词进行了部分改写。除了丘拜斯和涅姆佐夫之外，大多数自由主义政治家和媒体人士都对此表示反对。

鲍里斯·叶利钦对这些人给予了公开的支持：

> 我坚决反对恢复苏联时期的国歌作为今天的俄罗斯国歌。新国歌的歌词仍由谢尔盖·米哈尔科夫填写，但只做了部分修改。这种事情是不能开玩笑的。旧国歌对于我而言只有一个意义——党的官僚政权。作为国家的总统，不能对人们的心情视而不见，应该对此予以足够的尊重。[1]

但是这一次，普京却没有听从叶利钦的意见。在很多问题上，第一任总统与第二任总统之间都出现了明显的分歧，叶利钦决定在一场专门的大型采访中，认真谈一下自己和普京之间的关系问题。

叶利钦是这样说的："我每个月都与普京见上一两面。会谈没有什么定式。我们也没有预先准备好的谈话计划，我们只谈最紧要的内容。有时候是我提议，有时候是他提议……"

"你们上一次见面是什么时候？都谈了哪些内容？"

"大约一个星期之前吧。弗拉基米尔·弗拉基米罗维奇一般都是在早上上班之前来找我，他这个时间也比较方便。我们住的地方相隔不远。普京向我讲述他在国内视察和外出访问的事情，以及与外国领导人会晤和谈判的结果。我会首先认真地听他说，之后提出我自己的观点和评价。"

"您会给他一些建议吗？"

"是的，会有一些建议，因为我认为，新总统周期性地听取前任总统的建议，是很有意义的。真的，我知道普京一直会按照自己的意愿行事。其实，这就是弗拉基米尔·弗拉基米罗维奇的本质——绝对的自主和独立，这也是我之所以选他做接班人的原因。"

"您对自己选中的人有没有失望的地方？"

"没有，我所预期的东西都实现了。尽管我也直面普京，指出他的不足。但最主要的是，他没有辜负民众的期待。"

---

[1] 《共青团真理报》，2000 年 12 月 8 日。

"您对哪些问题持批判态度呢?"

"对很多的问题……看来,您想让我和弗拉基米尔·弗拉基米罗维奇之间出现争吵……在报纸上没有什么可说的。不过,我和普京之间并没有原则上的分歧。"

鲍里斯·叶利钦认真地阅读了报纸的采访清样稿。很有可能的是,普京也预先读过了这份稿件。

鲍里斯·叶利钦对普京改革联邦委员会,以及他规范国家法律并在联邦内设立 7 个大区的行为都给予了赞许;但我们也可以发现,在这些问题上,叶利钦其实都是持"有限的支持"态度。

"怀念克里姆林宫吗?"《共青团真理报》的记者安德烈·万琼科这样问叶利钦。叶利钦真诚地回答道:"确实怀念,退休的生活太枯燥了。但我不想做出任何有可能让社会产生动荡的举动。我感觉自己所发挥的作用,更像是一个顾问。能够提出建议,但不追求一定得到回复,这正是我现在所学习的东西。学习观察四周,但不再以总统的立场来分析事物。"①

鲍里斯·叶利钦决定在 2000 年正式进入退休状态。在叶利钦的官邸举办了一场"退休欢送会",退休基金会负责人米哈伊尔·祖拉博夫和克里姆林宫事务负责人亚历山大·沃洛申参加了这场欢送会。按照程序,祖拉博夫负责授予叶利钦以退休证明,而沃洛申则会授予他劳动手册。在这些程序完成之后,由亚历山大·库兹涅佐夫负责摄像,记录下这历史性的一刻。叶利钦每月可以得到 11000 卢布的退休金,以及数目不大的津贴。叶利钦当场还流下了眼泪。

2001 年 2 月 1 日,叶利钦迎来了自己 70 岁的生日。当时有很多种庆祝建议:邀请很多人前来庆祝,或是低调一些,只在家庭范围内庆祝一下。俄罗斯所有的报纸都预先准备好了文章或访谈稿件,用来评价整个叶利钦时代的得失。

但 1 月 30 日鲍里斯·叶利钦住进了中央医院,并被诊断出了严重的病毒性呼吸系统感染症状。医生和叶利钦本人都注意到一个事实:他在不久前刚刚做过白内障手术。生日庆祝是在病房内举行的,只有叶利钦的妻子和女儿才被允许进入。普京与其夫人柳德米拉则是例外,他们带来了一束鲜花,并停留了几分钟。

---

① 《共青团真理报》,2000 年 12 月 8 日。

　　鲍里斯·叶利钦并没有成为俄罗斯的邓小平，他没有后者那样多的拥护者。对弗拉基米尔·普京责难最多的，当属在 2001 年时成为塔季扬娜·季亚琴科新丈夫的瓦连京·尤马舍夫，前者也因此而第二次改了姓氏。与此同时，尤马舍夫的行为也在很大程度上被视作叶利钦的态度，新总统办公厅那些从未隶属于他的工作人员也对其予以了关注。

　　在普京遭遇的所有批评中，来自杜马右翼党团的声音是最多的。谢尔盖·尤申科夫甚至还做了一个专门的公开声明，称 2002 年年初的时候克里姆林宫内的“‘叶利钦老班子’将会被取代，其中就包括沃洛申、卡西亚诺夫和丘拜斯，他们会失去职位”。

　　关于国防部部长将会被替换的评论特别多。当弗拉基米尔·普京任命了许多新的部长之后，很多政治观察家都认为，这是普京在有意挑战鲍里斯·叶利钦的底线。但这位第一任总统又能如何去反对普京的决定呢？弗拉基米尔·鲁沙伊洛被调到了更高的位置上，担任安全委员会的秘书。伊戈尔·谢尔盖耶夫元帅已经到了该退休的年龄，将他安置到总统顾问的位置上，这看上去是非常合乎逻辑的。这些新的总统令，都是在沃洛申没有参加的情况下起草的。

　　在 2001 年的后半段和 2002 年，普京和叶利钦的见面次数非常少。铁道部部长尼古拉·阿克海涅科被免职一事对二人关系的改善更是没有真正意义。尼古拉·阿克海涅科之前就已经受到了关于舞弊问题的指控，但在 1999 年的时候，叶利钦还曾经构想过让这个人来出任接班人。叶利钦这一次保持了沉默。

新的意见分歧与关系破裂

　　普京个人威望此时一直在提升，他所达到的高度，是叶利钦一直无法做到更无法想象的。而且西方媒体喜欢将叶利钦和普京做比较，这就令叶利钦很不愉快了，但他一直尽力克制自己的情绪。但到了 2003 年夏季和秋初的时候，事情的发展却因为“霍多尔科夫斯基事件”而出现了很大的变化。

　　米哈伊尔·卡西亚诺夫和亚历山大·沃洛申反对逮捕霍多尔科夫斯基的行动。这些人为霍多尔科夫斯基加油打气，并敦促他到叶利钦那里寻求支持。在这样错综复杂的情况下，叶利钦则公开表示出了自己的“自信”，并在 2003 年 10 月接受了《莫斯科新闻报》的大型公开采访。这家报社早已成了霍多尔科夫斯基的喉舌，因为尤科斯在 2003 年年初的时候，就已经购买了这家报社的大部分股份。其他的报刊既没有刊登，也没有评论此次采访的内容。亚历山大·沃洛申提出了辞呈。而弗拉基米尔·普京则批准了他的辞呈，尽管普京宣称沃洛申辞职的决定是错误的。

普京与叶利钦之间决定性的决裂发生在 2004 年 2 月 14 日，当时普京正在莫斯科大学做正式的选举前演讲，在大厅之中挤满了普京的拥护者和超过 600 名来自国内各地的记者。普京不只是宣读了竞选计划，他还就过去所做的工作进行了一个通报，并第一次给予叶利钦以毁灭性的批判，虽然他并没有直接点名，但其所指的就是俄罗斯第一任总统。

普京说道：

> 让我们来回想一下，我们的国家在 1999 年年底和 2000 年年初所处的境地，是什么原因、什么问题导致了那样的结果……在苏联解体的过程中，国家的整体性遭到了破坏，而这些情况，对于俄联邦而言是能够和必须预料到的。

> 在人们追求民主的过程中，一直存在政治投机的现象，经济和社会改革的严重失误，直接导致了极其严重的后果。当时有 1/3 的居民生活在贫困线以下。在这种情况下，竟然出现了退休金、各类津贴和工资普遍停发的现象。人们开始担心，怕一夜之间失去自己全部的存款和毕生的积蓄，已经不再相信国家能够为人们提供最起码的社会保障了。

> 国家由于矿工、教师以及其他被纳入预算保障人群此起彼伏的罢工而混乱不堪。征收的税率提高了，但国库却只剩下了最起码的资金储备。大银行中的大多数都破产了，在 1998 年的经济危机之后，信贷体系几乎完全崩塌。

> 除此之外，我们的国家屈辱性地开始受制于国际金融组织以及一些国际金融投机者。请大家思考一下吧，在 1999 年年底的时候，俄罗斯所欠的外债已经相当于国民生产总值的 90% 了。

> 与此同时，俄罗斯在国际舞台上渐渐失去了独立自主的地位。而世界上的其他力量，都还延续着刻板的冷战思维，尽管这些国家对我们满嘴甜言蜜语，但它们仍旧视俄罗斯为自己的政治对手，想

方设法地去采取那些能够让我们的国家继续衰落的手段。

我国国内政治领域也出现了极富戏剧性的变化。国家的宪法和联邦法律在许多地区丧失了最高法律效力。地区议会制定了许多与宪法和联邦法律精神相违背的法规。这样一种"竞争"的情况，必然会导致政权的分裂，受苦的只有人民。以建立"特殊的"财政经济体制为目标的斗争，使得地方和中央之间在这个问题上一直在讨价还价。

事情后来甚至发展到一些地区已经在事实上建立起了完全独立的法律和财政经济体制，停止向联邦缴纳税款，还打算建立自己的黄金储备以及独立的能源、海关和货币体系。结果必然是各地区之间的经济不平等，其后果就是公民之间的经济不平等。

原本统一的商品与服务市场也已经倒塌。俄罗斯有几年的时间都陷入了分裂主义活动的泥淖，但当局却没有拿出对应的方案。由于国际极端主义组织的支持，北高加索地区的分裂主义最终演化出了更为危险的形式——恐怖主义。

当然，最主要的还是车臣问题。在签署了《哈萨维尤尔特协议》之后，车臣和那里的居民便成为我们的弃儿，其命运已经无人问津。没有人提前想到，战争会以一种噩梦般的方式结束。他们感受到了我们的软弱，了解到当局的松懈和整体社会情绪的悲伤。在1999年夏天，大量国际恐怖主义分子来到了车臣。他们非常蛮横地对达吉斯坦发起了正面进攻，而且出于分裂国家的目的，从自己的所属地出发，侵略政府控制的地区。

俄罗斯的国家建制一直都是很复杂的，正如我说过的那样，我们必须谨慎地处理这些问题。但非常遗憾，今天必须指出的是，在20世纪90年代末，俄罗斯由于受到了上述问题的接连打击，已经失去了作为完整国家的基本特征。在这种情况下，我们必须在同一时间内解决这些每天都在困扰着我们的问题，为的是能够创造出一个新的、长期的、增长的态势。

普京身边的人证实，这份时长40分钟演讲的大部分是普京自己所写，为此他用去了几个星期的时间。普京当天还回答了不少重要的问题。在谈及自己对苏联解体的看法时，普京公开表示，按照他的深刻理解，"苏联解体是一场全民族的重大悲剧"。

普京继续讲道："我认为原苏联的普通公民，在苏联解体一事上什么也没有赢到。而且与之相反，人们遇到了极其众多的问题。"普京补充道："但俄罗斯联邦保留下来了，而且不用再担当其他加盟共和国的'奶牛'了。"①

此次演讲是弗拉基米尔·普京就职 4 年以来讲得最好的一次。但这并不是一个普通的演说。在发表了这样一个具有重要意义的演讲之后，普京无法再简单地等待大选并采用习惯上的竞选方式了。在这样的演讲之后，必须有相应的行动才行，简单的等待已经不再可能了。

2004 年 2 月 23 日，就在总统大选开始之前的 3 周，弗拉基米尔·普京将以米哈伊尔·卡西亚诺夫为总理的政府高层全部免职。普京将卡西亚诺夫邀请到了克里姆林宫，称其工作业绩令人感到满意，并且告诉后者，他们的约定已经到期了。卡西亚诺夫则明确地表示了自己的惊讶，他原以为在总统就职典礼之后才会离职。

在激昂的音乐声中，弗拉基米尔·普京于 2004 年 5 月 7 日再次就任总统，而鲍里斯·叶利钦却没有到场。当然，他已经收到了邀请，但他不能与弗拉基米尔·普京一同站在主席台上，而是被安排在了安德烈厅的中央位置，与大牧首站在一起。叶利钦认为待在家里会更好一点，便托病不来。于是，叶利钦的夫人奈娜替他站到了大牧首的旁边。拒绝克里姆林宫邀请的还有米哈伊尔·卡西亚诺夫、亚历山大·沃洛申和塔季扬娜·尤马舍娃-季亚琴科。

近卫军名誉卫队的士兵将特制的俄联邦宪法和俄联邦总统象征物端到了大克里姆林宫。之后，弗拉基米尔·普京登上了正面的楼梯，两旁还有克里姆林宫近卫军卫队士兵列阵。在宣誓结束之后，俄联邦宪法法院主席瓦列里·佐尔金将俄联邦总统象征物授予了普京。然后，克里姆林宫沿河路上的礼炮齐射三十响以示庆祝。

弗拉基米尔·普京在 2004 年 3 月 14 日总统大选的第一轮就获得了决定性的胜利，这一现象对普京本人而言具有相当特殊的意义，他的背后已经不再有叶利钦的影子了。其实，普京和叶利钦在 2004 年的时候不仅不再见面，甚至连电话交流也没有了。

关于普京在 2004 年 9 月于别斯兰事件后，着力加强权力垂直管理的问

---

① 《论据与事实》，2004 年第 7 期，第 3—7 页。

题，叶利钦决定不予以批评："我已经离开公共政治了，不打算对我后来的人做政治评论和探讨。"

戈尔巴乔夫对普京的行为进行了批评，但没有多少人对他的观点感兴趣。

当然，鲍里斯·叶利钦还是会被邀请参加一些盛大的活动。比如说，2004 年 11 月 12 日，叶利钦就受邀来到克里姆林宫大礼堂，参加为庆祝警察节而举办的音乐会。

晚 17 时整，在节日庆典开始之前，叶利钦与其妻子一道进入了大厅。他们得到了无力的掌声。一分钟之后，弗拉基米尔·普京来到第一排座位前，与受邀前来的重要人物一一握手，包括谢尔盖·绍伊古、谢尔盖·米罗诺夫、叶利钦夫妇等。

很多家报纸都刊登了这张握手的照片，其中有一家报纸评论道："弗拉基米尔·普京检查了鲍里斯·叶利钦握手的力度。"

对于第一任总统的豁免命令依然是有效的。但叶利钦并没有接受任何采访，并表示希望能够带着自己为数不多的随从，迁居到同是国有官邸的"巴尔维赫 4 号"去居住。叶利钦大多数时间其实都用在旅游上了。

2004 年夏季，叶利钦应楚瓦什共和国总统之邀，到当地去旅游，又受挪威国王之邀，去游玩了一趟。不过叶利钦并没有发表任何政治声明，他在挪威的主要活动就是钓鱼。叶利钦还在吉尔吉斯斯坦的伊塞克湖州的一所精英寄宿学校钓过鱼，那是他很喜欢的一处度假地。在这所寄宿学校的大厅内，还立有一尊叶利钦的雕像，上面还刻着一行字：叶利钦——俄罗斯第一任总统。在吉尔吉斯斯坦，还有一座山峰和一所斯拉夫大学是以叶利钦的名字命名的。但 2005 年的时候，叶利钦没有去动乱的吉尔吉斯斯坦度假，而是选择了阿塞拜疆。

鲍里斯·叶利钦不止一次参加在各个国家举办的国际运动会，最主要的还是网球和排球运动会。现在，他已经退休了，他生病和看医生的次数相比于当政的最后几年反而减少了。他有一次还乘机飞往中国，在一个沿海的疗养区住了好几个星期，稍微治疗了一下自己的病。

2006 年 2 月 1 日，全俄罗斯的媒体都报道了鲍里斯·叶利钦 75 岁的生日。叶利钦也就此接受了一次采访，但他并没有触及有关时事政治的问题。很多电视频道都不约而同地在这一天播放了各种电影纪录片，这些都是为这个日子而事先准备好的，而且明显是应叶利钦一家的要求。但是，随着年龄的增长，病痛也就随之而来了。

第十九章

鲍里斯·叶利钦的逝世与葬礼

作为一个长时间担任大国领袖的重要政治家，叶利钦曾经给历史带来了自己的印记，他的离世也是一个重大事件。

2007年4月23日下午，全俄罗斯的通讯社都开始播报鲍里斯·尼古拉耶维奇·叶利钦逝世的紧急消息。叶利钦在妻子奈娜和副官的陪伴下，心脏停止了跳动，离开了人世，副官帮他清洗了身体。

鲍里斯·叶利钦在其担任总统的最后几年中，就已经身患重病且身体虚弱了，这些情况我们当时通过电视屏幕就已经发现了，虽然每一次有关叶利钦的报道都是事先精心准备过的。进入退休状态之后，叶利钦选择了一种非常积极的生活状态。他去各地旅游、钓鱼，在这几年的时间里，去过不止10个国家。

叶利钦在去世前几天还去了一趟约旦，去看据说是耶稣基督接受洗礼的地方。回到莫斯科后，叶利钦开始准备回故乡叶卡捷琳堡，去观看排球大奖赛。

叶利钦是突然失去意识的，值班医生也感到很突然，没能帮助他恢复意识。到15时45分，医生确认叶利钦已经因心脏停止了跳动而死亡。按照家人的要求，叶利钦的遗体没有被解剖，根据中央医院的诊断书，叶利钦是死于"心血管供血不足"。

4月23日晚间，所有的电视频道都转播了有关叶利钦逝世的报道。许多国家也都发来了唁电。俄罗斯总统弗拉基米尔·普京下令，组建一个专门负责俄罗斯第一任总统葬礼的委员会，其负责人是克里姆林宫事务管理局局长谢尔盖·索比亚宁。

众所周知，在苏维埃时期领导人去世的话，全国上下所有的人都会动起来。首先是圆柱大厅的遗体告别仪式，葬礼一般会安排在去世后的第三天于红场举行。

叶利钦的遗体告别仪式被安排在基督救世主大教堂，大牧首阿列克谢二世此时正在瑞士接受治疗，他向莫斯科发来了一份悼词表达了自己的哀悼之情，并授权克鲁季茨基与科洛敏斯基·尤文纳里主教主持葬礼。葬礼在新圣女公墓举行，25 日葬礼这天也是叶利钦逝世的哀悼日。

由于叶利钦身高的原因，葬礼委员会为他特制了一口庞大且无任何装饰的棺材，并于 4 月 24 日早上将其送到了教堂。这是一口没有任何装饰并配有坚实底座的棺材，完全符合东正教的传统。在棺材的四周，摆满了人们和各个组织送来的花圈，其中最大的那个花圈就是总统普京赠送的。不远处摆放着一张放大了的照片，照片里的叶利钦面露微笑，以花园绿草地为背景。棺材旁放着几把椅子，叶利钦的遗孀和女儿就坐在上面。

一些希望能够同第一任总统道别的莫斯科人，早早就来到了教堂的附近。但由于总人数并不多，警察都没有封锁交通。到中午的时候，人开始多了起来。

自 17 时起，教堂开放了大门，以便吊唁的人能够进来，但是人们需要按照顺序排队。在哀悼的第一天，并没有准备任何用于让大人物签到的签名簿。到了傍晚的时候，吊唁的队伍已经环绕教堂一周了。晚上来吊唁的人数很少，但 25 日早上来的人就多了起来。有一些媒体想要表现出一种全民哀悼的情景，但悲伤的人并没有那么多。甚至没有什么人是从莫斯科郊区赶来吊唁的。

4 月 24 日傍晚和 25 日上午 11 时，在教堂外等候的队伍大约有两千米长，但这支队伍像是一条溪流，而非一道洪流。根据负责管理金属探测器的警察估计，在两天的时间里，来吊唁的人数略微超过了 2 万人。这一数字比 1991 年 8 月 19 日和 20 日时，来到白宫周围保卫被国家紧急状态委员会的坦克包围的叶利钦的人数少了大约 9/10。也就是说，1991 年 8 月的叶利钦获得的来自人民的支持与拥护，是其政治生涯的顶峰。在这之后，叶利钦再也无法将大多数国民，或者说大部分莫斯科市民聚集在自己身边了。

4 月 25 日 11 时 30 分，警察开始要求在教堂外的人们停止在门口排队。人们希望能够站在远处向叶利钦致敬，但仍然被要求离开。12 时 30 分，教堂完全封闭了，自此时起，可以进入教堂的就是另外一些人物了，他们是部长、州长和文化界的名人。

作为国家的立法机关，国家杜马并没有因此而休会，所以到场的杜马议员很少。国家杜马只是以默哀一分钟的形式，向叶利钦致以自己的敬意。但俄共在杜马中的代表都没有起立默哀。根纳季·久加诺夫阐明了本党的立场："我们不打算为死者哀悼。"与之相反的是，日里诺夫斯基却在 25 日当天的杜马会议上发表了一份赞扬叶利钦的讲话，因为 "他是我们这个时代和宪法的缔造者，我们还将在这个体制下生活一个世纪"。

正式的葬礼仪式于 13 时开始了。在教堂中，只剩下了数百名得以成功入内的莫斯科居民，不过，正如各家报纸所描述的那样，"这些人并非来自选民，而都是来自上流社会"。俄罗斯几乎所有的前任总理也都来到了教堂，他们是叶戈尔·盖达尔、根纳季·布尔布利斯、维克托·切尔诺梅尔金、谢尔盖·基里延科、谢尔盖·斯捷帕申和米哈伊尔·卡西亚诺夫。

从国外赶来参加叶利钦葬礼的政要有美国前总统克林顿和老布什、英国前首相梅杰、德国前总理科尔。来自独联体国家的前任与现任领导人有努尔苏丹·纳扎尔巴耶夫、列昂尼德·库奇马、阿斯卡尔·阿卡耶夫、亚历山大·卢卡申科。

按照东正教的传统，4 月 25 日整晚都要在棺材旁边诵读赞美诗，从头至尾一直诵读。这项工作由神职人员负责完成。第二天早晨，慰灵弥撒结束。

临近 14 时的时候，总统弗拉基米尔·普京携妻子柳德米拉一同来到教堂。此时，俄罗斯其他高层政治家和官员们都已经到场了。

东正教会主教尤文纳里在督主教克里尔和克里敏特的陪同下，主持了之后的葬礼仪式。

尽管叶利钦是按照教徒的礼节下葬的，但在对其进行礼拜的时候，并没有称呼他为 "上帝的奴仆"，而是称其为 "俄罗斯第一任总统鲍里斯·尼古拉耶维奇"。

葬礼仪式于 16 时结束。棺材由教堂的西门抬出，并被安放在了一个黑色灵柩上。在哀悼队伍的陪同下，经过沃尔洪科大街并沿滨河路前进，向新圣女修道院的方向进发。在这里，棺材被抬到了一个炮架上，这尊炮架原本是用在装甲车上的。在墓地的大门口，聚集了大约 5000 人，修道院的钟声也敲响了。但墓地毕竟不是一个大广场，在墓地中央的小路上已经站满了人，大约有 200 人。16 时 55 分，棺材被安放到位，摆在后面的礼炮进行了齐射。

叶利钦去世之后的哀悼接待地点设在大克里姆林宫的格里高利大厅。超过 500 人参加了葬礼酬宾宴会，由于受邀的这些人都是预先确定好了的，所有一切都进行得很平静。

普京在宴会上做了一个简短的发言：

> 我们刚刚辞别鲍里斯·尼古拉耶维奇·叶利钦，这是一个拥有真正俄罗斯人的全部特征、广阔心胸和坚不可摧的意志的人。只有伟大的俄罗斯才能孕育出这样的领袖，他有能力推动这样一个国家走向彻底的转变道路。在得到数千万国民拥护的情况下，叶利钦成为总统，他改变了权力的面貌，打破了那堵横亘在国家与社会之间的墙……他喜欢且善于与公众进行直接和开放的对话，而不是想要躲在暗处或藏在他人的背后，他有时甚至有意识地喊出"向我开炮"，让自己去承担那些最困难的责任，并做出所需要的决定。

> 在搭建重要的民主体制的时候，他总是让自己去承担最辛苦的工作。叶利钦总统认为，最主要的是变革已经不可避免，以及能否坚定地执行战略路线。拥有这种政治做法和鉴别力的民族领袖，他们所看到的是非常远的未来……

> 鲍里斯·尼古拉耶维奇，尽管他经历那样多的困难，但却始终相信俄罗斯可以实现复兴并能够做到有所变革，他相信俄罗斯人民的力量与天才，真诚地采取了所有的办法，为的是千百万俄罗斯人能够改善自己的生活，而"俄国人"一词用他那独一无二的"叶利钦式"口吻被他反复地提及。这是他的梦想，而我们不应该仅仅是知道这些而已，我们也将朝着这个目标前进。这便是对他永恒的纪念。

除了普京之外，在葬礼上发言的，就只有奈娜·约瑟夫娜一人而已了。奈娜说道："对于鲍里斯·尼古拉耶维奇而言，其余的事情都只排在第二位以后。最重要的，是他的事业。早在1989年的时候，他就曾经说过，要拯救俄罗斯。他为此用去了许多力气。所有为我们失去了这样一个独一无二的人而感到痛苦的人，感谢你们！"

叶利钦时代并不是俄罗斯历史上最好的和最光辉的一页。我们在这些天里所看到和所听到的很多观点和评论认为，叶利钦是俄罗斯在20世纪内第一个自愿放弃权力，而不是紧紧握住权力不放的人。另外还有一些看法对此观点形成了补充，认为叶利钦是历史上第一个请求俄罗斯国民因为自己没有也无法兑现所做出的承诺而原谅自己的人。叶利钦并不像一个能够请求人们原谅自己的人，但他还是为自己找到了力量去做这件事。但他其实还可以请求人们原谅他更多一点，原谅那些他成功做到的事情。在俄罗斯的政治家当中，没有几个人有资格让人们来原谅自己。值得庆幸的是，这一页已经翻过去了。

在2007年4月24日至30日，俄罗斯各大报刊都刊登了不少旨在赞颂叶利钦的文章。女记者塔季扬娜·马尔金娜将这位第一任总统称为"俄罗斯最后的英雄，不仅是个伟大的人物，更是一个大公无私的人物"。这种观点其实是不难反驳的。还有一名记者名叫谢苗·诺沃普鲁德斯基，在其文章中谈到俄罗斯民众时，将其称为"依附于他人的温顺人群"，他认为"所以叶利钦无法离开这种人群，这导致他在很长一段时间内，成了一个事实上完全独立自主的领袖"。这种观点其实也不难反驳。

从自己的牢房里，米哈伊尔·霍多尔科夫斯基向外发出了一篇专门颂扬叶利钦的文章。同时，西方媒体对叶利钦的逝世做了大量的报道和评论。美国和欧洲所有的大报都表达了这样一个观点，叶利钦最主要的功绩在于其积极地参与到了瓦解苏联的事务之中，而最大的败笔就是选择普京做了接班人。

曾任比尔·克林顿顾问的斯特罗布·塔尔博特，是一个比其他西方国家的政治家与分析师更加经常地与人交流的人，他甚至还曾经写过一本有关这两位大国领袖之间关系的名为《比尔与鲍里斯》的书，在其书中将叶利钦称作建筑用的起重机。他认为叶利钦摧毁了旧的体制，并对自己的国家造成了严重的损失。塔尔博特指出，"能够让鲍里斯·叶利钦害怕的东西很多，当历史能够对他所做的事情予以公正审判之后，他就基本上只剩下些负面形象了。但尽管如此，叶利钦却很少听取西方的良好建议。而叶利钦所犯下的最严重错误，无疑就是选择普京来做接班人了。叶利钦担心自己家庭的命运，因为参与了腐败，于是他放弃了几任总理和一些明显合适的接班人，最后将目光落在普京身上，此人最终会彻底地否定很多叶利钦已经开始进行的改革措施"。

西方政治家和分析师所想要表达的是遗憾之情，但在俄罗斯却没有几个人能够理解这其中的深刻原因。

对于西方媒体而言，英国记者马克·辛普森在《卫报》上所发表的那篇文章，应该说是与众不同的。在引用了不少有关歌颂普京的信息之后，文章便开始了反讽："让人感到有趣的是，究竟是出于什么原因，让他们将鲍里斯·叶利钦称为'英雄'或是'20世纪的巨人'甚至是'自由的灯塔'，尽管他实际上是俄罗斯历史上最为笨拙的领导人之一。西方之所以对叶利钦做出这样高的评价，是因为他不仅仅迎合了西方的利益，还将自己国家的经济与军事实力几乎带入了毁灭的境地。他因为这个原因也失去了大多数俄罗斯人的支持。在西方看来，叶利钦无疑是俄罗斯历史上最好的总统。叶利钦已经做好了准备，要将俄罗斯带入绝境，这样就不用我们再出手了。今天，普京憎恨西方的程度，就像叶利钦喜爱西方的程度，但这不是因为普京反对民主。叶利钦也时常破坏民主，尤其是这样做对他比较有利的时候。普京之所以不受欢迎，是因为他振兴了俄罗斯的国家、俄罗斯的能力、俄罗斯自给自足的存在感以及维护俄罗斯国家利益的能力……西方发现，俄罗斯这头巨熊还活着，我们全力以赴去打击它，却也不能将其制服，这头熊现在想要夺回之前属于自己的财富了。这就是在西方国家内出现友俄浪潮的原因。"

在俄罗斯，鲍里斯·叶利钦并没有被遗忘，他的名字在媒体中出现的频率要高于米哈伊尔·戈尔巴乔夫或者列昂尼德·勃列日涅夫，但比列宁和斯大林出现的频率要低。在莫斯科，并没有任何一个广场或是街道以叶利钦的名字来命名，但圣彼得堡最大和最先进的现代化图书馆，已经以叶利钦的名字命名了。这个决定是很矛盾的，因为在叶利钦执政期间，整个俄罗斯的文化领域遭受到了很大的伤害。在吉尔吉斯斯坦有一座已经被人征服的无名山峰被命名为"叶利钦峰"，这其实也是能理解的。2008年夏季，在克拉斯诺亚尔斯克的西伯利亚联邦大学校园内，竖起了一尊叶利钦青铜雕像。但这个创意来自当地的一家企业。当地市政府的官员称这种行为属于擅自做主的性质，但并没有去挪走雕像。他们在这尊雕像旁边设立了一个麦克风，为那些想要阐述自己对叶利钦的看法，以及对这尊俄罗斯第一任总统雕像处理意见的人提供了表达机会。